Betriebs-Berater Schriftenreihe
ARBEITSRECHT

D1640818

Deutsche und europäische Tariflandschaft im Wandel

Tarifeinheit / Tarifpluralität

Herausgegeben von

Dr. Friedrich-Wilhelm Lehmann

Rechtsanwalt, München und Krefeld

Deutscher Fachverlag GmbH
Fachmedien Recht und Wirtschaft

Bibliografische Information der Deutschen Nationalbibliothek

Die Deutsche Nationalbibliothek verzeichnet diese Publikation in der Deutschen Nationalbibliografie; detaillierte bibliografische Daten sind im Internet über http://dnb.d-nb.de abrufbar.

ISBN 978-3-8005-3273-5

© 2013 Deutscher Fachverlag GmbH, Fachmedien Recht und Wirtschaft, Frankfurt am Main

Druck und Verarbeitung: Wilhelm & Adam, Werbe- und Verlagsdruck GmbH, 63150 Heusenstamm

Gedruckt auf säurefreiem, alterungsbeständigem Papier, hergestellt aus FSC zertifiziertem Zellstoff

Printed in Germany

mi fili Alexandre

hic liber tibi sit dedicatus
gratia cum maxima
pro labore tuo

scriptum breve esto
quo facilius intellegi possit

nullus est liber
tam malus
ut non aliqua parte prosit
(Persius)

pater tuus
Fridericus - Vilhelmus Lehmannus

Calendae Novembres MMXII

Vorwort

Die Schutz- und Ordnungsfunktion der Koalitionen in Deutschland hat sich trotz einer kleinen Krise am Anfang des 21. Jahrhunderts erstaunlich gut bewährt. Bedenkt man, dass der weitaus überwiegende Teil der deutschen Gesamtbevölkerung die Existenzsicherung dem Tarifvertragssystem verdankt, so folgt daraus die Erkenntnis, dass in der Staatsneutralität des tarifvertraglichen Systems bis heute ein erstaunlicher Freiheitsgewinn im Rahmen des demokratisch sozialen Rechtsstaates der Bundesrepublik Deutschland liegt.

Die Tarifvertragsparteien entscheiden selbst innerhalb ihrer Organisationen nach Maßgabe satzungsgemäßer Selbstbestimmung. Es ist allein Aufgabe der Tarifvertragsparteien, im öffentlichen Interesse das Arbeitsleben zu ordnen und zu befrieden. Deshalb hat der einfache Gesetzgeber mithilfe des Tarifvertragsgesetzes im Spannungsverhältnis zwischen dem Schutz der Freiheit des Einzelnen und den Anforderungen einer sozialstaatlichen Ordnung das System eines Ausgleichs zwischen der möglicherweise ohnmächtigen individuellen Vertragsfreiheit und der möglicherweise bevormundenden Vertragsfreiheit der Koalitionen gesucht. Das Ergebnis sind heutzutage etwa 67.000 als wirksam vom Bundesminister für Arbeit und Soziales registrierte Tarifverträge, davon 495 Tarifverträge mit Allgemeinverbindlichkeitserklärung. Dies spricht für eine hohe Akzeptanz des Tarifvertragsystems in Deutschland.

Die Europäische Union hat die Betätigungsfreiheit der Koalitionen in Art. 28 der europäischen Carta der Grundrechte anerkannt und garantiert. Die hehre Aufgabe im staatsfreien Raum ist den Koalitionen bekannt. Sie legen hohen Wert auf die Tarifautonomie, und sie hören die Bedeutung der Koalitionen immer wieder gern.

Ziel des Buches ist es, dass die Experten aus Unternehmen, Verbänden, Wissenschaft und Justiz zu einer tiefer gehenden Diskussion beitragen. Sie bilden in dieser Schrift mit ihren Gedanken eine Denkfabrik. Die Meinungen sind zum Teil kontrovers. Dies fördert die Diskussion und Disputation. Es gilt unter anderem die Frage zu stellen, ob und gegebenenfalls welcher Wandel stattfindet, beispielsweise durch den Wechsel der Rechtsprechung von dem Prinzip der Tarifeinheit zur Tarifpluralität. Zum Teil sind sich Autoren auch darin einig, sich nicht immer ganz einig zu sein.

Lassen wir die Autoren in diesem Buch über ihre Meinungen und Denkanstöße zur Tariflandschaft zu Wort kommen. Zuvor darf ich mich bei den Autoren sehr herzlich dafür bedanken, dass sie mit ihren exzellenten Beiträgen die Wissenschaft und Praxis fördern und manchem Leser - nicht zuletzt aus den Koalitionen der Arbeitgeber und der Arbeitnehmer - an einem Teil ihres besonderen Wissens teilhaben lassen.

Besonders danke ich der TÜV SÜD AG und dem Bundesverband der Systemgastronomie für die finanzielle Unterstützung. Ohne die beiden Partner hätte ich kaum die Möglichkeit gehabt, mein privates Unterfangen zur Publikation der Beiträge von 21 Autoren zu realisieren.

Mein besonderer Dank gilt meiner lieben Frau Elisabeth Lehmann und meinem Sohn Alexander Lehmann. Beide haben in schier unermüdlicher Arbeit dafür Sorge getragen, dass die wertvollen Beiträge der Autoren ihren gebührenden Stellenwert im Buch erhalten.

Schliersee, im November 2012   Dr. Friedrich-Wilhelm Lehmann

Inhaltsverzeichnis

Die Autoren dieses Bandes

Prof. Dr. Frank Bayreuther

Universität Passau, Lehrstuhl für Bürgerliches Recht und Arbeitsrecht (seit 2010).

Zuvor: Universitätsprofessor für Bürgerliches Recht und Arbeitsrecht an der Freien Universität Berlin. Professor für Europäisches und Deutsches Bürgerliches und für Arbeitsrecht an der Technischen Universität Darmstadt.

Stationen seines Berufsweges: Promotion an der Freien Universität Berlin mit einer fächerübergreifenden Arbeit über die rechtliche Einordnung des wirtschaftlich existenziell abhängigen Unternehmens (Betreuer Prof. Dr. Dr. Franz-Jürgen Säcker) und Auszeichnung der Arbeit mit dem Ernst-Reuter-Preis der Freien Universität Berlin; Habilitation an der Universität Erlangen-Nürnberg mit „Tarifautonomie als kollektiv ausgeübte Privatautonomie"; Wissenschaftlicher Mitarbeiter am Institut für Wirtschafts- und Arbeitsrecht der Universität Erlangen-Nürnberg; Richter in der Arbeitsgerichtsbarkeit des Landes Baden-Württemberg.

Professor Klaus Bepler

Vorsitzender Richter am BAG a.D. Erfurt, nunmehr Berlin.

Berufsweg: Wissenschaftlicher Mitarbeiter/Assistent bei Professor Dr. Herbert Fenn an der Rheinischen Friedrich-Wilhelm Universität in Bonn; seit 1980 in der Arbeitsgerichtsbarkeit (ArbG Köln, Aachen, Bonn, Cottbus; LAGe Köln, Brandenburg); unterbrochen von 1986 bis 1988 als wissenschaftlicher Mitarbeiter am Bundesarbeitsgericht (3. Senat); 1993 bis 2012 Richter am BAG zunächst kurz im 4. Senat, dann vom 1. Januar 1994 an Mitglied des 3. (Betriebsrenten-)Senats, ab Dezember 2004 Vorsitzender des 4. (Tarif-)Senats. Lehraufträge an den Universitäten Bonn und Halle-Wittenberg; Honorarprofessor an der Martin-Luther-Universität Halle-Wittenberg seit 2009; Mitherausgeber von „Recht der Arbeit" (RdA); Vorsitzender des Vermittlungsauschusses der Zentral-KODA.

Armin Fladung

Rechtsanwalt in Frankfurt, ist neben seiner Tätigkeit als Verantwortlicher Redakteur im Ressort Arbeitsrecht des „Betriebs-Berater" beratend und forensisch im Arbeitgeberverband Chemie Rheinland-Pfalz tätig. Dort ist er aufgrund seiner Qualifizierung zum zertifizierten Compliance Officer (TÜV) in Unternehmen, Organisationen und öffentlichen Einrichtungen u. a. für die Bereiche Compliance und Datenschutz zuständig. Ferner gehört er dem Arbeitskreis Beschäftigtendatenschutz des BAVC an. Seit 2010 ist er ehrenamtlicher Richter am Arbeitsgericht Ludwigshafen a. R.

Wolfgang Goebel

Seit 2007 Präsident des Bundesverbandes der Systemgastronomie e.V. (BdS) München sowie Mitglied des Vorstands von McDonald´s Deutschland Inc., wo er seit Mitte 2007 das Ressort Personal verantwortet. Neben dem BdS-Vorsitz bekleidet er ein weiteres Ehrenamt im Stiftungsrat der McDonald´s Kinderhilfe. Seit 2009 ist er zudem Mitglied im Präsidium der Bundesvereinigung der Deutschen Arbeitgeberverbände (BDA) und vertritt dort als einziger Gastronomievertreter für den BdS die Interessen der Systemgastronomie.

Andreas Heß

Geschäftsführender Gesellschafter der HLS - Global Business Service GmbH, Schliersee und Frankfurt.

Berufsweg: Acht Jahre Geschäftsführer und Arbeitsdirektor der Lufthansa Sky Chefs Deutschland GmbH (LSG), Neu-Isenburg, zuständig für die Bereiche Finanzen, IT, Personal und Organisation; Senior Vice President Human Ressources der LSG Sky Chefs Europa und Afrika GmbH, ebenso an den Standorten Frankreich, Skandinavien, Spanien, Schweiz, Belgien und Südafrika; Mitglied des Aufsichtsrats bei der TÜV Rheinland AG und bei der TÜV SÜD AG; Heß hat auf Seiten der damaligen Gewerkschaft ÖTV (heute ver.di) insgesamt 65 Tarifverträge - in vielen Fällen innovative zukunftsorientierte Tarifverträge mit flexiblen Arbeitsbedingungen - deutschlandweit für die Branchen Luftverkehr, Verkehrsflughäfen und Technische Überwachung ausgehandelt und abgeschlossen.

Professor Dr. Dr. h.c. Wolfgang Hromadka

Universitätsprofessor em., Universität Passau, Lehrstuhl für Bürgerliches Recht, Arbeits- und Wirtschaftsrecht; Gastprofessor an der Karlsuniversität zu Prag; Präsident des Verwaltungsgerichts der Bank für Internationalen Zahlungsausgleich in Basel; Wissenschaftlicher Berater der Anwaltssozietät Schmitt-Rolfes und Faltermeier in München; Sprecher des Publizistischen Beirates der Zeitschrift Arbeit und Arbeitsrecht und Vorsitzender des Stiftungsrats der Stiftung für Theorie und Praxis des Arbeitsrechts (Wolfgang-Hromadka-Stiftung). Vor dem Wechsel an die Universität Passau langjährige Tätigkeit in leitenden Funktionen des Hoechst-Konzerns. Bekannt ist das von Hromadka im Jahre 1987 ins Leben gerufene Passauer Arbeitsrechtssymposion, das er 2011 in die Stiftung Theorie und Praxis des Arbeitsrechts eingebracht hat.

Renate Hornung-Draus

Geschäftsführerin der Bundesvereinigung der Deutschen Arbeitgeberverbände (BDA) und Leiterin der Abteilung Europäische Union und
Internationale Sozialpolitik, Berlin.

Berufsweg: Direktorin der Europa-Vertretung der Bundesvereinigung der
Deutschen Arbeitgeberverbände (BDA), Brüssel; Director Social Affairs
der Union of Industrial and Employers´ Confederations of Europe (UN-
ICE - BUSINESSEUROPE), Brüssel.

Vorsitzende der Sozialkommission und Vorsitzende des Beschäftigungs-
ausschusses von BUSINESSEUROPE, Brüssel; Mitglied des Ausschusses für den Sozialen Dialog („Social Dialog Committee"), Brüssel;
1996 bis 2006 Vizepräsidentin der Arbeitgebergruppe des Europäischen
Wirtschafts- und Sozialausschusses, Brüssel; Mitglied des Wirtschafts-
beirates der Gesellschaft für Internationale Zusammenarbeit (GIZ); Vizepräsidentin der International Organisation of Employers (IOE), Genf;
Mitglied des Verwaltungsrates der Internationalen Arbeitsorganisation
(ILO), Genf; Vizevorsitzende und Arbeitgebersprecherin des Ausschusses für Multinationale Unternehmen bei der ILO, Genf; Vorsitzende des
Ausschusses „Corporate Social Responsibility" (Soziale Verantwortung
der Unternehmen) in der Internationalen Organisation of Employers
(IOE), Genf; Mitglied der „German Industrial Relations Association";
Mitglied des Kuratoriums des Instituts für Arbeitsrecht und Arbeitsbeziehungen in der Europäischen Gemeinschaft (IAAEG), Universität
Trier; Mitglied des Beirats der Birmingham Business School, Birmingham University, Großbritannien; Mitglied des Vorstandes der Gesellschaft für Europäische Sozialpolitik e.V. (GES), Bonn; Stellvertretendes
Mitglied des Verwaltungsrates der Europäischen Stiftung zur Verbesserung der Lebens- und Arbeitsbedingungen, Dublin; Mitglied in Ex-
pertengruppen der Europäischen Kommission, u.a. High Level Group
on Industrial Relations, Expert Group on Flexicurity, Flexicurity Mission, Committee of Experts on the Posting of Workers sowie in Projekt-
beiräten zur europäischen und internationalen Sozialpolitik (u.a. GU-
STO - Warwick University, International Framework Agreements - Hans-
Böckler-Stiftung); Stipendiatin der Studienstiftung des deutschen Volkes: 1976-1978 United World College of the Atlantic (Großbritannien),
1978-1984 Universitäten Freiburg i. Br. und Paris Sorbonne.

Professor Otto Ernst Kempen

Europäische Akademie der Arbeit in der Universität Frankfurt am Main. Von 1973-1977 Justitiar der Gewerkschaft Bau - Steine - Erden. Von 1978 bis 2009 Leiter der Akademie sowie Inhaber des Lehrstuhls für Arbeitsrecht, Verfassungsrecht und Politikwissenschaft und Honorarprofessor am FB Rechtswissenschaft der Universität. Seit 2009 Mitglied des Hauptausschusses für Mindestarbeitsentgelte nach § 2 Mindestarbeitsbedingungengesetz. Mitglied des Hessischen Staatsgerichtshofs. Seit 1995 Vorsitzender des Arbeitskreises Wirtschaft und Konventsmitglied der Akademie der Evangelischen Kirche in Hessen und Nassau. Stellvertretender Vorsitzender der Gesellschaft für das Buch (Deutsche Nationalbibliothek). Daneben seit 1972 Rechtsanwalt in Frankfurt am Main. 1978-1995 Leiter des Seminars für Arbeits- und Sozialrecht des DGB. 1995-2011 Rechtsberater des Bundesvorstandes der ÖTV und der (von ihm mitgegründeten) Vereinten Dienstleistungsgewerkschaft ver.di.

Dr. Friedrich-Wilhelm Lehmann

Rechtsanwalt in Schliersee und Krefeld, Mitglied des Vorstandes des Arbeitgeberverbandes Dienstleistungsunternehmen ar.di e.V., Krefeld, sowie Senior Consultant der HLS Global Business Service GmbH, Sitz in Schliersee. Ab 1960 Studien der Rechtswissenschaften und der Philosophie an der Friedrich-Wilhelm Universität Bonn mit dem Abschluss „Doktor der Philosophie". Ab 1970 Rechtsanwalt in Krefeld; von 1972 bis 1978 Justitiar des Verbandes der Technischen Überwachungs-Vereine (VdTÜV), Essen; Berlin; Stellvertretender Sekretär des Deutschen Nationalen Komitees der Weltenergiekonferenz bis 1995; Gemeinsame Arbeiten mit Professoren des Arbeitsrechts und des öffentlichen Rechts (Steiner, Götz, Lukes) zur Herausgabe der Schriftenreihe des VdTÜV Recht & Technik (Carl Heymanns Verlag). Von 1972 bis Ende 2009 Geschäftsführer des von Professor Balke (ehemaliger Präsident der BDA) ins Leben gerufenen Arbeitgeberverbandes Tarifgemeinschaft TÜV (TGTÜV) e.V., Essen/Krefeld; 1995 bis 2009 Geschäftsführendes Vorstandsmitglied der TGTÜV. Mitgründer und Vorstandsmitglied des 1998 u.a. mit Dr. E. Merz und Professor M. Heinze gegründeten Arbeitgeberverbandes Dienstleistungsunternehmen (ar.di) e.V. mit dem Ziel der Stärkung der Tarifautonomie durch die Gestaltung innovativer Tarifverträge mit unternehmensspezifischen Tarifmodulen. Geprägt haben seinen beruflichen Weg u.a. Herschel, Söllner, Heinze, Buchner, Blomeyer und Schliemann.

Lehmann ist Initiator des traditionellen Tarifforums, Herausgeber von Schriften zur Tarifpolitik und Autor wie „Fit durch Veränderung – Auf dem Weg in die Zukunft der Tarifautonomie" (R. Hampp Verlag); „Krise des Flächentarifvertrages?" (R. Hampp Verlag); „Der Arbeitnehmer im 21. Jahrhundert" (R. Hampp Verlag); „Tarifverträge der Zukunft – Zukunft der Arbeit" (BB Schriftenreihe „Arbeitsrecht heute"); „Arbeitskampfrecht: Macht der Koalitionen – Ohnmacht der Betroffenen und Drittbetroffenen" in Festschrift für Buchner (Verlag C.H. Beck); „Tarifverträge im Wirbel von Tarifpolitik, Arbeitsrecht und Arbeitswissenschaft" (R. Hampp Verlag); „Deutsche und europäische Tariflandschaft im Wandel" (BB Schriftenreihe „Arbeitsrecht heute"); Handkommentar zum Familienpflegezeitgesetz „Leitfaden für die Praxis" (Verlag Luchterhand).

Professor Dr. Frank Maschmann
Direktor des Instituts für Unternehmensrecht und Inhaber des Lehrstuhls für Bürgerliches Recht, Arbeitsrecht, Handels- und Wirtschaftsrecht an der Universität Mannheim.; Prodekan der Fakultät und Mitglied des Senates der Universität Mannheim; seit 2011 Vorsitzender der Stiftung Theorie und Praxis des Arbeitsrechtes (Wolfgang-Hromadka-Stiftung, Passau).
Stationen seines Berufsweges: Studium der Rechtswissenschaft und Betriebswirtschaftslehre in Hamburg und Passau; Stipendiat der Studienstiftung des Deutschen Volkes; ab 1991 wissenschaftlicher Mitarbeiter und Assistent von Professor Wolfgang Hromadka; Thema der Promotion: „Arbeitsverträge und Verträge mit Selbständigen" (hierfür Kulturpreis der e-on AG); Habilitation mit dem Thema „Tarifautonomie im Zugriff des Gesetzgebers" (2003); von da an venia legendi für die Fächer Bürgerliches Recht, Deutsches und Europäisches Arbeits- und Sozialrecht; Privatdozent an der Universität Passau; von 2001 bis 2004 Zentralbereich Personal der Siemens AG in München, zuständig für die Gebiete „Betriebsverfassung"und „Restrukturierung"; 2004 Ordinarius für Bürgerliches Recht und Arbeitsrecht an der Universität Mannheim;2009-2010 Sprecher der Abteilung Rechtswissenschaft.

Dr. Frank Meik
Kurator und Direktor der Carl Friedrich von Weizsäcker-Stiftung in München; dort ist er verantwortlich für die Bereiche Zukunft der Arbeit und der Bildung. Er ist ebenso geschäftsführender Gesellschafter des MW Verlags Berlin München und Senator der Weltmedienorganisation (IFRA). Meik wurde 1954 in Siegen geboren, studierte Recht, Politik und Wirtschaft in Gießen und in Marburg, war Assistent am Lehrstuhl für Wirtschafts- und Arbeitsrecht an der Philipps-Universität Marburg (Professor Dr. Volker Beuthien) und promovierte über den Kernbereich der Tarifautonomie.

Seine wichtigsten beruflichen Stationen waren: Vorsitzender der Geschäftsführung der Frankfurter Allgemeine Zeitung GmbH, Frankfurt, Verlagsgeschäftsführer des Münchner Zeitungsverlags München und CEO der Cogisum Intermedia AG, einer Software Gesellschaft in Bad Homburg. Meik begann seine Karriere bei der Drägerwerk AG als Leiter Arbeits- und Tarifrecht, wechselte dann zum Süddeutschen Verlag als Leiter Recht und Personal. Von 1996 bis 2004 war Meik Member of the Board of IFRA. Er ist seit 2006 Mitglied des China Strategy Forums in Beijing. Seit 1996 ist er auch Direktor der Forschungsstelle für Medienrecht und Wirtschaft an der Philipps-Universität in Marburg. Seit 1990 ist Meik zugelassener Rechtsanwalt in München.

Dr. Paul Melot de Beauregard

Rechtsanwalt LL.M. (LSE), Fachanwalt für Arbeitsrecht und Partner der internationalen Rechtsanwaltssozietät McDermott Will & Emery. Er studierte Rechtswissenschaften an den Universitäten München und Würzburg sowie an der London School of Economics and Political Science. Nach seinem Referendariat in Düsseldorf mit Stationen in Duisburg, Köln und Kapstadt (Südafrika) war er als Rechtsanwalt bei Freshfields Bruckhaus Deringer in Berlin tätig, bevor er zunächst zu McDermott Will & Emery nach Düsseldorf wechselte und 2008 die Leitung der arbeitsrechtlichen Praxis von McDermott am Standort München übernahm. Er ist Autor zahlreicher Publikationen und gefragter Kommentator aktueller arbeitsrechtlicher Ereignisse. Ein Schwerpunkt seiner Tätigkeit liegt auf dem Tarif- und Arbeitskampfrecht, zu welchem er im Rahmen der Fachanwaltsausbildung (Juristische Fachseminare, Bonn) und bei Veranstaltungen des Beck-Verlags referiert. Herr Dr. de Beauregard ist Lehrbeauftragter für Arbeitsrecht der FernUniversität Hagen (Lehrstuhl Professor Dr. K. Tillmanns).

Professor Dr. Cord Meyer

Syndicus für Arbeitsrecht Deutsche Bahn AG, ist seit Jahren schon von Berufs wegen mit allen praktischen Folgen von Tarifmehrheit konfrontiert, die er in der wissenschaftlichen Diskussion auch als Honorarprofessor an der Universität Leipzig reflektiert.

Professor Dr. Hermann Reichold

Inhaber des Lehrstuhls für Bürgerliches Recht, Handels-, Wirtschafts-
und Arbeitsrecht der Universität Tübingen, Leiter der Forschungsstelle
kirchliches Arbeitsrecht. Habilitation am Institut für Wirtschafts- und
Arbeitsrecht an der Universität Erlangen bei Professor Wolfgang Blomeyer (1992); Lehrstuhlvertreter an den Universitäten Konstanz und
Greifswald; 1994 Ruf auf den Lehrstuhl für Bürgerliches Recht, deutsches und europäisches Handels- und Wirtschaftsrecht an der Wirtschaftswissenschaftlichen Fakultät Ingolstadt der Katholischen Universität Eichstätt; seit 2000/01 Forschung und Lehre am vormaligen Institut von Professor Wolfgang Zöllner; Richter am Staatsgerichtshof des
Landes Baden-Württemberg (2007-2012); Vorsitzender des Schlichtungs-
ausschusses der Arbeitsrechtskommissionen in der Evang. Landeskirche
Bayern und Württemberg (seit 2002 bzw. 2009); Dekan der Tübinger
Juristischen Fakultät (2008-2010); Vorsitzender des Hochschulrates der
Pädagogischen Hochschule Weingarten (seit 2011) und der Juristischen
Gesellschaft Tübingen e.V. (seit 2010).

Professor Dr. iur. Reinhard Richardi

Geboren am 21.3.1937 in Berlin, em. o. Professor für Arbeits- und Sozialrecht, Bürgerliches Recht und Handelsrecht an der Universität Regensburg. Präsident des Kirchlichen Arbeitsgerichtshofs der Deutschen
Bischofskonferenz. 1956-1959 Studium der Rechtswissenschaft in Berlin
und München. 1960 Erste Juristische Staatsprüfung und Promotion über
ein gesellschaftsrechtliches Thema bei Alfred Hueck. 1964 Zweite Juristische Staatsprüfung in München. 1967 Habilitation an der Juristischen
Fakultät der Universität München für die Fächer Bürgerliches Recht,
Handels- und Wirtschaftsrecht sowie Arbeitsrecht. Rufe auf Lehrstühle
an der Freien Universität Berlin, Göttingen und Heidelberg. Vizepräsi-
dent des Deutschen Arbeitsgerichtsverbandes (1999-2008). Vorsitzender
der Deutschen Sektion der Internationalen Gesellschaft für das Recht
der Arbeit und der sozialen Sicherheit (1981-1995). Dekan der Rechts-
und Wirtschaftswissenschaftlichen Fakultät der Universität Regensburg
(1973 - 1975). Prorektor der Universität Regensburg (1988-1992). Fach-
gutachter der Deutschen Forschungsgemeinschaft für die Fächer Handelsrecht, Wirtschaftsrecht, Arbeitsrecht (1980-1988). Vertrauensdozent
der Deutschen Forschungsgemeinschaft für die Universität Regensburg
(1988-2005); Mitglied der Ethik-Kommission der Medizinischen Fakultät
der Universität Regensburg (seit 1993).

Mattias Rohrmann

Rechtsanwalt, Frankfurt a.M., ist Leiter der Referate Wirtschaftspolitik, Bildung und Organisation im Arbeitgeber- und Wirtschaftsverband der Mobilitäts- und Verkehrsdienstleister e.v. (Agv MoVe), in Berlin und Frankfurt, sowie Geschäftsführer der Sozialpolitischen Arbeitsgemeinschaft Verkehr (SAV).

Berufsweg: Nach Studium der Rechts- und Politikwissenschaften und zeitweiser Tätigkeit als Leiter Vertrieb im Bereich Medien, nach der Zulassung als Rechtsanwalt im Jahr 2000 Übernahme der Tätigkeit als Fachreferent für Tarif- und Arbeitsrecht sowie Bildung bei der Deutschen Bahn AG; 2001 Assistent des Bereichsleiters „Zentralbereich Personalpolitik (ZPP)" bei der Deutschen Bahn AG (Tarifpolitik, Arbeits- und Betriebsverfassungsrecht); 2002 Referent an Führungskräfte-Akademie der Bahn und beim Bildungsdienstleister DB Training; 2003 Mitglied Gründungs-Projektteam für Aufbau des Arbeitgeberverbandes der Mobilitäts- und Verkehrsdienstleister e.v. (Agv MoVe); 2004 Wechsel zum Agv MoVe, 2005 Leitung der Referate Bildung, Projekte und Organisation, FachRef Tarifpolitik; sowie Übernahme Vertretung des Agv MoVe auf Referatsleiterebene bei Bundesvereinigung der Deutschen Arbeitgeberverbände (BDA), Mitglied im BDA EU- und Arbeitsrechtsausschuss - Ernennung zum ehrenamtlichen Richter am Arbeitsgericht Frankfurt am Main; 2006 Beauftragter zur Umsetzung des AGG in den Mitgliedsunternehmen des Agv MoVe; 2007 Mitglied der Kommission für eine Neue Arbeitsmarktordnung der BDA; 2010 Geschäftsführer der Sozialpolitischen Arbeitsgemeinschaft Verkehr (SAV) und zusätzliche Übernahme Leitung des Referats Wirtschaftspolitik beim Agv MoVe; 2011 Berufung zum Lehrbeauftragten der Goethe-Universität Frankfurt am Main für Personalrecht; 2012 Vorsitz im Tariftreueausschuss Agv MoVe, Berufung in EU-Expertengruppe zur VO 1370/2007 - Berufung in den beratenden Ausschuss zum Tariftreuegesetz (TVgG NRW) beim Arbeitsministerium NRW sowie stellv. Mitglied Beirat zum LTTG beim Sozialministerium RLP. Herr Rohrmann hat auf Seiten des Agv MoVe sämtliche Gesetzgebungsverfahren zu Tariftreuegesetzen in Deutschland seit dem Jahr 2002 begleitet und ist anerkannter Experte für diesen Bereich.

Harald Schliemann
Rechtsanwalt in Hannover.
Berufsweg: Justizminister des Freistaates Thüringen (2004-2008); Vorsitzender Richter am BAG 4. Senat „Tarifsenat" (1998-2004); zuvor im 5. Senat als Stellvertretender Vorsitzender Richter; Richter am 7. Senat; Vorsitzender Richter am Landesarbeitsgericht Niedersachsen (1983-1987); Direktor des Arbeitsgerichts Emden (1976-1987); Richter in der Arbeitsgerichtsbarkeit Niedersachsen (1975); Rechtsanwalt - Gewerblicher Rechtsschutz und Markenrecht (1973-1975); Präsident des Verfassungsgerichtshofes der EKD; Präsident des Kirchengerichtshofes der EKD; Vorsitzender der Arbeitsrechtlichen Schlichtungskommission der ev. Kirchen im Rheinland, von Westfalen und Lippischer Landeskirche.

Publikationen: „Kommentar zum Arbeitszeitgesetz mit Nebengesetzen" (Luchterhand, Köln); zur Entgeltfortzahlung in HWK Arbeitsrecht-Kommentar (O. Schmidt, Köln); zum Tarifrecht in Hümmerich/Spirolke, „Das arbeitsrechtliche Mandat"; ferner über 70 Beiträge in Festschriften und weiteren Einzelwerken.

Dr. Benedikt Schmidt
Rechtsanwalt im Bereich Arbeitsrecht der Kanzlei RAUE LLP, Berlin. Beratung von großen und mittelständischen Unternehmen sowie Verbänden und öffentlichen Arbeitgebern in allen Fragen des individuellen und kollektiven Arbeitsrechts. Vortrags- und Seminartätigkeit auf dem Gebiet des Arbeitsrechts. Zuvor Tätigkeit am Lehrstuhl für Bürgerliches Recht, Handels-, Wirtschafts- und Arbeitsrecht der Ruhr-Universität Bochum, Professor Dr. Rolf Wank. Promotion an der Ruhr-Universität Bochum mit der Arbeit „Tarifpluralität im System der Arbeitsrechtsordnung" (Betreuer: Professor Dr. Rolf Wank). Auszeichnung mit dem Hugo Sinzheimer Preis für herausragende arbeitsrechtliche Dissertationen 2011. Autor weiterer arbeitsrechtlicher Veröffentlichungen.

Professor Dr. Gregor Thüsing, LL.M. (Harvard)

Direktor des Instituts für Arbeitsrecht und Recht der Sozialen Sicherheit der Universität Bonn, Inhaber des Lehrstuhls für Bürgerliches Recht, Arbeits- und Sozialrecht, Lehrbeauftragter der WHU Koblenz im „International Executive MBA Program"; Vorsitzender der Gesellschaft für Europäische Sozialpolitik; stellvertretender Vorsitzender des Gemeinsamen Kirchlichen Arbeitsgerichts in Hamburg; Member of the Visiting Faculty of Henley College, Henley-on-Thames; Mitglied der ständigen Deputation des Deutschen Juristentags; Mitglied des Vorstands der Deutsch-Amerikanischen Juristenvereinigung; Mitglied des Beirates der Görres-Gesellschaft sowie der Internationalen Gesellschaft für das Recht der Arbeit und der sozialen Sicherheit; Mitglied des Präsidiums der Gesellschaft für Versicherungswissenschaft und -gestaltung e.V.

Berufsweg: Graduierung zum LL.M. an der Harvard Law School sowie Zulassung als Rechtsanwalt (Attorney at law) für den Staat New York; Habilitation im Jahr 2000 (Habilitationsschrift: „Wertende Schadensberechnung"für die Fächer Bürgerliches Recht, Arbeits- und Sozialrecht, Rechtsvergleichung und Kirchenrecht als Stipendiat der Deutschen Forschungsgemeinschaft sowie der Studienstiftung des deutschen Volkes.

Thomas Ubber

Rechtsanwalt, Frankfurt, Fachanwalt für Arbeitsrecht. Er ist Partner und Leiter der globalen Arbeitsrechtspraxis von Allen & Overy LLP. Ubber berät Unternehmen in Fragen des Arbeitskampf- und Tarifrechts sowie bei Restrukturierungen. Zu seinen jüngsten einschlägigen Publikationen gehören Beiträge zum Arbeitskampf in Grobys/Panzer, Stichwortkommentar Arbeitsrecht, 2011 und Lukas/Dahl, Konfliktlösung im Arbeitsleben, 2012. Er ist Mitherausgeber und Co-Autor des Beck'schen Formularbuchs Arbeitsrecht, 2. Aufl. 2009.

Christoph Wilhelm

Seit Anfang 2010 Hauptgeschäftsführer des Arbeitgeberverbands Luftverkehr e.V. Vorher war er bei der Deutschen Lufthansa AG in verschiedenen Funktionen tätig. Er begann dort im Jahre 1989 zunächst als Referent im Bereich Tarifpolitik Konzern. Im Anschluss daran war er in der Konzern-Rechtsabteilung, im Personalbereich und im Vertrieb der Lufthansa Passage tätig. Herr Wilhelm studierte Rechtswissenschaften an der Universität Würzburg.

Assessor Roland Wolf

Geschäftsführer und Leiter der Abteilung Arbeitsrecht, Bundesvereinigung der Deutschen Arbeitgeberverbände (BDA), Berlin. Er ist Verfasser einer großen Anzahl von Fachaufsätzen zu Fragestellungen der Arbeitsförderung, der Altersteilzeit, flexibler Arbeitszeiten, der Arbeitnehmerüberlassung, der Mitbestimmung und des Tarifrechtes; ferner ist Wolf Autor wie auch Mitherausgeber eines Basisleitfadens zum Betriebsverfassungsrecht und zu den Vorschriften im Teilzeit-und Befristungsrecht, dem Recht der Elternzeit und dem Schwerbehindertenrecht, dem AGG und den Reformen im Kündigungsschutzrecht nach der Agenda 2012. In zahlreichen Beiträgen hat er sich zu aktuellen Fragen des Individual- und Kollektiv-Arbeitsrechts geäußert.

Kapitel I.

Arbeitgeber und Gewerkschaften in der veränderten Tariflandschaft

Arbeitgeber und Gewerkschaften in einer veränderten Tariflandschaft – verändert – Partizip Perfekt, also ein abgeschlossener Prozess?

Harald **Schliemann**
Thüringer Justizminister a.D., Vorsitzender Richter am BAG a.D., Rechtsanwalt, Hannover

Alles fließt – „panta rhei". Dieses philosophische Wort für eine grundlegende Erkenntnis wird gern auf Heraklit zurückgeführt. Er hat um 500 vor Christi Geburt gewirkt. Diese Erkenntnis hat wohl Ewigkeitswert. Alle Dinge sind ständig im Fluss, auch heute.

Arbeitgeber (und ihre Verbände) und Gewerkschaften bewegen sich – jeder auf seine Weise – in einer sich ständig verändernden Tariflandschaft. Beide sind Akteure, wenn sie in der Arbeitswelt auftreten, vor allem, wenn sie Tarifverträge abschließen, sei es mit, sei es ohne Arbeitskampf. Beide sind - gemessen an Gesetzgebung und Rechtsprechung – zugleich Objekte der Rechtsentwicklung, mögen sie auch versuchen, auf die Rechtsentwicklung Einfluss zu nehmen. Die Entwicklungen der tatsächlichen und einiger rechtlicher Rahmenbedingungen in den letzten Jahren waren massiv. Dies rechtfertigt, von einer „veränderten" Tariflandschaft zu sprechen. Das heißt aber nicht, dass der ständige Änderungsprozess zum Stillstand gekommen oder gar abgeschlossen sei.

Von all dem, was sich in den letzten Jahren ereignet hat, will ich hier nur vier Punkte ansprechen. Die ersten beiden betreffen die Tarifpluralität im Betrieb, der Dritte betrifft den Arbeitskampf und der vierte und letzte die Internationalisierung und die thematische wie auch die methodische massive Änderung des Dialogs und der Auseinandersetzung von Gewerkschaften und Arbeitgebern sowie Verbänden.

I. Aufgabe der „betrieblichen Tarifeinheit" durch das BAG, Reaktionen von BDA und DGB

Am spektakulärsten ist die Aufgabe der Rechtsprechung des BAG zur betrieblichen Tarifeinheit durch die Anfragebeschlüsse des Vierten Senats vom 27. Januar 2010[1], die zustimmenden Antworten des Zehnten Senats[2] und die daraufhin selbstverständlich nicht mehr überraschenden beiden Urteile

---

[1] BAG, Beschl. v. 27. Januar 2010 - 4 AZR 549/08 (A) - NZA 2010, 765 = SAE 2010, 297 m. Anm. Buchner; Beschl. v. 27. Januar 200 - 4 AZR 537/08 (A) - n.v.

[2] BAG, Beschl. v. 23. Juni 2010 - 10 AS 2/10 - NZA 2010, 778; Beschl. v. 23. Juni 2010 - 10 AS 3/10 - n.v.

des Vierten Senats vom 7. Juli 2010[3]. Damit ist der Grundsatz der Tarifeinheit für die Inhaltsnormen von Tarifverträgen aufgegeben worden. Ob er für von diesen Entscheidungen nicht berührten Betriebs- und Betriebsverfassungsnormen, vor allem, ob er für die sog. Sozialkassentarifverträge (noch) besteht, ist damit nicht angesprochen.

Dieser Rechtsprechungswandel kam nicht wie Blitz und Donner aus dem heiteren Himmel. Große Teile des arbeitsrechtlichen Schrifttums hatten die Rechtsprechung des BAG, wonach bei einer Pluralität sich ganz oder teilweise überschneidender Tarifverträge im selben Betrieb der Grundsatz der betrieblichen Tarifeinheit zur Folge habe, dass für den Betrieb nur einer dieser mehreren Tarifverträge gelte, als rechtswidrig, ja als verfassungswidrig kritisiert. Das hauptsächlich angeführte Argument lautet, die durch Art. 9 Abs. 3 für jedermann geschützte Koalitionsfreiheit sei hinsichtlich der mit ihrem Tarifvertrag unterlegenen der, meistens „kleineren" Gewerkschaft bzw. die deren Mitglieder nicht gewahrt. Zu diesen Kritikern zähle auch ich. Meine Zweifel habe ich im Jahr 2000 deutlich gemacht[4].

BDA und DGB haben bekanntlich auf die Rechtsprechungsänderung in der Weise reagiert, dass sie gemeinsam die Initiative für eine gesetzliche Regelung der betrieblichen Tarifeinheit ergriffen und propagierten, dem Tarifvertrag der Mehrheitsgewerkschaft müsse einschließlich der daraus resultierenden Friedenspflicht Vorrang mit Bindungswirkung auch gegenüber der Minderheitsgewerkschaft eingeräumt werden. Dabei solle das angestrebte gesetzliche Postulat der betrieblichen Tarifeinheit und der darauf beruhenden koalitionsübergreifenden Friedenspflicht nur Platz greifen, soweit sich die Geltungsbereiche der Tarifverträge überschneiden. Der in der Praxis, z.B. in Medienunternehmen und in der Luftfahrt nicht selten vorkommende Fall der Tarifparallelität, also des Nebeneinanders von Tarifverträgen für verschiedene im Betrieb vertretene Berufs- oder Organisationsgruppen ohne Geltungsbereichsüberschneidung, wird von dem angestrebten Gesetz überhaupt nicht erfasst.

Den maßgeblichen Gesetzentwurf hat Giesen für BDA/DGB ausgearbeitet[5]. Kurz darauf kam ein von neun arbeitsrechtlichen Hochschullehrern ausgearbeiteter Alternativ-Entwurf in die Debatte[6]. Das BMAS veranstaltete zu der Initiative am 7. September 2010 ein Kolloquium. Aus der Ankündigung der Bundeskanzlerin auf dem Arbeitgebertag 2010, sich Anfang 2011 der

---

[3]BAG, Urt. v. 7. Juli 2010 - 4 AZR 549/08 - AP Nr. 140 zu Art. 9 GG m. Anm. Benedict Schmidt; weitgehend parallel BAG, Urt. v. 7. Juli 2010 - 4 AZR 537/08 - AP Nr. 143 zu Art. 9 GG (LS).

[4]Schliemann, Sonderbeilage zu NZA Heft 24/2000, S. 24.

[5]Giesen, Tarifeinheit und Verfassung, ZfA 2011, 1.

[6]Bayreuther/Franzen/Greiner und Krause/Oetker/Preis/Rebhahn/Thüsing/Waltermann (2010), zit. nach P. Hanau, DB 2010, 2107; siehe auch „Tarifpluralität als Aufgabe des Gesetzgebers" - Abschlussbericht eines Projektes der Carl-Friedrich von Weizsäcker-Stiftung, 2010 - www.cfvw.org.

Dinge anzunehmen, ist nichts, jedenfalls nichts mit Außenwirkung, geworden. Inzwischen hat sich der DGB auf Druck von ver.di von der Idee der gesetzlich verordneten betrieblichen Tarifeinheit wieder gelöst. Er hat am 7. Juni 2011 beschlossen, die gemeinsame(n) Initiative(n) nicht weiter zu verfolgen.[7] Auch aus der IG Metall waren kritische Stimmen zu beiden Gesetzentwürfen zu vernehmen. Die BDA hält gleichwohl an ihrer Initiative fest. Von der betrieblichen Tarifeinheit wird daher wohl noch in Zukunft zu hören sein.

II. Verbändepluralität und Tarifpluralität

Doch der Blick wäre viel zu kurz, wollte er bei dieser Entwicklung der Rechtsprechung und der Gesetzesinitiative verharren. Dahinter steht eine grundlegende Veränderung der Gewerkschaftslandschaft und der Tariflandschaft. Es gibt eine übersichtliche Zahl neuer Gewerkschaften. Auch die Landschaft der Arbeitgeberverbände weist Neues auf, vor allem im Bereich Verkehr. Aus jeder Verbändepluralität folgt nahezu unweigerlich eine Tarifpluralität. Und das führt - nicht nur latent, sondern leider auch hier und da real – zur Arbeitskampfpluralität, also zu mehreren Arbeitskämpfen in kurzer Zeit im selben Betrieb oder Unternehmen. Immer wieder werden sog. „englische Verhältnisse" befürchtet oder heraufbeschworen. Gemeint sind damit wohl Abfolgen von Arbeitskämpfen mit verschiedenen Gewerkschaften für berufsgleiche oder berufsverschiedene Arbeitnehmer im selben Betrieb. Ich nenne dies Streikkaskaden.

Tarifpluralität und Tarifparallelität als Folgen der Verbändepluralität und die daraus resultierende mögliche Häufung von Streiks im selben Betrieb waren Gegenstand einer empirischen Untersuchung des RWI in der Zeit von Januar 2010 bis Anfang 2011. Das BMWT hat anlässlich der Gemeinschaftsinitiative von BDA und DGB eine Expertise über die „Empirische Analyse der Auswirkungen der Tarifpluralität auf das deutsche Tarifvertragssystem und auf die Häufigkeit von Arbeitskämpfen" beim RWI in Auftrag gegeben. Der vom RWI im Februar 2011veröffentlichte Endbericht befasst sich vorrangig mit den tatsächlichen Gegebenheiten und Erwartungen oder Befürchtungen wegen der Gewerkschafts- und Tarifpluralität.[8]

In dem Bericht werden wesentliche Berufsgewerkschaften aufgezählt, die bereits vor der Ankündigung der Rechtsprechungsänderung des BAG durch die Anfragebeschlüsse vom 27. Januar 2010[9] bestanden haben, nämlich

[7]Papier, ZfA 2011, 807, 814, Fn. 21.

[8]Ronald Bachmann / Martin Henssler / Christoph M. Schmidt / Anna Talmann „Empirische Analyse der Auswirkungen der Tarifpluralität auf das deutsche Tarifvertragssystem und auf die Häufigkeit von Arbeitskämpfen", RWI, Februar 2011

[9]BAG, Beschl. v. 27. Januar 2010 - 4 AZR 549/08 (A) - NZA 2010, 765 = SAE 2010, 297 m. Anm. Buchner; Beschl. v. 27. Januar 200 - 4 AZR 537/08 (A) - n.v.

- im Sektor „Gesundheitspflege"

- der Marburger Bund (MB – ca. 107.000 Mitglieder, gegründet 1947, Tarifkooperation mit DGB-Gewerkschaften bis 2005, sodann eigene Tarifverträge), und

- der Verband medizinischer Fachberufe (VMF – hauptsächlich Arzthelferinnen bei niedergelassenen Ärzten, zunächst Kooperation mit ver.di, seit 2004 eigene Tarifverträge), – und im Bereich „Verkehr":

- die Gewerkschaft Deutscher Lokomotivführer (GDL), nach eigenen Angaben 34.000 Mitglieder (entspricht etwa 80% aller deutschen Lokomotivführer), 1867 gegründet, im DBB organisiert, seit 2002 Streben nach eigenen Tarifverträgen,

- die Vereinigung Cockpit (VC), ca. 8.200 Mitglieder, 1969 gegründet, zunächst Kooperation mit der DAG, seit 2001 eigene Tarifverträge;

- die Unabhängige Flugbegleiter Organisation (UFO), mehr als 10.000 Mitglieder, 1992 gegründet, seit 2002 Tarifpartner neben ver.di

- und Gewerkschaft der Flugsicherung (GdF), gegründet 2003, Vorläufer: Verband Deutscher Flugleiter, bis zur Gründung Tarifkooperation mit DAG;

- die Vereinigung Boden e.V., gegründet im Mai 2001, will eine starke Solidargemeinschaft aller Bodenmitarbeiter im Luftverkehr bilden; im Jahr 2008 ist sie gegen die von ver.di formulierte Gehaltsforderung angetreten;

- der im April 2008 gegründete Verband Luftfahrttechnik will die Interessen der im Bereich Luftfahrt beschäftigten Mitarbeiter vertreten.

- die Gewerkschaft Conterm – Fachgewerkschaft deutsche Seehäfen – ist im Dezember 2009 gegründet worden.[10]

Dies alles betrifft die Zeit vor der Änderung der Rechtsprechung zur betrieblichen Tarifeinheit. Nach längerer Vorarbeit einzelner Landesgruppen seit dem Jahr 2006 ist am 1. Mai 2011 die bundesweit angetretene deutsche Feuerwehrgewerkschaft ins Leben gerufen worden. Der im Jahr 2002 mit 21 Mitgliedern gegründete Verband A.R.T.E (Aircraft Release by Technicans and Engineers) hat sich im Jahr 2010 in Technik Gewerkschaft Luftfahrt (TGL) umbenannt; Ziel der TGL sei der Abschluss von Tarifverträgen. Die im November 2010 von 12 Mitgliedern gegründete Neue Assekuranz-Gewerkschaft (NAG) wies nach deren eigenen Angaben am 31. Dezember 2010 bereits eine „dreistellige" Zahl an Mitgliedern auf.[11]

---

[10] Ronald Bachmann / Martin Henssler / Christoph M. Schmidt / Anna Talmann „Empirische Analyse der Auswirkungen der Tarifpluralität auf das deutsche Tarifvertragssystem und auf die Häufigkeit von Arbeitskämpfen", RWI, Februar 2011, S. 29, 30.

[11] Ronald Bachmann / Martin Henssler / Christoph M. Schmidt / Anna Talmann „Empirische Analyse der Auswirkungen der Tarifpluralität auf das deutsche Tarifvertragssystem und auf die Häufigkeit von Arbeitskämpfen", RWI, Februar 2011, S. 30.

Aber besagt diese Entwicklung wirklich grundstürzend Neues? Stimmt die These, diese Neugründungen seien nur auf den Wegfall der betrieblichen Tarifeinheit zurückzuführen?

Gewerkschaftspluralität ist beileibe kein neues Phänomen. Unter dem Dach von „Beamtenbund und Tarifunion" („dbb") sind 49 Einzelgewerkschaften versammelt. Hinzu kommen noch rund 19 christliche Gewerkschaften unter dem Dach des CGB und etwa 14 Gewerkschaften, die keinem Dachverband angehören. Sieht man von der früheren DAG ab, so ist als neue Entwicklung der Arbeitskampf von Nicht-DGB-Gewerkschaften zu konstatieren, allen voran das des Marburger Bundes und der Gewerkschaft der Lokführer, aber auch von Cockpit und der Gewerkschaft der Flugsicherung. In allen Fällen handelt es sich um Berufsgewerkschaften im Bereich der Daseinsvorsorge. Dieser Aspekt gibt Anlass zum Nachdenken – nicht aber im Fehlen einer betrieblichen Tarifeinheit mit Zuständigkeitsüberschneidungen der konkurrierenden Gewerkschaften, schon gar nicht in allen Bereichen des Arbeitslebens. Eine Zuständigkeitsüberschneidung war letztlich nur bei den Lokführern und im Bereich der Vorfeldarbeit und Gepäckabfertigung auf Flughäfen zu finden. Doch hatte es in den Jahren zuvor auch bereits deutliche Fälle geltungsbereichsüberschneidender Industrieverbandstarifverträge gegeben, vor allem solche der christlichen Gewerkschaften einerseits und der DGB-Gewerkschaften andererseits.

Die Bildung berufsbezogener Gewerkschaften hat sicherlich ein Bündel von Ursachen. Der Gedanke der Solidarität reibt sich vor allem in Industrieverbandsgewerkschaften mit ihrer unvermeidlichen Vielfalt an Berufen und Einkommensschichtungen zuweilen am Organisationsinteresse. Die von gewerkschaftlichen Großorganisationen gern als ihr Grundmotiv angeführte Solidarität aller ihrer Mitglieder führt nicht ohne weiteres zu der Einschätzung, dass schon dadurch die Interessen kleiner oder spezieller Berufsgruppen aus deren Sicht „hinreichende", aus der Sicht der Mitgliedermehrheit „besondere" Beachtung finden können.

Doch das ist nur eine Seite der Medaille. Die andere soll nicht unterschlagen werden. Alle diese Gründungen bzw. Verselbständigungen fallen in die Zeit der Privatisierungen von Einrichtungen der öffentlichen Hand, z.B. kommunale Krankenhäuser, bundeseigene Unternehmen (Bahn, Flugsicherung). In diese Zeit fallen auch die Zusammenschlüsse kleinerer Industriegewerkschaften (Leder, Holz, Textil) mit der IG-Metall und im Dienstleistungsbereich der Zusammenschluss verschiedener DGB-Gewerkschaften und der DAG zu ver.di.

Im Bereich des DGB hat es nach dieser Fusionswelle keine wesentlichen Änderungen mehr gegeben. Wohl aber gab und gibt es neue Ausdehnungsbestrebungen hinsichtlich der Betätigung der Gewerkschaften, nicht zuletzt hinsichtlich der Verbreiterung und Vergrößerung ihrer Tarifzuständigkeit.

Das betrifft nicht nur solche Gewerkschaften, die dem DGB nicht angehören, sondern gerade solche unter dem Dach des DGB. Wir haben das Beibehalten alter Gewerkschaftszuständigkeiten trotz bereichswechselnder Ausgliederungen, z.B. von Software-Unternehmen aus dem Hardware-Unternehmen ebenso erlebt. Wir erleben jetzt u.a. das Claimen der Zuständigkeit der IG Metall für industrienahe Transportunternehmen. Dem nach § 16 der DGB-Satzung für Zuständigkeitsklärungen eingerichteten Schiedsgericht wird die Arbeit nicht ausgehen. Der in den Grundsätzen des DGB niedergelegte Kerngrundsatz „Ein Betrieb – eine Gewerkschaft"[12] hindert solchen Streit nicht; jede Gewerkschaft beschreibt ihre Tarifzuständigkeit i.S. des § 2 TVG in ihren Statuten autonom; dies darf sie auch. Dabei ist völlig gleichgültig, ob man dem BAG in seiner von mir nicht geteilten Ansicht folgt, nicht nur eine schiedsgerichtliche (§ 16 DGB-Satzung), sondern auch eine nur einvernehmliche Klärung der Zuständigkeit innerhalb des DGB habe rechtlich eine bindende Wirkung für die Arbeitgeber.[13] Tröstlich ist immerhin, dass das BAG dem Arbeitgeber ein Recht auf eine arbeitsgerichtliche Klärung zubilligt, wenn eine Gewerkschaft ihn zu Tarifverhandlungen auffordert.[14]

Gleichwohl: Die Gewerkschaftspluralität hat noch kein wirklich bedrohliches Ausmaß. Gegen befürchtete Streikkaskaden wird die betriebliche Tarifeinheit allerdings nicht helfen. Sie setzt im Kern auf die rechtstreue Befolgung einer aus einem fremden Tarifvertrag resultierenden Friedenspflicht, zielt also letztlich auf eine Streikrestriktion. Auf die Friedenspflicht ist aber kein Verlass mehr.

III.   Rechtsprechungsentwicklung zum Arbeitskampf

Arbeitskampfrecht ist Richterrecht. Die jüngere Rechtsprechung zum Arbeitskampfrecht ist wesentlich durch drei Entscheidungen des BAG geprägt worden. Je nach Verständnis und Einordnung des Arbeitskampfrechts sprechen die einen von „Weiterentwicklung", die anderen von Entgrenzung des Streikrechts. Ich denke an die Entscheidungen des BAG zum Streik auf Abschluss eines Sozialplantarifvertrages[15], zum Unterstützungsstreik[16] und zum Phänomen „flashmob".[17]

Mit der vom BAG am 21. April 2007 eröffneten rechtlichen Möglichkeit, einen Tarifsozialplan abzuschließen und notfalls zu erstreiken, ist dem Tarifvertrag eine neue Gegenstandsgruppe eröffnet worden. Der EuGH hat

---

[12]Grundsätze des DGB Abschnitt 1 Buchst. a Nr. 2

[13]BAG, Beschl. v. 14. Dezember 1999 - 1 ABR 74/98 - AP Nr. 14 zu § 2 TVG Tarifzuständigkeit; BAG, Beschl. v. 25. September 1996 - 1 ABR 4/96 - AP Nr. 10 zu § 2 TVG Tarifzuständigkeit.

[14]BAG, Beschl. v. 13. März 2007 - 1 ABR 24/06 - AP Nr. 21 zu § 2 TVG Tarifzuständigkeit.

[15]BAG, Urt. v. 24. April 2007 - 1 AZR 252/06 - NZA 2007, 987.

[16]BAG, Urt. v. 19. Juni 2007 - 1 AZR 396/06 - NZA 2007, 1055.

[17]BAG, Urt. v. 22. September 2009 - 1 AZR 972/08 - NZA 2009, 1347.

dagegen im Urteil „Viking" vom 11. Dezember 2007[18] und „Laval" vom 18. Dezember 2007[19] erkannt, dass Gewerkschaften im Hinblick auf die EU-rechtlichen Grundfreiheiten der Unternehmer die Niederlassungsfreiheit von Unternehmen prinzipiell nicht übermäßig durch Tarifverträge oder anderen Aktionen behindern dürfen.

Der vom BAG gebilligte Unterstützungsstreik unterläuft die Friedenspflicht aus dem „eigenen" Tarifvertrag. Einen fremden, legitimen Streik darf die friedenspflichtgebundene Gewerkschaft durch Streikmaßnahmen unterstützen. Daran sei sie durch die Friedenspflicht rechtlich nicht gehindert. Wie soll aber die von der BDA angestrebte betriebliche Tarifeinheit mit der daraus resultierenden Friedenspflicht noch zur wirksamen Streikgrenze für eine Minderheitsgewerkschaft werden, wenn die Mehrheitsgewerkschaft einen Unterstützungsstreik führen dürfte? Oder hat die Idee des „Friedenspflichtoktroy" zur Konsequenz, dass ein Arbeitskampf nur um solche Arbeitsbedingungen geführt werden darf, die den arbeitskämpfenden Arbeitnehmer selbst unmittelbar betreffen? Das hätte eine - jeden Streik für andere rechtlich hindernde - Friedenspflicht zu Folge. Art. 9 Abs. 3 GG dürfte kaum entgegenstehen, aber wäre eine solche Idee politisch mehrheitsfähig?

Eine Entgrenzung des Streikrechts hat das BAG durch seine „flashmob"-Entscheidung vorgenommen. Wenn sie der Prüfung durch das BVerfG standhält, wäre eine völlig neue Arbeitskampfmethode legitimiert: Die Blockade! Diese dürfte dann sogar unter wesentlicher Schonung der eigenen Ressourcen und unter weitgehender Vermeidung der eigenen Betroffenheit durch streikbedingten Lohnausfall organisiert werden. Das wäre ein geradezu teuflisches Instrument. Denn der Arbeitgeber kann dem faktisch nichts entgegensetzen.

IV. Internationalisierung

Auf der EU-Ebene sind zwei neuere Entwicklungen zu beobachten. Zum einen die Zusammenarbeit von Gewerkschaften und Arbeitgeberverbänden bei der Schaffung von EU-Arbeitsrecht. Zum anderen aber auch grenzüberschreitende Auseinandersetzungen im EU-Raum und die Frage, in welchem Verhältnis das auch von der EU akzeptierte Streikrecht zum Grundprinzip der Niederlassungs- und Betätigungsfreiheit der Unternehmen steht.

Die Europäische Union hat nach dem Vertrag von Lissabon umfangreiche Kompetenzen in allen wirtschaftspolitischen Fragen inne, wesentlich weniger Kompetenzen sind ihr aber im Bereich der sozialen Sicherung eingeräumt. Das Streikrecht gilt nach jüngeren Urteilen des EuGH noch vor Inkrafttreten der Vertrags von Lissabon nur dann, wenn und soweit durch dessen

---

[18]EuGH, Urteil vom 11. Dezember 2007, Rs. C-438/05, Viking, Slg. 2007, S. I-10779.
[19]EuGH, Urteil vom 18. Dezember 2007, Rs. C-341/05, Laval, Slg. 2007, S. I-11767.

Wahrnehmung die Grundfreiheiten nicht unverhältnismäßig eingeschränkt werden. Dies ist – zusammengefasst – der Kern der Urteile des EuGH „Viking"[20] und „Laval[21]", beide aus dem Dezember 2007. Im Fall „Laval" rief die streikführende Gewerkschaft zu einem Sympathiearbeitskampf in Form von Betriebsblockaden auf. Im Fall „Viking" ging es um den Boykott der Abfertigung einer Ostseefähre, die aus einem EU-Land mit hohen Heuern in ein heuergünstigeres EU-Land umgeflaggt werden sollte.

Die Internationalität von Arbeitskämpfen ist kein grundsätzlich neues Phänomen. Das System „blue card" der Internationalen Transportarbeiter Gewerkschaft (International Transport Workers Federation – ITF)[22] wird seit vielen Jahren praktiziert. Die Methode ist simpel, aber effektiv. Der Reeder verpflichtet sich gegenüber der ITF, bestimmte mit der ITF vereinbarte Standards an Arbeitsbedingungen und Heuern einzuhalten. Dafür erhält er die auf seinen Schiffen mitzuführende „blue card". Die ITF kontrolliert die Einhaltung dieser Zusage. Hat ein Schiff keine „blue card" oder hält es die damit verbundenen Arbeitsbedingungen nicht ein, so droht die ITF, die Lösch- und Ladearbeiten im Hafen zu blockieren oder zu boykottieren.

Ähnliches wird nunmehr hinsichtlich der Einhaltung von Standards durch große, international agierende Unternehmen versucht, um in wirtschaftlich nicht oder schlecht entwickelten Ländern, aus denen die Ware bezogen wird, Mindestbedingungen für Arbeiter oder Kleinstunternehmern durchzusetzen. Die Methode hierzu heißt „corporate social responsibility", kurz CSR genannt. Sie geht vorrangig dahin, dass sich Unternehmen zu Wohlverhalten auch hinsichtlich ihrer Lieferanten und Dienstleister in aller Welt verpflichten, notfalls mit Hilfe der Androhung von brand damaging. Wesentliches Hilfsmittel ist dabei die Berichterstattung durch Medien.

Mit diesen Bemerkungen mag es für den Anfang dieser Schrift „Deutsche und Europäische Tariflandschaft im Wandel" sein Bewenden haben. Ich freue mich mit Ihnen auf spannende Beiträge der Mitautoren!

---

[20] EuGH, Urteil vom 11. Dezember 2007, Rs. C-438/05, Viking, Slg. 2007, S. I-10779 Rn. 90.

[21] EuGH, Urteil vom 18. Dezember 2007, Rs. C-341/05, Laval, Slg. 2007, S. I-11767 Rn. 111.

[22] Ob die ITF eine Gewerkschaft als Spitzengewerkschaft tariffähig ist, hat das BAG unentschieden gelassen (BAG, Urteil vom 16. Februar 2000 - 4 AZR 14/99 - AP Nr. 54 zu § 2 TVG).

Kapitel II.

Deutsches Arbeitsrecht: Wettbewerbsfähigkeit von Unternehmen

Sind die Unternehmen mit dem deutschen Arbeitsrecht national und global wettbewerbsfähig? *

Professor Dr. Dr. h.c. Wolfgang **Hromadka**
Präsident des Verwaltungsgerichts für Internationalen Zahlungsausgleich, Basel; Wissenschaftlicher Berater der Anwaltssozietät Schmitt-Rolfes und Faltermeier, München

Eigentlich könnte man es sich einfach machen und sagen: Deutschland ist einer der drei größten Exporteure der Welt, nach China und vor den USA, und das bei knapp 82 Millionen Einwohnern gegenüber mehr als 1,3 Milliarden Chinesen und 300 Millionen US-Amerikanern. So schlecht kann das deutsche Arbeitsrecht also gar nicht sein. Vielleicht trägt es nicht gerade zu dem Erfolg bei, aber zumindest verhindert es ihn auch nicht. Da es aber nur wenig gibt, was man nicht noch besser machen könnte, lohnt es doch, ein wenig genauer hinzuschauen.

Am Anfang sollen zwei scheinbar banale Sätzen stehen: Arbeitsrecht ist ein Datum in dem Datenkranz, innerhalb dessen sich Wirtschaft abspielt. Und: Arbeitsrecht ist **ein** Datum innerhalb dieses Datenkranzes.

I.   Arbeitsrecht: ein wirtschaftliches Datum

Die Erkenntnis, dass Arbeitsrecht ein wirtschaftliches Datum ist, ist erst in den letzten Jahrzehnten zum Allgemeingut geworden. Zwar war man sich schon sehr früh dessen bewusst, dass das Arbeitsrecht Einfluss auf die Wettbewerbsfähigkeit und damit auf das wirtschaftliche Geschehen hat. Es sei nur an das Washingtoner Arbeitszeitabkommen von 1919 erinnert, wo man die Höchstarbeitszeit nach wirtschaftlicher Leistungsfähigkeit staffelte. Japan erhielt die Erlaubnis, statt der allgemein vorgesehenen 48 Stunden 57 Stunden zu arbeiten, Britisch-Indien sogar 60 Stunden, China, Persien und Siam wurden von der Regelung ganz ausgenommen, und in Griechenland und Rumänien, deren Wirtschaft schon damals nicht durch besondere Produktivität auffiel, sollte das Abkommen erst nach einer gewissen Übergangszeit in Kraft treten.[1] Dennoch wurde diese Grundeinsicht gerade in den ersten Jahrzehnten der Bundesrepublik überlagert von dem Bild des Kampfes David gegen Goliath, des schwachen Arbeitnehmers gegen den übermächtigen Arbeitgeber. Es war die Zeit, als die Multis, die so mancher David als

---

*Unter anderem erschienen in „Personalwirtschaft", hier abgedruckt mit Zustimmung aller Beteiligten.

[1] Art. 9 ff. Entwurf eines Übereinkommens über die Begrenzung der Arbeitszeit in gewerblichen Betrieben auf acht Stunden täglich und achtundvierzig Stunden wöchentlich v. 28.11.1919, abgedr. in Fischer, Joachim, Rhode, Herbert, 50. Sonderheft z. RABl., 1929, S. 5 f., ILC 1919 (Minutes).

soziale Hängematte missbrauchte, geradezu als das institutionalisierte Böse gebrandmarkt wurden, als es fast selbstverständlich war, dass man zusätzlich zu seinem Urlaub alle zwei Jahre eine Kur nahm und davon träumte, dass jeder nach seinen Bedürfnissen entlohnt werde, als der SPD-Vorsitzende von Schleswig-Holstein, Jochen Steffen, das törichte Wort prägte, man müsse die Grenzen der Belastbarkeit der deutschen Unternehmen testen[2], und als es zu den gängigen Topoi gehörte, man müsse die Arbeitsgerichtsbarkeit noch auf die Waagschale der Arbeitnehmer legen. Die Wirtschaftswunderzeit hatte die Illusion geschaffen, dass die Wirtschaft machbar sei; paradigmatisch dafür nur zwei Stichwörter: Helmut Schmidt, der sich als Macher verstand und der als Macher verstanden wurde, und das Stabilitätsgesetz, das der Politik das magische Viereck vorgab. Nur am Rande: Als Schmidt die Regierung übernahm, 1974, gab es knapp 600.000 Arbeitslose, als er abgewählt wurde, 1982, dreimal so viel, nämlich mehr als 1.8 Millionen. Unter dem Kanzler Schmidt wurde der Sozialstaat derart ausgebaut, dass es zu dem Phänomen der freiwilligen Arbeitslosigkeit kam. Schmidt selbst befand: „Die Leute haben einfach keine Lust mehr zu arbeiten."[3] Die Sozialausgaben stiegen in den 8 Jahren seiner Regierung von 38 auf 83 Mrd. DM,[4] die Staatsverschuldung von 39 auf 160 Mrd. DM. Bezeichnenderweise wurde just zur selben Zeit § 362 Nr. 5 aus dem StGB gestrichen, in dem es geheißen hatte:

„Mit Haft wird bestraft, wer sich dem ... Müßiggang dergestalt hingibt, dass er in einen Zustand gerät, in welchem zu seinem Unterhalte ... durch Vermittlung der Behörde fremde Hilfe in Anspruch genommen werden muss."

Die Wende kam nach der 2. Ölpreiskrise 1981/82. Nun setzte sich die Erkenntnis durch, dass man vielleicht auch einmal ein Gewichtchen von der Waagschale der Arbeitnehmer nehmen müsse. In den Worten des Sachverständigenrats:

„Notwendig ist ..., dass ... künftig die ordnungspolitische Problematik arbeitsrechtlicher und sozialrechtlicher Regulierung stärker berücksichtigt wird, als dies von der kasuistischen Gesetzgebung und vor allem in der Rechtsprechung ... in der Vergangenheit geschehen ist."[5]

Ein erstes Ergebnis war das Beschäftigungsförderungsgesetz von 1985, das die Befristungsrechtsprechung des BAG korrigierte und sachgrundlose Befristungen bis zur Dauer von 18 Monaten erlaubte.[6] Das BAG hatte seit

---

[2]Weimer, Die Sozialisierungsfalle, 1999, zit. bei v. Prollius, Deutsche Wirtschaftsgeschichte nach 1945, 2006, S. 153.

[3]Zit. bei Bökenkamp, Das Ende des Wirtschaftswunders, 2010, S. 149.

[4]Abelshauser, Deutsche Wirtschaftsgeschichte, 2011, S. 400.

[5]Sachverständigenrat zur Begutachtung der wirtschaftlichen Entwicklung, Jahresgutachten 1987 (im folg. GA, Jahr), Nr. 383.

[6]Zur Entwicklung des Arbeitsrechts in der Bundesrepublik Deutschland vor dem wirtschaftlichen Hintergrund Hromadka, NZA 2012, 585.

1960 in jeder Befristung eine Umgehung des Kündigungsschutzes gesehen und deshalb für die befristeten Arbeitsverträge im Bereich des Kündigungsschutzrechts einen sachlichen Grund verlangt.[7]

1. Arbeitsrecht: nur ein Datum

Arbeitsrecht ist aber nur **ein** Datum in einem fast unendlich weiten wirtschaftlichen Datenkranz. Das Spektrum reicht von der Verkehrsinfrastruktur über das Bildungssystem, die Produktionsverfahren, die Ausgaben für Forschung und Entwicklung und das Steuerrecht bis hin zu so weichen Faktoren wie den Hoffnungen und Befürchtungen der Bürger. Das Weltwirtschaftsforum hat für seinen Bericht 2011/2012 mehr als 110 Indikatoren untersucht. In seiner Skala der Wettbewerbsfähigkeit sieht es die Bundesrepublik unter 142 Ländern auf Platz 6. Ausgerechnet der Arbeitsmarkt ist es, der verhindert, dass Deutschland noch weiter vorn steht. In puncto Arbeitsmarkteffizienz erreicht unser Land nur Platz 64. Bemängelt werden vor allem der rigide Kündigungsschutz und fehlende Beweglichkeit bei den Löhnen.[8]

Interessanterweise scheinen Unternehmer mit dem deutschen Arbeitsrecht gar nicht so unzufrieden. Bei einer Umfrage im Jahr 1997 wurden unter den ersten zehn gravamina dreimal die Lohnkosten und zweimal die Arbeitszeit genannt; das Arbeitsrecht in Gestalt der Kündigungsschutzvorschriften trat nur einmal auf; ein gutes Viertel beklagte den Mangel an qualifizierten Arbeitskräften.[9] Der Anschein trügt aber. Denn auch zu hohe Lohnkosten und unflexible Arbeitszeiten sind keine Naturgegebenheiten, sondern das Produkt rechtlicher Rahmenbedingungen. Ob die Antworten heute noch genau so ausfallen würden, mag dahinstehen. Denn einiges hat sich inzwischen getan. Allerdings ging es wie bei der Echternacher Springprozession: drei Schritte vor, zwei zurück.

Die Unternehmer mussten in den letzten Jahrzehnten mit einem ungeheuren Wandel fertig werden: einem Wandel in den Produktionsmitteln und Produktionsverfahren, einem Mentalitätswandel - Stichwort: „shareholder value" -, einem Wandel im Konsumverhalten, wechselnden staatlichen Vorgaben und nicht zuletzt einem weltweiten Wettbewerb nach dem Siegeszug neuer Kommunikationstechniken und dem Fall des Eisernen Vorhangs, und das alles vor dem Hintergrund einer rasanten Beschleunigung. Kein Wunder, dass sie die Flexibilität, die man von ihnen verlangte, auch von ihren Mitarbeitern verlangten, verlangen mussten, wenn sie wettbewerbsfähig bleiben wollten. Flexibilität wurde zum Schlüsselbegriff für ihre Forderungen an Gesetzgeber und Rechtsprechung, Flexibilität in zweifacher Hinsicht: beim Personal und bei den Arbeitsbedingungen.

---

[7]BAG 12.10.1960, AP Nr. 16 zu § 620 BGB Befristeter Arbeitsvertrag.
[8]Iwd 36/2011 S. 3.
[9]Iwd 7/1997 S.8.

2. Externe Flexibilität

Flexibilität beim Personal, später externe Flexibilität genannt, hieß Möglichkeit schneller und kostengünstiger Personalanpassung bei konjunkturellen und strukturellen Änderungen. Klassischer Ansatzpunkt ist das Kündigungsrecht. Das KSchG von 1951 hatte eigentlich nur den § 242 BGB konkretisieren wollen. Bei einer Kündigung aus betrieblichen Gründen, so sie denn wirklich notwendig war, hatte der Arbeitgeber frei sein sollen. Hier hat die Rechtsprechung hohe materielle und formelle Hürden errichtet, die ganz gewiss nicht in der Absicht des Gesetzgebers lagen. Allerdings hat der Gesetzgeber auch noch draufgesattelt, 1969 mit dem Arbeitsrechtsbereinigungsgesetz und 1972 mit der Kodifizierung des Sozialplans im Betriebsverfassungsgesetz, den die Rechtsprechung bekanntlich aber auch schon vorweggenommen hatte. Trotz ständiger Mahnungen des Sachverständigenrats[10] und sogar der OECD[11] kam es erst 1996 unter dem Eindruck von mehr als 4 Millionen Arbeitslosen zu einer leichten Lockerung. Damals wurden u.a. die Kleinbetriebsgrenze von 5 auf 10 angehoben, die Kriterien der Sozialauswahl eingeschränkt und den betrieblichen Interessen größeres Gewicht zuerkannt; letzteres hat die Rechtsprechung alsbald aber auch wieder abgeschwächt. Dabei ist es im wesentlichen geblieben. Die Einführung des Abfindungsanspruchs durch § 1a KSchG im Jahr 2003 ist nicht viel mehr als Schaufenstergesetzgebung.

Mittlerweile ist es um den Kündigungsschutz ruhiger geworden. Das liegt allerdings nicht daran, dass die Unternehmer damit zufriedener wären. Es gibt durchaus Punkte, die der Praxis Sorgen bereiten, etwa die Kündigung von sog. low performern und den Streik um den Tarifsozialplan. Das Leben hat sich vielmehr seine Bahn gebrochen. Was sich nicht biegen lässt, das bricht. Die Funktion eines erleichterten Kündigungsrechts haben befristete Arbeitsverhältnisse, Dienst- und Werkverträge und Leiharbeitsverhältnisse übernommen. Das Ausweichen vor einer systemgerechten Regelung hat seinen Preis: die Spaltung der Belegschaften in Stamm- und Randbelegschaften. Es wäre interessant, die Entwicklung der Umgehungsinstrumente nachzuzeichnen: etwa bei den Werkverträgen die Verketzerung als Scheinselbständigkeit unter der Regierung von Gerhard Schröder bis hin zu der Adelung als Ich-AGs unter derselben Regierung, die Auseinandersetzungen um Quisquilien wie die rechte Definition der Verlängerung, aber auch um die Vorbeschäftigung bei den befristeten Arbeitsverträgen, bei der Leiharbeit vom Verbot mit der skurrilen Begründung, sie umgehe das Vermittlungsmonopol der Bundesanstalt für Arbeit, über die Kassierung dieser Regelung durch das BVerfG,[12] die vielen Novellierungen des AÜG bis hin zu der Aus-

---

[10]Bspw. GA 1987, 368.
[11]Wirtschaftsbericht „Deutschland 2010."
[12]BVerfG, NJW 1967, 974.

einandersetzung über das equal-pay-Prinzip in jüngster Zeit, das dem auf **einen** Einsatz beschränkten französischen Modell der Zeitarbeit entspricht, und die dem zugrunde liegende Auseinandersetzung darüber, ob Leiharbeit nur der Flexibilisierung der Arbeitszeit oder auch der Senkung der Personalkosten dienen darf - nur flexibility oder flexicurity. Aber das würde zu weit führen. So bedauerlich das Ausweichen vor einer sytemgerechten Lösung rechtstheoretisch sein mag, vielleicht entspricht das Ergebnis doch einer List der Vernunft. Der rigide Kündigungsschutz gibt all denen, die einen unbefristeten Arbeitsvertrag haben - und das ist die weitaus größte Zahl der Arbeitnehmer -, ein Gefühl der Sicherheit. Eine Lockerung des Kündigungsschutzes würde ihnen allen ein Stück Geborgenheit nehmen, und das in einer Welt, die mit ihrem raschen Wandel ohnedies nicht gerade das Gefühl der Sicherheit vermittelt. Den Randbelegschaften bleibt zumindest die Hoffnung, eines Tages ebenfalls einen sicheren Arbeitsplatz zu erwerben, und viele erwerben ihn ja auch.

3. Interne Flexibilität

Die Spaltung in Stamm- und Randbelegschaften allein hätte aber nicht genügt, um den Unternehmen die Wettbewerbsfähigkeit zu erhalten. Flexibilität durch Personalanpassung hat zwei Nachteile: Die Unternehmen verlieren bei Entlassungen Kapazität, und ihnen entstehen bei Wiedereinstellungen beträchtliche Transaktionskosten. Neue Arbeitnehmer müssen erst wieder gewonnen und eingearbeitet werden. Diese Nachteile werden vermieden, wenn die Arbeitsbedingungen, insbesondere Entgelt und Arbeitszeit, selbst flexibel sind. Ein Jahrhundert lang hatte der Satz gegolten: Die Arbeitsbedingungen sind fix. Die Arbeitnehmer haben keine Gewinnchancen; dafür sollen sie auch nicht das Risiko von Verlusten tragen. Dass sie damit ein viel größeres Risiko eingingen, nämlich das des Arbeitsplatzverlustes, wurde wie ein Naturgesetz hingenommen. Das änderte sich, als immer mehr Arbeitsplätze auf dem Spiel standen. Jetzt drehte sich der Satz um in ein „Besser ein Arbeitsplatz zu schlechteren Bedingungen als kein Arbeitsplatz zu besseren." Oder mit einem Schlagwort: „Lieber interne als externe Flexibilität."

Es ist eine Ironie der Geschichte, dass der Umschwung ausgerechnet durch zwei Ereignisse kam, von denen man eigentlich das Gegenteil erwartet hatte: durch die Einführung der 35-Stundenwoche in der Metallindustrie und durch die Unterstellung des Arbeitsrechts unter das AGB-Recht.

Für den Einstieg in die 35-Stundenwoche 1984 hatte die IG Metall einen Preis bezahlen müssen: die Differenzierung und Flexibilisierung der Arbeitszeit. Die Differenzierung betraf die Dauer - 13% der Arbeitnehmer durften weiterhin 40 Stunden arbeiten -, die Flexibilisierung die Lage der Arbeitszeit: Die Arbeitszeit im Metallbereich konnte jetzt gleichmäßig oder ungleichmäßig auf fünf Werktage verteilt werden; die durchschnittliche Arbeitszeit musste erst im Durchschnitt von zwei Monaten erreicht werden. Und: Die Auslastung der betrieblichen Anlagen und Einrichtungen durfte aus Anlass der Neufestlegung der Arbeitszeit nicht verändert werden. Das war die von den Arbeitgebern dringend benötigte Entkoppelung von Arbeits- und Betriebszeiten.

Was die Einbeziehung des Arbeitsrechts in die AGB-Kontrolle anbelangt, so hatte man allgemein befürchtet, dass der Arbeitgeber mit noch ein paar Zwirnsfäden mehr gebunden würde. Bei den essentialia negotii - Tätigkeit, Entgelt und Arbeitszeit - ist jedoch das Gegenteil eingetreten. Der Arbeitgeber kann weitgehende Versetzungsklauseln vereinbaren und Entgelt und Arbeitszeit in einem Korridor von 25 %, wenn man Nebenleistungen einrechnet, sogar von 30 % variabel gestalten. Hier haben die zuständigen Senate, allen voran der 5. Senat, wirklich Vorbildliches geleistet. Die Flexibilität hat gerade in der letzten Wirtschaftskrise gezeigt, was sie bewirken kann: Zeitweise Verkürzung der Wochenarbeitszeit, Abbau von Überstunden und nicht zuletzt das Instrument der Kurzarbeit haben verhindert, dass es in größerem Umfang zu Entlassungen kam.[13] Allerdings half auch ein Mentalitätswandel bei den Arbeitgebern. Angesichts der demographischen Entwicklung horteten sie eingearbeitete Fachkräfte.

Gäbe es nur das Individualarbeitsrecht, so könnte man alles in allem ein recht positives Fazit ziehen. Es gibt aber auch noch das kollektive Arbeitsrecht, und hier ist für die Wirtschaft weniger Erfreuliches zu berichten. Manche positive Entwicklung im Individualarbeitsrecht ist sogar konterkariert worden.

II. Öffnungsklauseln: Flexibilisierung des Tarifvertrags

Klassisches Regelungsinstrument für Entgelt und Arbeitszeit ist in Deutschland der Tarifvertrag. Daran hat auch der Mitgliederschwund bei den Gewerkschaften nichts geändert. Der Tarifvertrag ist nach wie vor für die übergroße Mehrzahl der Arbeitnehmer das Maß aller Dinge. Für Tarifgebundene gilt er unmittelbar, nicht tarifgebundene Arbeitnehmer werden mit den organisierten durchweg gleichbehandelt, und selbst nicht organisierte Arbeitgeber orientieren sich im allgemeinen an den Tarifbedingungen.

Bis 1989/90 hatten Löhne und Arbeitszeit jeweils nur eine Richtung gekannt: die Löhne nach oben, die Arbeitszeit nach unten. Deutschland wurde zum Weltmeister in Sachen Arbeitskosten und Freizeit. Helmut Kohl sprach damals bei 65 freien Tagen im Jahr, einer Wochenarbeitszeit von 36,5 Stunden und einem Pensionierungsalter von weniger als 59 Jahren von einer Urlaubs-

---

[13]GA 2010 Ziff. 451.

republik.[14] In manchen Unternehmen gab es über 55jährige nur noch in den oberen Etagen. Die Folge: Deutschland übernahm den Titel „kranker Mann Europas", der in den 70er Jahren die Briten „geschmückt" hatte.[15] Allen war klar, dass es so nicht weitergehen konnte. Die Krise kam mit dem Fall des Eisernen Vorhangs. Die Grenzöffnung brachte statt der erhofften riesigen Märkte Scharen hungriger Mitbewerber - dank der neuen Kommunikationstechniken bis hin nach Fernost -, die ihre Leistungen zu konkurrenzlos niedrigen Preisen anboten. Die neu gegründete Europäische Währungsunion stärkte überdies die Wettbewerbsfähigkeit der anderen Mitglieder des Euro-Raums; sie verschaffte ihnen einen Zinsvorteil, der die Investitionstätigkeit anregte.

Die deutschen Unternehmen wurden wieder an die alte Wahrheit erinnert, dass man, wenn man verkaufen will, entweder billiger sein muss als die anderen oder besser. Neue Produkte lassen sich bekanntlich nicht einfach aus dem Amt schütteln. Also ging es an die Kosten, und dazu gehören nicht zuletzt die Lohnkosten. Das deutsche Arbeitsrecht ist nicht sehr änderungsfreundlich. Ein kollektives Änderungsinstrument gibt es seit dem Verdikt des Großen Senats im Jahr 1986 über die ablösende Betriebsvereinbarung[16] nicht mehr, und die gängige Einschätzung „Änderungskündigen ist schwerer als kündigen" trifft zwar nicht zu,[17] zur Absenkung des Entgelts ist die Änderungskündigung aber eigentlich nicht gedacht. An Änderungsvorbehalten fehlte es weithin. Freiwilligkeits- und Widerrufsvorbehalte sind erst mit der Schuldrechtsreform richtig in Mode gekommen. Dennoch gelang in den meisten Fällen die Rückführung von Leistungen. Den Arbeitnehmern war der Arbeitsplatz lieber als über- und außertarifliche Leistungen auf einem Papier, das für sie nicht mehr galt.

Dann aber stieß man auf ein schier unüberwindliches Hindernis: den Tarifvertrag. Eigentlich hätte es einer Parallelverschiebung der Tarifbedingungen nach unten bedurft.[18] Aber dazu waren die Gewerkschaften nicht bereit; in den neuen Bundesländern wurde sogar noch eine stufenweise Angleichung an die Arbeitsbedingungen von Deutschland West vereinbart. So mussten die Betriebe sich selbst helfen. Und sie taten es: durch Rationalisierung, Ausgliederung von Betriebsteilen, Fremdvergabe, Personalabbau, Verlagerung von Arbeitsplätzen ins Ausland und Betriebsschließung. Es kam zu einer Vielzahl von Verbandsaustritten, aus Arbeitgeberverbänden wie aus den Gewerkschaften. Nach der reinen Lehre wären nun eigentlich Angriffsaussperrungen das Mittel der Wahl gewesen, um die Tarifentgelte wieder an die tatsächlichen Verhältnisse anzupassen. Dazu kam es aber nicht. Den Un-

---

[14]Bökenkamp, (Fn. 3), S. 349, 354.
[15]GA 1995, 372.
[16]GS BAG, NZA 1987, 168.
[17]Hromadka, AuA 2004, 16.
[18]S. dazu GA 1995, 372.

ternehmen hätten Arbeitskämpfe bei dem globalen Wettbewerb noch mehr Verluste gebracht, und der konsensorientierten deutschen Gesellschaft hätte wohl auch das Verständnis für solche Auseinandersetzungen gefehlt.

Damit wäre nun eigentlich der Gesetzgeber am Zuge gewesen. Die größte Hebelwirkung hätte es gehabt, wenn er im Fall einer Notlage eine Abweichung von tariflichen Regelungen zugelassen hätte. Vorschläge für gesetzliche Öffnungsklauseln wurden in Hülle und Fülle gemacht: von der Monopolkommission,[19] vom Sachverständigenrat,[20] vom Deutschen Juristentag,[21] aus der Wissenschaft.[22] Die Varianten sind kaum übersehbar. Über die Drohung mit gesetzlichen Öffnungsklauseln, wenn es nicht zu tariflichen komme, in der Regierungserklärung von Gerhard Schröder im Jahr 2003[23] und die müde Erklärung des Vermittlungsausschusses im Jahr 2004, dass er von den Tarifparteien „binnen Jahresfrist eine neue Balance von Regelungen auf tariflicher und betrieblicher Ebene erwarte,"[24] kam es jedoch nicht hinaus. Immerhin führte das Damoklesschwert einer gesetzlichen Öffnungsklausel, mehr aber sicher noch die grassierende Tarif- und Verbandsflucht dazu, dass sich die Verbände allmählich zu tariflichen Öffnungsklauseln bequemten.

Aber auch die Rechtsprechung, die sich sonst so gern als Ersatzgesetzgeber sieht, versagte ihre helfende Hand. Adomeit hatte schon 1984 das Stichwort geliefert: In seinem berühmten Aufsatz „Das Günstigkeitsprinzip - neu verstanden,"[25] hatte er vorgeschlagen, den Arbeitsplatz gegen die Arbeitsbedingungen abzuwägen. So viel sich rechtstheoretisch dagegen einwenden lässt, es wäre Hilfe in der Not gewesen.

Auch einen anderen Ball, der ihr zugespielt wurde, griff die Rechtsprechung nicht auf. Der 61. Deutsche Juristentag hatte 1996 gefordert: „Die Rechtsprechung sollte anerkennen, dass es allein Sache der Arbeitsvertragsparteien ist, den zeitlichen Umfang der Arbeits- und Beschäftigungspflicht festzulegen."[26] Das entsprach der herrschenden Lehre[27], die Höchstarbeitszeiten zur Milderung der Arbeitslosigkeit - das war seinerzeit die Begründung der Gewerkschaften - für unzulässig hielt. Immerhin hätte der 1. Senat eine längere als die tarifliche Arbeitszeit wohl als günstiger befunden, wenn dem Arbeit-

---

[19] Monopolkommission, Zehntes Hauptgutachten 1992/1993, BTDrs. 12/8323 Rn. 936 f., 946.

[20] Z. B. GA 1996 Ziff. 324 f.; 2002 Ziff. 354, 466; 2008 Ziff. 28, 563.

[21] Beschl. Nr. 3 des 61. DJT, 1996, abgedr. in NZA 1996, 1277.

[22] S. die Zitate bei Hromadka, ZfA 1996, 1233 f. 2.

[23] iw Trends 1/2010, S. 78.

[24] S. auch „Regierungsprogramm 2002-2006" der CDU/CSU, S. 12, abgedr. in AiB 2002, 393, 394; Gesetzentwurf der FDP, BT-Drs. 14/6548.

[25] Adomeit, NJW 1984, 26.

[26] Abgedr. in NZA 1996, 1277, 1278 (Beschl. Nr. 11); dazu Hromadka, DB 2003, 43.

[27] Nachw. bei Hromadka, DB 1992, 1042 f. 1.

nehmer ein Rückkehrrecht zur tariflichen Arbeitszeit eingeräumt wurde. Die Klage wurde aber zurückgenommen, und später blieb der 1. Senat wortlos bei seiner verstaubten Rechtsprechung.

Da es innerhalb der geltenden Rechtsordnung also keine Abhilfe gab, kam es in großem Umfang zum Rechtsbruch: Die Unternehmen vereinbarten mit ihren Betriebsräten und/oder nach Abstimmung in der Belegschaft sog. Bündnisse für Arbeit mit untertariflichen Arbeitsbedingungen: Absenkung der Löhne, Verringerung der Arbeitszeit ohne oder ohne vollen Lohnausgleich, in der Regel gegen Zusicherung der zumindest teilweisen oder zeitweisen Erhaltung von Arbeitsplätzen. Die Gewerkschaften liefen dagegen Sturm und hatten beim BAG Erfolg: Sie errangen den Unterlassungsanspruch, zu dem der Gesetzgeber sich nicht hatte entschließen können;[28] ein eher zweifelhafter Erfolg: aus rechtlicher Sicht, weil es dafür keine Grundlage gab, und tatsächlich, weil die Gewerkschaften, wenn sie ihn geltend machten, Arbeitsplätze gefährdeten und damit Betriebsräte und Belegschaften gegen sich aufbrachten. So wurde allmählich aus dem Widerstand ein Wegschauen und schließlich sogar die Bereitschaft, Öffnungsklauseln in die Tarifverträge aufzunehmen. Inzwischen sind tarifliche Öffnungsklauseln sozusagen Stand der Technik, und man kann ohne Übertreibung sagen: Sie haben dem Flächentarifvertrag, wie der Verbandstarifvertrag seit einigen Jahren abwertend genannt wird, das Leben gerettet.

Auch hier könnte man sagen: Soweit, so gut. Das Problem ist nur, dass es keine Lösung für Notfälle gibt. Die Arbeitgeber sind auf den guten Willen der Gewerkschaften angewiesen, und die Gewerkschaften haben sich in der großen Krise der 90er Jahre nicht gerade flexibel gezeigt.

III. Neue Probleme

Immer wieder hört man: Die Arbeitgeber sind selbst schuld, wenn sie Tarifbedingungen vereinbaren, die sie nachher nicht einhalten können. Wer so argumentiert, übersieht, dass zu einem Vertrag immer zwei gehören. Die Gewerkschaften sind keine einfachen Verhandlungspartner. Funktionäre müssen schon zur Selbsterhaltung beweisen, dass sie ihr Geld wert sind. Und mit dem Streik steht ihnen ein Mittel zur Verfügung, dem die Arbeitgeber unter den heutigen Produktionsbedingungen wenig entgegenzusetzen haben. Es kommt nicht von ungefähr, dass Arbeitgeber immer wieder nachgeben und dann in der einen oder anderen Form ausweichen. Und es deutet nicht gerade auf ein großes Einfühlungsvermögen hin, wenn das BAG mit dem Unterstützungsstreik[29] und dem flash mob[30] neue Arbeitskampfformen akzeptiert, die sich nicht in das überkommene Arbeitskampfsystem einfügen. Der

---

[28] BAG, NZA 1999, 887.
[29] BAG, NZA 2007, 1055.
[30] BAG, NZA 2009, 1347.

Versuch der Rechtsprechung, die Durchsetzungsfähigkeit der Gewerkschaften künstlich zu stärken, führt nur zur Zementierung überholter Strukturen. Auch für die Gewerkschaften ist der Markt der beste Indikator dafür, ob sie die Interessen ihrer Mitglieder richtig wahrnehmen. Sie müssen durch ihre Tarifpolitik überzeugen. Wenn ihnen Mitglieder weglaufen, dann machen sie etwas falsch. Es ist nicht anders als bei den Parteien und bei den Kirchen. Auch die gewinnen keine neuen Mitglieder durch noch so schöne Events.

Ob die Entscheidung des 4. Senats zur Tarifpluralität[31] klug war, wird sich noch erweisen müssen. Rechtlich notwendig war sie nicht, schon gar nicht verfassungsrechtlich geboten. Hier hat wieder einmal die von Zöllner[32] so genannte Wundertüte des Art. 9 Abs. 3 GG herhalten müssen. Es zeugt schon von einem sehr starken Selbstbewusstsein, wenn man Richtern der Arbeits- und der Verfassungsgerichtsbarkeit unterstellt, sie hätten jahrzehntelang - in der Weimarer und in der Bundesrepublik - das Recht falsch angewendet. Streitigkeiten über die Verteilung des Kuchens zwischen einzelnen Belegschaftsgruppen werden künftig nicht mehr innerhalb der Gewerkschaft, sondern auf dem Rücken der Unternehmer und nicht selten auch der Öffentlichkeit ausgetragen. Sachgerecht ist das nicht. Sachwidrige Lösungen haben in aller Regel ihren Preis; und es würde nicht verwundern, wenn nicht alle dafür bezahlen müssten. Es ist aller Ehren wert, dass man sich jetzt um Schadensbegrenzung bemüht. Aber so einfach, wie manche es sich machen, ist es nicht. Mit nicht unbeträchtlichem rechtlichen Aufwand wird man vielleicht das Problem ständiger Tarifverhandlungen und ständiger Arbeitskämpfe in den Griff bekommen und eine Verschiebung des Kampfgleichgewichts verhindern können. Trotz abundanter schriftstellerischer Bemühungen ist aber nicht zu sehen, wie man bei unterschiedlichen Tarifverträgen unterschiedlicher Tarifpartner ein in sich stimmiges, auf Sachkriterien beruhendes Entgeltsystem soll schaffen können.[33] Eine gute Software, wie man in der juristischen Literatur lesen kann,[34] reicht dazu jedenfalls nicht aus.

Man kann gut verstehen, dass sich einzelne Berufsgruppen in und von einer Großgewerkschaft wie ver.di mit 2.2 Millionen Mitgliedern aus 1.000 Berufen[35] nicht angemessen vertreten fühlen. Es bleiben aber doch Zweifel, ob gerade ein Gericht dazu berufen ist, diese Frage zu lösen. Rechtsgestaltung in einer so komplexen Angelegenheit ist Aufgabe der Politik, und wenn sie keine Entscheidung trifft, dann ist das auch eine Entscheidung. Es muss zu-

---

[31] BAG, NZA 2010, 645, 1068.

[32] Zöllner, RdA 1969, 250, 254.

[33] Benedikt Schmidt, der die umfangsreichste Arbeit zur Folgenbeseitigung geschrieben hat (Tarifpluralität im System der Arbeitsrechtsordnung, 2011 (Diss. Bochum), 744 S.), übergeht das Problem mit Stillschweigen.

[34] Wendeling-Schröder, AuA 2000, 339, 341 („EDV"); Bayreuther, NZA 2007, 187, 188 („moderne Informationsgesellschaft").

[35] So die Selbstdarstellung in: „ver.di: Warum ver.di? - Darum ver.di."

mindest nachdenklich stimmen, dass der Employment Relations Act 1999, in
dem der britische Gesetzgeber das Problem der Tarifpluralität in den Griff
zu bekommen versucht hat, nicht weniger als 172 Paragraphen zählt.

Eine zweite Hürde, die die Rechtsprechung vor dem Genuss der wieder-
gewonnenen Freiheit im Arbeitsvertragsrecht aufgebaut hat, ist die Mitbestimmung des Betriebsrats bei der Absenkung einzelner Entgeltbestandteile.
Hier hat das BAG de facto eine Mitbestimmung bei der Höhe des Entgelts
eingeführt, die § 87 Abs. 1 Nr. 10 BetrVG gerade nicht vorsieht.[36]

RA Schmitt-Rolfes hat in einem Editorial in der NJW[37] einmal darauf hingewiesen, dass der 1. Senat des BAG sowohl für die Unternehmens- und Betriebsverfassung als auch für das Arbeitskampfrecht zuständig ist und dass
er damit über die Machtverteilung zwischen Arbeitgebern und Arbeitnehmern im betrieblichen wie im überbetrieblichen Bereich entscheidet. Er hat
weiter gesagt, auch Richter seien Menschen mit einer bestimmten Sozialisa-
tion, mit einem eigenen Weltbild und - bei allem Bemühen um Gerechtigkeit
- mit einem je eigenen Verständnis vom richtigen Recht. Die Demokratie, so
fährt er fort, wehre deshalb in Kenntnis der menschlichen Schwächen Ver-
suchungen durch die Schaffung von Rahmenbedingungen ab, die der Ausba-
lancierung der Kräfte dienten. Daran hat er die Frage geknüpft: „Wäre es
nicht einer Überlegung wert, ob man diesen Grundsatz nicht auch auf die
innergerichtliche Zuständigkeitsverteilung ausdehnte und die Zuständigkeit
für die Austarierung der Macht im betrieblichen und im überbetrieblichen
Bereich voneinander trennt?"

IV. Fazit

Zurück zur Ausgangsfrage: „Sind die Unternehmen mit dem deutschen Arbeitsrecht national und global wettbewerbsfähig?" Für die nationale Wettbewerbsfähigkeit spielt das Arbeitsrecht keine Rolle, denn das Arbeitsrecht
ist, von Kleinbetrieben abgesehen, für alle gleich. Was die internationale
Wettbewerbsfähigkeit anbelangt, so fällt die Antwort differenzierter aus.
Das Individualarbeitsrecht lässt den Unternehmen im großen Ganzen die
nötige Luft zum Atmen. Beim Kündigungsrecht könnte man sich durchaus
die eine oder andere Verbesserung vorstellen. Die größten Schrecken sind
ihm aber dadurch genommen, dass den Unternehmen Ausweichlösungen zur
Verfügung stehen. Die Gefahr liegt eher darin, dass der Gesetzgeber und
mehr noch die Rechtsprechung diese Auswege verlegen, Stichwort: Mächtigkeit der CGZP.[38] Leider geben Arbeitgeber selbst immer wieder Anlass zum
Eingreifen. Stichwort hier: Schlecker. Das eigentliche Problem liegt im kollektiven Arbeitsrecht. Hier droht die Rechtsprechung den Arbeitgebern die

---

[36] Dazu ausf. Reichold, in: FS Konzen, 2006, 763.
[37] Schmitt-Rolfes, 2010 H. 1.
[38] BAG, NZA 2011, 289.

Flexibilität zu nehmen, die sie im Individualarbeitsrecht haben. Der beklagten Starrheit unseres Arbeitsrechtssystem gegenzurechnen ist ein Posten, der sich in Heller und Pfennig nicht ausdrücken lässt: der soziale Friede. Deutschland gehört nach wie vor zu den streikärmsten Ländern der Welt, und das Betriebsklima in den allermeisten Unternehmen kann sich sehen lassen.

Eine naheliegende, mit der Wettbewerbsfähigkeit zusammenhängende Frage, nämlich wie sich das Arbeitsrecht auf den Arbeitsmarkt auswirkt, kann hier nur gestreift werden. Cum grano salis gilt dasselbe wie für die Wettbewerbsfähigkeit: Wettbewerbsfähige Unternehmen brauchen Arbeitnehmer. Und doch kann der Zustand des Arbeitsrechts die gegenwärtige Konjunktur am Arbeitsmarkt nicht erklären, denn das Arbeitsrecht hat sich in den letzten Jahren nicht signifikant geändert. Hier zeigt sich, dass das Arbeitsrecht eben nur **ein** Datum in einem Datenkranz ist. Wenn man Einflussfaktoren dingfest machen will, dann wird man vor allem an zwei denken: Das ist zum einen die Agenda 2010, die den Anreiz zum Arbeiten verstärkt hat, und zum anderen der Euro. Der Euro hat die ohne ihn längst fällige Aufwertung der deutschen Währung verhindert, und er hat mit zum Verlust der Wettbewerbsfähigkeit vor allem unserer romanischen Partnerländer beigetragen; die niedrigen Zinsen haben sie nämlich dazu verleitet, Schulden zu machen, statt die Rahmenbedingungen für ihre Wirtschaft zu verbessern. Das Ergebnis ist Arbeitslosigkeit in Südeuropa, eine gewisse Beschäftigungsblase bei uns. Unsere Partner exportieren sozusagen Arbeitsplätze. Es ist nur folgerichtig, dass jetzt Spanier und Griechen nach Deutschland kommen, um hier Arbeiten zu verrichten, die sie unter günstigeren Umständen in ihrem Heimatland verrichten könnten. Würde die Währungsunion platzen, dann würde auch die Blase platzen. Wegen der Aufwertung einer wiederhergestellten DM ginge sofort ein Gutteil der Wettbewerbsfähigkeit mit entsprechenden Auswirkungen auf den Arbeitsmarkt verloren. Dasselbe würde natürlich gelten, wenn der Export durch rechtliche Manipulationen wie eine Ausfuhrbeschränkung für Deutschland gebremst würde.

Wieder eine andere Frage ist es, ob der höheren Beschäftigung eine ebenso große Zunahme des Wohlstands in Deutschland entspricht oder - anders gewendet - ob die Deutschen nicht wegen der hohen Transferleistungen sozusagen für die Menschen in den Partnerländern mit arbeiten. Philipp Baldus, Volkswirt an der Universidad Rey Juan Carlos in Madrid, weist darauf hin, dass der deutsche Lebensstandard weniger zugenommen hat, als es mit der DM der Fall gewesen wäre. Während beispielsweise die Einzelhandelsumsätze in Großbritannien und Frankreich in den letzten zwölf Jahren um rund 50% und selbst in Spanien von 2000 bis 2007 noch um 20 % gestiegen seien, seien sie in Deutschland von 1996 bis 2008 sogar leicht zurückgegangen.[39] Wolfgang Reitzle, der Vorstandsvorsitzende von Linde, hat es Anfang

---

[39]Philipp Bagus, Die Tragödie des Euro, 2011, 63 f.

dieses Jahres so formuliert: Mit den 550 Mrd. Euro, mit denen die Bundesbank die Handelsbilanzdefizite der Krisenländer garantiert, „finanzieren wir deutsche Automobile und Werkzeugmaschinen, die nach Spanien oder Italien geliefert werden, im Prinzip selbst."[40] Aber das ist ein weites Feld, das ein Ökonom bestellen müsste.

---

[40]Wolfgang Reitzle, Handelsblatt v. 15.1.2012.

Kapitel III.

Koalitionsfreiheit – von der Tarifeinheit zur Tarifpluralität

Diversity Management als Rechtsproblem [*]

Professor Dr. Frank **Maschmann**
Universität Mannheim

I. Wachsende Vielfalt im Betrieb

Vielfalt prägt derzeit das typische Bild in den Betrieben. Das beginnt bereits bei den Varianten, in denen uns heute Arbeitsverträge begegnen: Das Normalarbeitsverhältnis weicht zusehends atypischer Beschäftigung. Teilzeitarbeit und befristete Verträge liegen im Trend, dazu kommt das Fremdpersonal, das immer häufiger und immer länger beschäftigt wird. Vielfalt sodann bei den Arbeitsbedingungen, wie etwa durch individuell gestaltete Zielvereinbarungen oder flexible Arbeitszeitmodelle. Vielfalt auch durch Globalisierung. Internationale Fusionen und Übernahmen führen Mitarbeiter länderübergreifend zusammen. Unternehmen entwickeln sich zu multikulturell geprägten Organisationen, in denen heterogener werdende Belegschaften nicht mehr dieselben Werte teilen[1]. Auch der Wertewandel bedingt Vielfalt: Individualisierung und Selbstentfaltung nehmen zu. Mitarbeiter fordern eine bessere Work-Life-Balance, persönlichere Ansprache bei der Führung und maßgeschneiderte Karrierepläne[2]. Hinzu kommen die demografischen Veränderungen. Die Zahl der Personen im erwerbsfähigen Alter zwischen 20 bis 65 wird in den nächsten zwei Jahrzehnten um 15 % zurückgehen, die der über 65-Jährigen um ein Drittel steigen[3]. Ausgleichen lässt sich dies nur, wenn die Erwerbsarbeit früher beginnt, später endet und vermehrt durch zugewandertes Personal erfolgt, was zu neuer Vielfalt im Aufbau der Belegschaft führt.

II. Vorteile der Vielfalt

Nun ist Vielfalt an sich durchaus begrüßenswert, und Diversity hat Konjunktur: nicht nur zum Schutz vor Diskriminierung, sondern weil offenbar auch ökonomische Vorteile winken. Eine bunt gemischte Belegschaft, so heißt es[4], erhöhe Umsatz, Kundenzahl und Marktanteil, weil sie die immer individueller werdenden Kundenwünsche besser erfüllen könne. „Matching"

---

[*] Der Beitrag ist eine Erweiterung des Einleitungsvortrags von Prof. Dr. Frank Maschmann auf dem 26. Passauer Arbeitsrechtssymposium 2012, das unter dem Leitthema stand: „Vielfalt in der Einheit - Partikularinteressen im Betrieb"

[1] Statt aller Oechsler, Personal und Arbeit, 9. Aufl. 2011, S. 102 ff.

[2] Abele, Zeitschrift für Arbeits- und Organisationspsychologie, Jg. 49 Nr. 4 (2005), S. 176 ff.

[3] Stat. Ämter des Bundes und der Länder, Demografischer Wandel in Deutschland, 2011, S. 8.

[4] Thomas/Ely, Harward Business Review, 1996/5, S. 80 ff.

lautet das Zauberwort: Segmentierung der Belegschaft entlang differenzierter Absatzmärkte. Unternehmen, die für Diversity bekannt seien, hätten einen höheren Firmenwert und seien für Fachkräfte sehr viel attraktiver[5], vor allem für solche weiblichen Geschlechts. Sie böten ihnen ein von Akzeptanz geprägtes Arbeitsumfeld, bessere Aufstiegschancen und eine familienfreundliche Personalpolitik mit individueller Arbeitszeitgestaltung[6]. Obendrein gelten heterogen gestaltete Belegschaften als kreativer und innovativer, wenn es um die Lösung komplexer Aufgaben geht. Junge lernten von Alten, Ausländer von Inländern, Christen von Moslems, Männer von Frauen. Das zahle sich beim Wandel von Umweltbedingungen aus, auf die diversifizierte Unternehmen rascher reagieren könnten als solche ohne Vielfalt.

III. Probleme der Vielfalt

Allerdings gibt es Vielfalt nicht zum Nulltarif. Sie muss organisiert werden. „Diversity Management"[7] nennt man das neudeutsch und damit haben laut einer Studie von Roland Berger[8] noch immer viele Unternehmen ein Problem, vor allem wenn es um die Erfüllung von Quotenregelungen geht, die rund 70 % der Befragten ablehnen. Diversity Management wird definiert als, „die Kunst der situativen Optimierung von Heterogenität und Homogenität zur Erreichung ökonomischer Ziele"[9]. Etwas schlichter ausgedrückt geht es darum, wie sich der notwendige Grad an Vielfalt erreichen lässt, ohne die Einheit des Betriebs oder gar den Betriebsbefrieden zu gefährden. Risiken der Vielfalt - und nur dort muss sich das Arbeitsrecht zu Lösungen herausgefordert fühlen - bestehen vor allem in drei Bereichen:

- zunächst in der Verfestigung von Kern- und Randbelegschaften

- sodann im Wettstreit der Mitarbeiter um knappe Güter

- und schließlich in der neuen Vielfalt durch Tarifpluralität.

---

[5]Böhmer, AuA 1/2008, S. 8; Burmeister, AuA 2/10, S. 72 f.; Jablonski, AuA 1/2008, S. 30.

[6]Seyda/Stettes, Europäischer Unternehmensmonitor Familienfreundlichkeit 2011, iw-Analysen Nr. 67, S. 7 ff.

[7]Blom/Meyer, Interkulturelles Management, 2. Aufl. 2004, S. 238; Stuber, Diversity als Strategie, Personalwirtschaft 2002/1, S. 28.

[8]http://www.rolandberger.com/media/pdf/Roland_Berger_Diversity_and_Inclusion_D_ ↵ 20120716.pdf

[9]Vgl. Aretz/Hansen, Diversity und Diversity-Management im Unternehmen, in: Managing diversity, 2002, S. 11; Becker/Seidel, Diversity Management: Unternehmens- und Personalpolitik der Vielfalt, Stuttgart 2006.

1.　Verfestigung von Kern- und Randbelegschaften

Der erste Risikobereich hat damit zu, dass der Arbeitgeber die Vielfalt flexibler Beschäftigungsformen nutzen möchte. Sie steht hoch im Kurs. Im Juni 2011 wurden erstmals mehr als 900.000 Leiharbeitnehmer gezählt; sie machen mittlerweile knapp drei Prozent aller sozialversicherungspflichtig Beschäftigten aus[10]. Und auch die Zeitverträge liegen weiter im Trend. Ihre Zahl lag Mitte 2011 mit über 2,7 Mio. auf Rekordniveau: eine Million mehr als noch vor zehn Jahren[11], wobei vor allem Neuverträge betroffen sind, von denen 45 % befristet abgeschlossen werden. Nun wird zwar über die Hälfte der befristeten Verträge am Ende ihrer Laufzeit entfristet[12], und auch die Zeitarbeit scheint leicht zurückzugehen, nicht zuletzt wegen des Mindestlohns, der seit Anfang dieses Jahres gilt[13], wegen der unwirksamen Zeitarbeits-Tarifverträge[14] und vielleicht auch infolge der BAG-Entscheidung vom 18.10.2011 letzten Jahres[15], in der das Gericht Leiharbeitnehmer zumindest bei den Schwellenwerten des § 111 BetrVG berücksichtigen will[16]. All das ändert aber nichts an der Spaltung vieler Betriebe in Kern- und Randbelegschaften, die sich verfestigt, und an den atypischen Beschäftigungsformen, die offenkundig zunehmen[17].

Aufgabe des Arbeitsrechts bleibt es, die negativen Folgen dieser neuen Vielfalt einzudämmen oder sie zumindest sozialverträglich zu gestalten. Dazu werden zwei Strategien verfolgt. Zunächst ist das die Heranführung der Randbelegschaften an die Kernbelegschaft. Dafür sorgen die neuen Vorschriften über den Zugang von Leiharbeitnehmern zu den Gemeinschaftseinrichtungen im Einsatzbetrieb, wie Kantine, Kindergarten, Parkplatz (§ 13b AÜG), die Pflicht, Leiharbeitnehmer über dort vorhandene freie Arbeitsplätze zu informieren (§ 13a AÜG), sowie das Recht, den Betriebsrat im Einsatzbetrieb mitzuwählen (§ 7 Satz 2 BetrVG) und von ihm

---

[10]Bundesagentur für Arbeit, Zeitarbeit in Deutschland - Aktuelle Entwicklungen. Stand: Januar 2012.

[11]Institut für Arbeitsmarkt und Berufsforschung, IAB-aktuell v. 23.2.2012.

[12]Hohendanner, IAB-Forum, 1/2012, S. 62 ff.

[13]Vgl. § 3a AÜG. Ab dem 1.1.2012 gilt eine Lohnuntergrenze von 7,89 € (West) bzw. 7,01 (Ost), am 1.11.2012 erhöht sie sich auf 8,19 € (West) bzw. 7,50 € (Ost). Sie wurde durch Verordnung des Bundesministeriums für Arbeit und Soziales vom 21.1.2011 bestimmt und gilt bis zum 21.10.2013, vgl. Bundesanzeiger Nr. 195 v. 28.12.2011, S. 4608.

[14]BAG, NZA 2011, 289; BAG, NZA 2012, 625.

[15]BAG, NZA 2012, 221.

[16]Anders noch und insoweit vollkommen zutreffend, BAG, NZA 2004, 1340 = AP Nr. 8 zu 7 BetrVG 1972 m. Anm. Maschmann.

[17]Ob die damit verbundene Flexibilisierung tatsächlich zu einer höheren Beschäftigung führt oder die bereits bestehende Arbeitsmarktsegmentation verstärkt, ist offen, vgl. z. B. Giesecke/Groß, Befristete Beschäftigung: Chance oder Risiko, Kölner Zeitschrift für Soziologie und Sozialpsychologie, J. 54, H. 1 S. 85 ff.; Hohendanner, IAB-Kurzbericht 14/2010; Konle-Seidl/Trübswtter, IAB Kurzbericht 25/2011; zur Verbreitung von Leiharbeit und befristeten Verträgen in den Mitgliedstaaten der EU s. IAB-Forum 1/08, S. 33 ff.

auch in gewissen Angelegenheiten vertreten zu werden[18] sowie das Gebot, Teilzeit-Mitarbeiter und befristet Beschäftigte nicht wegen dieser atypischen Beschäftigung zu benachteiligen (§ 4 TzBfG).

Das genügt aber nicht. Das Recht muss auch dafür sorgen, dass atypische Beschäftigungsformen die Ausnahme bleiben, vor allem, dass der Missbrauch verhindert wird. Deshalb darf ihr Einsatz nur vorübergehend erfolgen, so wie es für die Leiharbeit nun wieder im Wortlaut des § 1 AÜG verankert ist. Um so erstaunlicher war es dann aber, dass der EuGH[19] keinen Anstoß daran nahm, dass der befristete Arbeitsvertrag der Justizangestellten Kücük innerhalb von 11 Jahren 13 mal verlängert wurde, obwohl bei ihrem Arbeitgeber, dem Amtsgericht Köln, ein ständiger Vertretungsbedarf bestand. Der EuGH befand, dass der Arbeitgeber selbst bei einem nicht nur vorübergehenden Bedarf niemanden unbefristet einstellen muss, sondern er den Arbeitsvertrag auch wiederholt befristen kann. Die Kettenbefristung dürfe nur nicht missbräuchlich erfolgen. Genau darin liegt aber das Problem. Denn der Missbrauch ist ja nach § 5 Nr. 1a der Rahmenvereinbarung in der Befristungsrichtlinie 1999/70/EG definitionsgemäß ausgeschlossen, wenn der Arbeitgeber einen sachlichen Grund für die Befristung hat, und der lag in den Vertretungsfällen jeweils vor. Benötigt man noch bessere Gründe? Werden die Gründe schlechter, je länger man sich auf sie beruft?[20] Und was kann man dagegen tun?[21]

Die Richtung, in die es vermutlich gehen wird, hat das BAG bereits angedeutet: Es erwägt, die für die Vertretungsbefristung (§ 14 I 2 Nr. 3 TzBfG) gültige „Rückkehrprognose" zugunsten einer „Bedarfsprognose" aufzugeben, die es an sich nur beim Sachgrund des § 14 I 2 Nr. 1 (Befristung wegen eines nur vorübergehenden Beschäftigungsbedarfs) verlangt[22]. Das überzeugt jedoch nicht[23]. Denn der eigentliche Grund für die Vertretungsbefristung besteht ja nicht in einem zusätzlichen Personalbedarf auf Zeit, sondern darin, dass die Stammkraft nach wie vor über einen Arbeitsvertrag verfügt und deshalb jederzeit verlangen kann, die Arbeit wieder aufzunehmen. Nichts anderes ist mit dem Begriff „Rückkehrprognose" gemeint[24]. Freilich führt es in die Irre, wenn man auf Rückkehrabsicht der Stammkraft abstellt. Entscheidend ist, dass der Arbeitgeber den Beschäftigungsanspruch der Stammkraft nicht dadurch unterlaufen darf, dass er die Stelle dauerhaft mit einer anderen Person besetzt. Vielmehr muss er sie für die Stammkraft reservieren,

---

[18]Franzen, Drittbezogene Betriebsratsrechte im Einsatzbetrieb, in: Rieble, Freie Industriedienstleistung als Alternative zur regulierten Zeitarbeit, 2012, S. 85 ff.

[19]NZA 2012, 135 = BB 2012, 1093 m. Anm. Maschmann.

[20]In diese Richtung Brose/Sagan, NZA 2012, 308; ähnlich zuvor Preis/Greiner, RdA 2010, 148.

[21]Vgl. weiter Bauer/v. Medem, SAE 2012, 25.

[22]BAG, 18.7.2012, 7 AZR 443/09 und 7 AZR 783/10 (Pressemitteilung).

[23]S. ausf. Annuß/Thüsing-Maschmann, 3. Aufl. 2012, § 14 TzBfG Rn. 36 ff.

[24]Dörner, Der befristete Arbeitsvertrag, 2. Aufl. 2011, Rn. 323e ff.

weil er die Stammkraft nicht allein wegen ihrer Abwesenheit kündigen kann
(z.b. § 18 BEEG, § 5 PflegeZG, § 9 Abs. 3 FPfZG). Allein deshalb darf es die
Rechtsordnung zulassen, dass auf der nur zeitweilig vakanten Stelle niemand
unbefristet eingestellt werden muss[25]. Allerdings schließt auch dieser Ansatz
den Missbrauch nicht ganz aus, für den vor allem die sog. mittelbare Vertretung anfällig ist[26]. Bei ihr wird die Stammkraft nicht direkt ersetzt, sondern
die Arbeit wird umverteilt[27]. Und wenn diese Umverteilung nur peripher
mit dem Ausfall der Stammkraft zu tun hat, dürfte der Sachgrund der Vertretung in der Tat bloß vorgeschoben sein. Kettenbefristungen verhindern
kann nur der Gesetzgeber. Ob aber mit einer Beschränkung der Verlänge-
rungsmöglichkeiten oder einer Höchstbefristungsdauer viel gewonnen wäre,
ist zweifelhaft. Denn die Alternative zur befristeten Beschäftigung ist in
der Praxis des öffentlichen Dienstes ja nicht die Festanstellung, sondern das
Auslaufen des Vertrages.

2. Ungleicher Zugang zu knappen Gütern

Vielfalt kann ferner dann zum Problem werden, wenn es um die Verteilung
knapper Güter geht[28].

2.1. Beispiele

Knapp ist nicht nur der Lohn, der - jedenfalls aus Sicht des Arbeitgebers - nicht beliebig vermehrbar ist, sondern auch Beförderungsposten samt
Dienstwagen und Assistentin, Arbeitsplätze bei notwendiger Restrukturierung, Urlaub in der Hauptreisezeit, Plätze im Betriebskindergarten und auf
Sportanlagen, Parkraum auf dem Betriebsgelände, Wohnraum in Werks-
mietwohnungen, Schulungs-, Sport und Bildungsmaßnahmen, Incentive-
Reisen, Teilzeitarbeitplätze, wenn davon nicht genügend zur Verfügung stehen, Arbeit nicht am Abend, am Wochenende oder an Brückentagen, keine
Überstunden, oder gerade eben diese, weil dafür satte Zuschläge winken.

Mehr denn je sehen sich Unternehmen Partikularinteressen und Verteilungs-
konflikten gegenüber, die sich ausschließlich auf der Arbeitnehmerseite abspielen: Frauen gegen Männer, Junge gegen Alte, Organisierte gegen Nicht-
und/oder Andersorganisierte, Führungskräfte gegen Mitarbeiter, Fachkräfte
gegen angelernte, Stammarbeiter gegen Leiharbeiter, Vollzeitkräfte gegen

---

[25]Maschmann, BB 2012, 1098; ders., Anm. zu BAG, AP Nr. 79 zu § 14 TzBfG.

[26]Vgl. z.B. EuGH, NZA 2012, 135 - Kücük; BAG, NZA 2011, 1155; BAG, 18.7.2012, 7
AZR 443/09 und 7 AZR 783/10 (Pressemitteilung).

[27]S. im Einzelnen Eisemann, NZA 2009, 1113.

[28]Vgl. zuletzt umfassend aus staats- und verwaltungsrechtlicher Perspektive unter Darstellung der dort vertretenen Lösungsansätze F. Wollenschläger, Verteilungsverfahren,
2010; aus volkswirtschaftlicher Sicht s. nur Weimann, Wirtschaftspolitik. Allokation und
kollektive Entscheidung, 5. Aufl. 2009.

Teilzeitkräfte, Ledige gegen Verheiratete, Kinderlose gegen Kindererziehende etc. Welche Strategien bieten sich an, um die drängender werdenden Verteilungsfragen sozialverträglich zu beantworten, ohne den wünschenswerten Wettbewerb unter den Mitarbeitern zu ersticken? Nach welchen Kriterien werden Verteilungsprobleme gelöst? Nach welchen sollten sie gelöst werden? Wo liegen die Grenzen?

2.2. Prioritätsprinzip

Was liegt näher, als mit dem Prioritätsprinzip zu beginnen: „Wer zuerst kommt, mahlt zuerst"[29], so wie es tagtäglich geschieht: beim Parkplatz, in der Kantine, bei Plätzen in Ferienheimen oder beim Eintrag in die Urlaubsliste. Die Grenzen sind evident: Soziale Belange stehen entgegen, etwa der Schutz von Schwerbehinderten, denen man Parkplätze in der Nähe des Arbeitsplatzes anbieten muss, manchmal auch betriebliche Gründe - Müller kann nicht gleichzeitig mit Meier in Urlaub gehen, weil sonst der Vorarbeiter fehlt - zuweilen sogar das Gesetz, z. B. der Kündigungsschutz, der ja zwingend eine Auswahl nach sozialen Kriterien (§ 1 III KSchG) und nicht nach Schnelligkeit vorsieht, oder ganz einfach die Gerechtigkeit: Warum sollen immer die ersten die Vorteile erhalten und die letzten die Hunde beißen?

2.3. Materielle Kriterien

Überzeugender ist natürlich die Auswahl nach materiellen Kriterien: also nicht nach Priorität, sondern z. B. nach Seniorität, so wie es ebenfalls häufig geschieht: etwa weil es das Gesetz zwingend vorsieht, wie bei der Sozialauswahl nach § 1 III KSchG, weil es von hoher Gerechtigkeit zeugt: „Die länger da sind, haben sich das verdient", und weil es leichter als andere Kriterien zu handhaben ist: Wie misst man die Erfahrung eines Mitarbeiters? Am einfachsten nach seiner Betriebszugehörigkeit.

Doch auch hier sind die Grenzen evident: entweder, weil es das Gesetz verbietet oder nur bedingt erlaubt, z. B. beim Merkmal Alter das AGG, oder weil es konkurrierende Kriterien gibt, z. B. Leistung oder Bedürftigkeit, oder weil es schlicht sachfremd ist: Was hat das Dienstalter mit Kreativität, Durchsetzungskraft oder Belastbarkeit zu tun? Die Kunst bei materiellen Kriterien besteht stets darin, die richtigen zu finden und sie überzeugend zu kombinieren.

---

[29]Sachsenspiegel II, 59; lat. Prior tempore potior jure; Wacke, JA 1981, 94.

2.4.   Verfahrensregelungen

2.4.1.   Glück

Kurios ist jedenfalls, das Glück entscheiden zu lassen. Aber auch das kommt in der Praxis vor. Bekannt ist die BAG-Entscheidung vom 18.8.2011[30], in der es darum ging, dass der Erwerber eines in Konkurs gefallenen Betriebs nur die Hälfte der zwischenzeitlich in eine Beschäftigungsgesellschaft überführten Mitarbeiter übernehmen konnte und sie per Tombola auf einer Betriebsversammlung auswählen wollte. Das BAG hielt dabei nicht die Verlosung für unzulässig, sondern meinte, dass die Beschäftigungsgesellschaft zur Umgehung von § 613a BGB vorgeschoben war, weil sich die Arbeitnehmer nur ganze 24 Stunden lang darin befanden[31].

2.4.2.   Spieltheoretische Erwägungen

Intelligenter erscheint es, die von der Knappheit Betroffenen selbst entscheiden zu lassen und sich dabei die Erkenntnisse der Spieltheorie[32] zunutze zu machen, die seit vielen Jahren das Präferenzverhalten von Menschen erforscht.

Beispiel: Stellen sie sich ein Spiel mit zwei Teilnehmern vor. Ihr Mitspieler erhält 1000 € mit der Maßgabe, Ihnen einen Teil davon abzugeben. Wie groß dieser Teil ist, kann er allein bestimmen. Allerdings darf jeder seinen Anteil nur dann behalten, wenn Sie der Aufteilung zustimmen. Lehnen Sie ab, bekommt keiner etwas. Angenommen, Ihr Mitspieler bietet Ihnen 500 €. Nehmen Sie an? Vermutlich schon. Angenommen, er bietet Ihnen 50 €, wie entscheiden Sie dann? Wenn Sie ablehnen, erhalten Sie gar nichts, der andere aber auch nichts. Stimmen Sie zu, erhalten Sie immerhin 50 €, der andere jedoch 950 €. Wie entscheiden Sie?

Wahrscheinlich werden sie Nein sagen. Das jedenfalls prophezeit die Spieltheorie. Bei ihren Experimenten zeigte sich, dass die meisten Menschen Angebote von weniger als 30 % ablehnen[33]. Demnach hätten Sie in dem Spiel - wenn Sie dem statistischen Durchschnitt entsprechen - auf bis zu 300 € verzichtet. Ursache hierfür ist unser Sinn für Gerechtigkeit. Dieser ist offenbar so stark, dass wir für eine gerechte Lösung sogar materielle Nachteile in Kauf nehmen. Wird allerdings ein zu niedriger Betrag angeboten, kränkt das unsere Ehre.

---

[30]NZA 2012, 152.

[31]Zur Problematik Sieg/Maschmann, Unternehmensumstrukturierung aus arbeitsrechtlicher Sicht, 2. Aufl. 2010, S. 252 f.

[32]Berninghaus/Ehrhart/Güth, Strategische Spiele, 3. Aufl. 2010; Holler/Illing, Einführung in die Spieltheorie, 7. Aufl. 2008; Riechmann, Spieltheorie, 3. Aufl. 2010; Sieg, Spieltheorie, 3. Aufl. 2010.

[33]Vgl. Mehlmann, Strategische Spiele, 2007, S. 35 ff., 57 f.

2.4.3. Gerechtigkeit durch Verfahren

Gerechtigkeit durch intelligente Spielregeln statt durch moralische Appelle an Genügsamkeit, Selbstlosigkeit oder Nächstenliebe herzustellen, ist auch der Kern der Lehren von der Gerechtigkeit durch Verfahren[34]. Sie nehmen den Menschen, so wie er ist - mit seinen Eigeninteressen und seinem Besitzstreben -, sorgen aber durch geschickte Startbedingungen oder kluge Prozeduren für ein gerechtes Ergebnis. Bekanntestes Beispiel ist die Theorie der „Gerechtigkeit als Fairness" des Amerikaners John Rawls. Der Schlüsselgedanke ist der „Schleier des Nichtwissens"[35]. Rawls meint damit eine Situation, in der die Menschen die Gesetze für ihre Gesellschaft festlegen, ohne zu wissen, in welcher Weise sie selbst künftig von diesen Regeln betroffen sein werden: ob als Reiche oder Arme, als Gesunde oder Kranke, als Top-Manager oder Arbeitslose. Der Schleier des Nichtwissens versetzt alle in die gleiche Lage, weshalb niemand in Versuchung gerät, Gesetze vorzuschlagen, die ihn bevorzugen. Vorschriften, die auf diese Weise zustande kommen, werden schon aus diesem Grunde fair und gerecht sein. Freilich ist der „Schleier des Nichtwissens" nur ein Gedankenexperiment. Mit ihm lässt sich aber die Gerechtigkeit jeder Verteilungsregel überprüfen. Man kann sich z. B. fragen, wie die Betriebsparteien unter dem Schleier des Nichtwissens über Verteilungsfragen entscheiden würden, d.h. über Zulagen, Urlaub, Überstunden: so wie bisher - oder anders; Rawls zufolge auf jeden Fall fair.

2.4.4. Teilhabe am Verfahren

Eben diesen „Schleier des Nichtwissens" hatte das BAG offenbar auch im Sinn, als es in einer seiner ersten Entscheidungen zum Anspruch auf eine Verringerung der Arbeitszeit nach § 8 TzBfG[36] dem Arbeitgeber einen Fingerzeig gab, wie sich der Streit um das knappe Gut „Teilzeitarbeitsplatz" intelligent schlichten lässt: verfahrensmäßig durch die Inpflichtnahme des Betriebsrats. Dieser kann - so das BAG - gemeinsam mit dem Arbeitgeber die Spielregeln für eine gerechte Verteilung knapper Teilzeitarbeitsplätze festlegen, die er dann auch den Ansprüchen einzelner Mitarbeiter auf eine bestimmte Lage der Arbeitszeit - frei am Montag oder am Freitag, oder Arbeit nur am Vormittag - entgegenhalten kann.

Möglicherweise kennt der Betriebsrat die Belange der Kollegen besser als der Arbeitgeber, immerhin ist er kraft Wahl zur kollektiven Wahrnehmung von Arbeitnehmerinteressen berufen, und warum soll er das nicht auch zur Harmonisierung von Interessengegensätzen tun dürfen? Zum Schluss entscheidet die Mehrheit im Gremium. Doch darauf kommt es nicht an. Maßgeblich ist,

---

[34] Apel, Diskurs und Verantwortung, 1988, S. 115 ff.; Habermas, Faktizität und Geltung, 1992, S. 138 f. Luhmann, Legitimation durch Verfahren, 2. Aufl. 1989, S. 11 ff.

[35] Rawls, Gerechtigkeit als Fairness, 2006, S. 139 ff.

[36] BAG, NZA 2003, 1392.

dass die Interessengegensätze in einem geordneten Verfahren abgearbeitet und die Argumente pro und contra zu einer überzeugenden Lösung verdichtet werden, um so die Komplexität des Verteilungsproblems zu reduzieren[37]. Dafür, dass keine willkürlichen oder diskriminierenden Regelungen getroffen werden, sorgt § 75 BetrVG. Eine andere Frage ist, ob der Betriebsrat sein Mandat wahrnehmen will. Aber da hilft bei freiwilligen Arbeitgeberleistungen nur die Einstellung und bei Ansprüchen, deren Verteilung der Mitbestimmung unterliegt (§ 87 I Nr. 10 BetrVG), der Gang vor die Einigungsstelle. Ob deren Vorsitzender das Verteilungsproblem besser zu lösen vermag, steht freilich auf einem anderen Blatt.

2.5. Leistungsprinzip

In einer Leistungsgesellschaft liegt es nahe, die Verteilung knapper Güter über die Leistung zu steuern. Das bietet sich bei der Vergabe von Beförderungsposten an und den mit ihnen verbundenen Statusmerkmalen (Dienstwagen, Assistentin, Mitarbeiter), aber auch bei Prämien und Sonderzulagen, für die nur ein begrenztes Budget zur Verfügung steht. Dass sich Leistung lohnen muss, ist ebenso banal wie die Einsicht, dass den Arbeitnehmer nichts mehr demotiviert als die Geringschätzung seiner Arbeit. Nicht von ungefähr ist deshalb die Beurteilung Dreh- und Angelpunkt für viele personalwirtschaftliche Instrumente[38].

Der Teufel steckt im Detail. Um gerecht zu sein und von den Beteiligten akzeptiert zu werden, bedarf die Beurteilung einer gewissen Standardisierung, Formalisierung und vor allem Ernsthaftigkeit[39]. Gerade daran mangelt es aber in der Praxis. Nicht zu Unrecht hat sie Neuberger[40] deshalb einmal als „rituelle Selbsttäuschung" bezeichnet. Vielen Beurteilungen fehlt es an Differenzierung, weil die Führungskräfte nicht die gesamte Notenskala ausschöpfen, sondern ihre Zensuren irgendwo in der Mitte vergeben. Damit hängt zusammen, dass lieber zu milde als zu streng beurteilt wird, und dass ein gutes oder schlechtes Leistungsmerkmal auf die übrigen Leistungsmerkmale ausstrahlt und dass oft nur das kurz zuvor erlebte Arbeitsverhalten der Bewertung zugrundegelegt wird. Bekannt ist auch der Hierarchieeffekt, dass nämlich Beurteilungen immer besser werden, je höher der Beurteilte in der Betriebshierarchie steht. Manche Führungskräfte verzweifeln schließlich, weil sie abstrakte Kriterien nicht zu konkretisieren vermögen: Kreativität, Einsatzfreude, Belastbarkeit beurteilt jeder anders[41].

---

[37] Klassisch Luhmann, Legitimation durch Verfahren, 2. Aufl. 1989, S. 23.

[38] Oechsler, Personal und Arbeit, 9. Aufl. 2011, S. 407 ff.

[39] Oechsler, in: Maschmann (Hg.), Mit Leistung aus der Krise, 2010, S. 13.

[40] Neuberger, Rituelle Selbsttäuschung - Kritik der irrationalen Praxis der Personalbeurteilung, in: Die Betriebswirtschaft 40 (1980), S. 27 ff.

[41] Zusammenfassend Wunder, Führung und Zusammenarbeit, 8. Aufl. 2009, S. 334.

Viele Schwierigkeiten lassen sich durch radikale Vereinfachung beheben[42]. Darin liegt der Charme von Zielvereinbarungen. Bei ihnen müssen sich Führungskraft und Mitarbeiter auf wenige Ziele verständigen, die noch dazu so konkret sind, dass beide Vertragspartner wissen, was gemeint ist und wann die Ziele erreicht sind[43]. Dass auch das zu Problemen führt, zeigen die in diesem Felde vermehrt geführten Prozesse[44]. Freilich sind diese harmlos verglichen mit den im öffentlichen Dienst geführten Verteilungskämpfen: namentlich den beamtenrechtlichen Konkurrentenstreitverfahren. Wegen Art. 33 II GG müssen Beförderungsposten nach dem Prinzip der Bestenauslese vergeben werden[45]. Wird nicht nach Leistung ausgewählt, kann dem Übergangenen sogar einen Anspruch auf Beförderung zustehen, wenn jede andere Entscheidung der Behörde ermessensfehlerhaft gewesen wäre[46].

Wäre so etwas auch in der Privatwirtschaft denkbar? Ausgeschlossen ist das nicht, weil mehr und mehr Firmen ihr Führungspersonal im „Kampf um die besten Köpfe" mit entsprechenden Karriereperspektiven locken und ihnen bei Bewährung auch die Beförderung in Aussicht stellen, um ein Abwandern zur Konkurrenz zu verhindern[47]. „Retain Management" heißt das neudeutsch[48]. Entscheidend ist, ab wann sich eine bloß diffuse „Karrierechance" zu einer echten „Karrierepflicht" verdichtet. Das ist um so eher anzunehmen, je transparenter, differenzierter und verbindlicher ein Personalauswahlprozess geregelt wird, von dem am Schluss nicht grundlos abgewichen werden darf, wenn sich alle Beteiligten darauf eingelassen haben[49]. Dass Vertrauen enttäuscht wurde, muss jedoch nicht zwingend zu einem Anspruch auf Beförderung führen, wohl aber darauf, dass der Auswahlprozess ermessens-

---

[42]Vgl. etwa zur Methode der kritischen Ereignisse Oechsler, Personal und Arbeit, 9. Aufl. 2011, S. 414 ff.

[43]S. aus der umfangreichen Literatur Berwanger, BB 2003, 1499 und BB 2004, 551; Breisig, „Zielvereinbarungssysteme" in Gaugler/Oechsler/Weber, HWdP, 3. Aufl. 2004, Sp. 2053; Grimm/Windeln, Zielvereinbarungen. Heidelberger Musterverträge Heft 124; Heiden, DB 2009, 1705 und 2714; Woitaschek, in: Maschmann, Rigidität und Flexibilität im Arbeitsrecht, 2012, S. 75.

[44]BAG, NZA 2008, 409; BAG, NZA 2009, 256; BAG, NZA 2010, 1009; BAG, NZA-RR 2011, 462.

[45]BVerwG, NJW 2011, 695.

[46]Freilich darf der Dienstposten nicht bereits schon wieder besetzt worden sein; dann bleibt dem Bewerber nur ein Sekundäranspruch auf Schadensersatz, vgl. BVerwG, NVwZ 2006, 212.

[47]Budras, FAZ v. 30.6.2012, C 2; Schultheis, Anspruch auf Beförderung?, 2012, S. 21 ff., 27 ff.

[48]Zu den Instrumenten und deren Grenzen Thum, in: Maschmann, Mit Leistung aus der Krise, 2010, S. 123 ff.

[49]Schultheis, Anspruch auf Beförderung?, 2012, S. 114 ff.; Thum, in: Maschmann, Mit Leistung aus der Krise, 2010, S. 126 ff.

fehlerfrei erfolgt[50], was über § 99 BetrVG mitbestimmungsrechtlich[51] und über §§ 1, 7, 15 AGG auch antidiskriminierungsrechtlich abgesichert werden kann[52]. Die Nichtbefolgung selbst gesetzter Auswahlregeln hat zudem einen Compliance-Aspekt[53]. Sie könnte nämlich in einem nicht vom Inhaber selbst geführten Unternehmen den Tatbestand der Untreue (§ 266 StGB) erfüllen, weil die Geschäftsführung mit dem von ihr verwalteten Vermögen ganz offenkundig nicht mehr den besten Mann oder die beste Frau beschäftigt und es damit schädigt[54]. Ob die richtige Beförderungsentscheidung durch das Strafrecht abgesichert wird, ist allerdings auch im öffentlichen Dienst noch offen[55]. Zivilrechtliche Schadensersatzansprüche des zu Unrecht Übergangenen bestehen allemal und können im Wege der Amtshaftung geltend gemacht werden[56].

3. Vielfalt durch Tarifpluralität

Ein letztes, besonders delikates Problem bereitet die neue Vielfalt, die uns das BAG mit der Zulassung der Tarifpluralität im Betrieb beschert hat[57]. Schon die Grundfrage ist umstritten, ob nämlich der Grundsatz der Tarifeinheit (ein Betrieb - eine Gewerkschaft - ein Tarifvertrag) die kleinen Berufsgewerkschaften unzulässig in ihrer Koalitionsfreiheit beschränkt[58] oder ob er nicht eher eine verfassungskonforme Ausgestaltung der Tarifautonomie

---

[50]Auch im Beamtenrecht geht es vorrangig um den sog. Bewerbungsverfahrensanspruch, d.h. um das grundrechtsgleiche Recht auf leistungsgerechte Einbeziehung in die Bewerberauswahl. Nach Art. 33 II GG hat jeder Kandidat um ein öffentliches Amt einen Anspruch darauf, dass der Dienstherr seine Bewerbung nur aus Gründen zurückweist, die durch den Leistungsgrundsatz gedeckt sind, vgl. BVerwG, NJW 2011, 695.

[51]Zwar kann der Betriebsrat nicht die Beförderung einer bestimmten Person verlangen (vgl. statt aller Richardi/Thüsing, 12. Aufl. 2010, § 99 BetrVG Rn. 179); durch sein Vetorecht kann er aber die Besetzung eines Beförderungspostens verhindern, wenn die Auswahl nicht richtlinienkonform verlief (§ 99 II Nr. 2 BetrVG). In Betrieben mit über 500 Arbeitnehmern hat der Betriebsrat bei der Aufstellung solcher Richtlinien hinsichtlich der dabei zu beachtenden fachlichen und persönlichen Voraussetzungen ein nach § 95 II BetrVG erzwingbares Mitbestimmungsrecht.

[52]Vgl. BAG, NZA 2011, 93; BAG, NZA 2011, 153 LAG Berlin-Brandenburg, NZA-RR 2011,406 und 623.

[53]Schultheis, Anspruch auf Beförderung?, 2012, S. 47 ff.

[54]Zum Gesichtspunkt der Ämterpatronage, s. Schultheis, Anspruch auf Beförderung?, 2012, S. 148 ff.

[55]Vgl. BGH, NJW 1978, 2042; BGH, NJW 1999, 1485; BGH, NJW-RR 2006, 307, Fabricius, NStZ 1993, 414; Neye, Untreue im öffentlichen Dienst, Köln 1981, ders., NStZ 1981, 369; Schmidt-Hieber, NJW 1989, 558; BeckOK-StGB/Wittig, § 266 StGB Rn. 45.1.

[56]BVerwG, NJW 1992, 927; BGH, NJW 1995, 2334.

[57]BAG, NZA 2010, 645; BAG, ZIP 2010, 1309; BAG, NZA 2010, 1068; zuvor bereits Hess LAG, NZA-RR 2005, 262.

[58]So das BAG, NZA 2010, 645 und das jüngere Schrifttum, vgl. m. ausf. Nachw. Jacobs, Tarifeinheit und Tarifkonkurrenz, 1999; Greiner, Rechtsfragen der Koalitions-, Tarif- und Arbeitskampfpluralität, 2. Aufl. 2012; Schmidt, Tarifpluralität, 2011.

darstellt[59], die man so oder auch anders vornehmen kann[60]. Darüber weiter zu streiten, hilft für die Praxis wenig, weil sich das BAG positioniert hat und das BVerfG das kaum in Frage stellen dürfte.

Der Sache nach geht es auch hier um die Verteilung eines knappen Gutes, nämlich die des Entgelts. Sie bereitet solange keine Schwierigkeiten, wie sie vernünftig und friedlich erfolgt, so wie es früher in den Tarifgemeinschaften der miteinander verhandelnden, aber nicht miteinander konkurrierenden Gewerkschaften üblich war[61]. Mit ihnen bekam man die Tarifpluralität - die ja kein neues Phänomen ist[62] - zwar nicht dogmatisch, wohl aber pragmatisch in den Griff.

Die Tarifpluralität wird aber dann zum Problem, wenn die Verteilungsfrage durch das Kriterium der Macht gelöst wird und dies auf Kosten unbeteiligter Dritter geschieht - der Kollegen, der Kundschaft, der Öffentlichkeit. Macht haben die neuen Berufsgewerkschaften, weil sie Arbeitnehmer in Schlüsselfunktionen organisieren, auf die der Arbeitgeber aus technischen, organisatorischen oder rechtlichen Gründen angewiesen ist: Piloten, Ärzte, Lokführer, Stewardessen[63]. Das allein genügt aber nicht. Hinzukommen muss eine hohe Arbeitskampfbereitschaft ihrer Mitglieder, und die hängt nicht nur mit dem Organisationsgrad zusammen, der bei Berufsgewerkschaften tendenziell hoch ist - bei der GdL liegt er bei 80 % der bei der Deutschen Bahn AG beschäftigten Lokführer[64] -, sondern auch mit der Enttäuschung, die man in der Zusammenarbeit mit den immer größer werdenden Einheitsgewerkschaften in den Tarifgemeinschaften gemacht hat[65].

Der Einsatz von Macht zur Lösung des Verteilungsproblems birgt drei Hauptprobleme:

• Zunächst die Gefahr eines länger dauernden, kaskadenförmig ausgefochtenen Arbeitskampfes[66],

• sodann eine nachhaltige Veränderung der Gewerkschaftslandschaft, bei der attraktive Spartengewerkschaften größer und mächtiger werden und für die großen Einheitsgewerkschaften nur die ohnmächtige „Restbelegschaft" übrig bleibt[67]

---

[59] Zu dieser Kategorie ausf. Maschmann, Tarifautonomie im Zugriff des Gesetzgebers, 2007, S. 18 ff.; 131 ff.

[60] Kempen, FS Hromadka, S. 177 (180), Hromadka, NZA 2008, 384 (387).

[61] Schroeder/Kalass/Greff, Berufsgewerkschaften in der Offensive, 2011, S. 87 ff. (bei der Bahn), S. 138 ff. (im Krankenhausbereich).

[62] Henssler, RdA 2011, 65 (66); Hromadka, NZA 2008, 384 (386).

[63] Instruktiv die Fallstudien über die GdL, den Marburger Bund und den VAA bei Schroeder/Kalass/Greff, Berufsgewerkschaften in der Offensive, 2011.

[64] Schroeder/Kalass/Greff, Berufsgewerkschaften in der Offensive, 2011, S. 79.

[65] Schmidt, Tarifpluralität, S. 283 ff.; Schroeder/Kalass/Greff, Berufsgewerkschaften in der Offensive, 2011, S 87 ff.

[66] Buchner, BB 2008, 106; Lehmann, BB 2010, 2237 (2243).

[67] Meik, NZA Beilage 2010, Nr. 3, S. 116; von Steinau-Steinrück/Brugger, NZA Beilage 2010, Nr. 3, S. 127.

• und schließlich - und das scheint mir das Gravierendste - dass die Lohnfindung nicht mehr anforderungsgerecht nach der Schwierigkeit der Arbeit
geschieht[68], sondern nach dem Grade der Unverzichtbarkeit eines Mitarbeiters, obwohl der Erlös einer Produktion oder Dienstleistung - und nur der
kann ja verteilt werden - eine Gesamtleistung aller Beteiligten war. So aber
werden gut organisierte Spezialisten mehr verdienen, der große Rest jedoch
weniger. Der ehemalige Branchentarif würde zum „Tarif zweiter Klasse"[69].
Zudem gerät die innerbetriebliche Lohngerechtigkeit in Gefahr[70].

Hält man all dies für problematisch, bieten sich für Lösungen drei Ansatz-
punkte.

Am einfachsten wäre die Entmachtung: etwa indem man auf Schlüsselpo-
sitionen keine Menschen, sondern Maschinen einsetzt - in Nürnberg fährt
die U-Bahn ohne Lokführer -, oder dass man statt Arbeitnehmern Beamte
beschäftigt[71]. Aber beides stößt schnell an seine Grenzen, die selbst im Fluss
sind, wie das nicht mehr generell verneinte Streikrecht für Beamte belegt[72].
Und dass man Berufsverbänden[73] die Tariffähigkeit abspricht[74], scheidet als
Entmachtungsstrategie ebenfalls aus[75].

In Betracht kommt deshalb nur, die Regeln für das Austragen des Vertei-
lungskonfliktes neu zu justieren. Hierfür liegt eine Vielzahl von Konzepten
vor[76]:

• solche, die über verschiedene Verfahren letztlich wieder zum Grundsatz
der Tarifeinheit zurückkehren wollen[77]

---

[68] Oechsler, Personal und Arbeit, S. 382 ff.

[69] Bayreuther, BB 2005, 2633, 2637; Hromadka, NZA 2008, 384 (387 ff.); Kempen, FS
Hromadka, S. 177 (185 ff.); weitere Nachweise bei Schmidt, Tarifpluralität, S. 282.

[70] Henssler, RdA 2011, 65 (73); Lehmann, BB 2010, 2237 (2239).

[71] Hierzu bedarf es allerdings einer gesetzlichen Grundlage, vgl. BVerfG, NJW 1993, 1379.

[72] EGMR, NZA 2010, 1423; VG Bremen, 3.7.2012, D K 20/11; OVG Lüneburg, 12.6.2012,
20 BD 7/11; OVG Münster, 7.3.2012, 3d A 317/11.O; vgl. weiter Bitsch, ZTR 2012, 87;
Schlachter, RdA 2011, 341; Lörcher, AuR 2011, 303.

[73] C. Meyer, DB 2011, 1920, berichtet von der Gründung u. a. folgender neuer Berufsgruppengewerkschaften: im Flugverkehr „Vereinigung Boden" (Mai 2011), „Technik Gewerkschaft Luftfahrt" (September 2002), im Krankenhausbereich „Medsonet" (März 2008)
und „Gewerkschaft der Servicekräfte" (Dezember 2010), in der Versicherungswirtschaft
„Neue Assekuranz Gewerkschaft" (November 2011) sowie die im Mai 2011 gegründete
„Deutsche Feuerwehr Gewerkschaft", der 1000 Mitglieder angehören sollen.

[74] Nach Ansicht des BAG ist ein Verband bereits dann tariffähig, wenn seine Mitglieder
als Spezialisten in Schlüsselstellungen beschäftigt werden, die der Arbeitgeber bei einem
Arbeitskampf kurzfristig nur schwer ersetzen kann, BAG, NZA 2005, 697; BAG, NZA
2006, 1112; BAG, NZA 2011, 300.

[75] Greiner, NZA 2012, 529 (531).

[76] Zu den Entwürfen im Überblick Hanau, DB 2010, 2107; Henssler, RdA 2011, 65.

[77] Eckpunktepapier BDA/DGB, RdA 2010, 315; Hromadka, NZA 2008, 384.

- solche, die über eine Koordination der Laufzeiten von Tarifverträgen zumindest das Risiko eines sukzessiv geführten Arbeitskampfes einzudämmen suchen[78]

- und solche, die das Hauptübel beim Streik in den Betrieben der Daseinsvorsorge sehen, den sie beschränken oder zumindest in sozialverträgliche Bahnen lenken wollen[79], weil er auf Kosten unbeteiligter Dritter, wie Bahnkunden, Krankenhauspatienten und Eltern mit Nachwuchs in Kindergärten geführt wird.

Welches Konzept sich durchsetzen wird, ist offen. Da gesetzliche Regelungen in Bälde nicht zu erwarten sind, wird es darauf ankommen, was die Rechtsprechung daraus macht, wobei nicht einmal sicher ist, wer hier das letzte Wort hat: das BAG, das Bundesverfassungsgericht, der EuGH[80] oder der Europäische Gerichtshof für Menschenrechte, weil die Europäische Menschenrechtskonvention in Art. 11 ja auch das Menschenrecht auf Koalitionsfreiheit enthält, auf das das Streikrecht ja bekanntlich zurückgeht.

Am sichersten wäre es, wenn die Protagonisten zur freiwilligen Selbstabstimmung zurückfänden, so es wie früher in den Tarifgemeinschaften bei der Bahn, bei der Post und im Luftverkehr guter Brauch war. Aber das ist keine Frage des Rechts, sondern der Vernunft, konkret: der Einsicht in die schädlichen Folgewirkungen von mit Macht ausgetragenen Verteilungskämpfen.

IV. Fazit

Was bleibt als Fazit? Dass wir beim Diversity Management erst am Anfang stehen und wir das Verhältnis von Partikularinteressen und dem Wohl des gesamten Betriebes - die Vielfalt in der Einheit - bei vielen Fragen überdenken müssen.

---

[78]Franzen, RdA 2008, 193; Henssler, RdA 2011, 65 (72 ff.); Kamanabrou, ZfA 2008, 241 (270 ff.); Löwisch, RdA 2010, 363 (266); Schliemann, FS Hromadka, S. 359 (379); B. Schmidt, Tarifpluralität im System der Arbeitsrechtsordnung, Berlin 2011, S. 542 ff., 666 ff.

[79]Vgl. den Gesetzentwurf von Franzen/Thüsing/Waldhoff, abrufbar unter http://www.cfvw.org/stiftung/projektbereich-zukunft-der-arbeit/arbeitskampf/gesetzentwurf; dazu Greiner, NZA 2012, 529, 534; Rieble, FA 2012, 130; U. Fischer, FA 2012, 131; vgl. weiter Bayreuther, NZA 2008, 12 (13 f.); Schliemann, RdA 2012, 14; Sittard, ZTR 2008, 178; monografisch Scherer, Grenzen des Streikrechts in den Arbeitsbereichen der Daseinsvorsorge, 2000; Rudkowski, Der Streik in der Daseinsvorsorge, 2010.

[80]EuGH, NZA 2008, 124 - Viking; EuGH, NZA 2008, 159 - Laval; zur Reichweite der Koalitionsfreiheit nach Art. 28 EuGRC Thüsing/Traut, RdA 2012, 65; vgl. weiter Steffens, Die negative Koalitionsfreiheit im europäischen und internationalen Recht, Diss. Mannheim 2009.

Vom Wesen und Wert der Tarifeinheit [*]

Professor Dr. Otto Ernst **Kempen**
Europäische Akademie der Arbeit in der Universität Frankfurt

I. Die Herausbildung der Kernstrukturen von Koalitionsfreiheit und Tarifautonomie in Deutschland

Wie fast überall in Europa sind Koalitionsfreiheit und die von ihr umschlossene Freiheit des Abschlusses von Tarifverträgen (Tarifautonomie) ursprünglich Forderungen der gewerkschaftlich organisierten Arbeiterbewegung im Zuge der Industrialisierung gewesen. Dort stießen sie auf den erbitterten Widerstand der herrschenden Kreise. Die Folgen waren das Verbot der sozialistischen Gewerkschaften und die Kriminalisierung ihrer Mitglieder im sogen. Sozialistengesetz von 1878 - 1890. Auch danach verweigerten die Gerichte jede rechtliche Anerkennung und Durchsetzung von Tarifverträgen bis zur halbherzigen Bestätigung durch das Reichsgericht im Jahre 1910.[1] Während des 1. Weltkrieges von 1914 - 1918 hatten die Gewerkschaften aber schon wieder mit Rücksicht auf die Kriegsverwaltungswirtschaft auf jegliche Tarifaktivitäten verzichtet.

Erst der Zusammenbruch des deutschen Kaiserreichs in der Niederlage von 1918 brachte die Wende. Schließlich war die damals ausgerufene neue Republik die politische Folge der revolutionären Aktionen von Arbeiter- und Soldatenräten. Sie hatten sich nach den Matrosen Rebellionen in den deutschen Kriegshäfen vom November 1918 überall spontan gebildet. Aus der Sicht des Arbeitsrechts erscheint es dann durchaus folgerichtig, dass der an der Spitze der Räte-Bewegung stehende „Rat der Volksbeauftragten" als provisorische Regierung noch im Dezember 1918 eine „Verordnung über Tarifverträge"[2] erlassen hat.

Aus der Sicht der Arbeiter-Revolutionäre war das indessen keineswegs konsequent. Immerhin sahen nicht wenige von ihnen die russische Oktoberrevolution von 1917 als ihr Vorbild an, weshalb sie die Beseitigung des kapitalistischen Eigentums- und Marktsystems erstrebten. Jeder Tarifvertrag

---

[*]Der Beitrag ist Teil einer Publikation von Prof. Dr. Otto Ernst Kempen mit dem Titel „DIE DEUTSCHEN GEWERKSCHAFTEN" in: „AKTUELLE PROBLEME DES KOLLEKTIVARBEITSRECHTS IN POLEN UND IN DEUTSCHLAND", Wissenschaftliche Redaktion Grzegorz Goździewicz, Nikolaus-Kopernikus-Universität Toruń, S. 159 ff. Mein Dank gilt Herrn Prof. Kempen, dass er mir den Beitrag zur Verfügung gestellt hat. Ebenso danke ich Herrn Prof. Tomasz Justyński von der Nikolaus-Kopernikus-Universität Toruń, der zur Publikation sein Einverständnis erklärt hat.
[1]RG 20.1.1910, RGZ 73, 92
[2]23.12.1918, RGBl. 1918, 1456

mit den Arbeitgebern enthält dagegen deren Anerkennung als wirtschaftliche Unternehmer und insoweit auch als Eigentümer der Produktionsmittel. Tatsächlich hatten sich die Gewerkschaften und Arbeitgeberverbände aber schon im November 1918 in ihren jeweiligen Funktionen auf dem Arbeitsmarkt gegenseitig feierlich anerkannt[3]. Die gewerkschaftliche und die parteipolitische Linke bekämpfte diese Vereinbarung damals erbittert, doch letztlich ohne Erfolg. Damit wurde sie langfristig zu einer fundamentalen Entscheidung für das marktwirtschaftliche System in Deutschland bis heute.

Noch im Dezember 1918 entschied sich dann die sozialdemokratische Mehrheit der Arbeiterräte zusätzlich gegen eine sozialistische Räterepublik und für die parlamentarische Demokratie. Hintergrund dieser Entscheidung war sicher, die Tatsache, dass damals jenseits der deutschen Grenzen das gesamte Kriegsheer - schwer bewaffnet und von konservativen Offizieren geführt - bereitgestanden hat, eine mögliche radikal-sozialistische Revolution in der Heimat niederzuschlagen. Der Effekt war jedenfalls eine grundlegende Weichenstellung für Parlamentarismus und freie Marktwirtschaft, also für eine Grundtendenz, die später in demokratischen Wahlen oft bestätigt worden ist[4].

Arbeitsrechtlich bedeutsam war dabei die endgültige Festschreibung der Koalitionsfreiheit und Tarifautonomie, die 1919 sogleich innerhalb des Grundrechtssystems der Weimarer Verfassung (Art. 159, 165 Abs. 1 WRV) verankert wurde. Das geschah unter wesentlicher Beteiligung des Abgeordneten Hugo Sinzheimer, denn der hatte auch schon an der (weiter geltenden) Tarifvertragsverordnung von 1918 mitgewirkt. Auf ihn als Arbeitsrechts-Theoretiker und als politischen Praktiker geht deshalb das charakteristische Rechtsprinzip zurück, welches bis heute im Zentrum des deutschen Tarifsystems steht, nämlich die normative Wirkung der tarifvertraglichen Regelungen im tarifgebundenen Arbeitsverhältnis. Sinzheimer hatte schon seit langem vorgeschlagen, dass die im Tarifvertrag vereinbarten Bestimmungen wie zwingende Gesetze auf die betroffenen Arbeitsverträge einwirken sollten[5].

Dementsprechend bestimmte dann § 1 Abs. 1 TVVO 1918, dass „Arbeitsverträge ... insoweit unwirksam (sind), als sie von der tariflichen Regelung abweichen". Lediglich Verbesserungen gegenüber der tariflichen Regelung sollten zulässig bleiben (sog. Günstigkeitsprinzip). An die Stelle der unwirksamen tarifverschlechternden Bestimmungen eines Arbeitsvertrages sollten die Tarifregelungen treten. Der Tarifvertrag wirkte damit also wie eine staat-

---

[3]Zentralarbeitsgemeinschaftsverordnung vom 15.11.1918, Rdnr. 273 vom 18.1 1.1918

[4]Vgl. dazu H.A. Winkler, „Von der Revolution zur Stabilisierung. Arbeiter und Arbeiterbewegung in der Weimarer Republik 1918 - 1924", Bln. 1984, S. 97 ff.

[5]Vgl. vor allem Sinzheimer, Der korporative Arbeitsnormenvertrag. Eine privatrechtliche Untersuchung, I. und II. Teil Bln. 1907 und 1908

liche Norm unmittelbar und zwingend. Dementsprechend bestimmt auch
noch das heute geltende Tarifvertragsgesetz in § 4 Abs. 1 S. 1, dass die
„Rechtsnormen des Tarifvertrages unmittelbar und zwingend" für die tarifgebundenen Arbeitsverträge gelten.

Mit dieser grundlegenden Festlegung der Normsetzungsbefugnis der Tarifvertragsparteien (Gewerkschaften und Arbeitgeber) hatte man 1918 die drei
wichtigsten Probleme des kollektiven Arbeitsrechts mit einem Schlag gelöst:

Erstens den Schutz der Gewerkschaftsmitglieder vor Verschlechterungen des
Tarif-Niveaus durch untertarifliche Arbeitsverträge, denn die waren jetzt auf
Grund der tariflichen Normwirkung ausgeschlossen.

Zweitens die Bindung der staatlichen Gerichte an die Tarifverträge, denn
der Richter ist an die Normen - seien sie staatlich oder tariflich - gebunden.

Drittens die Konkurrenz zwischen den Gewerkschaften und dem Sozial- oder
Wohlfahrtsstaat bei der sozialen Sicherung der Arbeitnehmer. Man darf
nicht vergessen, dass im deutschen Kaiserreich schon unter Bismarck staatliche Sozialversicherungsleistungen auch deshalb eingeführt worden waren,
um die Attraktivität der Gewerkschaften zu schwächen, die schon vorher
eigene versicherungsähnliche Sozialabsicherungen versprochen hatten. 1918
war deutlich, dass diese Konkurrenz auch in der neuen demokratischen Republik nicht beendet sein würde, weil auch die Republik ein aktiver Sozialstaat werden müsste. Die Normsetzungsbefugnis der Tarifvertragsparteien
könnte aber einen fairen Wettbewerb mit dem Staat ermöglichen.

In der neuen Weimarer Verfassung musste dann 1919 nur noch der Tätig-
keitsbereich und -zweck festgelegt werden, innerhalb dessen die Koalitionen der Arbeitgeber und der Arbeitnehmer auch tariflich Normen setzen
konnten. Die den Mitgliedern und ihren „Vereinigungen" grundrechtlich in
Art. 159 WRV garantierte Koalitionsfreiheit bezweckte konsequent die „Regelung der Arbeits- und Wirtschaftsbedingungen". Dies ist der Raum der
- ebenfalls (in Art. 165 Abs. 1 Satz 2 WRV) garantierten - Tarifautonomie
und der davon umfassten Befugnis zu entsprechender Normsetzung. Letztere ist dann u.a. im Tarifvertragsgesetz 1920 von der Legislative nochmals
ausdrücklich festgehalten worden.

Vor allem für die Gewerkschaften war die Tarifautonomie mit ihrer Normsetzungsbefugnis eine entscheidende demokratische Errungenschaft, weil sie
damit aus eigener Kraft abstrakte und generelle Regelungen für die Arbeitsplätze ihrer Mitglieder durchsetzen konnten. Immerhin umfasst eine
Rechtsnorm stets eine unbestimmte Zahl zukünftiger Fälle und dazu eine
ebenfalls offene Vielzahl von dadurch betroffenen Personen (= Mitgliedern). Ihre zwingende Wirkung verschafft diesen Betroffenen soziale Sicherheit, wirtschaftliche Vorhersehbarkeit und rechtliche Gleichheit im Arbeitsverhältnis. Deshalb haben die Tarifvertragsparteien auch eine gesetzliche
Verpflichtung zur Durchführung ihrer Verträge.

Diese sichernden und vereinheitlichenden Funktionen von Tarifnormen werden allerdings dann gefährdet, wenn mehrere - miteinander konkurrierende - Gewerkschaften für denselben Betrieb oder für denselben Wirtschaftszweig unterschiedliche Tarifverträge abschließen. Wenn man die Konkurrenzgewerkschaften also nicht auf die Anerkennung eines einzigen Tarifs verpflichten kann, dann gelten im selben Betrieb abweichende Regelungen mit abweichenden Laufzeiten für dieselben Arbeitsplätze. Die erste Situation bezeichnen wir als „Tarifeinheit", die zweite als „Tarifpluralität". Bei Tarifeinheit ist die soziale Geltung der einheitlichen Tarifnorm als solcher gewahrt, bei Tarifpluralität ist sie stark relativiert.

Tatsächlich existierten während der Weimarer Republik konkurrierende weltanschaulich-politisch ausgerichtete Gewerkschaften sozialistischer, christlicher und liberaler Prägung. Da deren entsprechend unterschiedlich geprägte Tarifverträge die einheitliche Durchsetzungskraft der Tarifautonomie als normatives Ordnungssystem der Arbeitsmärkte erheblich gestört hätte, wurde schon damals vorgeschlagen, die Tarifeinheit einzuführen, d.h. nur einen der parallel laufenden Tarife normativ gelten zu lassen.

Das erwies sich indessen als unnötig. Die nahezu vollständige Entwertung des deutschen Geldes infolge der (kriegs- und reparationsbedingten) Inflation hatte die Gewerkschaftsvermögen praktisch aufgezehrt. Wegen der dadurch bedingten Handlungsunfähigkeit der Gewerkschaften sowie einer nachdrücklichen Kooperationsverweigerung der Arbeitgeberverbände wurde im Jahr 1923 die staatliche Zwangsschlichtung ins Tarifrecht eingeführt. Wenn nach Beendigung eines Tarifvertrags kein Neuabschluss gelang, dann konnte hierdurch eine staatliche Regelung durch ein obligatorisches Schlichtungsverfahren erfolgen. Die mit der verfassungsrechtlichen Tarifautonomie bezweckte Selbststeuerung der Tarifparteien am Arbeitsmarkt war damit praktisch beseitigt, und zugleich auch das Problem der Tarifeinheit versus Tarifpluralität.

Mit dem Verbot der Gewerkschaften und der Arbeitgeberverbände haben die Nationalsozialisten das Tarifvertragssystem im Jahr 1933 gänzlich beseitigt. Nachdem das Deutsche Reich im 2. Weltkrieg 1945 endgültig vernichtet war, bildeten die westlichen Siegermächte aus ihren Besatzungszonen die Bundesrepublik Deutschland mit marktwirtschaftlich-parlamentarischer Struktur, die Sowjetunion dagegen in ihrer Zone die sozialistische DDR.

Allein für den Westteil stellte sich daher erneut das Problem der Ordnung eines prinzipiell privaten Arbeitsmarktes durch die Tarifautonomie und Arbeitskämpfe der staatsfreien Gewerkschaften. Die Lösung dieses Problems war verblüffend einfach:

Noch vor dem Inkrafttreten der westdeutschen Verfassung („Grundgesetz") am 23.5.1949 haben die drei Besatzungsmächte ein von den Deutschen vorgelegtes „Tarifvertragsgesetz" im April 1949 verordnet, welches dem Tarifrecht

der Weimarer Republik weitgehend entsprach und insbesondere wieder fest-
schrieb, dass Tarifregelungen als „Rechtsnormen" wirken sollten (§ 4 Abs. 1
Satz 1 TVG). Die damit verbundene neue Anknüpfung an die Positionen
von 1918/19 wurde dann mit der Textfassung des Grundrechts der Koalitionsfreiheit in Art. 9 Abs. 1 Grundgesetz (GG) komplettiert. Sie entsprach
nämlich nahezu völlig dem Wortlaut des Art. 159 WRV. Anders als bei
fast allen anderen Bestimmungen dieses (auch juristisch) neuen Grundgesetzes war im Bereich der Arbeitsverfassung also weitestgehend auf Weimarer
Rechtsstrukturen zurückgegriffen worden: Das lag nicht nur an den tiefen
Meinungsverschiedenheiten zwischen Gewerkschaften und Arbeitgebern, die
sich aktuell nicht anders überbrücken ließen.

Wichtiger war die geänderte Organisationsstruktur, die sich die Gewerkschaften im Jahr 1949 gegeben hatten. Mit guten Gründen sahen sie die
Ursache ihrer Niederlage gegen die Nationalsozialisten am Ende der Weimarer Republik darin, dass sie damals in unterschiedliche politische Fraktionen
zersplittert waren und dass sie in entsprechend verfeindeten Gewerkschafts-
verbänden gegeneinander kämpften anstatt gemeinsame Gegner gemeinsam
anzugreifen. Deshalb gründeten sie jetzt den Deutschen Gewerkschaftsbund
(DGB) nach dem Prinzip der Einheitsgewerkschaft. Die in diesem Dachverband zusammengeschlossenen Gewerkschaften dürfen nämlich weder parteipolitisch noch konfessionell oder weltanschaulich gebunden sein. Es gelten
für sie parteipolitische und konfessionelle Neutralität. Außerdem haben sich
die Mitgliedsgewerkschaften des DGB auf das sogen. Prinzip der Industriegewerkschaft festgelegt, d.h. für einen Betrieb soll stets nur eine Gewerkschaft
zuständig sein - auch wenn dort unterschiedliche Berufe ausgeübt werden.
So ist z.B. für das gesamte VW-Werk allein die Industriegewerkschaft Metall
zuständig.

Diese neue Struktur erhöhte nicht nur die Kampfkraft der westdeutschen
Gewerkschaften gegenüber den Arbeitgebern, sondern machte sie auch relativ unabhängig von den parteipolitisch wechselnden Regierungskoalitionen.
Ihre überbetriebliche Organisationsform und ihre Mitgliederzahl sorgen ferner dafür, dass die egoistischen Interessen kleinerer Spezialistengruppen bei
der Aufstellung von Tarifforderungen und bei der Durchführung von Arbeitskämpfen die Mehrheit nicht dominieren. Angesichts demokratischer Ge-
werkschaftssatzungen können sich folglich branchen- und gesamtwirtschaftliche Interessen eher durchsetzen.

Praktisch werden die unterschiedlichen Gruppeninteressen also regelmäßig
schon innerhalb der überbetrieblichen und branchenweit organisierten repräsentativen DGB-Gewerkschaften zu Kompromissen verarbeitet und dann
als Mindestbedingungen für den jeweiligen Arbeitsmarktsektor formuliert.
Wenn sie dann auch tarifvertraglich geregelt und damit zu Rechtsnormen
geworden sind, bieten sie die normative Vorhersehbarkeit, Sicherheit und
Gleichheit ganz ähnlich wie gesetzliche Normen. Nimmt man hinzu, dass

trotz relativ niedriger Streikquote einigermaßen angemessene Arbeitsbedingungen vereinbart wurden, dann erfüllte der neue Gewerkschaftstyp seine grundrechtliche Funktion einer „Wahrung und Förderung der Arbeits- und Wirtschaftsbedingungen" (Art. 9 Abs. 3 Satz 1 GG).

Das ist deshalb bemerkenswert, weil das deutsche Tarifrecht keinen gesetzlich definierten Gewerkschafts-Begriff kennt. Seit 1918 war lediglich festgelegt, dass Tarifverträge auf Arbeitnehmerseite allein von „Gewerkschaften" abgeschlossen werden konnten (heute § 2 Abs. 1 TVG). Das Grundrecht der Koalitionsfreiheit ist aber nicht völlig mit Tarifvertragsfreiheit gleichzusetzen, sondern umfasst auch andere Koalitionsaktivitäten. Sofern sie nicht tarifvertraglich tätig ist, muss eine Koalition deshalb keine Gewerkschaft sein. Wohl aber betätigt sich jede Gewerkschaft als Koalition, wenn sie eigene Tarifverträge schließt. In Deutschland ist der Gewerkschaftsbegriff folglich primär auf die Tätigkeit als Tarifvertragspartei bezogen.

II. Der Begriff der Gewerkschaft im deutschen kollektiven Arbeitsrecht

Wenn es nach unserem Tarifrecht die Aufgabe der Gewerkschaften ist, Tarifverträge für ihre Mitglieder zu vereinbaren und diese erforderlichenfalls auch streikweise durchzusetzen, dann sind die Voraussetzungen, die eine Arbeitnehmer-Vereinigung erfüllen muss, um als Gewerkschaft anerkannt zu werden (d.h. Tarifverträge schließen zu können), notwendig auf diese Funktion bezogen[6]. Nun wird der Zweck der Tarifautonomie vom Bundesarbeitsgericht darin gesehen, den „von der staatlichen Rechtsordnung freigelassenen Raum des Arbeitslebens durch Tarifverträge sinnvoll zu ordnen"[7]. Inhalt dieser Ordnung soll ein „angemessener, sozial befriedender Interessenausgleich" sein[8]. Wegen der strukturellen Unterlegenheit der Arbeitnehmer am Arbeitsmarkt schließt dieses Ziel auch das Recht ein, die andere Seite durch Streik zum Tarifabschluss zu zwingen[9].

Die danach von der Rechtsprechung entwickelten Anforderungen an die Gewerkschaftseigenschaft waren faktisch maßgeblich am Bild des schon existierenden DGB-Gewerkschafts-Typus ausgerichtet. Für die gerichtliche Anerkennung als Gewerkschaft wurde deren „soziale Mächtigkeit" vorausgesetzt. Diese Mächtigkeit wird daran gemessen, ob der Verband die Interessen der Mitglieder auch gegen den Widerstand der Arbeitgeber durchzusetzen vermag. Indizien solcher Durchsetzungsfähigkeit sind die Mitgliederzahl, ein ef-

---

[6]Dazu Kempen, Festschrift 50 Jahre Bundesarbeitsgericht, 2004, 733 ff.

[7]BAG 9.7.1968, AP Nr. 25 zu § 2 TVG; 15.3.1977, AP Nr. 24 zu Art.9 GG; BAG 14.3.1978, AP Nr. 30 zu § 2 TVG; BVerfG 20.1.1982, BVerfGE 58, 233, 249

[8]BAG 6.6.2000, AP Nr. 55 zu § 2 TVG

[9]BVerfG 26.6.1991, BVerfGE 84, 212; dort ist auch das Recht der Arbeitgeber auf Aussperrung als verhältnismäßige Abwehr eines Streiks festgehalten

fektiver organisatorischer Aufbau mit hinreichender Finanzkraft, die Über-
betrieblichkeit und (schon erfolgte) eigenständige Tarifabschlüsse der Gewerkschaft[10].

Am 18.5.1990 schlossen die Bundesrepublik Deutschland und die DDR einen
Staatsvertrag zur Schaffung einer Wirtschafts-, Währungs- und Sozialunion,
welcher die künftige Vereinigung vorbereiten sollte. Der Gewerkschaftsbegriff wird dort in Art. 17 nunmehr parlamentarisch entsprechend legitimiert:
„Tariffähige Gewerkschaften und Arbeitgeberverbände müssen frei gebildet,
gegnerfrei, auf überbetrieblicher Grundlage organisiert und unabhängig sein
sowie das geltende Tarifrecht als für sich verbindlich anerkennen; ferner
müssen sie in der Lage sein, durch Ausüben von Druck auf den Tarifpartner
zu einem Tarifabschluss zu kommen"[11]. Betrachtet man die hiermit verbindlich festgelegten Merkmale des deutschen Gewerkschaftsbegriffs, der von den
Gerichten so entwickelt worden ist, dann wird klar, dass er ziemlich hohe
Zugangsvoraussetzungen für neue Arbeitnehmerorganisationen enthält. Andererseits wird dies gerechtfertigt durch die tarifvertragliche Befugnis der
Tarifvertragsparteien, die Arbeits- und Wirtschaftsbedingungen ihrer Mitglieder wie ein Gesetzgeber durch eigene Normen zu regeln.

III.   Tarifeinheit oder Tarifpluralität im selben Betrieb?

Ihre höchste Wirksamkeit entfalten die Rechtsnormen eines Tarifvertrags
immer dann, wenn es sich dabei um die einzige Tarifregelung für die entsprechenden Arbeitsplätze eines Betriebes handelt (Tarifeinheit). Sofern dort dagegen mehrere Tarife miteinander konkurrieren (Tarifpluralität) und die Arbeitnehmer durch Gewerkschaftsübertritt zwischen ihnen wechseln können,
gehen Rechtssicherheit und Rechtsgleichheit als wesentliche Wirkungen der
Normativität tendenziell verloren. Deshalb hatte man schon in der Weimarer
Republik die gesetzliche Einführung der Tarifeinheit erwogen.

In der Bundesrepublik schien sich dieses Problem nach 1949 zunächst nicht
zu stellen. Neben den repräsentativen DGB-Gewerkschaften existierten zwar
die Deutsche Angestellten-Gewerkschaften (DAG) sowie kleinere dienstliche
Verbände. Da im DGB-Bereich jedoch anfangs sehr wenige Angestellte organisiert waren und da die christlichen Arbeitnehmer-Vereinigungen kaum
Tarifverträge schlossen, entstand damals keine Tarifpluralität, sondern eine
faktische Tarifeinheit. Das änderte sich erst, als auch im DGB eine Gewerkschaft gegründet wurde, die fast ausschließlich Angestellte organisierte. Da
in den von ihr tarifierten Betrieben des Handels, der Banken und der Versicherungen nun aber häufiger auch bereits Tarifverträge für die Mitglieder
der konkurrierenden Angestellten-Gewerkschaft galten, entstand dort jeweils
eine Tarifmehrheit oder faktische Tarifpluralität.

---

[10]Vgl. zuletzt BAG 5.10.2010, NZA 201 I, 300
[11]BGB I.11 1990, 937

Obwohl diese Tarifmehrheit auf der freiwilligen Mitgliedschaft der jeweiligen Arbeitnehmerin konkurrierenden Gewerkschaften beruhte, sah das Bundesarbeitsgericht hier wegen der parallelen Geltung unterschiedlicher Tarifordnungen primär eine schwere Belastung der betrieblichen Arbeitsrechtssicherheit. Das Gericht sah jedoch im Gebot der Tarifeinheit eine Auslegungsregel, welche stets die alleinige Geltung eines einzigen Tarifs im Betrieb bezwecke. Die Auswahl habe nach dem Prinzip der Spezialität zu erfolgen. Danach habe der (hinsichtlich des jeweiligen Betriebstyps) speziellere Tarifvertrag Vorrang vor dem allgemeineren[12]. Die gegen diese pragmatische Lösung gerichtete Kritik[13] veranlasste das Gericht erst Jahrzehnte später zur Aufgabe dieser Rechtsprechung[14].

In der Zwischenzeit hatten sich dennoch etliche neue Gewerkschaften außerhalb des DGB gegründet. Es waren vor allem hoch spezialisierte Arbeitnehmer in kleinen Berufssparten, die sich zu besonderen „Spartengewerkschaften" zusammenschlossen. Sie fühlten sich in den Großgewerkschaften majorisiert, und wollten eigene Tarifverträge durchsetzen. Besonders die Krankenhausärzte („Marburger Bund"), die Flugzeug-Piloten (Vereinigung Cockpit), die Flugsicherung (Gewerkschaft der Flugsicherung GdF) und das spezielle Verkehrsgewerbe (UFO, GdL) setzten eigene Tarifverträge durch. Wegen der damals gerichtlich geltenden Tarifeinheit waren diese jedoch fast immer mit den großen DGB-Gewerkschaften im jeweiligen Wirtschaftszweig abgesprochen. Faktisch wurden sie dann mit deren Tarifen gemeinsam verhandelt und gegebenenfalls erstreikt („Tarifgemeinschaft"). Das Ergebnis war meistens ein sog. mehrgliedriger Tarifvertrag mit differenzierten Sonderregelungen, der aber betriebseinheitlich angewendet wurde und damit die Tarifeinheit realisierte.

Erst als die Spartengewerkschaften diese kooperativen Tarifgemeinschaften verließen, zerstörten sie die vereinbarte Tarifeinheit endgültig. Nunmehr wollten sie nämlich z.B. im Krankenhaus für die angestellten Ärzte nebeneinander den Ärzte-Tarifvertrag und den umfassenden Tarifvertrag für den öffentlichen Dienst der DGB Gewerkschaft ver.di gelten lassen. Im anschließenden Rechtsstreit gab das Bundesarbeitsgericht Anfang 2010 das bisherige Prinzip der Tarifeinheit auf, weil dadurch die Koalitionsfreiheit derjenigen Gewerkschaftsmitglieder verfassungswidrig weder verletzt, noch deren Tarifverträge nach diesem Prinzip unanwendbar gewesen wäre[15].

Seither können mehrere isolierte Tarifverträge zu jeder Zeit dieselben Tätigkeiten in den Betrieben ganz unterschiedlich regeln. Wegen der Konkurrenz der Gewerkschaften sind häufigere Arbeitskämpfe zu ganz unterschiedlichen

---

[12]Vgl. z.B. BAG 14.6.1989, 5.9.1990, 20.3.1D991 AP Nr. 16, 19, 20 zu § 4 TVG Tarifkonkurrenz

[13]Vgl. Jacobs, Tarifeinheit und Tarifkonkurrenz, 1999,260 ff.

[14]BAG 7.7.2010, NZA 2010, 1068

[15]BAG 7.7.2010, 1068

Terminen und Anlässen zu erwarten. Das jüngste Beispiel war im Februar 2012 der Streik von etwa 200 Arbeitnehmern auf dem Vorfeld des Flughafens Frankfurt am Main, für welche die Gewerkschaft der Flugsicherung (GdF) hohe Forderungen (bis 70 % Lohnsteigerung) stellte. Die DGB-Konkurrenz-Gewerkschaft Verdi hatte bereits einen niedrigeren Abschluss akzeptiert, um im gesamten Flughafenbetrieb Kündigungen zu vermeiden. Sie stellte sich deshalb gegen den Streik und veranlasste dadurch die Fluglotsen, ihre GdF Kollegen auf dem Vorfeld ihrerseits mit einem Solidaritätsstreik zu unterstützen. Dann hätten zehn Fluglotsen den gesamten Flugbetrieb gestoppt. Wegen dieses übergroßen Effekts ist jener Solidaritätsstreik dann vom örtlichen Arbeitsgericht vorläufig für rechtswidrig erklärt worden.

Allerdings hatten der DGB und die Bundesvereinigung der Deutschen Arbeitgeberverbände (BOA) 2010 schon befürchtet, dass die unbegrenzte Zulassung der Tarifpluralität im Betrieb solche gefährlichen Folgen für die Tarifautonomie haben könnte. Trotz überwiegender Zustimmung der Rechtswissenschaft[16] zur damaligen Beseitigung des Prinzips der Tarifeinheit durch das Bundesarbeitsgericht haben BDA und DGB daher gemeinsam noch im Juni 2010 eine gesetzliche Regelung der Tarifeinheit vorgeschlagen: Wenn für dieselben Arbeitsplätze eines Betriebes mehrere unterschiedliche Tarifregelungen anwendbar wären, dann soll nur der Tarifvertrag gelten, welchen die Gewerkschaft mit den meisten Mitgliedern im Betrieb abgeschlossen hat[17].

Obwohl das hiernach maßgebliche Mehrheits- und Repräsentationsprinzip auch im Ausland vielfach in vergleichbaren Fällen herangezogen wird, blieb dieser Vorschlag in Deutschland umstritten. Während die Autoren ihn für verfassungsrechtlich unbedenklich und tarifrechtlich für geboten halten[18], sahen andere darin einen verfassungswidrigen Eingriff in die Koalitionsfreiheit des Art. 9 Abs. 3 GG[19].

In der Bundesregierung verweigerte sich die FDP unter Hinweis auf verfassungsrechtliche Bedenken, während die CDU den BDA - DGB Vorschlag positiv sieht[20]. Das Bundesarbeitsministerium prüft die Initiative jetzt erneut. Dabei sollte prinzipiell bedacht werden, dass die Tarifeinheit eine wesentliche Voraussetzung effektiver Normsetzung durch Tarifverträge bildet und dass die Normativität der tariflichen Regelungen in Deutschland gesetzlich schon immer vorgeschrieben war. Die kleineren Spartengewerkschaften würden dadurch keineswegs vernichtet. Immerhin waren sie schon unter der früheren gerichtlichen Geltung der Tarifeinheit bis 2010 entstanden und erfolgreich aktiv. Die gesetzliche Tarifeinheit würde sie lediglich dazu zwingen, sich mit

---

[16] So z.B. Franzen Erfurter Kommentar zum Arbeitsrecht, 12. Aufl. 2012, § 4 TVG, Rn. 71; kritisch dagegen Hromadka/Schmitt-Rolfes, NZA 2010. 687

[17] AuR 2011, 60; vgl. schon Hromadka, Gedächtnisschrift für Heinze, 2005, 383

[18] Vgl. Giesen, ZfA 2011, 1; Kempen, AuR 2011, 51

[19] Vgl. Dieterich, AuR 20 II, 46; Franzen. a.a.O. (Fn. 16)

[20] Zur verfassungsrechtlichen Bewertung vgl. Papier/Kränke, ZfA 20 II, 807

der jeweiligen Mehrheitsgewerkschaft schon vor deren Tarifabschluss zugunsten der Interessen ihrer Mitglieder zu einigen - wie dies auch bereits früher im Wege der alten Tarifgemeinschaften lange der Fall gewesen ist. Ein Verstoß gegen Art. 9 Abs. 3 GG ist darin nicht zu erkennen.

Tarifeinheit als Voraussetzung für eine funktionsfähige Tarifautonomie

Roland **Wolf**

Assessor, Geschäftsführer und Leiter der Abteilung Arbeitsrecht, Bundesvereinigung der Deutschen Arbeitgeberverbände, BDA, Berlin

I. Tarifeinheit ist Voraussetzung für eine funktionsfähige Tarifautonomie

Die Rechtsprechungsänderung des Bundesarbeitsgerichts zur Tarifeinheit vom 7. Juli 2010 hat tiefgreifende Konsequenzen für die Tarifautonomie. Mehrere neue Spartenorganisationen haben sich formiert oder ihre Formierung angekündigt. Tarifeinheitswidrige Streiks 2010 und 2011 bei den Privatbahnen des Personennahverkehrs und der Vorfeldlotsen am Frankfurter Flughafen 2012 belegen die Fehlentwicklungen, zu denen ein Tarifrecht ohne Tarifeinheit führt. Der Gesetzgeber darf diese Entwicklungen nicht tatenlos hinnehmen und muss endlich die zugesagte gesetzliche Regelung der Tarifeinheit in Angriff zu nehmen.

II. Tarifeinheit sichert die Ordnung des Arbeitslebens.

Das deutsche System der Branchentarifverträge ist auf die Tarifeinheit angewiesen. Branchentarifverträge halten den Verteilungskampf aus den Betrieben heraus und befrieden dadurch die Vertragsbeziehung zwischen Arbeitgebern und Arbeitnehmern, sie verhindern das kollektive Gegeneinander der Arbeitnehmer. Branchentarifverträge sind damit die Basis der Rechtsbeziehungen in den Betrieben. Sie ordnen und befrieden das Arbeitsleben. Das sichert Ihre Akzeptanz. Diese Akzeptanz ist ohne die Tarifeinheit gefährdet. Die Branchentarifverträge, die die Sozialpartner in den letzten Jahren modernisiert und durch vielfältige Öffnungsklauseln attraktiver gestaltet haben, sind auf die Tarifeinheit angewiesen. Arbeitgeber und Arbeitnehmer müssen wissen, woran sie sind und was für sie gilt. Dies sichert die Tarifeinheit. Treffen in einem Betrieb mehrere Tarifverträge aufeinander, die sich in ihrem persönlichen, sachlichen oder fachlichen Geltungsbereich überschneiden, muss sich ein Tarifvertrag durchsetzen. Das gilt im Fall der Tarifkonkurrenz, es gilt ebenso im Fall der Tarifpluralität. Für Arbeitnehmer, die dasselbe tun und deren Arbeitsabläufe aufeinander abgestimmt sind, muss im Betrieb im Ergebnis eine Regelung gelten, die das Zusammenarbeiten unterstützt und Friktionen verhindert. Die Tarifeinheit stellt dies sicher. Die Bedeutung der Tarifeinheit erschöpft sich nicht in dieser Ordnungsfunktion, sie ist ebenso unerlässlich für die Sicherung der Friedensfunktion des Tarifvertragssystems. Setzt sich bei konkurrierenden Tarifverträgen ein Tarifvertrag durch, ist der Arbeitskampf um einen weiteren sich mit diesem durchsetzenden Tarifvertrag überschneidenden Tarifvertrag unverhältnismäßig. Ein Arbeitskampf für einen Tarifvertrag, der nicht zur Anwendung kommen kann, also nur des Organisationsinteresses wegen geführt wird, ist von der Koalitionsfreiheit nicht geschützt. Eine gesetzliche Regelung der Tarifeinheit muss diese beiden Elemente der Tarifautonomie, die Ordnungsfunktion der Arbeitsbeziehungen und die Friedensfunktion des Tarifvertragssystems als einer durchgreifenden Friedensordnung, sichern. Dies kann durch eine klarstellende Ergänzung des Tarifvertragsgesetzes geschehen, wie sie BDA und DGB ursprünglich gemeinsam vorgeschlagen haben.

III. Vorschlag für gesetzliche Regelung sichert Koalitionsfreiheit

Das Tarifvertragsgesetz sollte hierzu durch zwei schlanke Regelungen ergänzt werden.

• Bei sich überschneidenden, also konkurrierenden Tarifverträgen soll derjenige Vorrang haben, an den die meisten Gewerkschaftsmitglieder im Betrieb gebunden sind. Schon bisher ist dieses Repräsentativitätsprinzip von der Rechtsprechung dann angewendet worden, wenn mehrere Tarifverträge sich in ihrem Geltungsbereich überschnitten haben und das zur Ermittlung des vorrangigen Tarifvertrags als primäres Kriterium angewendete Spezialitätsprinzip kein befriedigendes Ergebnis gebracht hat.

• Ergänzt wird diese Klarstellungs- und Ordnungsfunktion durch eine gesetzliche Regelung der Friedenspflicht, die seit jeher von der Rechtsprechung anerkannt ist. Während der Laufzeit eines Tarifvertrags, der für den Betrieb und die in ihm beschäftigten Arbeitnehmer nach den Grundsätzen der Tarifeinheit maßgeblich ist, gilt Friedenspflicht für alle Tarifverträge und Tarifforderungen. Nach Ablauf der Friedenspflicht des repräsentativeren Tarifvertrags kann jede Gewerkschaft ihre Forderungen geltend machen und gegebenenfalls um diese Ziele auch einen Arbeitskampf führen.

Wie bisher schon bedeutet dieser Vorschlag kein Monopol für bestimmte Tarifvertragsparteien. Er schafft vielmehr Rechtsklarheit für den Fall einer Kollision unterschiedlicher Tarifverträge. Tarifeinheit hat nie bedeutet und wird auch künftig nicht bedeuten, dass Monopole für Tarifverhandlungen geschaffen werden. Es wird auch in Zukunft unterschiedliche Gewerkschaften geben und es wird Konkurrenz und Wettbewerb zwischen Gewerkschaften geben. Es soll lediglich sichergestellt sein, dass entsprechend bisheriger Grundsätze Klarheit darüber besteht, welcher Tarifvertrag angewendet wird und dass während der Laufzeit des vorrangigen Tarifvertrages Friedenspflicht besteht. Der Regelungsvorschlag zur Tarifeinheit steht daher

auch einer vereinbarten Tarifpluralität nicht entgegen. Wenn Tarifverträge
sich in ihrem Anwendungsbereich nicht überschneiden, können sie im Betrieb nebeneinander angewendet werden, einvernehmlich für unterschiedliche Beschäftigtengruppen oder für unterschiedliche Regelungsmaterien. Die
Rechtslage für solch vereinbarte Tarifpluralität bleibt völlig unverändert.
Das gilt auch für die Bildung von Tarifgemeinschaften verschiedener Gewerkschaften, die unverändert möglich ist. Der Vorschlag verhindert allein,
dass die Tarifautonomie durch eine Vielzahl sich überschneidender Tarifverträge beliebig zerlegt werden kann. Im Überschneidungsbereich setzt sich
danach aus Gründen der Rechtsklarheit der Mehrheitstarifvertrag durch.
Der Vorschlag verhindert damit, dass Arbeitgeber und Arbeitnehmer jederzeit damit rechnen müssen, Arbeitskämpfen einzelner Spartenorganisationen
ausgesetzt zu werden. Solche Spartenarbeitskämpfe tragen den Streik in die
Betriebe hinein, aus denen ihn das höchst erfolgreiche System des deutschen
Branchen- und Flächentarifvertrages gerade heraushalten soll, wie dies die
Tarifeinheit fast 60 Jahre lang in verfassungsmäßiger Weise garantiert hat.
Ohne sie wäre das bestehende System einer tariflichen Friedensordnung, wie
sie der Branchentarifvertrag verkörpert, nicht möglich. Diese Friedensordnung führt im Ergebnis dazu, dass Tarifverhandlungen mit unterschiedlichen Gewerkschaften und daraus resultierende etwaige Arbeitskämpfe zeitlich synchronisiert werden. Die Kooperation unterschiedlicher Tarifakteure
wird durch die Tarifeinheit gestützt und durch ihre gesetzliche Regelung
zunehmen.

IV. Koalitionsfreiheit steht im Einklang mit Tarifeinheit

Da es arbeits- oder tarifrechtliche Gründe gegen die Tarifeinheit nicht gibt,
hat sich die Diskussion über eine gesetzliche Regelung immer stärker auf
das Verfassungsrecht verlagert. Dabei zeigt sich: Die gegen die Tarifeinheit
erhobenen verfassungsrechtlichen Bedenken sind unbegründet. Das hat zuletzt auch ein Beitrag von Herrn Professor Papier in der Zeitschrift für
Arbeitsrecht (ZfA) nachdrücklich bestätigt. Der ehemalige Präsident des
Bundesverfassungsgerichts kommt vor dem Hintergrund seiner intensiven
Auseinandersetzung mit der Entwicklung der Rechtsprechung dieses Verfas-
sungsorgans und der Entwicklung dieser Rechtsprechung über viele Jahrzehnte zu Koalitionsfreiheit und Tarifautonomie zu dem Ergebnis, dass die
vorgeschlagene gesetzliche Regelung der Tarifeinheit kein Eingriff in die Koalitionsfreiheit des Art. 9 Abs. 3 GG ist. Der Vorschlag beschränkt sich
vielmehr auf deren Ausgestaltung und ist damit als Beitrag für die Funktionsfähigkeit der Tarifautonomie in vollem Umfang durch das Grundgesetz
gedeckt. Dem Gesetzgeber kommt dabei ein weiter Entscheidungsspielraum
zu, wie er das Tarifvertragssystem funktionsfähig halten will. Mit einer entsprechenden gesetzlichen Regelung füllt er diesen Entscheidungsspielraum

in verfassungsmäßiger Weise aus. Keine Spartengewerkschaft wird in ihrer Existenz in Frage gestellt werden. Sämtliche großen Spartenorganisationen haben sich in der Zeit der Rechtsprechung des Bundesarbeitsgerichts zur Tarifeinheit gebildet.

V. Tarifeinheitswidrige Streiks unterhöhlen erfolgreiche Tarifordnung

Die Gefahren für die Tarifautonomie unterstreichen nachdrücklich die beiden Arbeitskämpfe der Gewerkschaft Deutscher Lokomotivführer (GDL), die diese im Jahr 2010 bei den Kommunalen Verkehrsbetrieben in Bayern und im Jahr 2011 bei den Privatbahnen des Öffentlichen Nahverkehrs geführt hat. Die GDL hatte im Herbst 2010 die bayerischen kommunalen Verkehrs- betriebe bestreikt, um nach Tarifvereinbarungen mit der Mehrheitsgewerk- schaft Sonderabschlüsse für die U-Bahn-, Straßenbahn- und Busführer in Bayern zu erzwingen. Hierbei hat sie einen ergänzenden Tarifvertrag er- streikt, obwohl auch in den Unternehmen der kommunalen Verkehrsbetrie- be bereits ein Tarifvertrag für alle Arbeitnehmer gegolten hat. Auch mit den Streiks im Jahr 2011 hat die GDL die Möglichkeiten ausgenutzt, die sich ihr durch die Änderung der Rechtsprechung des BAG bieten. Sie hat die Privatbahnen mit Streiks überzogen, um für einen Teil der Belegschaf- ten Sonderkonditionen zu erreichen, obwohl dort für alle Arbeitnehmer - also auch für die Lokomotivführer - ein Tarifvertrag mit der Mehrheitsge- werkschaft gilt. Das jüngste Beispiel für die drohenden Gefahren sind die vergangenen Streiks am Frankfurter Flughafen zu Beginn des Jahres 2012: Keine 200 Vorfeldlotsen haben dort versucht, gegen die Interessen von 20 000 beim Flughafen beschäftigte Arbeitnehmer, das größte Flugdrehkreuz Deutschlands lahmzulegen - und das, obwohl am Frankfurter Flughafen ein Tarifvertrag mit der repräsentativen Mehrheitsgewerkschaft für alle Arbeit- nehmer gilt. Die Auswirkungen dieses Streiks beschränkten sich dabei nicht auf den bestreikten Flughafen in Frankfurt, sondern erfassten auch andere Flughäfen. Maschinen mit dem Ziel Frankfurt konnten aufgrund reduzier- ter Landeerlaubnisse nicht starten, teilweise fehlten bereits die Maschinen an anderen Flughäfen, die in Frankfurt nicht abheben konnten. Neben die Verluste des bestreikten Flughafenbetreibers traten damit die Verluste der Airlines. Darüber hinaus hatte die Lahmlegung des Flughafenbetriebs auch Auswirkungen auf den Transport von Gütern, auf die Industrieunterneh- men angewiesen sind. Der dadurch entstandene gesamtwirtschaftliche Scha- den bewegte sich im zwei- bis dreistelligen Millionenbereich. Auf den ersten Blick berechtigt scheint der Einwand, dass der Arbeitskampf auch ohne Ta- rifeinheit von dem Arbeitsgericht Frankfurt/M. gestoppt und auch der Un- terstützungsstreik der Gewerkschaft durch Aufruf an die Tower-Fluglotsen unterbunden worden ist. Das allerdings ist das Ergebnis eines „glücklichen"

Zufalls. Für die Vorfeldmitarbeiter galt bereits eine ergänzende eigenständige Regelung zu spezifischen Belastungen, die die Vorfeldarbeit mit sich bringt. Diese Regelung war von der Gewerkschaft der Flugsicherung nicht gekündigt worden und führte dadurch - der herrschenden Meinung entsprechend - zur Rechtswidrigkeit des Arbeitskampfes. Allerdings war diese Entscheidung nicht sicher prognostizierbar. Die für eine Rechtsordnung zentrale Rechtssicherheit war gerade nicht gewährleistet. Anderes hätte gegolten, wenn die Tarifeinheit bereits im Tarifvertragsgesetz geregelt gewesen wäre. Dann wäre von vornherein klar, dass der Streik einer Minderheit gegen die Mehrheit und den eigenen Arbeitgeber bei überschneidenden Tarifforderungen unzulässig wäre.

VI. Tarifeinheitswidrige Streiks gründen auf gefährlicher Strategie

Das Muster für tarifeinheitswidrige Streiks ist immer dasselbe. Der Arbeitgeber oder der Arbeitgeberverband bietet den beteiligten Gewerkschaften Verhandlungen an. Teilweise kommt es - wie bei den Privatbahnen - nach langwierigen Verhandlungen zu einem Schlichtungsverfahren, zu dem die Spartengewerkschaft sogar ausdrücklich eingeladen wird. Diese Möglichkeit des Mitwirkens lehnt die Spartenorganisation aber von vornerein ab oder sie zieht sich im Laufe der Verhandlungen - teilweise kurz vor deren Abschluss - zurück. Der Tarifvertrag wird dann nur von der Mehrheitsgewerkschaft und dem Arbeitgeber oder dem Arbeitgeberverband unterschrieben. Im Anschluss stellt die Spartengewerkschaft für die von ihr vertretene Klientel eine über die für die Mehrheit der Arbeitnehmer geltenden Beschäftigungsbedingungen hinausgehende Tarifforderung, die sie mit einem Streik durchzusetzen versucht. Da die Spartenorganisation trotz ihrer häufig geringen Gesamtmitgliederzahl aufgrund der Stellung ihrer Arbeitnehmer im Unternehmen ein hohes Druckpotenzial hat, wird der Arbeitgeber sehr genau abwägen müssen, ob er der Forderung aus wirtschaftlichen Gründen nachkommt. Kommt es zu einem solchen zweiten Abschluss, bestehen mehrere sich teilweise überschneidende Tarifverträge mit unterschiedlichen Laufzeiten nebeneinander - und es ist unklar, welcher Tarifvertrag für wen gilt. Darüber hinaus besteht die große Gefahr, dass im Anschluss an den Abschluss mit der Spartengewerkschaft die Mehrheitsgewerkschaft Nachforderungen stellt, weil sie ihre Mitglieder benachteiligt sieht. Das kann eine Spirale aufeinanderfolgender Streiks und Arbeitskämpfe mit allen negativen Konsequenzen für die Betriebe und Kunden auslösen. Dieses Verhalten untergräbt die friedenstiftende Wirkung des Branchentarifvertrags und trägt den Arbeitskampf für einzelne Berufsgruppen mitten in die Unternehmen hinein. Hat mit diesem Verhalten erst einmal eine Gewerkschaft Erfolg, werden sich weitere Gewerkschaften bilden, die versuchen den erfolgreich agierenden Spartengewerkschaften nachzueifern. Ein besonders nachdrückliches Beispiel für die Gründung einer solchen neuen Spartenorganisation ist die Deutsche Feuergewerkschaft am 1. Mai 2011. Sie strebt für die Gruppe der Feuerwehrleute eigenständige Tarifverträge an. Ohne Betriebsfeuerwehren können große Industrieanlagen schon aus feuerpolizeilichen Gründen nicht mehr betrieben werden. Das Streikverhalten bestehender Spartengewerkschaften und die dadurch gesetzten Anreize für die Gründung neuer Spartenorganisationen zeigen den erheblichen Handlungsbedarf für den Gesetzgeber.

VII. Tarifeinheit regeln - Tarifautonomie sichern!

Die Zerfaserung der Tarifautonomie darf nicht weitergehen. Wir brauchen klare Spielregeln und Vorgaben für das Miteinander in Fragen des Arbeitskampfes und der Geltung von Tarifverträgen. Richtig ist, dass nicht alle Fragen des Arbeitskampfs durch eine gesetzliche Regelung der Tarifeinheit geklärt werden können. Das Arbeitskampfrecht beinhaltet viele offene Fragen. Die zentrale Frage zum jetzigen Zeitpunkt ist aber die gesetzliche Herstellung von Rechtsklarheit und Rechtssicherheit: Daher muss der Gesetzgeber eine gesetzliche Regelung zur Tarifeinheit schaffen.

Entgeltfindung im tarifpluralen Betrieb [*]

Dr. Benedikt **Schmidt**
Rechtsanwalt, Kanzlei Raue, Berlin

I. Einleitung

1. Das Phänomen der Tarifpluralität

1.1. Begrifflichkeiten

Der Begriff der Tarifpluralität ist mittlerweile geläufig. Über Einzelheiten lässt sich hier zwar durchaus noch streiten[1], in dem für die Praxis erforderlichen Umfang sind die Definitionen aber geklärt. Abzugrenzen ist die Tarifpluralität von der Tarifkonkurrenz. Diese bezeichnet die auf das einzelne Arbeitsverhältnis bezogene Kollision normativ geltender Tarifverträge. Insoweit muss unstreitig Tarifeinheit hergestellt werden, auf jedes Arbeitsverhältnis kann nur ein Tarifvertrag Anwendung finden. Bezugspunkt der Tarifpluralität ist der Betrieb. Der Arbeitgeber ist an mehrere, den Betrieb nach ihrem Geltungsbereich erfassende Tarifverträge kollektivrechtlich gebunden, zugleich muss an jeden der Tarifverträge mindestens ein Arbeitnehmer des Betriebes ebenfalls tarifrechtlich gebunden sein.

1.2. Rechtstatsächlicher Befund

Tarifpluralitäten sind insgesamt nicht sehr häufig. Die in Deutschland traditionell und, auf das Ganze gesehen, nach wie vor dominierenden DGB-Branchengewerkschaften grenzen ihre Zuständigkeitsbereiche nach betrieblich-fachlichen Gesichtspunkten voneinander ab und erreichen so weitgehend trennscharfe Zuordnungen. Überschneidungen in den Zuständigkeitsbereichen und damit in den Geltungsbereichen der abgeschlossenen Tarifverträge sind relativ selten. Dort, wo es zu Zuständigkeitsüberschneidungen kommt, entscheidet zudem nach der DGB-Satzung ein Schiedsgericht über die Organisationsabgrenzung.[2] Dieses sog. Industrieverbandsprinzip führte in Verbindung mit der faktischen Dominanz der unter dem Dach des DGB versammelten Gewerkschaften rechtstatsächlich verbreitet zu dem bekannten Dreiklang „Ein Betrieb - eine Gewerkschaft - ein Tarifvertrag".

---

[*] Dem Beitrag liegt ein Vortrag zugrunde, den der Verfasser am 22. Juni 2012 beim 26. Passauer Arbeitsrechtssymposion gehalten hat. Eine leicht gekürzte Fassung erscheint demnächst in einer Sonderbeilage zur NZA. Die Vortragsform wurde teilweise beibehalten.

[1] Dazu B. Schmidt, Tarifpluralität im System der Arbeitsrechtsordnung, 2011, S. 56 ff.

[2] S. dazu im vorliegenden Zusammenhang Deinert, RdA 2011, 12 (15); Franzen, ZfA 2011, 647 (650); Henssler, RdA 2011, 65 (66); HWK/Henssler, 5. Aufl. (2012), § 4 TVG Rn. 58 und allgemein nur Wiedemann/Oetker, TVG, 7. Aufl. (2007), § 2 Rn. 83 ff.

Im Hinblick auf den rechtstatsächlichen Befund können, bei aller groben Vereinfachung, die eine solche Kategorisierung mit sich bringt, drei Phasen unterschieden werden: Zunächst kam es vor allem durch die Allgemeinverbindlicherklärung von Tarifverträgen nach § 5 TVG zu Fällen der Tarifpluralität (und ggf. auch der Tarifkonkurrenz). Hier wiederum waren besonders häufig diejenigen Fälle, in denen an der Tarifkollision ein Tarifvertrag über gemeinsame Einrichtungen der Tarifvertragsparteien im Sinne von § 4 Abs. 2 TVG, ein sog. Sozialkassentarifvertrag, beteiligt war. Diese Konstellation bildet bereits insofern einen Sonderfall, als infolge der Allgemeinverbindlicherklärung eine - im Anschluss an Jacobs[3] sog. betriebsweite - Tarifkonkurrenz entsteht. Hier muss auch nach der Rechtsprechungsänderung des BAG im Jahr 2010 weiterhin Tarifeinheit hergestellt werden, und zwar richtigerweise zugunsten des allgemeinverbindlichen Sozialkassentarifs. Das BAG hat diese Frage zunächst offen gelassen.[4] In einer zweiten Phase trugen Entwicklungen der Gewerkschafts- und, ihr folgend, der Tariflandschaft das Potential für eine Häufung von Tarifkollisionsfällen in sich.[5] Zum einen bekamen die DGB-Gewerkschaften zunehmend (in vielen Fällen: Unterbietungs-)Konkurrenz durch sog. christliche Gewerkschaften. Deren Tariffähigkeit war indes von vornherein zweifelhaft. Für die „Christliche Gewerkschaft Metall" hatte das BAG im Jahre 2006 Tariffähigkeit bejaht.[6] Zuletzt hat der 1. Senat eine Entscheidung des LAG Hamm, mit welcher dieses die Tariffähigkeit der „Gewerkschaft für Kunststoffgewerbe und Holzverarbeitung im Christlichen Gewerkschaftsbund" - den durch die CGM-Entscheidung aufgestellten Kriterien folgend - bejaht hatte[7], überraschend aufgehoben[8]. Damit deutet sich womöglich eine für die „christlichen" Gewerkschaften ungünstige, strengere Linie des BAG im Hinblick auf die Prüfung der sog. sozialen Mächtigkeit für die Zukunft an.[9] Einen schweren Schlag hat die „christliche" Gewerkschaftsbewegung vor allem durch die Entscheidung des BAG vom 14.12.2010 zur fehlenden Tariffähigkeit der CGZP[10] und eine Reihe

---

[3]Tarifeinheit und Tarifkonkurrenz, 1999, S. 100 und passim.

[4]BAG, NZA 2010, 645 (658), Rn. 110 f.; s. auch Bepler, NZA Beilage 3/2010, S. 99 (104).

[5]S. zu Veränderungen der tatsächlichen Rahmenbedingungen und deren Bedeutung auch Bepler, JbArbR 48 (2011), 23 (27 f.); Bister, Tarifpluralität - Aufgabe des Grundsatzes der Tarifeinheit im Betrieb und die Folgen, 2011, S. 29 ff.; Deinert, NZA 2009, 1176 ff.; Greiner, Rechtsfragen der Koalitions-, Tarif- und Arbeitskampfpluralität, 2010, S. 2 ff.; Papier/Krönke, ZfA 2011, 807 (808 f.).

[6]BAG, NZA 2006, 1112 ff.

[7]LAG Hamm, Beschl. v. 13.3.2009 - 10 TaBV 89/08 = BeckRS 2009, 08492.

[8]BAG, NZA 2011, 300 ff. = AP TVG § 2 Tariffähigkeit Nr. 7 m. krit. Anm. B. Schmidt; s. dazu auch Greiner, NZA 2011, 825 ff.; Ulber, RdA 2011, 353 ff.; Brummer/Butz, ArbRAktuell 2012, 329756.

[9]S. dazu B. Schmidt, Anm. zu BAG 5.10.2010 AP TVG § 2 Tariffähigkeit Nr. 7 sowie Brummer/Butz, ArbRAktuell 2012, 329756 einerseits, Greiner, NZA 2011, 825 ff. andererseits.

[10]NZA 2011, 289 ff.

von Folgeentscheidungen[11] hinnehmen müssen. Es bleibt abzuwarten, ob und inwieweit die „Christlichen" sich hiervon erholen werden.[12] In einer dritten Phase werden als Hauptkonkurrenz der DGB-Organisationen zuletzt kaum noch die „christlichen" Gewerkschaften, sondern vielmehr die Spartengewerkschaften (Berufsgruppengewerkschaften, Spezialistengewerkschaften, Elitegewerkschaften) wahrgenommen.[13] Diese haben sich entgegen einem in der Öffentlichkeit verbreiteten Eindruck zum größten Teil nicht erst in den letzten Jahren neu gebildet, sondern haben eine teilweise weit zurückreichende Geschichte. Lange Zeit verfolgten sie aber keine eigenständige Tarifpolitik, sondern bildeten Tarifgemeinschaften mit DGB-Gewerkschaften.[14] Diese wurden zunehmend aufgekündigt, die Spartengewerkschaften sind längst autonome und sichtbare Akteure des Tarifgeschehens - sichtbarer, als vielen lieb ist. Die Gründe sind komplex. Die schleichende Erosion des Grundsatzes der Tarifeinheit im Betrieb in der Rechtsprechung des BAG und seine schließliche Aufgabe durch den 4. Senat sind allenfalls eine Ursache unter vielen. Letztlich spiegelt sich in dem „Trend zur Spartengewerkschaft" ein gesamtgesellschaftliches Phänomen der Ausdifferenzierung von Interessen und Lebensstilen wider, wie es auch in anderen Bereichen zu beobachten und das auch an anderen großen Institutionen wie Kirchen und Parteien nicht spurlos vorübergegangen ist. Mit der Rechtsprechung des Bundesarbeitsgerichts, so sehr diese prägend für das deutsche Arbeitsrecht und das Arbeitsleben wirkt, hat all dies im Ausgangspunkt wenig zu tun. Der Aufstieg der Spartengewerkschaften hat lange vor der Rechtsprechungsänderung zur Tarifpluralität begonnen. Gleichwohl erhalten die Spartengewerkschaften durch die Freigabe der Tarifpluralität weiteren Aufwind. Dies bedeutet eine potentielle Häufung der Fälle von Tarifpluralität. Zugleich verlagert sich das Problem aus DGB- und Arbeitgebersicht von einer Unterbietungskonkurrenz „christlicher" Provenienz zu dem gegenteiligen Phänomen des Überbietungswettbewerbs[15] - womit die Tarifpluralität unter dem Aspekt der Entgeltfindung zu einem potentiellen Verteilungsproblem wird.

2. Der Umgang der Rechtsordnung mit Tarifpluralitäten

Mangels einer gesetzlichen Regelung musste das BAG die Entscheidung treffen, wie mit einer Tarifpluralität im Betrieb rechtlich umzugehen sei.[16] Es traf sie jahrzehntelang im Sinne der betrieblichen Tarifeinheit. In jedem Be-

---

[11] Dazu etwa Bissels, BB 2012, 1733 ff.

[12] Vgl. dazu FAZ v. 21.3.2012, S. 12 (Artikel „Kaum noch Wettbewerb im Gewerkschaftslager").

[13] Zu diesen beiden hauptsächlichen Sachverhaltskonstellationen s. auch Krebber, RdA 2011, 23 (24).

[14] S. auch Bepler, JbArbR 48 (2011), 23 (27 f.).

[15] S. dazu etwa auch Deinert, RdA 2011, 12 (14 f.).

[16] Hergenröder/Deyhle, RdA 2012, 50 (51).

trieb könne nur ein Tarifvertrag die Arbeitsverhältnisse normativ regeln. Den vorrangigen Tarifvertrag, welcher kollidierende Tarife aus dem Betrieb verdrängte und die nicht an ihn gebundenen Arbeitnehmer damit tarifrechtlich auf den Status von Nichtorganisierten zurückwarf, ermittelte das BAG - wie auch im Falle der auf das einzelne Arbeitsverhältnis bezogenen Tarifkonkurrenz - nach den Grundsätzen der Spezialität. Nachdem das ganz überwiegende Schrifttum fast ebenso lang Opposition gegen den Grundsatz der Tarifeinheit im Betrieb gemacht und dieser auch in der höchstrichterlichen Rechtsprechung seinen Nimbus als unumstößliches Axiom des Tarifrechts längst verloren hatte, vollzog der 4. Senat im Juli 2010 den endgültigen Abschied von der Lehre der betrieblichen Tarifeinheit.[17] Der Rechtsprechungswechsel wurde vom größeren Teil der Literatur begrüßt. Schon seit etwa Mitte der 2000er Jahre hatte sich aber ein wachsender Teil der Arbeitsrechtslehre auf die Seite der Befürworter der Lehre von der Tarifeinheit geschlagen, und so wurde deren Aufgabe durch den 4. Senat in Wissenschaft und vor allem auch Praxis von weit mehr skeptischen Befürchtungen begleitet, als man Jahre vorher noch vermutet hätte. Alarmiert zeigten sich vor allem auch die Dachverbände der wesentlichen Tarifakteure beider Seiten. Während die relevanten Spartengewerkschaften die Kehrtwende des BAG erwartungsgemäß guthießen, starteten BDA und DGB eine gemeinsame Initiative für eine gesetzliche Verankerung der Tarifeinheit im Betrieb, und zwar auf der Grundlage eines Mehrheitsprinzips. Diese auf den ersten Blick ungewöhnlich anmutende, bei Betrachtung der jeweiligen Interessenlagen und insbesondere auch des Konfliktverhaltens, welches der DGB bis dato im Umgang mit der Herausforderung durch Spartengewerkschaften an den Tag gelegt hatte, aber durchaus erwartbare Allianz fand mit ihrer Initiative zunächst regen Zuspruch in der Politik. Derart geschlossen, wie es zuerst den Anschein hatte, waren die Reihen beim DGB aber wohl von vornherein nicht. Eine - bei allem Konkurrenzdruck - nicht hinwegzudiskutierende Einschränkung der durch Art. 9 Abs. 3 GG garantierten Tarifautonomie und Arbeitskampffreiheit, gerichtet gegen einen - wenn auch vielfach als „abtrünnig" und „unsolidarisch", als „(gruppen-)egoistisch" empfundenen - Teil des eigenen „Lagers" und dies noch im Verein mit dem „natürlichen Gegner", schließlich wohl auch die Angst, den Gesetzgeber auf den Geschmack freiheits-, insbesondere arbeitskampffreiheitsbeschneidender Eingriffe zu bringen - das alles war insbesondere in den Reihen von ver.di zu viel an Zumutungen, als dass die gemeinsame Initiative für die gesetzliche Tarifeinheit es auf Dauer hätte aushalten können. Die Allianz zerbrach, und damit fehlte nun auch der Politik der für ein gesetzgeberisches Einschreiten auf diesem Feld wohl unerlässliche äußere Handlungsdruck. Überlegungen

---

[17] BAG, NZA 2010, 1068 ff.

einer interministeriellen Arbeitsgruppe aus BMAS, BMWi, BMJ und Bundeskanzleramt für ein Tarifeinheitsgesetz wurden auf dem Stand April 2011 eingefroren.

II. Zu den Konsequenzen der Rechtsprechungsänderung - Überblick

Vordergründige Konsequenz der geänderten Rechtsprechung ist die Möglichkeit des Nebeneinanders unterschiedlicher, insbesondere von unterschiedlichen Tarifvertragsparteien abgeschlossener Tarifverträge im Betrieb. Es können in einem Betrieb nunmehr verschiedene Tarifverträge gelten, so dass auf die Arbeitsverhältnisse der Tarifvertrag der Gewerkschaft Anwendung findet, deren Mitglied der jeweilige Arbeitnehmer ist.[18] Über diese vordergründige Konsequenz hinaus wirft aber eine realisierte Tarifpluralität verschiedene Folgeprobleme auf, sie zeitigt Fernwirkungen, welche sämtliche Bereiche des Arbeitsrechts erfassen.[19] Einige davon werde ich noch im Einzelnen ansprechen, andere sollen wenigstens kurz erwähnt werden. Noch einmal an Wichtigkeit gewinnt durch die Freigabe der Tarifpluralität die sowohl dogmatisch als auch praktisch ohnehin schon sehr bedeutsame, auch verfassungsrechtlich durchwirkte Problematik der Abgrenzung von Individual-, in erster Linie Inhaltsnormen, und Kollektiv-, vor allem Betriebsnormen eines Tarifvertrages. Im Falle der Kollision von Betriebsnormen entsteht nicht nur eine Tarifpluralität, sondern zugleich eine (sog. betriebsweite) Tarifkonkurrenz. Diese ist nach dem Grundsatz der Tarifeinheit im Arbeitsverhältnis zwingend zugunsten eines Tarifvertrages aufzulösen (nach einer verbreiteten Meinung zugunsten des repräsentativeren Tarifs). Da bei Individualnormen hingegen zukünftig die Tarifpluralität fortbesteht, wird mit der Abgrenzung von Inhalts- und Betriebsnormen nunmehr auch die Grenze zwischen hinzunehmender Tarifpluralität und durch Tarifverdrängung herzustellender Tarifeinheit vorgezeichnet.[20] Wesentliche Herausforderung im Bereich des Betriebsverfassungsrechts wird es sein, die Regelungen des Tarifvorbehalts und des Tarifvorrangs in §§ 77 Abs. 3, 87 Abs. 1 Eingangssatz BetrVG mit den neuen tarifrechtlichen Vorgaben zu harmonisieren.[21] Besonders viel

---

[18] H. J. Willemsen/Mehrens, NZA 2010, 1313; Schaub/Treber, ArbR-Hdb., 14. Aufl. (2011), § 204 Rn. 63.

[19] Analysen der verschiedenen Folgeprobleme vor allem bei Franzen, RdA 2008, 193 ff.; Jacobs, NZA 2008, 325 ff.; Lindemann/Simon, BB 2006, 1852 ff.; Meyer, NZA 2006, 1387 ff.; Reichold, RdA 2007, 321 ff.; H. J. Willemsen/Mehrens, NZA 2010, 1313 ff.; monographisch: Greiner (oben Fn. 5), S. 367 ff.; Bister (oben Fn. 5); B. Schmidt (oben Fn. 1); s. auch B. Schmidt, Anm. zu BAG 7.7.2010 AP GG Art. 9 Nr. 140.

[20] S. zu diesem Komplex zuletzt eingehend Krebber, RdA 2011, 23 (25 ff.); außerdem etwa H. J. Willemsen/Mehrens, NZA 2010, 1313 (1316 f.).

[21] Dazu aus der jüngsten Zeit etwa Braun, ArbRB 2010, 115 (117 f.); Stein, Liber Amicorum Wendeling- Schröder, 2009, S. 35 ff.; H. J. Willemsen/Mehrens, NZA 2010, 1313 (1317 ff.).

Aufmerksamkeit erfahren - verständlicherweise - die arbeitskampfrechtlichen Folgefragen.[22] Hier geht es in erster Linie um die Gefahr der Vervielfachung des Streikdrucks durch alternierende Arbeitskämpfe unterschiedlicher Gewerkschaften. Weitere Problemfelder betreffen das Streikrecht der nicht (und anders) organisierten Arbeitnehmer sowie die Arbeitskampfrisikolehre. Auf Einiges hiervon wird zurückzukommen sein.

III. Zu den Fragen der Entgeltfindung im tarifpluralen Betrieb

Mit Blick auf die Entgeltfindung im tarifpluralen Betrieb interessiert in erster Linie, unter welchen Bedingungen Entgelte in Anbetracht möglicher Tarifpluralitäten künftig zwischen den Tarifvertragsparteien ausgehandelt werden. Der Arbeitgeberseite stehen mehrere potentielle Verhandlungspartner - und damit auch Kampfgegner - auf Gewerkschaftsseite gegenüber. Ebenfalls eine Frage der Entgeltfindung im tarifpluralen Betrieb im weiteren Sinne ist es, wie das in einem bestimmten Zeitpunkt für den einzelnen Arbeitnehmer nach Tarif- oder Arbeitsvertrag maßgebliche Entgelt ermittelt werden kann, wenn als Rechtsgrundlage des Entgeltanspruchs unterschiedliche Tarifverträge, die den Betrieb nach ihrem Geltungsbereich erfassen, in Betracht kommen.

1. Entgeltfindung im tarifpluralen Betrieb als Ermittlung des für den einzelnen Arbeitnehmer nach Tarif- oder Arbeitsvertrag geltenden Entgelts

Hier ist zu unterscheiden zwischen der tarifvertraglichen Ebene, die nur bei gewerkschaftlich einschlägig organisierten Arbeitnehmern eine Rolle spielt, und der arbeitsvertraglichen Ebene, die durch die verbreiteten arbeitsvertraglichen Bezugnahmen auf Tarifverträge ins Spiel kommt.

---

[22]Dazu z. B. Boemke, ZfA 2009, 131 ff.; Deinert, RdA 2011, 12 ff.; Giesen, NZA 2009, 11 (13 ff.); Hanau, RdA 2008, 98 ff.; Henssler, RdA 2011, 65 ff.; Hirdina, NZA 2009, 997 ff.; Jacobs, FS Buchner, 2009, S. 342 ff.; Kamanabrou, ZfA 2008, 241 (262 ff.); Loritz, FS Buchner, 2009, S. 582 ff.; Löwisch, RdA 2010, 263 (265 ff.); Meyer, FS Adomeit, 2008, S. 459 ff.; ders., NZA 2009, 993 ff.; ders., FS Buchner, 2009, S. 628 ff.; Pflüger, RdA 2008, 185 ff.; Schliemann, FS Hromadka, 2008, S. 359 ff.; ders, FS Bauer, 2010, S. 923 ff.; Spielberger, NJW 2011, 264 ff.; von Steinau-Steinrück/Brugger, NZA Beilage 3/2010, 127 ff.; von Steinau-Steinrück/Glanz, NZA 2009, 113 ff.; Sunnus, AuR 2008, 1 ff.; Zachert, Liber Amicorum Wendeling-Schröder, 2009, S. 23 ff.

1.1. Recht des Arbeitgebers zur Frage nach der Gewerkschaftszugehörigkeit

Um für den einzelnen Arbeitnehmer das kraft Tarifbindung maßgebliche Entgelt ermitteln zu können, muss der Arbeitgeber den Organisationsstatus des Arbeitnehmers, mithin seine Gewerkschaftsmitgliedschaft kennen.[23] Ein diesbezügliches Fragerecht vor der Einstellung scheidet auch weiterhin aus.[24] Im laufenden Arbeitsverhältnis ist es ebenfalls nicht selbstverständlich, sondern durchaus begründungsbedürftig, dem Arbeitgeber die Frage nach dem Koalitionsstatus des Arbeitnehmers zu gestatten.[25] Denn richtigerweise ist das Fragerecht des Arbeitgebers im laufenden Arbeitsverhältnis stets abhängig von einem entsprechenden anerkennenswerten Interesse an der Kenntnis des jeweiligen Umstands. Das Bestehen eines solchen anerkennenswerten Interesses ist durch Abwägung der jeweiligen, grundrechtlich geschützten Interessen beider Vertragsteile zu prüfen. Die Abwägung führt mit Blick auf das Faktum der Gewerkschaftsmitgliedschaft, wie insbesondere Rieble herausgearbeitet hat, zu einem rechtsfolgenbezogen anzuerkennenden Informationsbedürfnis des Arbeitgebers.[26] Mit Blick auf die Tarifpluralität und die daraus sich ergebende Rechtsfolge der Anwendbarkeit unterschiedlicher Tarifverträge auf die Arbeitnehmer eines Betriebes je nach deren gewerkschaftlicher Bindung ist ein solches Fragerecht im bestehenden Arbeitsverhältnis zu bejahen. Denn es ist unter verschiedenen Gesichtspunkten ein berechtigtes Interesse des Arbeitgebers anzuerkennen, auf Nachfrage richtig und rechtzeitig über den Organisationsstatus seiner Arbeitnehmer informiert zu werden. Als Stichworte seien nur genannt die Gewährleistung verlässlicher betrieblicher Rechnungsgrößen[27], das Anfertigen korrekter Lohnabrechnungen und die korrekte Abführung der Sozialversicherungsbeiträge[28]. Anderenfalls käme es etwa beinahe unweigerlich zu Rückabwicklungsschwierigkeiten im Verhältnis zu den Sozialversicherungsträgern.[29] So berechtigt indes das Interesse des Arbeitgebers an der Kenntnis des Organisationsstatus hier erscheint, so kann doch die Einräumung eines entsprechenden Fragerechts realistischerweise nicht ohne Berücksichtigung der sich hieraus ergebenden Missbrauchs- und Diskriminierungsfragen

---

[23]H. J. Willemsen/Mehrens, NZA 2010, 1313 (1313 f.); Braun, ArbRB 2010, 115 (118); Forst, ZTR 2011, 587 ff.

[24]A. A. Braun, ArbRB 2010, 115 (118); eingehende Begründung der h.M. jüngst bei Forst, ZTR 2011, 587 ff.

[25]A. A. offenbar Braun, ArbRB 2010, 115 (118).

[26]Grundlegend Rieble, GS Heinze, 2005, S. 687 (693 ff.); jüngst Forst, ZTR 2011, 587 ff.; s. zum Ganzen jetzt auch Riesenhuber, NZA 2012, 771 ff.

[27]B. Schmidt (oben Fn. 1), S. 141 ff.; s. auch schon Bepler, FS Arbeitsgemeinschaft Arbeitsrecht im DAV, 2005, S. 791 (801) zum Aspekt der Planungssicherheit.

[28]Vgl. auch Lautenschläger, Der Grundsatz der Tarifeinheit bei Tarifpluralität nach dem Employment Relations Act 1999, 2008, S. 43 f.; des Weiteren Greiner (oben Fn. 5), S. 497.

[29]Greiner (oben Fn. 5), S. 489 f.; eingehend zum Ganzen jetzt Forst, ZTR 2011, 587 ff.

gedacht werden. Anders als im vorvertraglichen Bereich kommt dem Arbeitnehmer aber der Schutz durch das Diskriminierungsverbot des Art. 9 Abs. 3 Satz 2 GG und das Maßregelungsverbot des § 612a BGB zugute. Wenn es um Kündigungen geht, treten im Anwendungsbereich des KSchG das Erfordernis eines personen-, verhaltens- oder betriebsbedingten Kündigungsgrundes und die Beweislastregelung des § 1 Abs. 2 Satz 4 KSchG hinzu. Um insbesondere das Maßregelungsverbot, dessen Schwachpunkt bekanntermaßen die Beweisproblematik ist, zu effektuieren, ist an eine großzügige Zulassung des Anscheinsbeweises[30], aber auch an die von Greiner vorgeschlagene analoge Anwendung von § 22 AGG zu denken.[31]

1.2. Ermittlung des kraft arbeitsvertraglicher Bezugnahme geltenden Entgelttarifvertrags

1.2.1. Auslegung arbeitsvertraglicher Bezugnahmeklauseln bei Tarifpluralität

Insbesondere sog. große dynamische Bezugnahmeklauseln verlieren unter den Bedingungen einer Tarifpluralität ihre Eindeutigkeit.[32] Das jeweilige Bezugnahmeobjekt muss durch (ggf. ergänzende) Auslegung ermittelt werden. Dabei lassen sich entgegen einer verbreiteten Meinung keine festen Auslegungsregeln dergestalt aufstellen, dass etwa stets auf den spezielleren[33] oder auf den repräsentativeren Tarifvertrag[34] verwiesen werden solle.[35] Maßgebend sind die Formulierung der jeweiligen Verweisungsklausel und ihr erkennbarer Zweck sowie die Begleitumstände des Vertragsschlusses im Einzelfall.

---

[30] B. Schmidt (oben Fn. 1), S. 151; ders., Anm. zu BAG 7.7.2010 AP GG Art. 9 Nr. 140, unter II. 1. a); s. jetzt auch Löwisch/Rieble, TVG, 3. Aufl. (2012), § 3 Rn. 318; allgemein Isenhardt, FS Richardi, 2007, S. 269 (277).

[31] Greiner (oben Fn. 5), S. 493; s. demgegenüber aber auch Windel, RdA 2007, 1 (8); ablehnend Forst, ZTR 2011, 587 ff.; Löwisch/Rieble, TVG, 3. Aufl. (2012), § 3 Rn. 318.

[32] Braun, ArbRB 2010, 115 (118); H. J. Willemsen/Mehrens, NZA 2010, 1313 (1314 f.).

[33] Dafür aber z. B. Däubler/Zwanziger, TVG, 2. Aufl. (2006), § 4 Rn. 950; Lindemann/Simon, BB 2006, 1852 (1856 f.).

[34] Dafür etwa Gamillscheg, Kollektives Arbeitsrecht I, 1997, S. 737; Jacobs, NZA 2008, 325 (333); Klingebiel, Arbeitsvertragliche Bezugnahmeklauseln bei Aufgabe der Tarifeinheit im Betrieb, 2009, S. 174 ff., 218 f.; H. J. Willemsen/Mehrens, NZA 2010, 1313 (1315).

[35] Ablehnend auch Annuß, ZfA 2005, 405 (444 f.); Löwisch/Rieble, TVG, 3. Aufl. (2012), § 3 Rn. 638.

1.2.2.   Im Zweifel: Unklarheitenregelung, § 305c Abs. 2 BGB

1.2.2.1.   Anwendbarkeit entgegen BAG (6. Senat) vom 24.9.2008

Sind danach unterschiedliche Auslegungsergebnisse denkbar[36], entscheidet im praktischen Regelfall einer vom Arbeitgeber vorformulierten Bezugnahmeklausel richtigerweise die Unklarheitenregel des § 305c Abs. 2 BGB. Zweifel bei der Auslegung von AGB gehen zu Lasten des Arbeitgebers als Verwender. Allerdings hat der 6. Senat des BAG mit Urteil vom 24.9.2008 in einem obiter dictum den Standpunkt vertreten, § 305c Abs. 2 BGB könne auf arbeitsvertragliche Klauseln, die auf ein Tarifwerk Bezug nehmen, keine Anwendung finden. Dies scheitere daran, dass die Frage der Günstigkeit für den Arbeitnehmer nicht abstrakt und unabhängig von der jeweiligen Fallkonstellation beantwortet werden könne. Die Anwendbarkeit oder Unanwendbarkeit eines Tarifvertrages könne je nach der vom Arbeitnehmer erstrebten Rechtsfolge für ihn günstig oder ungünstig sein. Zugleich sei es aber auch nicht möglich, die Frage der Günstigkeit je nach der Art des streitigen Anspruchs und des Zeitpunkts der Geltendmachung von Fall zu Fall unterschiedlich zu beantworten und damit von Fall zu Fall zu unterschiedlichen Auslegungsergebnissen hinsichtlich ein und derselben Bezugnahmeregelung zu kommen. Einer derart gespaltenen Auslegung der Vertragsklausel stehe entgegen, dass die Reichweite der Bezugnahme und die Anwendbarkeit eines Tarifvertrages gemäß § 256 ZPO zum Gegenstand einer Feststellungsklage gemacht und die entsprechende Feststellung dann in Rechtskraft erwachsen könne.[37] Dem hat sich der 5. Senat mit Urteil vom 9.6.2010 im Ergebnis und auch mit in weiten Teilen identischer Begründung angeschlossen, ohne allerdings wie der 6. Senat mit der prozessualen Erwägung einer Klage auf Feststellung der Tarifanwendbarkeit zu argumentieren.[38] Die Begründung des 6. Senats ist gleich doppelt fragwürdig. Schon die Prämisse des Senats von der Zulässigkeit einer auf die Anwendbarkeit eines Tarifvertrages auf ein Arbeitsverhältnis bezogenen sog. Elementenfeststellungsklage entspricht zwar der ständigen Rechtsprechung des BAG, begegnet aber nicht unerheblichen Bedenken im Hinblick auf das Vorliegen eines feststellungsfähigen „Rechtsverhältnisses" im Sinne von § 256 Abs. 1 ZPO - nachzulesen vor allen Dingen in der dem Gegenstand des Feststellungsverfahrens gewidme-

---

[36]Dies wird wohl in der überwiegenden Zahl der Fälle gegeben sein, vgl. Franzen, RdA 2001, 1 (9); Rieble, Arbeitsmarkt und Wettbewerb, 1996, Rn. 1820.

[37]BAG, NZA 2009, 154 f.; zustimmend F. Bayreuther, NZA 2009, 935 (936); E. M. Willemsen, Die arbeitsvertragliche Bezugnahme auf den Tarifvertrag bei Tarifwechsel, 2009, S. 356 (mit Fn. 705); Klingebiel (oben Fn. 34), S. 135, 225; Löwisch/Rieble, TVG, 3. Aufl. (2012), § 3 Rn. 636; s. auch Rinck, RdA 2010, 216 (218).

[38]BAG, AP TVG § 1 Bezugnahme auf Tarifvertrag Nr. 80, Rn. 18 im Anschluss an F. Bayreuther, NZA 2009, 935 (936).

ten Habilitationsschrift von Jacobs.[39] Vor allem aber überzeugt der Ansatz des 6. Senats deshalb nicht, weil er auf einem verfehlten Verständnis des Verhältnisses von materiellem Recht und Prozessrecht beruht.[40] Es geht um die Auslegung von § 305c Abs. 2 BGB, einer materiellprivatrechtlichen Vorschrift. Die Lösung materiellrechtlicher Fragestellungen kann aber nicht im Prozessrecht gefunden werden.[41] Vielmehr sind materielle und formelle Rechtssätze je aus ihrem eigenen Kontext zu interpretieren.[42] Das praktische Bedürfnis nach zukunftsbezogener Klärung streitiger Rechtsfragen, das der Annahme der Zulässigkeit der Klage auf Feststellung der Anwendbarkeit eines Tarifvertrages zugrunde liegt, ist durchaus anzuerkennen. Es bedeutet aber eine Vertauschung der Prioritäten, diesem praktischen Bedürfnis auf der Ebene des Prozessrechts unbesehen nachzugeben, ohne zuvor die materielle Rechtslage auf entgegenstehende normative Festlegungen abzuklopfen.[43] Vielmehr kann dem praktischen Bedürfnis nach zukunftsbezogener präjudizieller Klärung der tarifvertraglich begründeten Rechte und Pflichten der Arbeitsvertragsparteien nur in den Grenzen seiner Kompatibilität mit den materiellrechtlichen Vorgaben Rechnung getragen werden.[44] Das Prozessrecht dient der Durchsetzung einer bestimmten Rechtsposition; das materielle Recht passt sich nicht dem Prozessverlauf an.[45] Das bedeutet konkret: Wird von Arbeitnehmer oder Arbeitgeber Klage auf Feststellung erhoben, dass ein bestimmter von mehreren aufgrund Tarifpluralität in Betracht kommenden Tarifverträgen kraft arbeitsvertraglicher Bezugnahmeklausel auf das Arbeitsverhältnis Anwendung finde, und gelangt das Gericht nach Ausschöpfung der herkömmlichen Kriterien der Vertrags- und AGB-Auslegung zu keinem eindeutigen Ergebnis hinsichtlich des Bezugnahmeobjekts, ist also die Klausel unklar im Sinne von § 305c Abs. 2 BGB, dann kann die begehrte Feststellung schlicht nicht getroffen werden.[46]

---

[39] Vertiefend dazu B. Schmidt (oben Fn. 1), S. 184 ff. im Anschluss an Jacobs, Der Gegenstand des Feststellungsverfahrens, 2005, S. 297 f., 300; s. auch LAG Köln 11.8.1999 ZTR 2000, 220.

[40] Mit ähnlicher Kritik Greiner, NZA 2009, 877 (881).

[41] Häsemeyer, AcP 188 (1988), 140 (152).

[42] Häsemeyer, AcP 188 (1988), 140 (161 f.); s. auch Wank, RdA 1987, 129 (154) sowie Hanau, FS Zeuner, 1994, S. 53 (64) zur Systemgrenze zwischen materiellem Recht und Prozessrecht.

[43] B. Schmidt (oben Fn. 1), S. 188.

[44] S. auch Greiner, NZA 2009, 877 (881); vgl. außerdem allgemein Henckel, Prozessrecht und materielles Recht, 1970, S. 232.

[45] Heinrich, FS Musielak, 2004, S. 295 (295 f., 308).

[46] Näher auch zum weiteren prozessualen Vorgehen B. Schmidt (oben Fn. 1), S. 189 f.; s. auch Greiner, NZA 2009, 877 (881).

1.2.2.2. Rechtsfolge: Konkret-individuelle Günstigkeitsbeurteilung

Denn, und damit ist übergeleitet zu der konkreten Rechtsfolge einer Anwendung der Unklarheitenregel auf infolge Tarifpluralität uneindeutige arbeitsvertragliche Bezugnahmeklauseln: Richtigerweise bewirkt § 305c Abs. 2 BGB eben jene individuell-konkrete, von dem jeweils geltend gemachten Anspruch abhängige Günstigkeitsbeurteilung, gegen die der 6. Senat sich in seiner Entscheidung vom 24.9.2008 wendet. Es ist unzutreffend, wenn der Senat meint, die Günstigkeit der einen oder der anderen tarifvertraglichen Regelung könne nicht je nach der Art des streitigen Anspruchs und des Zeitpunkts der Geltendmachung von Fall zu Fall unterschiedlich beantwortet und damit ein von Fall zu Fall unterschiedliches Bezugnahmeobjekt ermittelt werden. Dass dem, anders als der 6. Senat meint, prozessuale Erwägungen nicht entgegenstehen, wurde soeben gezeigt; die gegenteilige Ansicht beruht auf der verfehlten Annahme einer Dominanz des Prozessrechts gegenüber dem materiellen Recht.[47] Vor allem aber ist es der Zweck des § 305c Abs. 2 BGB, in einem konkreten Vertragsstreit festzustellen, welche Auslegung in diesem Vertragsstreit zu Lasten des Verwenders geht und umgekehrt für den Vertragspartner günstig ist. Die Unklarheitenregel muss daher individuell-konkret verstanden werden. Was „günstiger" ist, muss nach der jeweiligen prozessualen Situation entschieden werden, die sich auf der Zeitachse ändern kann.[48] Es setzt sich diejenige Auslegung der Bezugnahmeklausel durch, die im konkreten Rechtsstreit, in der konkreten Prozesssituation, für den Arbeitnehmer am günstigsten ist.[49] Die Günstigkeit des einen oder des anderen Tarifvertrages im konkreten Fall bemisst sich nach dem jeweils geltend gemachten Anspruch.[50] Ein Wahlrecht des Arbeitnehmers oder ein Recht zum „Rosinenpicken" bedeutet das nicht.[51] Dem Ergebnis steht auch die Begründung des 5. Senats des BAG für die Unanwendbarkeit von § 305c Abs. 2 BGB nicht entgegen. Die vom 5. Senat im Anschluss an Bayreuther[52] bemängelte mögliche Konsequenz eines in der Praxis nur schwer handhabbaren „Hin und Her" der Tarifanwendung abhängig von der Günstigkeitsentwicklung der in Betracht kommenden Tarifverträge auf der Zeitachse[53] ist hinzunehmen und als materiellrechtlich vorgegebenes Ergebnis ggf. prozessual nachzuvollziehen. Eine von der Anwendbarkeit des § 305c II BGB auf bestehende Bezugnahmeklauseln zu trennende Frage, der hier nicht nachgegangen werden kann, ist, welche Möglichkeiten für die künftige rechtssiche-

---

[47] Greiner, NZA 2009, 877 (881).
[48] Däubler, NZA Beilage 3/2006, 133 (134); zustimmend Franzen, FS Zusatzversorgungskasse des Baugewerbes, 2007, S. 57 (59).
[49] Franzen (oben Fn. 48), S. 57 (59).
[50] Korinth, ArbRB 2007, 21 (22).
[51] S. B. Schmidt (oben Fn. 1), S. 180 f.
[52] F. Bayreuther, NZA 2009, 935 (936).
[53] BAG, AP TVG § 1 Bezugnahme auf Tarifvertrag Nr. 80, Rn. 18.

re und interessengerechte Fassung arbeitsvertraglicher Bezugnahmeklauseln unter der Bedingung der Möglichkeit realisierter Tarifpluralität bestehen. Bei bedachter Formulierung steht dem Arbeitgeber ein breiter Gestaltungsspielraum offen.[54]

2. Arbeits- und Verteilungskämpfe in der tarifpluralen Arbeitsrechtsordnung

Entgeltfindung im engeren Sinne bedeutet die Festlegung von Entgelten zwischen den Tarifpartnern in Tarifverhandlungen.[55] Determinanten der Lohnbildung sind, neben ökonomischen Gesetzmäßigkeiten und wirtschaftlichen Kenndaten, die aus faktischen (Organisationsgrad, Verhandlungsgeschick usw.) und rechtlichen Rahmenbedingungen resultierenden Verhandlungsgewichte zwischen den Tarifparteien.[56] Für den Fall des Scheiterns einer freiwilligen Einigung räumt das geltende deutsche Recht den Trägern der Tarifautonomie mit dem Arbeitskampfrecht die Möglichkeit ein, Druck auf die jeweilige Gegenseite auszuüben und sie dadurch zu dem vorgeschlagenen Vertragsschluss zu bewegen.[57] Art. 9 Abs. 3 Satz 1 GG gewährleistet ihnen dieses Recht als Mittelpunkt der koalitionären Betätigungsfreiheit.[58] Das Arbeitsleben in der Bundesrepublik ist bis zuletzt vergleichsweise wenig von Arbeitskämpfen geprägt.[59] Rechtlich bewegen wir uns auf einem fast ausschließlich durch die Rechtsprechung der Arbeitsgerichte geprägten Feld; Arbeitskampfrecht ist Richterrecht. Dieses richterrechtliche Arbeitskampfrecht war in den letzten Jahren stark in Bewegung. Die bloße Nennung von Begriffen wie „Unterstützungsstreik"[60] oder „Flashmob-Aktionen"[61] trieb - und treibt - Arbeitgebern Sorgenfalten auf die Stirn. Die in vielerlei Hinsicht noch nicht abschließend geklärten Konsequenzen der zunehmenden europarechtlichen Überformung auch des Arbeitskampfrechts kommen hinzu.[62] Wohl spätestens seit dem 27. Januar 2010 - dem Tag der Verkündung des Anfragebeschlusses des 4. Senats[63] - ist es der Begriff der „Arbeitskampfpluralität"[64], der bei Arbeitgebern größte Verstimmung hervorruft. Die Befürch-

---

[54]Näher B. Schmidt (oben Fn. 1), S. 192 ff.

[55]Wiedemann/Wiedemann, TVG, 7. Aufl. (2007), Einleitung Rn. 41 ff.

[56]Vgl. nur Wiedemann/Wiedemann, TVG, 7. Aufl. (2007), Einleitung Rn. 42 ff.

[57]S. nur Wiedemann/Wiedemann, TVG, 7. Aufl. (2007), Einleitung Rn. 39.

[58]Wiedemann/Wiedemann, TVG, 7. Aufl. (2007), Einleitung Rn. 80, 82 ff.

[59]Zur Statistik s. WSI-Tarifarchiv, Statistisches Taschenbuch Tarifpolitik 2012, S. 62 ff.

[60]BAG, NZA 2007, 1065 ff.; dazu nur Wank, Anm. AP GG Art. 9 Arbeitskampf Nr. 173.

[61]BAG, NZA 2009, 1347 ff.; dazu nur H. J. Willemsen/Mehrens, Anm. AP GG Art. 9 Arbeitskampf Nr. 174.

[62]S. dazu etwa Maeßen, Auswirkungen der EuGH-Rechtsprechung auf das deutsche Arbeitskampfrecht unter besonderer Berücksichtigung der Entscheidungen in den Rechtssachen Viking und Laval, 2010, sowie die aktuelle Bestandsaufnahme der literarischen Diskussion bei Hergenröder, RdA 2012, 126 f.

[63]BAG, NZA 2010, 645 ff.

[64]S. schon Hanau, RdA 2007, 318; dens., RdA 2008, 98 (99).

tungen sind bekannt: Die Stichworte „Verschiebung der Kampfparität", „innerbetriebliche Verteilungskämpfe", „Überbietungswettbewerb" - die Reihe ließe sich fortsetzen - sind in aller Munde. Trennt man - was in der Diskussion gerade zu Beginn nicht immer sauber unternommen wurde[65] - diejenigen Interferenzen, die tatsächlich in einem unmittelbaren Zusammenhang mit der Frage nach Tarifpluralität oder Tarifeinheit stehen, im Ausgangspunkt von Besonderheiten des Streiks durch Spezialisten- und Spartengewerkschaften[66], von den weiteren Besonderheiten des Arbeitskampfes im Bereich der Daseinsvorsorge[67] und von anderen Sondereffekten[68] wie einer marktbeherrschenden Stellung eines Unternehmens[69], dann bleibt das Phänomen, das Schliemann[70] mit dem plastischen Begriff der „Streikkaskaden" belegt und das Konzen[71] bereits 1975 hellsichtig erkannt und als die potentielle Gefährdung von Unternehmen beschrieben hatte, mehrfach im Jahr Streiks von konkurrierenden Gewerkschaften ausgesetzt zu sein. Insbesondere mit Blick auf die Konstellation Branchen- vs. Spartengewerkschaft kommt unter dem Stichwort der Überbietungskonkurrenz das Problem der innerbetrieblichen Verteilungsgerechtigkeit hinzu, ein Aspekt, den vor allem Waas zu Recht in das Blickfeld der Diskussion gerückt hat.[72] Zugleich hat er zutreffend auf das Problem hingewiesen, dass insoweit ein nachvollziehbarer Maßstab fehlt. Es fiele außerordentlich schwer, belastbare Kriterien dafür anzugeben, dass etwa zwischen zwei Lohngruppen kein anderer als dieser oder jener Abstand bestehen müsse. Die Gewährleistung der Tarifautonomie, so Waas weiter, verdankt sich gerade dem Umstand, dass es insoweit an klaren Maßstäben fehlt.[73] Ob die beschriebenen Szenarien tatsächlich in signifikantem Ausmaß Wirklichkeit werden, ist nach wie vor offen. Zum jetzigen Zeitpunkt wird man folgende Thesen aufstellen können:

---

[65]S. dazu B. Schmidt (oben Fn. 1), S. 512.

[66]Grundsätzliche Überlegungen dazu bei Loritz, FS Buchner, 2009, S. 582 ff.

[67]Dazu noch unten 2.4.

[68]Franzen, RdA 2008, 193 (203).

[69]Dazu etwa Buchner, BB 2007, 2520 (2521); Meyer, FS Buchner, 2009, S. 628 (637); Schliemann, FS Bauer, 2010, S. 923 (926 f.).

[70]FS Hromadka, 2008, S. 359 (378); ders., FS Bauer, 2010, S. 923 ff.

[71]ZfA 1975, 401 (432).

[72]Waas, AuR 2011, 93 (94 ff.); ders., Der Regelungsentwurf von DGB und BDA zur Tarifeinheit - Verfassungs- und internationalrechtliche Aspekte - Gutachten im Auftrag des Hugo Sinzheimer Instituts für Arbeitsrecht, 2011, S. 40 ff.; s. auch Konzen, JZ 2010, 1036 (1043); Henssler, RdA 2011, 65 (73).

[73]Waas, AuR 2011, 93 (94).

2.1. These 1

Die prognostizierte Gefahr einer Vervielfachung von Arbeitskämpfen hat sich bislang nicht verwirklicht. Alternierende, ständige Streiks konkurrierender Gewerkschaften sind bisher nicht festzustellen.[74]

2.2. These 2

Auch eine erhebliche Störung der innerbetrieblichen Verteilungsgerechtigkeit durch verstärktes, „gruppenegoistisches" Auftreten von Berufsgruppengewerkschaften kann zum jetzigen Zeitpunkt nicht beobachtet werden.[75] Hierzu folgende Unterthesen:

2.2.1. Unterthese 1

Eine signifikante Störung der innerbetrieblichen Verteilungsgerechtigkeit ist vor allem dort vorstellbar, wo (schwache) Branchengewerkschaft und (starke) Spartengewerkschaft um eine begrenzte, insgesamt verhandelbare Verteilungsmasse konkurrieren (man mag von einer „Topf-Theorie" sprechen).

2.2.2. Unterthese 2

Empirisch ist Folgendes zu bedenken: Die Rede von einer Gefährdung der innerbetrieblichen Verteilungsgerechtigkeit infolge freigegebener Tarifpluralitäten impliziert, dass im alten, tarifeinheitlichen System eben jene Verteilungsgerechtigkeit jedenfalls grundsätzlich gewährleistet gewesen sei. Das kann man indes anders sehen. Der Egoismus liegt im Wesen der Gruppe.[76] Die Majorisierung einzelner Berufsgruppen in den (DGB-) Branchengewerkschaften, etwa bei ver.di, ist eindrücklich beschrieben worden. Auch dort waren und sind unvermeidlich die Interessen der jeweils gewerkschaftsintern dominierenden Arbeitnehmergruppen handlungsleitend, was naturgemäß auf Kosten der in den Verbänden unterrepräsentierten Gruppen geht. Der Anspruch, die Branchengewerkschaften brächten die innerhalb der Belegschaft bestehenden, divergierenden Interessen der einzelnen Berufsgruppen insgesamt zum Ausgleich, ist offenbar nicht erfüllt worden. Die Abstriche, die den Minderheitsgruppen innerhalb der Großgewerkschaften abverlangt wurden, gingen mancherorts über ein der verhandelbaren Verteilungsmasse geschuldetes zumutbares Solidaritätsopfer hinaus. Teilweise sprechen selbst DGB-Gewerkschaftsfunktionäre - und das nicht einmal nur hinter vorgehaltener Hand - mit Blick auf die Verselbständigungsaktivitäten einzelner

---

[74]Ebenso aktuell etwa Greiner, NZA 2012, 529 (530); s. auch Schaub/Treber, ArbR-Hdb., 14. Aufl. (2011), § 204 Rn. 73 m.w.N.; H. J. Willemsen/Mehrens, NZA 2010, 1313 (1322).

[75]Ebenso Löwisch, RdA 2010, 263 (265); Schaub/Treber, ArbR-Hdb., 14. Aufl. (2011) § 204 Rn. 73.

[76]Zu diesem Eschenburg-Zitat s. im hiesigen Zusammenhang B. Schmidt (oben Fn. 1), S. 283.

Berufsgruppen von „tarifpolitischer Notwehr". Kurzum: Auch der eine, im Betrieb allein angewendete Branchentarifvertrag, auch die Einheitsgewerkschaft gewährleistet keineswegs per se die gerechte innerbetriebliche Ordnung.[77]

2.2.3. Unterthese 3

Es ist, hierauf haben schon früh in der Diskussion Thüsing und von Medem aufmerksam gemacht, zumindest nach bisherigem Verständnis kein zulässiges Ziel des Tarifvertragsrechts - und auch nicht, so ist hinzuzufügen, des Arbeitskampfrechts -, Beschäftigtengruppen, die einen hohen Arbeitsmarktwert haben, durch tarif- oder arbeitskampfrechtliche Restriktionen an der Realisierung ihres Werts zu hindern. Umverteilung innerhalb der Arbeitnehmerschaft ist nicht Zweck des Tarifvertragssystems.[78] Dies zeigt bereits die Existenz des Günstigkeitsprinzips.[79] Es hat daher im Mai 2012 bei wohl den Allermeisten der Anwesenden für einige Verwunderung gesorgt, als der zuständige Abteilungsleiter des BMAS bei einer Veranstaltung in Berlin im Rahmen einer Skizze der Überlegungen zu einem möglichen Tarifeinheitsgesetz den Eindruck erweckte, man halte auf Seiten der Politik die Sicherung einer verteilungs- und leistungsgerechten tarifvertraglichen Lohnfindung für eine gesetzgeberische Aufgabe. Demgegenüber ist nachdrücklich auf die Pflicht zur staatlichen Neutralität hinzuweisen.[80] Zwar ist auf der anderen Seite die Gefahr nicht zu verkennen, dass, so formuliert es Greiner, die Zulassung von Tarifpluralitäten mit einer Entwicklung zu einer deutlichen Aufspreizung des Entgeltspektrums einhergehen könnte.[81] Die Lohnspreizung ist in Deutschland im internationalen Vergleich eher schwach ausgeprägt.[82] Sollten in der Folge der Zulassung von Tarifpluralitäten aber soziale Gefahren für Berufsgruppen sichtbar werden, die, so wiederum Greiner, nicht über hinreichende Marktmacht zur Durchsetzung sozial akzeptabler Arbeitsbedingungen verfügen[83], so ist an ein gesetzgeberisches Eingreifen auf der Ebene der Sozialpolitik zu denken. Ein gesetzlicher Mindestlohn, wie ihn die arbeits- und sozialrechtliche Abteilung des 68. Deutschen Juristentages im Jahr 2010 empfohlen hat, oder die in der Regierungskoalition

---

[77]Reuter, SchlHA 2007, 413 (418); s. auch Rieble, Verfassungsmäßigkeit eines Gesetzes zur Regelung der Tarifeinheit, Gutachten im Auftrag von GdF, GDL, Marburger Bund, UFO, VAA und Vereinigung Cockpit, 2010, S. 81; krit. Waas, AuR 2011, 93 (95); zum Ganzen B. Schmidt (oben Fn. 1), S. 283 ff.

[78]Thüsing/v. Medem, ZIP 2007, 510 (515).

[79]Vgl. B. Schmidt (oben Fn. 1), S. 287; s. auch Konzen, JZ 2010, 1036 (1043) zur übertariflichen Entlohnung.

[80]Vgl. Schaub/Treber, ArbR-Hdb., 14. Aufl. (2011), § 204 Rn. 73; Greiner, NZA 2012, 529 (531, Fn. 25); Rieble (oben Fn. 77), S. 81 f.

[81]Greiner (oben Fn. 5), S. 44, 338.

[82]S. im hiesigen Zusammenhang auch Konzen, JZ 2010, 1036 (1040).

[83]Vgl. Greiner (oben Fn. 5), S. 338.

diskutierte „allgemeine Lohnuntergrenze" könnten insofern Abhilfe schaffen, ohne Funktion und Freiheitlichkeit des Tarifvertragssystems in Frage zu stellen.[84]

2.3. These 3

Was sowohl die Befürchtung einer Verschiebung der Kampfparität als auch die einer Bedrohung der innerbetrieblichen Verteilungsgerechtigkeit angeht, ist ein Weiteres zu bedenken: In vielen Fällen, d. h. in vielen Sparten, dürften sich die wirklich harten Arbeits- und Verteilungskämpfe gleichsam in einem einmaligen Akt erschöpfen und nicht zu einem Dauerszenario werden. Zu beobachten ist nämlich, dass den Arbeitgebern - und den jeweils zuständigen Branchengewerkschaften - erbitterte Auseinandersetzungen vor allem dort ins Haus stehen, wo alternativ oder kumulativ zwei Phänomene anzutreffen sind:

2.3.1. Erstes Phänomen

Es geht einer (Sparten-)Gewerkschaft darum, ein eigenes Tarifprofil zu erkämpfen, um Eigenständigkeit und Existenzberechtigung zu dokumentieren.[85] Zwar wäre ein rein organisationspolitisch motivierter „Anerkennungsstreik" nicht schutzwürdig. Dass ein Arbeitskampf aber neben der Durchsetzung konkreter Tarifforderungen für die eigenen Mitglieder auch organisationspolitischen Zwecken dient, ist hinzunehmen.[86] Paradebeispiel ist der Arbeitskampf der GDL bei der Deutschen Bahn, der letztlich durch ein Modell der Verhandlungsführerschaft und der „gewillkürten Tarifpluralität" beigelegt werden konnte.[87]

2.3.2. Zweites Phänomen

In vielen Fällen, so hat Henssler mit Recht festgestellt, geht es in den vielbeachteten Tarifkonflikten der letzten Zeit darum, „einen gewissen Rückstau in der Lohnentwicklung bestimmter Berufssparten auszugleichen"[88]. Das hängt unmittelbar mit der angesprochenen geringen Lohnspreizung sowie dem Phänomen der Majorisierung einzelner Berufsgruppen in den Branchengewerkschaften[89] zusammen. So erläuterte auch der Tarifvorstand der

---

[84]Vgl. schon B. Schmidt, Anm. zu BAG AP GG Art. 9 Nr. 140, unter III. 2.; s. auch Rieble (oben Fn. 77), S. 82; dagegen aber etwa Greiner (oben Fn. 5), S. 339 f.; Henssler, RdA 2011, 65 (73).

[85]Deinert, RdA 2011, 12 (16).

[86]Dazu B. Schmidt (oben Fn. 1), S. 565 m.w.N.

[87]Vgl. dazu vor allem W. Bayreuther, FS Hromadka, 2008, S. 1 ff.; außerdem etwa Meyer, FS Buchner, 2009, S. 628 (643 ff.); Fritz/Meyer, NZA Beilage 3/2010, S. 111 (112).

[88]Henssler, RdA 2011, 65 (70).

[89]Dazu auch Konzen, JZ 2010, 1036 (1040).

Gewerkschaft der Flugsicherung (GdF) im Interview mit der FAZ während der Tarifauseinandersetzung am Frankfurter Flughafen im Februar, es gehe darum, die Mitarbeiter des Vorfeldes (Vorfeldlotsen und -kontrolleure) sowie der Verkehrssteuerung bei der Fraport in eine Tarifstruktur zu bringen, die mit entsprechenden Arbeitsplätzen außerhalb der Fraport vergleichbar sei. Ausdrücklich erklärte er, es gehe nicht um eine gewöhnliche Tariferhöhung und die Gewerkschaft werde nach Erfüllung dieser Forderung fortan, wie auch in der Vergangenheit, nicht mehr fordern als einen Inflationsausgleich mit einem an der gesamtwirtschaftlichen Lage und der von Fraport orientierten Aufschlag. Er nennt die Forderungen von ver.di (6 %) und IG Metall (6,5 %) in den diesjährigen Tarifrunden als Größenordnung. Das zeugt von tarifpolitischer Vernunft und sollte nicht als Lippenbekenntnis abgetan werden. Ein grundsätzliches Verantwortungsbewusstsein sollte auch den Spartengewerkschaften nicht abgesprochen werden.[90] Beide Phänomene - das der tarifpolitischen Emanzipation und Profilierung einerseits sowie das des Streiks zur Auflösung eines Entgeltrückstaus andererseits - sind anlassbezogen und lassen eine dauerhafte Verschiebung der Kampfparität oder eine ernstliche Beeinträchtigung der Verteilungsgerechtigkeit im Betrieb vor dem Hintergrund des bislang vorliegenden Anschauungsmaterials nicht befürchten.

2.4. These 4

Es scheint sich mehr und mehr die Erkenntnis durchzusetzen, dass, einmal mehr mit den Worten Greiners, der vorzugswürdige Ansatz darin bestehen könnte, kein Sonderarbeitsrecht für Berufsgruppengewerkschaften zu schaffen oder eine Rückkehr zu monistischen Koalitionsstrukturen zu erzwingen, sondern allgemeine Regeln für den Arbeitskampf im Bereich der öffentlichen Daseinsvorsorge zu erarbeiten.[91] Die wissenschaftlichen Überlegungen hierzu sind weit gediehen[92] und haben jüngst auch in einen Gesetzesvorschlag von Franzen, Thüsing und Waldhoff gemündet[93].

2.5. These 5

Sollte sich mit Blick auf die Tarifpluralität doch spezifischer Handlungsbedarf im Arbeitskampfrecht zeigen, so kann der Gesetzgeber mittlerweile auf eine Vielzahl von Vorschlägen zurückgreifen. Zuletzt hat etwa Fran-

---

[90]Greiner, NZA 2010, 743 (745); Henssler, RdA 2011, 65 (70); Löwisch, RdA 2010, 263 (265).

[91]Greiner, NZA 2012, 529 (531); ebenso etwa H. J. Willemsen/Mehrens, NZA 2010, 1313 (1322).

[92]S. insbesondere Rudkowski, Der Streik in der Daseinsvorsorge, 2010; hierzu Schliemann, RdA 2012, 14 ff.

[93]S. NZA 7/2012, S. IX ff.; dazu Greiner, NZA 2012, 529 (534); Uhl/Raif, ArbRAktuell 2012, 333090.

zen die Einführung eines Quorums für die Zulässigkeit von Streiks von Berufsgruppengewerkschaften vorgeschlagen[94]. Henssler hat ein differenziertes Lösungskonzept vorgelegt, das Verfahrensregeln und eine Einschränkung des Streikrechts während der Laufzeit eines betriebsweit geltenden Tarifvertrags der repräsentativen Gewerkschaft kombiniert[95]. Aus meiner Sicht besteht der vorzugswürdige Ansatz nach wie vor, ohne dass dies hier näher ausgeführt werden soll, in einer Synchronisation der Friedens- und Kampfphasen durch harmonisierte Laufzeiten.[96] Auf solche sollten Arbeitgeber bei Gewerkschafts- und Tarifpluralität ohnehin hinwirken[97], ggf. ist ein entsprechender Anspruch durch den Gesetzgeber oder notfalls auch durch das BAG, das dies meiner Auffassung nach im Wege der Rechtsfortbildung könnte[98], zu etablieren.

3. Entgelte während des laufenden Arbeitskampfes: Arbeitskampfrisikolehre bei Tarifpluralität

Im weiteren Sinne gehört auch die Frage nach den Entgelten im laufenden Arbeitskampf und gehört damit die Arbeitskampfrisikolehre unter den Bedingungen eines pluralistischen Tarifsystems zum Thema. Teilweise wird vertreten, diese sei auf ein monistisches Koalitions- und Tarifsystem zugeschnitten und müsse daher beim Streik einer Spartengewerkschaft wie auch der bisherige Grundsatz der arbeitskampfrechtlichen Einheit der Belegschaft mit der Aufgabe der Tarifeinheit im Betrieb entfallen. Hierzu ist zu sagen, dass richtigerweise die Arbeitskampfrisikolehre so wenig auf Partizipationserwägungen gegründet werden kann wie das Recht Nicht- und Andersorganisierter zur Streikteilnahme und die spiegelbildliche Aussperrungsbefugnis des Arbeitgebers. Der für die Verteilung des Entgeltrisikos im Arbeitskampf maßgebliche Zurechnungsgrund ist vielmehr die Arbeitskampfparität und der Maßstab der Erforderlichkeit zur Sicherung der Funktionsfähigkeit des Arbeitskampfsystems, weshalb es eine arbeitskampfrechtliche Einheit der Belegschaft als (von dieser Erforderlichkeit entkoppelten) Grundsatz richtigerweise schon bisher nicht geben konnte und auch künftig nicht gibt, ohne dass dies mit der Frage nach Tarifeinheit oder Tarifpluralität unmittelbar etwas zu tun hat. Die Grundsätze des Arbeitskampfrisikos können in der Rechtsprechung des BAG ohne dogmatischen Bruch auch unter den

---

[94]Franzen, ZfA 2011, 647 (669 f.); s. auch § 7 des Gesetzesvorschlags von Franzen/Thüsing/Waldhoff, dazu oben Fn. 93 und kritisch Fischer, NZA 10/2012, Editorial, sowie Uhl/Raif, ArbRAktuell 2012, 333090.

[95]Henssler, RdA 2011, 65 (71 ff.); HWK/Henssler, 5. Aufl. (2012), § 4 TVG Rn. 61.

[96]Ausführlich B. Schmidt (oben Fn. 1), S. 569 ff.; kritisch aber z.B. Deinert, RdA 2011, 12 (17).

[97]Vgl. Henssler, RdA 2011, 65 (75); H. J. Willemsen/Mehrens, NZA 2010, 1313 (1322).

[98]Zur Rechtsfortbildungskompetenz s. B. Schmidt (oben Fn. 1), S. 655 ff.; a.A. Greiner (oben Fn. 5), S. 448 ff.

Bedingungen eines pluralistischen Tarif- und Arbeitskampfrechtssystems unverändert Bestand haben.[99] Die nicht streikenden Arbeitnehmer tragen danach ggf. unabhängig von ihrem Organisationsstatus das arbeitskampfbedingte Entgeltrisiko. Dadurch bedingte soziale Härten werden vielfach durch einen Anspruch auf Lohnersatzleistungen (Arbeitslosengeld bzw. Kurzarbeitergeld) gemildert. Die Vorschrift des § 146 SGB III beruht - gerade anders als die Verteilung des Arbeitskampfrisikos zwischen Arbeitgeber und Arbeitnehmern - auf dem Partizipationsgedanken. Soweit daher Arbeitnehmer des bestreikten Betriebs, deren Arbeit infolge arbeitskampfbedingter Störungen des Betriebsablaufs unmöglich oder wirtschaftlich sinnlos wird, der streikenden Berufsgruppe nicht angehören und daher an dem Kampfergebnis nicht teilhaben können, besteht der Anspruch gegen die Bundesagentur für Arbeit.[100]

4. Mitbestimmung des Betriebsrates in Entgeltfragen bei realisierter Tarifpluralität

Mit Blick auf das Mitbestimmungsrecht des Betriebsrates in Entgeltfragen besteht das Problem, dass das Nebeneinander mehrerer Tarifverträge im Betrieb zu einer weitgehenden Verdrängung der betrieblichen Mitbestimmung führen kann. Bei normzweckorientierter Betrachtung erweisen sich im Hinblick auf den Tarifvorrang des § 87 Abs. 1 Eingangssatz BetrVG weder die Beschränkung der Tarifsperre auf einen, etwa den repräsentativeren Tarifvertrag, noch die Annahme einer umfassenden Sperrwirkung jedes der im Betrieb anwendbaren Tarifverträge als restlos überzeugend. Ein dritter Weg könnte darin liegen, die Sperrwirkung nach der Gewerkschaftsmitgliedschaft differenziert je nachdem eingreifen zu lassen, ob ein Gegenstand im Überschneidungsbereich der aufeinander treffenden Tarifverträge liegt oder ob Regelungsbereiche betroffen sind, in denen sich die von den unterschiedlichen Tarifverträgen behandelten Materien nicht decken. Hiergegen sind verschiedene Einwände denkbar. Nicht durchgreifend ist dabei derjenige aus dem betriebsverfassungsrechtlichen Gleichbehandlungsgebot des § 75 Abs. 1 BetrVG. Denn damit wird lediglich die im Tarifrecht angelegte und mit der Aufgabe des Grundsatzes der Tarifeinheit im Betrieb nicht länger negierte Unterscheidung der Arbeitnehmer nach ihrer Gewerkschaftszugehörigkeit als zulässiger Differenzierungsgrund über die „Brücke" des § 87 Abs. 1 Eingangs-

---

[99] Wie hier etwa *Deinert*, RdA 2011, 12 (S. 21 f.; *Franzen*, ZfA 2011, 647 (657 f.); *Henssler*, RdA 2011, 65 (69); *Löwisch*, RdA 2010, 263 (266); *H. J. Willemsen/Mehrens*, NZA 2010, 1313 (1320 f.); zum Ganzen *B. Schmidt* (oben Fn. 1), S. 645 ff.; s. auch *Spielberger*, NJW 2011, 264 ff.

[100] *Deinert*, RdA 2011, 12 (22); *Franzen*, ZfA 2011, 647 (658 f.); s. auch, mit rechtspolitischen Zweifeln, *Löwisch*, RdA 2010, 263 (266 f.); *H. J. Willemsen/Mehrens*, NZA 2010, 1313 (1321).

satz BetrVG in das Betriebsverfassungsrecht hinein verlängert.[101] Schwerer wiegen Bedenken mit Blick auf die Praktikabilität dieses Ansatzes. Dabei ist aber jedenfalls zu sehen, dass es praktisch durchaus denkbar ist, dass der Betriebsrat Regelungen erzwingt, die in ihrem Anwendungsbereich auf einzelne, sich nach der Gewerkschaftszugehörigkeit unterscheidende Arbeitnehmergruppen beschränkt sind, ohne dass er hierfür Kenntnis von der Gewerkschaftszugehörigkeit einzelner Arbeitnehmer zu haben bräuchte. Auch ist immerhin zu bedenken, dass eine nach Arbeitnehmergruppen differenzierende Wahrnehmung des Mitbestimmungsrechts (außerhalb betrieblicher und betriebsverfassungsrechtlicher Tarifnormen im Sinne von § 3 Abs. 2 TVG - dort besteht ohnehin auch weiterhin Tarifeinheit) auch unabhängig von einer Tarifpluralität immer dann notwendig ist, wenn die Arbeitsverträge keine (einheitlichen) Bezugnahmeklauseln enthalten. Dann muss der Betriebsrat zwischen organisierten und nicht organisierten Arbeitnehmern unterscheiden. Auch wenn faktisch die Bezugnahmeklausel allgegenwärtig ist, geht doch das Gesetz von der Zweiteilung der Belegschaft in Gewerkschaftsmitglieder und Außenseiter aus. Ein weiteres Problem kann sich ergeben, wenn die kollidierenden Tarifverträge eine Materie jeweils nicht abschließend regeln, den verbleibenden Spielraum für betriebliche Regelungen aber durch unterschiedliche inhaltliche Vorgaben beeinflussen. Hier wäre konsequenterweise eine gruppenspezifische oder, mit einem Wort von Reichold[102], tarifakzessorische Wahrnehmung des Mitbestimmungsrechts erforderlich.[103]

IV. Schluss

Ein Aspekt wurde bisher bewusst weitgehend ausgespart, die verfassungsrechtliche Dimension der Auseinandersetzung um Tarifeinheit und Tarifpluralität. Ein auch nur mehr als flüchtiger Blick auf dieses Feld würde den Rahmen des hier gesetzten Themas sprengen. Dabei sind gerade im Falle der Diskussion über die Tarifpluralität die verfassungsrechtliche Ebene und die einfachgesetzlichen Einpassungsschwierigkeiten und Lösungsansätze auf das Engste miteinander verwoben.[104] Es ist allerdings besonders von Hromadka wohl nicht ganz zu Unrecht beklagt worden, die auf Art. 9 Abs. 3 GG - von Zöllner[105] einst so treffend als „Wundertüte" bezeichnet, aus der sich „Alles", aber auch das „Gegenteil von Allem" herleiten lasse - gestützten Begründungsstränge, welche einzelne Lösungsvorschläge schlechthin als verfassungswidrig brandmarken, wirkten in der Debatte als „Totschlagsar-

---

[101] B. Schmidt, Anm. zu BAG AP GG Art. 9 Nr. 140, unter II. 3.

[102] RdA 2007, 321 (327).

[103] B. Schmidt (oben Fn. 1), S. 466 ff.; s. auch H. J. Willemsen/Mehrens, NZA 2010, 1313 (1318 f.).

[104] Deutlich Konzen, JZ 2010, 1036 (1044); Waas, AuR 2011, 93.

[105] RdA 1969, 250 (254).

gumente".[106] Das galt den Kritikern der Tarifeinheit und ihrer (wie auch immer gearteten) Wiederherstellung oder Surrogation nach den Entscheidungen des BAG von 2010. Auf der anderen Seite müssen eben diese nicht selten mit dem Vorwurf leben, die Realität des Arbeitslebens, die Nöte der Arbeitgeber und die Verschiebung der tatsächlichen Kräfte- und Verteilungsverhältnisse durch die geänderte Rechtsprechung des BAG nicht ausreichend in den Blick zu nehmen. Auch Hromadka hat diesen Vorwurf erhoben.[107] Es ist dies indes kaum weniger ein Totschlagsargument, verbannt es doch die gewiss nicht leichtfertig formulierten Überlegungen Vieler kurzerhand in die Sphäre realitätsferner Elfenbeinturmwissenschaft. Einen unbestreitbar richtigen und wichtigen Punkt spricht die Kritik an verfassungsrechtlichen „Totschlagsargumenten" jedoch an: Der Umgang mit der neuen tarifpluralen Wirklichkeit muss an den tatsächlichen Verhältnissen ausgerichtet sein. Diese gilt es daher sorgfältig und unvoreingenommen zu prognostizieren, wobei dem rechtsfortbildenden Richter ein Einschätzungsspielraum nicht im gleichen Maße zukommen kann wie der Legislative, besser aber noch zu kennen und zu diesem Zweck zunächst einmal zu beobachten.[108] Vor Schnellschüssen ist zu warnen und zu einem solchen hat sich der Gesetzgeber - sei es aus Mangel an Mut, an Kompromissfähigkeit oder aber auch tatsächlich aus besonnener Überlegung, im Ergebnis jedenfalls meines Erachtens zu Recht - bislang nicht hinreißen lassen. Wir befinden uns noch in der Phase der Empirie. Diese Zeit sollten sich alle Akteure und interessierten Beobachter nehmen, bevor sie ihre Schlüsse ziehen. In die Bewertung sollte mehr einfließen als die aufmerksamkeitsheischenden spektakulären Tarifauseinandersetzungen im Krankenhaus-, Bahn- und Flugverkehrsbereich, auf die mancher Betrachter sich zu stark zu kaprizieren scheint.[109] Es gilt der treffende Ausspruch von Willemsen und Mehrens: Hard cases make bad law.[110] „Vielfalt in der Einheit" lautet das Leitmotto des 26. Passauer Arbeitsrechtssymposions. Für das Verhältnis von Vielfalt und Einheit zueinander sollte im Tarifvertragsrecht, leicht abgewandelt, die so einfache wie bestechende Lo-

---

[106]Hromadka, NZA 3/2011, Editorial.

[107]NZA 2011, 735 an die Adresse von Greiner; s. außerdem etwa W. Bayreuther, FS Hromadka, 2008, S. 1 (2, mit Fn. 10, 12), vor allem an die Adresse von Jacobs; des Weiteren Hanau, RdA 2008, 98 (102) an die Adresse von Reichold.

[108]Forderung nach vorrangiger Realanalyse vor allem bei Konzen, JZ 2010, 1036 (1040, 1043 ff.); s. außerdem etwa Schaub/Treber, ArbR-Hdb., 14. Aufl. (2011), § 204 Rn. 73; Hergenröder/Deyhle, RdA 2012, 50 (55); Düwell, FA 2011, 2 (5); Greiner, NZA 2012, 529 (534).

[109]S. etwa Papier/Krönke, ZfA 2011, 807 (809, 812); Scholz, ZfA 2010, 681 (682, 701, 703) und schon dens., FS Buchner, 2009, S. 827 ff.; wie hier demgegenüber mit Recht Henssler, RdA 2011, 65 (70); s. auch Bepler, JbArbR 48 (2011), 23 (33).

[110]H. J. Willemsen/Mehrens, NZA 2010, 1313 (1322).

sung gelten, die Hanau[111] vor einiger Zeit ausgegeben hat: So viel Einheit wie nötig, so viel Vielfalt wie möglich. Vielfalt und Einheit müssen in ein ausgewogenes Verhältnis gebracht werden. Dies ist eine Herausforderung.

Unser Vertrauen

- erstens: in das gefestigte dogmatische Fundament, aber auch in die Anpassungsfähigkeit und Flexibilität des Arbeitsrechts und die es maßgeblich prägende Rechtsprechung des BAG sowie

- zweitens - und vor allem - in die Verbände, die dazu berufen sind, die Arbeits- und Wirtschaftsbedingungen ihrer Mitglieder grundsätzlich selbstverantwortlich und ohne staatliche Einflussnahme zu regeln,

sollte aber groß genug sein, um den anstehenden Herausforderungen standhalten zu können, und zwar zumindest übergangsweise für eine nötige Phase der Sammlung empirischen Anschauungsmaterials auch ohne Eingreifen des Gesetzgebers. Nur so können wir herausfinden, wie viel Einheit nötig und wie viel Vielfalt - in der Einheit - tatsächlich möglich ist.

---

[111]RdA 2008, 98 (104); s. auch NZA Beilage 1/2010, S. 1.

Tariföffnungsklauseln bei Tarifmehrheit [*]

Professor Dr. Cord **Meyer**
Syndicus Deutsche Bahn AG, Berlin

Durch die Freigabe von Tarifmehrheit durch das BAG[1] haben sich eine Vielzahl von Unsicherheiten in der Rechtspraxis eingestellt, die etwa von der Anwendung einer Bezugnahmeklausel[2] bis hin zum Arbeitskampfrecht[3] reichen. Der folgende Beitrag soll sich absehbar einstellende Problem- und Spannungslagen im Bereich der Tariföffnungsklauseln nach § 77 Abs. 3 Satz 2 BetrVG skizzieren, die insbesondere aus dem Spannungsverhältnis von Tarif- und Betriebsautonomie resultieren.

I. Veränderte Vorgaben der Rechtsprechung

1. Alte Rechtslage

Nach überkommener Rechtslage wurde eine Öffnungsklausel in einem Tarifvertrag nach § 77 Abs. 3 Satz 2 BetrVG als betriebsverfassungsrechtliche Norm eingeordnet, die nach § 3 Abs. 2 TVG schon bei alleiniger Tarifbindung des Arbeitgebers im Betrieb normativ und zwingend galt und demzufolge alle Arbeitsverhältnisse unabhängig von einer gewerkschaftlichen Bindung erfassen soll[4]. Teilweise wird von einer Art von „Allgemeinverbindlicherklärung" ausgegangen, die zur Voraussetzung habe, dass eine Regelung zwingend einheitlich für alle oder wenigstens eine Gruppe von Arbeitnehmern erfolgen müsse und dabei Einzelregelungen nicht zweckmäßig wären[5]. Eine solche Erstreckung insbesondere auf Außenseiter ist jedoch nicht unproblematisch, da sich die Regelungsgewalt der Tarifvertragsparteien an sich auf ihre jeweiligen Mitglieder beschränkt[6]. Unter der Ägide von Tarifeinheit - bzw. von Einheitsgewerkschaften - und einer überwiegend praktizierten Gleichstellung der Außenseiter mit den Gewerkschaftsmitgliedern waren diese Bedenken indessen eher dogmatischer Natur. Das BAG vertrat hingegen mit Blick auf eine Öffnungsklausel nach § 77 Abs. 3 Satz 2 BetrVG die

---

[*] Professor Dr. Cord Meyer hat es nicht nur anstelle des persönlich verhinderten Herrn Werner Bayreuther als HGF des Arbeitgeber- und Wirtschaftsverbandes der Mobilitäts- und Verkehrsdienstleister e. V. übernommen, einen Teilaspekt von dessen Beitrag auf dem Tarifforum 2012 weiter zu vertiefen, sondern zugleich eine kleine Aufmerksamkeit zum 10. Jubiläum des Agv MoVe zu präsentieren.

[1] BAG vom 7.7.2010 - 4 AZR 549/08, NZA 2010, S. 1068 f.

[2] Hierzu etwa Jacobs, NZA 2008, S. 325, 332 f.

[3] Dazu etwa Franzen, RdA 2008, S. 193, 200

[4] Heisig, Arbeitsentgelt, S. 349 f.

[5] Lorenz in Däubler, TVG, 2. Auflage, § 3 Rdnr. 60 und 61

[6] Vgl. Wank in Wiedemann, TVG, 7. Auflage, § 4, Rdnr. 592

Ansicht, dass die Außenseiter nicht von den Normen eines Tarifvertrages gemäß § 4 Abs. 1 TVG, sondern denen einer Betriebsvereinbarung gemäß § 77 Abs. 4 Satz 1 BetrVG erfasst würden[7].

Unter der Ägide von Tarifeinheit konnte eine Mehrheit von Tarifverträgen im Betrieb nach dem Spezialitätsprinzip geordnet werden, wobei sich der Vorrang eines Tarifvertrages sowohl auf die Inhalts-, Abschluss- und Beendigungsnormen gemäß § 1 Abs. 1 TVG als auch eine diese variierende Öffnungsklausel nach § 77 Abs. 3 Satz 2 BetrVG als betriebsverfassungsrechtliche Norm gemäß § 1 Abs. 1 TVG bezog. Von dieser Auflösung der Tarifmehrheit konnten dann – im Zweifel im Wege einer ergänzenden Vertragsauslegung – auch klein-dynamische bzw. noch klarer groß-dynamische Wechselklauseln erfasst werden, so dass auch insoweit eine einheitliche Behandlung aller Mitarbeiter im Betrieb möglich war[8].

2. Neue Rechtslage

Unter der Ägide von Tarifpluralität sind nunmehr die Inhalts-, Abschluss- und Beendigungsnormen verschiedener Tarifverträge im Betrieb nebeneinander in Abhängigkeit von der Mitgliedschaft in einer Gewerkschaft anwendbar.[9] Allerdings verbleibt es mit Blick auf Betriebs- und betriebsverfassungsrechtliche Normen gemäß § 1 Abs. 1 TVG beim Grundsatz der Tarifeinheit, weil diese unabhängig von der Tarifbindung der Arbeitnehmer im Betrieb nach § 3 Abs. 2 TVG von Gesetzes wegen normativ und zwingend gelten und daher zu einer Situation einer Tarifkonkurrenz im Arbeitsverhältnis führen können. Dies bedeutet, dass sich im Falle miteinander konkurrierender Öffnungsklauseln grundsätzlich nur eine von beiden durchsetzen kann. Diese Auflösung von Tarifpluralität ist schon deshalb nicht unproblematisch, wenn man sich vor Augen führt, dass in der Tarifpraxis Inhalts- und Betriebsnormen miteinander – tarifpolitisch wie rechtlich – miteinander verknüpft sein können,[10] so dass sich die Frage stellt, ob es trotz verdrängter Betriebsnorm – infolge der Grundsätze zur Tarifeinheit - bei einer Fortgeltung der Inhaltsnorm verbleiben kann[11]. Dieses Problem verschärft sich, falls man sogar Tarifnormen einen Doppel-Charakter einer Inhalts- und zugleich einer Betriebsnorm zuschreibt.[12] In der Tendenz ist daher nicht auszuschließen, dass der zwingend kollektive und betriebseinheitliche Regelungsbezug in § 3 Abs. 2 TVG enger ausgelegt wird, um so den Anwendungsbereich von Inhaltsnormen zu bewahren und eine Lösung über Tarifkonkurrenz zu vermeiden.

---

[7]BAG vom 18.8.1987 - 1 ABR 30/86 in AP Nr. 23 zu § 77 BetrVG 1972

[8]Jacobs, NZA 2008, S. 325, 332 f.

[9]BAG vom 7.7.2010 - 4 AZR 549/08, NZA 2010, S. 1068, 1071

[10]Hierzu Krebber, RdA 2010, S. 23, 27

[11]Dafür Franzen, RdA 2008, S. 193, 198

[12]Vgl. die Nachweise bei BAG vom 9.12.2009 - 4 AZR 190/08 in AP Nr. 48 zu § 3 TVG

In diesem Zusammenhang ist auf eine Entscheidung des BAG hinzuweisen, wonach die Tarifvertragsparteien einen betriebsverfassungsrechtlichen Zuordnungstarifvertrag gemäß § 3 BetrVG auch ohne inhaltliche Abstimmung jeder für sich verlangen und notfalls erzwingen können.[13] Obwohl gerade mit Blick auf die Struktur von Betrieben nach § 1 BetrVG und die daran anknüpfenden Betriebsratswahlen nach § 1 Abs. 1 Satz 1 BetrVG ggf. sich inhaltlich widersprechende Tarifinhalte – jedenfalls aus Sicht der Praxis - nur schwer vorstellbar erscheinen[14], hat das BAG insoweit eine „Zwangstarifgemeinschaft" der beteiligten Gewerkschaften abgelehnt. Leider hat das BAG auch in diesem Zusammenhang noch nicht entschieden, nach welchen Prinzipien eine etwaige Tarifmehrheit betriebsverfassungsrechtlicher Zuordnungstarifverträge nach § 3 BetrVG aufzulösen wäre,[15], obwohl hierzu eine Vielzahl von Vorschlägen besteht.[16] Allerdings hat das BAG auch bei der Konkurrenz von Betriebsnormen offen gelassen, ob noch an dem überkommenen Spezialitätsprinzip festzuhalten ist,[17] weil hier ebenfalls Probleme mit Blick auf die innerbetriebliche Legitimation bestehen.

Eine Übertragung dieser Grundsätze auf das Themenfeld in § 77 Abs. 3 Satz 2 BetrVG bedeutet daher, dass die Gewerkschaften zwar jede für sich eine solche Öffnungsklausel fordern können, ohne diese aber inhaltlich abstimmen zu müssen. Ferner ist höchstrichterlich noch nicht geklärt, wie eine Tarifmehrheit dieser betriebsverfassungsrechtlichen Normen (unter Anwendung des Gedankens der Tarifeinheit) aufzulösen ist. Indessen zeigt die Tätigkeit des Gesetzgebers, dass sich etwa im Bereich der Mindestarbeitsbedingungen der Mehrheitsgedanke durchsetzt, wie etwa die Regelung in § 7 Abs. 2 AEntG zur Feststellung des repräsentativen Tarifvertrags belegt, falls in einer Branche eine Tarifmehrheit besteht. Für ein solches Mehrheitsprinzip votiert daher eine breite Strömung im Schrifttum.[18]

II. Denkbare Konstellationen in der Praxis

Angesichts der noch ausstehenden höchstrichterlichen Klärung werden naturgemäß im Schrifttum die unterschiedlichsten Lösungsvorschläge für die in der Praxis – aus heutiger Sicht – schon denkbaren Fallkonstellationen diskutiert:

---

[13]BAG vom 29.7.2009 - 7 ABR 27/08 in AP Nr. 7 zu § 3 BetrVG 1972

[14]So die Anmerkung von Cord Meyer in SAE 2010, S. 27 f. zu BAG vom 29.7.2009 - 7 ABR 27/08

[15]BAG vom 29.7.2009 - 7 ABR 27/08 in AP Nr. 7 zu § 3 BetrVG 1972

[16]Vgl. die Übersicht bei Brecht-Heitzmann, GS Zachert, S. 502, 510 f.

[17]BAG vom 9.12.2009 - 4 AZR 190/08 in AP Nr. 48 zu § 3 TVG

[18]Däubler/Kittner/Klebe/Wedde, BetrVG, 13. Auflage, § 77, Rdnr. 145

1. Konkurrenz von Öffnungsklauseln

Es ist zunächst vorstellbar, dass Öffnungsklauseln miteinander konkurrieren und angesichts der dabei entstehenden Tarifkonkurrenz im Arbeitsverhältnis gemäß § 3 Abs. 2 TVG diese nach dem Gedanken der Tarifeinheit aufzulösen ist. Während in der Vergangenheit eine Lösung dieser Tarifkonkurrenz über das Spezialitätsprinzip gesucht wurde,[19] zeichnet sich derzeit eine Lösung über das Mehrheitsprinzip im Betrieb ab.[20] Dies würde bedeuten, dass sich diejenige Öffnungsklausel durchsetzen könnte, an deren Tarifvertrag die relative Mehrheit der Arbeitnehmer im Betrieb als Mitglied der Gewerkschaft gebunden ist.[21] Teilweise wird danach differenziert, ob sich die Öffnungsklauseln auch inhaltlich überschneiden,[22] so dass zutreffend nur insoweit eine Auflösung der Tarifkonkurrenz vorzunehmen ist,[23] sofern zum gleichen Themenkreis zwei Tarifverträge sich inhaltlich widersprechende Regelungen treffen.

Allerdings würde durch diesen Vorrang eines Tarifvertrages die Regelung eines anderen Tarifvertrages verdrängt. Dies mag tarifrechtlich noch hinnehmbar sein, wenn man annimmt, dass den Mitgliedern dieser Gewerkschaft das Standard-Niveau erhalten bleibt und eine Regelung durch die Betriebsparteien nur optional ist. Anders sieht es aber schon aus, wenn zum einen die Öffnungsklausel eine Unterschreitung des Standard-Niveaus im verdrängten Tarifvertrag ermöglicht. Zum anderen, wenn die verdrängte Öffnungsklausel umgekehrt den Betriebsparteien eine Aufstockung des tariflichen Standard-Niveaus gestattet. Denn auch in diesem Falle könnte man argumentieren, dass den Mitgliedern dieser Gewerkschaft „die Früchte ihres Tarifvertrages geraubt" würden.

Stattdessen ließe sich darüber nachdenken, die Öffnungsklausel nur auf die Mitglieder der jeweiligen Gewerkschaft anzuwenden.[24] Hier bestehen also Friktionen zum Grundrecht auf positive individuelle Koalitionsfreiheit aus Art. 9 Abs. 3 GG, insbesondere wenn es zu einer Unterschreitung des im verdrängten Tarifvertrag festgelegten Status-Quo käme. Schließlich wird gegen das Mehrheitsprinzip auch angeführt, dass eine Missbrauchsgefahr durch eine „Mehrheitsgewerkschaft" - etwa zu Lasten einer Spartengewerkschaft - nicht von der Hand zu weisen sei,[25] indem Inhalts- als Betriebsnormen kaschiert werden.

---

[19]Däubler / Kittner / Klebe / Wedde, BetrVG, 13. Auflage, § 77, Rdnr. 145

[20]Franzen, RdA 2008, S. 193, 200

[21]Treber in Schaub, Arbeitsrechtshandbuch, 14. Auflage, § 231, Rdnr. 25 b und § 204, Rdnr. 51

[22]Benedikt Schmidt, Tarifpluralität im System der Arbeitsrechtsordnung, S. 498 f.

[23]Krebber, RdA 2011, S. 23, 26

[24]so Nielebock, FS ZVK-Bau, S. 107, 119

[25]Krebber, RdA 2010, S. 23, 28 f.

2. Vorliegen nur einer Öffnungsklausel

Diskutiert wird ferner der Fall, dass zwei Tarifverträge im Betrieb anwendbar sind, von denen nur einer eine Öffnungsklausel enthält.[26] Insoweit könnte man zwar angesichts des Charakters als betriebsverfassungsrechtliche Norm gemäß § 3 Abs. 2 TVG eine Erstreckung auf alle Arbeitnehmer andenken,[27] was auch auf der Linie einer älteren Entscheidung des BAG unter Betonung der Rechtswirkungen einer Betriebsvereinbarung läge.[28] Diese Entscheidung ist allerdings noch unter dem Vorzeichen von Tarifeinheit ergangen, so dass Zweifel an ihrer Übertragbarkeit angebracht sind. Da eine Anwendung dieser Öffnungsklausel auf die Mitglieder einer anderen Gewerkschaft aber deren Tarifabschluss entwertet, werden Zweifel an der Richtigkeit dieser Erstreckung mit Blick auf die Koalitionsbetätigungsfreiheit aus Art 9 Abs. 3 GG aufgeworfen.[29] Denn ansonsten würde die Sperrwirkung eines konkurrierenden Tarifvertrages nach § 77 Abs. 3 Satz 1 BetrVG entwertet, über die eigentlich nur die betreffenden Tarifvertragsparteien selbst entscheiden können.[30] Im Ergebnis könnte daher die Öffnungsklausel nur auf die Mitglieder der betreffenden Gewerkschaft anzuwenden sein. Voraussetzung ist allerdings eine inhaltliche Überschneidung, weil ansonsten die Betriebsparteien grundsätzlich von der Öffnung im Tarifvertrag auch Gebrauch machen können.[31]

Zu Recht wird in diesem Kontext auch darauf hingewiesen, dass eigentlich nur die jeweilige Tarifvertragspartei ihren Tarifvertrag für Betriebsvereinbarungen „öffnen" könne.[32] Denn eine Tarifpartei könne nicht ein Mehr an Regelungskompetenz auf die Betriebsparteien delegieren als sie selbst besitze.[33] Deshalb wird mit Rücksicht auf den Tarifvertrag ohne Öffnungsklausel und die Koalitionsbetätigungsfreiheit der dortigen Tarifvertragsparteien vorgeschlagen, dass sich die Öffnungsklausel des anderen Tarifvertrages nur dann durchsetze, wenn sie den Tarifvertrag lediglich „ergänzende" Regelungen gestattet.[34] Demgegenüber scheide die Anwendung einer „abweichende" Regelungen gestattenden Öffnungsklausel von vornherein aus, weil hierdurch zum Nachteil der Mitglieder einer anderen Gewerkschaft vom Standard-Niveau

---

[26]Treber in Schaub, Arbeitsrechtshandbuch, 14. Auflage, § 231, Rdnr. 25 b und § 204, Rdnr. 51

[27]Vgl. Lorenz in Däubler, TVG, 2. Auflage, § 3 Rdnr. 60 und 61 mit Vergleich zur Anordnung einer Allgemeinverbindlichkeit nach § 5 Abs. 4 TVG

[28]BAG vom 18.8.1987 - 1 ABR 30/86 in AP Nr. 23 zu § 77 BetrVG 1972

[29]Plümpe, Die kleine Gewerkschaft, S. 131 f.

[30]Fitting, BetrVG, 26. Auflage, § 77, Rdnr. 81 unter Verweis auf BAG vom 23.3.2005 - 4 AZR 203/04 in AP Nr. 29 zu § 4 TVG Tarifkonkurrenz

[31]So wohl Benedikt Schmidt, Tarifpluralität im System der Arbeitsrechtsordnung, S. 498 f.

[32]Willemsen/Mehrens, NZA 2010, S. 1313, 1318

[33]Ebenso Wank in Wiedemann, TVG, 7. Auflage, § 4, Rdnr. 592 (nemo plus iuris transferre posset)

[34]Willemsen/Mehrens, NZA 2010, S. 1313, 1318

abgewichen werden könnte.[35] Allerdings wird dieses Beispiel auf die Konstellation beschränkt, dass das Standard-Niveau in beiden Tarifwerken identisch ist. Sobald ein Niveau-Unterschied besteht verbleibt es auch bei nur ergänzenden Regelungen bei den angeführten Friktionen.

Die Diskussion zeigt an dieser Stelle die tarifpolitischen Wechselwirkungen einer Öffnungsklausel für die andere Tarifvertragspartei auf, weil sich hier Friktionen zum Grundrecht der kollektiven Koalitionsbetätigungsfreiheit aus Art 9 Abs. 3 GG ergeben. Dies ist insbesondere dann der Fall, wenn die Öffnungsklausel den Betriebsparteien die Aufstockung eines Standard-Niveaus gestattet und daher auch die andere Gewerkschaft unter Druck setzt, am besten selbst für ihre Mitglieder ein entsprechend höheres Tarifniveau zu erzielen. Denn nach Auffassung des BAG vollzieht sich der Wettbewerb der Gewerkschaften primär über den Abschluss von Tarifverträgen.[36]

3. Konstellationen ohne Tarifbindung

In der Praxis sind schließlich Konstellationen denkbar, in denen gerade keine Tarifbindung des Arbeitgebers nach § 3 Abs. 1 TVG besteht. Da sich die Tarifsperre des § 77 Abs. 3 Satz 1 BetrVG indessen auch an tarifungebundene Arbeitgeber wendet, damit diese nicht als „Ersatztarifpartei" auftreten und so die Tarifautonomie schwächen,[37] gelten obige Überlegungen entsprechend. Lediglich in dem Fall, dass nur eine Tarifbindung des Arbeitgebers an einen der verschiedenen Tarifverträge im Betrieb besteht, ließe sich mit dem Vorrang dieser Tarifbindung argumentieren.[38]

Festzuhalten bleibt, dass der Schutzzweck des § 77 Abs. 3 BetrVG im Schwerpunkt auf den Schutz der kollektiven Koalitionsbetätigungsfreiheit – insbesondere der Gewerkschaften - aus Art 9 Abs. 3 GG abzielt, damit diese nicht von den Betriebsparteien als „Ersatztarifgeber" geschwächt werden.

III. Offene Fragen

1. Personelle Reichweite von Öffnungsklauseln

Sofern man – wie in der Vergangenheit – den Schwerpunkt auf den Charakter einer allgemein für alle Arbeitnehmer im Betrieb geltenden betriebsverfassungsrechtlichen Regelung legt, so könnte eine Öffnungsklausel auch weiterhin alle Arbeitnehmer im Betrieb erfassen.[39] Hierfür könnte – im Ansatz – möglicherweise auch der Grundsatz der Gleichbehandlung gemäß

---

[35] Willemsen/Mehrens, NZA 2010, S. 1313, 1318
[36] BAG vom 7.7. 2010 - 4 AZR 549/08, NZA 2010, S. 1068, 1075 f.
[37] Treber in Schaub, Arbeitsrechtshandbuch, 14. Auflage, § 231, Rdnr. 25 b
[38] Franzen, RdA 2008, S. 193, 200
[39] So wohl Reichold, RdA 2007, S. 321, 327 bei notwendig einheitlicher Kollektivregelung

§ 75 Abs. 1 BetrVG sprechen. Dies gilt erst Recht, wenn man sich der Ansicht des BAG anschließt, wonach nicht der Tarifvertrag, sondern erst die Betriebsvereinbarung eine Regelung gegenüber den Arbeitnehmern setze.[40] In diese Richtung könnte auch eine Entscheidung des BAG deuten, die für den Abschluss eines Zuordnungstarifvertrages nach § 3 BetrVG eine Zuständigkeit der Gewerkschaft qua Satzung für alle Arbeitnehmer im Betrieb verlangt. So richtig dieser Gedanke mit Blick auf Schaffung einer einheitlichen Betriebsstruktur gemäß §§ 1 und 3 BetrVG ist, weil davon die Wahl eines Betriebsrates durch alle Arbeitnehmer unabhängig von ihrer gewerkschaftlichen Bindung abhängt, so hatte das BAG schon früh mit Blick auf Betriebsnormen entschieden, dass diese auch nur mit Blick auf Teile der Belegschaft abgeschlossen werden können.[41] Hierfür könnte angesichts der Realitäten im Arbeits- und Wirtschaftsleben auch die Existenz von „Spezialisten-Gewerkschaften" sprechen, sofern sich diese auf die Vertretung von Berufsgruppen beschränken.

Hiergegen sprechen jedoch viele der derzeit – insbesondere mit Blick auf den Schutz der Koalitionsfreiheit aus Art. 9 Abs. 3 GG - aufgeworfenen Argumente, die eine Anwendung der Öffnungsklausel nur auf die Mitglieder der jeweils betreffenden Gewerkschaft nahe legen. Ein Folgeproblem wäre dann allerdings die Frage, wie die Außenseiter zu behandeln wären. Damit im Zusammenhang stünde das Problem, ob bzw. ab wann[42] genau nach der Mitgliedschaft in einer Gewerkschaft – z. B. durch den Betriebsrat – gefragt werden dürfte. Schließlich käme es dann – in Folge von Tarifmehrheit eigentlich auch konsequent – zu einer Differenzierung unter den Arbeitnehmern, indem eben Betriebsvereinbarungen auch nur für Teile der Belegschaft abzuschließen wären.

Indessen ist nicht zu verkennen, dass diese Differenzierung nach der Mitgliedschaft in einer Gewerkschaft - etwa beim Abschluss von Betriebsvereinbarungen - auch „Unbehagen" bereitet.[43] Insbesondere die drohende Frage nach der Mitgliedschaft in welcher Gewerkschaft könnte – ebenso wie im Arbeitskampfrecht – die Suche nach „Einheitslösungen" befördern, weil unterschwellig Sanktionen gegenüber den Arbeitnehmern befürchtet werden. Denn trotz Tarifpluralität soll die Belegschaft weiter als Einheit zu betrach-

---

[40]BAG vom 18.8.1987 - 1 ABR 30/86 in AP Nr. 23 zu § 77 BetrVG 1972

[41]Hanau, RdA 2008, S. 98, 102 unter Verweis auf BAG vom 7.11.1995 - 3 AZR 676/94 in AP Nr. 1 zu § 3 TVG Betriebsnormen sowie auch der Sachverhalt in BAG vom 18.8.1987 - 1 ABR 30/86 in AP Nr. 23 zu § 77 BetrVG 1972

[42]C. Meyer, BB 2011, S. 2362

[43]So etwa Bepler, FS ARGE im DAV, S. 791, 800, der wohl einen Abschluss von nach der Gewerkschaftsmitgliedschaft differenzierenden Betriebsvereinbarungen für ausgeschlossen hält und daher die Gewerkschaften aufgerufen sieht, sich in Grundzügen abzustimmen.

ten sein,[44] was sich zum einen im Streikrecht jedes Arbeitnehmers im Betrieb unabhängig von der Mitgliedschaft der den Streik tragenden Gewerkschaft[45] und zum anderen im Entgeltentzug gegenüber jedem Arbeitnehmer bei einer Streikteilnahme[46] ausdrückt.

2. Tarifpolitische Reflexe

Die tarifpolitischen Reaktionen auf die Öffnungsklausel einer konkurrierenden Gewerkschaft sind mannigfaltig. Vorstellbar ist zum einen, dass insbesondere im Kontext von betrieblichen Bündnissen zur Beschäftigungssicherung eine Spezialistengewerkschaft nicht zum Abschluss einer das Standard-Niveau unterschreitenden Öffnungsklausel bereit ist.[47] Stattdessen kann diese Spezialisten-Gewerkschaft die Verteidigung des Status-Quo schon als eigenen Erfolg im ständigen Wettbewerb der Gewerkschaften verbuchen.

Zum anderen ist mit Blick auf das Standard-Niveau übersteigenden Öffnungsklauseln vorstellbar, dass die Konkurrenzgewerkschaft eine entsprechende Regelung in ihrem Tarifvertrag selbst verlangt. Dies erscheint insbesondere dann naheliegend, wenn die Öffnungsklausel den Betriebsparteien nur optional eine abweichende Regelung gestattet. Denn hier könnte die Gewerkschaft reklamieren, einen normativen Anspruch im Tarifvertrag für ihre Mitglieder geschaffen zu haben.

Schließlich könnte eine Gewerkschaft bei einer konkurrierenden Öffnungsklausel im Divergenzbereich, d.h. bei fehlender thematischer Überschneidung zu dem eigenen Tarifvertrag, diesen bislang ungeregelten Bereich in ihren Tarifvertrag aufnehmen, um so die Kompetenz der Betriebsparteien abzuriegeln. Dies jedenfalls dort, wo sich die Öffnungsklausel mangels relativer Mehrheit im Betrieb nicht durchsetzen kann.

Mit Blick auf den Schutzzweck aus § 77 Abs. 3 BetrVG muss der Schwerpunkt der rechtlichen Überlegungen daher auch auf diesen tarifpolitischen Implikationen liegen. Diese kollidieren überdies auch mit der Auslegung von § 3 Abs. 2 TVG, sofern man vom Erfordernis einer unabwendbar einheitlichen Behandlung einer Tarifregelung im Betrieb ausgeht.[48] Denn auch in dieser Frage kann eine unterschiedliche Wahrnehmung bei konkurrierenden Gewerkschaften bestehen.

---

[44]Deinert, RdA 2011, S. 12, 20 sowie Willemsen/Mehrens, NZA 2010, S. 1313, 1320 mit der Einschränkung, dass die streikbereiten Arbeitnehmer auch unter den Geltungsbereich des zu erkämpfenden Tarifvertrags fallen.

[45]Deinert, RdA 2011, S. 12, 20

[46]Willemsen/Mehrens, NZA 2010, S. 1313, 1321

[47]Vertiefend die Anmerkung von Cord Meyer, SAE 2011 S. 215 zu BAG vom 20.10.2010 - 4 AZR 105/09

[48]Vgl. hierzu Hanau, RdA 2010, Seite 312, 313

3. Umsetzung im Betrieb

Die Anwendung des Mehrheitsprinzips bei konkurrierenden Öffnungsklauseln birgt zum einen das Problem, dass die relativen Mehrheiten von Betrieb zu Betrieb wechseln können und damit auch die Anwendung der jeweiligen Öffnungsklausel nach § 77 Abs. 3 Satz 2 BetrVG. Zum anderen bereitet es Probleme, die jeweilige relative Mehrheit im Betrieb festzustellen.[49] Schon dieses Ergebnis erleichtert nicht unbedingt eine einheitliche Linie in einem Unternehmen. Noch komplizierter wird es indessen, wenn sich eine Spezialistengewerkschaft auf die Vertretung einer Berufsgruppe i.S.d. Art. 9 Abs. 3 Satz 1 GG beschränkt und von daher eine etwaige Öffnungsklausel nur auf diese Berufsgruppe beschränkt ist, so dass sich auch eine Tarifpluralität zur Öffnungsklausel einer anderen Gewerkschaft nur in diesem Ausschnittsbereich stellt. Sofern man hier keine Auflösung über das Majoritätsprinzip verfolgt entstünde bei unterschiedlichen Inhalten das Problem, wie der Betriebsrat in der betroffenen Berufsgruppe sich ggf. inhaltlich widersprechende Öffnungsklauseln anwenden sollte.[50] Dies bedeutet insbesondere bei der Gestaltung der Arbeitszeit ein Problem, falls z. B. eine Schichtplanung einheitlich im Betrieb erfolgen müsste.[51]

Unterstellt, dass sich etwa bei konkurrierenden Öffnungsklauseln eine im Betrieb vertretene relative Mehrheit von Mitgliedern einer Gewerkschaft durchsetzt, so spricht zwar einiges dafür, dass auch die Mehrheit der Mitglieder im Betriebsrat an diese Gewerkschaft gebunden ist. Dies bedeutet aber noch nicht automatisch, dass diese Öffnungsklausel auch im Betrieb praktiziert wird. Denn in Abhängigkeit vom Wahlverhalten können indessen auch die Mehrheiten im Betrieb und im Betriebsrat auseinanderfallen, so dass sich die die Pluralität der Tarifverträge – mit einiger Wahrscheinlichkeit – auch in der Zusammensetzung der Betriebsräte wieder spiegeln kann. Dies bedeutet, dass z. B. eine durch die „verdrängte" Gewerkschaft gesteuerte Mehrheit im Betriebsrat die Umsetzung einer Öffnungsklausel blockieren kann. Auch hierdurch können also tarifpolitische Vorstellungen durchaus konterkariert werden.

Eine weitere Frage ist, wie mit solchen Öffnungsklauseln umzugehen ist, die mit anderen Regelungen in einem untrennbaren Kontext stehen und hier die Gefahr besteht, dass ein vom Tarifvertrag verfolgter Ausgleich verloren geht. Als Beispiel sei die Regelung in einem Tarifvertrag genannt, die in einem Korridor die Verlängerung der Arbeitszeit bei gleichzeitigem Ausschluss betriebsbedingter Kündigungen frei ermöglicht; während ein anderer Tarifvertrag eine geringere Wochenarbeitszeit regelt und deren Verlängerung

---

[49] Ausführlich hierzu Brecht-Heitzmann, GS Zachert, S. 502, 512 f.
[50] Im Ansatz wohl ebenso Willemsen/Mehrens, NZA 2010, S. 1313, 1318
[51] So Hunold, NZA 2007, S. 1037 f.

streng konditioniert ist.[52] Auch hier geht es um die Frage, ob der einzelne Tarifkompromiß geachtet wird oder sich ggf. über ein Mehrheitsprinzip einer der beiden Tarifverträge durchsetzen soll.

Wenn man umgekehrt die Öffnungsklauseln nach § 77 Abs. 3 Satz 2 BetrVG nur für die Mitglieder der jeweiligen Gewerkschaft anwenden wollte,[53] so wäre ferner zu klären, wie die Außenseiter zu behandeln sind. Hier könnte dann – neben einer betrieblichen Übung - ggf. nur der Inhalt der jeweiligen Bezugnahmeklausel einen Aufschluss über den anwendbaren Tarifvertrag – z. B. einer Mehrheitsgewerkschaft – geben.

IV. Ausblick

Die Hoffnung, dass sich konkurrierende Gewerkschaften zu einer Harmonisierung der bei Tarifmehrheit inmitten stehenden Fragen auch im Themenfeld der Öffnungsklauseln bereit finden,[54] erscheint mehr als frommer Wunsch denn als Wirklichkeit.[55] Denn wenn der Ansatz des BAG richtig ist, dass Gewerkschaften über ihre Tarifverträge miteinander konkurrieren[56] – und insoweit teilweise auch ein „Vernichtungswettbewerb" für statthaft erachtet wird[57] – so erscheinen „freiwillige" Kooperationsmodelle nicht zwingend. Das vielfach als gelungenes Modell[58] gelebte Tarifpluralität bezeichnete derzeitige Vorgehen im DB Konzern über abgegrenzte Tarifführerschaften[59] beruhte zu Beginn des Jahres 2008 darauf, dass eine Aufgabe des Grundsatzes der Tarifeinheit weiterhin – höchstrichterlich – ungewiss war. Nur vor diesem ungewissen Hintergrund über die erst 2010 vom BAG frei gegebenen künftigen Grundsätze zur Tarifpluralität wurde schließlich ein freiwilliges Modell „gelebter Tarifpluralität" entwickelt. Nur am Rande sei hierzu noch angemerkt, dass die beteiligten Gewerkschaften bis heute angesichts ihres organisationspolitischen Wettbewerbs nicht ihrer Verpflichtung nachgekommen sind, untereinander auch eine obligatorische Kooperationsabrede abzuschließen, um z. B. Tarifinhalte abzustimmen oder über Schlichtungsabreden im Streitfall de-eskalierend zu wirken.

---

[52]Vgl. Nielebock, FS ZVK-Bau, S. 107, 120
[53]So Nielebock, FS ZVK-Bau, S. 107, 119
[54]So Willemsen/Mehrens, NZA 2010, Seite 1313, 1319
[55]Skeptisch zum Themenfeld auch Krebber, RdA 2011, S. 23, 30
[56]BAG vom 7.7.2010 - 4 AZR 549/08, NZA 2010, S. 1068, 1075 f.
[57]Deinert, RdA 2011, S. 12, 17
[58]Löwisch, RdA 2011, S. 263, 265 verkennt dabei, dass die beiden Gewerkschaften im Tarifkonflikt 2010/11 gerade keinen einheitlichen BranchenTV forderten, weil sich die EVG auf den Nahverkehr beschränkte und die GDL zusätzlich den Fern- und Güterverkehr in ihren BuRaLfTV mit einbezog.
[59]Hierzu ausführlich Werner Bayreuther, FS Hromadka, S. 1 f.

Tarifpluralität und Sanierung

Dr. Paul **Melot de Beauregard**
Rechtsanwalt, Fachanwalt für Arbeitsrecht, München

I. Einleitung

Nachdem das Bundesarbeitsgericht mit seiner Entscheidung vom 7. Juli 2010[1] dem langjährigen Druck aus Wissenschaft und Teilen der Praxis nachgegeben und die Tarifpluralität in den Betrieben in weiten Bereichen zugelassen hat, stellt sich die Frage, wie die Unternehmen hierauf reagieren. Denn - und hier sind sich Arbeitgeber- wie Arbeitnehmerseite einig - durch die Geltung mehrerer Tarifverträge in einem Betrieb werden neue Probleme geschaffen, denen sich die Arbeitswelt zu stellen hat. Als solche Probleme waren schnell das Arbeitskampfrecht (Stichwort „Ewiger Streik")[2] aber auch die Entgeltungleichheit[3] oder die Anwendung unterschiedlicher Ausschlussfristen und sonstiger Arbeitsbedingungen[4] identifiziert.

Ein weiterer Bereich, der von der Tarifpluralität beeinflusst wird aber bisher nicht so stark im Blickpunkt des Interesses stand, ist die Sanierung von Unternehmen. Dieser Beitrag will die Eröffnung einer Diskussion begleiten und Hinweise geben ohne vollständig zu sein. Hierzu sollen im Folgenden einige Fragen aufgeworfen und praktische Probleme beschrieben werden. Dabei wird sich zeigen, dass Tarifverträge in den vergangenen Jahren eine bedeutende Rolle im Zusammenhang mit Unternehmenssanierungen übernommen haben und diese durch die Zulassung von Tarifpluralität signifikant beeinträchtigt sein kann.

II. Sanierung und Tarifvertrag

Deutschland ist bekanntermaßen kein Niedriglohnland. Ungeachtet der Branche stellen Personalkosten stets einen großen Posten in jeder Unternehmenskalkulation dar. Unweigerlich rücken sie daher auch im Falle einer Unternehmenskrise in den Fokus.

Traditionell werden Einsparungen bei Personalkosten vor allem durch Reduzierung der Gehälter bzw. Abbau von Personal gesucht. Gelten in einem Unternehmen Tarifverträge so werden beide Felder - Vergütung und Bestand des Arbeitsverhältnisses - in der Regel Normen solcher Tarifverträge betreffen. Unweigerlich wird der Arbeitgeber daher zur Veränderung dieser

---

[1] 4 AZR 549/08 - NZA 2010, 1068 ff.
[2] Vgl. hierzu etwa den Beitrag von Chr. Wilhelm in diesem Buch.
[3] Vgl. hierzu etwa den Beitrag von B. Schmidt in diesem Buch.
[4] Vgl. hierzu etwa den Beitrag von C. Meyer in diesem Buch.

Regelungen den Kontakt zum Tarifpartner bzw. zu den Tarifparteien suchen müssen. Dies insbesondere auch deshalb, weil Tarifautomatismen für Krisenfälle in Form von tariflichen Öffnungskorridoren, Sanierungsmodulen etc. nach wie vor die Ausnahme darstellen.

Die deutsche Wirtschaft hat in den vergangenen Jahren überwiegend gute Erfahrungen mit dem Zusammenwirken der Tarifpartner im Zusammenhang mit einer Unternehmenssanierung gemacht.[5] Ist der Sanierungsfall konkret, so treten die Tarifparteien zusammen mit dem Ziel des Abschlusses eines sogenannten Sanierungstarifvertrags. Dieser kann vielfältigen Inhalt haben und soll hier in ganzer Breite verstanden werden.[6]

Ein prominentes Beispiel ist die sogenannte „Öffnung nach unten" vom Flächentariflohn. Danach soll es dem Unternehmen für eine genau definierte Zeitspanne und unter genau definierten finanziellen Rahmenbedingungen möglich sein, geringere Gehälter zu zahlen als es nach dem Flächentarifvertrag zu zahlen verpflichtet wäre.[7] Der Sanierungstarifvertrag wird insoweit zumeist als unternehmensbezogener Verbandstarifvertrag abgeschlossen.[8]

Über die bloße Entgeltreduzierung hinaus bietet ein Tarifvertrag jedoch auch zahlreiche Möglichkeiten, Einsparungen sozialverträglich auszugestalten und zu begleiten. Es ist daher ganz üblich geworden, dass sich die Tarifpartner im Rahmen von Unternehmenssanierungen nicht nur über Fragen der Reduzierung sondern vor allem über Fragen von deren Ausgestaltung unter Ausschöpfung aller Mittel unterhalten, welche die Arbeitsverwaltung hierfür zur Verfügung stellt. Regelungsgegenstände wie Kurzarbeit, Qualifizierungsgesellschaften oder die sanierungsbezogene Nutzung von Langzeitkonten haben sich in der Praxis bewährt und werden zum Vorteil sowohl der Unternehmen als auch ihrer Mitarbeiter vielfach und in allen Branchen eingesetzt.

III. Folgen der Tarifpluralität

1. Einschränkung der Breitenwirkung

Sanierungstarifverträge können vor allem deshalb besonders hilfreich sein, weil sie eine breite Wirkung entfalten. Diese bezieht sich zunächst auf alle Arbeitnehmer, welche Mitglied der abschließenden Gewerkschaft sind. Begrenzt wird sie durch den außertariflichen Bereich und das Günstigkeits-

---

[5] Zur einer berühmt-berüchtigten negativen Erfahrung siehe etwa Rieble, Der Fall Holzmann und seine Lehren, NZA 2000, 225 f.

[6] Also nicht etwa festgelegt auf Sanierungskonzepte nach IDW Standards wie bei Kuhn/Willemsen, NZA 2012, 593.

[7] Siehe hierzu ausführlich Kleinebrink, Grundsätze der Gestaltung von Tarifverträgen zur Sanierung eines Unternehmens, ArbRB 2008, 279; Meyer, Gestaltungsfragen von Sanierungstarifverträgen, SAE 2008, 55.

[8] Siehe zu den Vorzüge und Nachteilen von Haus- und unternehmensbezogenen Verbandstarifverträgen Kleinebrink, a.a.O.

prinzip.[9] Neben den Mitgliedern der abschließenden Gewerkschaft und den AT-Mitarbeitern gibt es aber die - zumeist größte - Gruppe der Nicht- bzw. Andersorganisierten. Hier kann die Tarifpluralität zu Problemen führen.

Eine Ausdehnung der Tarifwirkung über den Kreis der Gewerkschaftsmitglieder hinaus wurde bislang durch arbeitsvertragliche Verweisungsklauseln ermöglicht. Dass die Zulassung von Tarifpluralität einen großen Streit im Hinblick auf die Zielrichtung von Verweisungsklauseln entfacht hat, muss an dieser Stelle nicht weiter ausgeführt werden. Er tritt neben den bestehenden Streit, ob Verweisungsklauseln überhaupt Sanierungstarifverträge umfassen.[10]

Bei den unterschiedlichen Antworten in der Diskussion um die Zielrichtung von Verweisungsklauseln (es gilt der „repräsentative" Tarifvertrag, der an den die meisten Mitarbeiter gebunden sind, der den der Arbeitgeber wählt etc.)[11] spielt die unterschiedliche Mitgliedschaft des jeweiligen Arbeitnehmers teilweise eine entscheidende Rolle. Den Streit derzeit rechtssicher beantworten zu wollen ist angesichts der allermeisten Klauseln, die man in der Praxis vorfindet, ein Ding der Unmöglichkeit. Sich hinsichtlich einer Erstreckung von Sanierungstarifverträgen auf Nicht- oder Andersorganisierte auf die arbeitsvertraglichen Verweisungsklauseln zu verlassen ist daher gewagt und kann kaum empfohlen werden.

Das Tarifrecht hält in § 3 Abs. 2 TVG eine Möglichkeit vor, durch den Abschluss von Betriebsnormen eine den Kreis der Mitglieder der abschließenden Gewerkschaft überschreitende, möglichst große Mitarbeiterzahl in die tarifliche Regelung mit einzubeziehen. Ungeachtet der Diskussion, ob und inwieweit Normen eines Sanierungstarifvertrags als Betriebsnormen im Sinne des § 3 Abs. 2 TVG für den oder die Betriebe eines Unternehmens insgesamt und damit auch für Nicht- und Andersorganisierte Geltung erlangen können[12], ist nach der einschränkenden Rechtsprechung des Bundesarbeitsgerichts zu prüfen, ob der Abschluss von Betriebsnormen überhaupt zulässig ist bzw., konkreter, ob es sich überhaupt um Betriebsnormen handelt. Voraussetzung ist nämlich, dass diese Normen „in der sozialen Wirklichkeit aus tatsächlichen oder rechtlichen Gründen nur einheitlich gelten können".[13] Dies dürfte bei kritischer Würdigung in den seltensten Fällen so sein.

Selbst wenn man davon ausgeht, dass sich eine Betriebsnorm auf Außenseiter und Andersorganisierte erstreckt und eine solche Regelung zu Sanierungszwecken zulässig ist, so ist derzeit wohl dennoch regelmäßig davon auszugehen, dass diejenigen Arbeitnehmer, für die ein Flächentarifvertrag

---

[9]Löwisch/Rieble, Tarifvertragsgesetz, 3. Aufl. [2012], § 1 Rn. 2068.

[10]Vgl. hierzu nur BAG vom 14. Dezember 2005 - 4 AZR 536/04 - BB 2006, 386.

[11]S. zum Streitstand Löwisch/Rieble, a.a.O., § 3 Rn. 633 f.

[12]S. hierzu ausführlich Bayreuther, NZA 2010, 379, der dies befürwortet. Dagegen und für den praktischen Gebrauch als untauglich erachtend Kuhn/Willemsen, a.a.O., 594.

[13]BAG vom 26. April 1990 - 1 ABR 84/87 - NZA 1990, 850.

normativ gilt, in der Regel nicht an einen Sanierungstarifvertrag gebunden werden, der einen den Flächen- oder Haustarif einer anderen Gewerkschaft verschlechtert - ungeachtet der Tatsache, ob der jeweilige Arbeitsvertrag auf den Sanierungstarifvertrag verweist oder nicht. Insoweit räumt das Bundesarbeitsgericht dem Günstigkeitsprinzip den Vorrang ein.[14] Und der Sanierungstarifvertrag dürfte in der Regel ungünstiger sein.

Eine zusätzliche Problematik erhält dieser Fall in der Sanierung auch dadurch, dass häufig ein großer Zeitdruck besteht und es insbesondere bei Unternehmen, welche an der Schwelle zur Überschuldung stehen, auf jeden Tag der Einsparung ankommt.[15] Gewerkschaften werden es in der Regel nicht akzeptieren, ihre Mitglieder mit Gehaltseinbußen zu belasten, wenn andere, im Unternehmen präsente Gewerkschaften, dies ihren Mitgliedern durch eine Verweigerungshaltung ersparen können. Abgesehen vom negativen Werbeeffekt, den dies für die abschließende Gewerkschaft offensichtlich hat, kommt hinzu, dass die Einsparung eventuell gar nicht zum gewünschten Unternehmenserfolg führt, weil aufgrund fehlender weiterer Einsparungen die Insolvenz des Unternehmens nicht mehr abzuwenden ist. Im Extremfall besteht das Risiko, dass sich der Verzicht der Mitarbeiter sogar doppelt negativ auswirken könnte, weil eine spätere Sozialplanabfindung auf der Grundlage des abgesenkten Gehalts berechnet werden könnte bzw. in einer späteren Insolvenz die Ansprüche weiter reduziert wären.

Zusammenfassend kann daher gesagt werden, dass das grundsätzliche Problem der Zersplitterung durch Tarifpluralität dadurch in der Sanierung noch gesteigert wird, dass es hier immer um eine Modifizierung der Arbeitsbedingungen zum Nachteil der Arbeitnehmer geht. Es wurden verschiedentlich Lösungen aufgezeigt, diese Zersplitterung zu überwinden. Eine dieser Lösungen war, die entsprechenden Gewerkschaften zu einer Verhandlungszwangsgemeinschaft zu verbinden.[16] Zwischenzeitlich ist entschieden, dass es eine Zwangsgemeinschaft nicht geben kann.[17] Ein freiwilliger Zusammenschluss von Gewerkschaften mit dem Ziel des Abschlusses eines mehrgliedrigen Tarifvertrags ist freilich immer möglich. Das praktische Problem der Überwindung tariflicher Unterschiede bleibt jedoch auch dann.

2. Eingeschränkte Nutzung tariflicher Konzepte

Tarifverträge können eine Vielzahl von Regelungsgegenständen zur Flexibilisierung von Arbeitsbedingungen enthalten. Oben wurden bereits exemplarisch die Kurzarbeit oder die Einrichtung einer Qualifizierungsgesell-

---

[14]BAG vom 29. August 2007 - 4 AZR 767/06 - NZA 2008, 364 f.

[15]So im Ansatz wohl auch v. Steinau-Steinrück/Brugger, NJW-Spezial 2010, 435.

[16]In diese Richtung etwa C. Meyer, NZA 2009, 993 f., der von „Abstimmungspflichten" spricht.

[17]Vgl. BAG vom 9. Dezember 2009 - 4 AZR 190/08 - BB 2010, 3154.

schaft genannt. Als ein konkretes Beispiel für die durch Tarifpluralität diesbezüglich ausgelösten Probleme soll hier die sanierungsbezogene Nutzung von Langzeitkonten dienen. Eine Regelung zu Langzeitarbeitskonten findet sich etwa in der Neufassung des Tarifvertrags „Lebensarbeitszeit und Demografie" vom 24. Mai 2012 zwischen dem Bundesarbeitgeberverband Chemie e.V. und der IG Bergbau Chemie Energie.[18] Dort wird unter § 8 den Unternehmen die Möglichkeit eingeräumt, durch freiwillige Betriebsvereinbarungen Langzeitkonten unter der Beachtung gewisser Grundsätze einzurichten.

Im Fall des Personalabbaus können solche Langzeitkonten dazu verwendet werden Abfindungen einzubringen und so die Verbleibenszeit im Unternehmen zu verlängern. Der Mitarbeiter erhält dann die Abfindung als Gehalt ausgezahlt und bleibt dafür länger im Arbeitsverhältnis. Da die Rechtsgrundlage hierfür Betriebsvereinbarungen bilden, stellt sich vorderhand eine Tarifpluralität im Unternehmen nicht als Problem dar: Die lückenlose Verbindlichkeit für alle Mitarbeiter ergibt sich aus der Wirkung der Betriebsvereinbarung. Es wird in diesem Zusammenhang auch von „Erstreckungsbetriebsvereinbarungen" zur Wirkungserweiterung gesprochen.[19]

Was ist jedoch, wenn verschiedene Tarifverträge mit unterschiedlichen Möglichkeiten und Grundsätzen solche Langzeitkonten vorsehen? Der zitierte Tarifvertrag sieht als erste Voraussetzung für ein Langzeitkonto vor:

„Als Langzeitkonten gelten Arbeitszeitkonten, die einen Verteilzeitraum von über 12 Monaten sowie eine Zweckbestimmung im Sinne dieser Vorschrift vorsehen, ohne die Möglichkeit der unterjährigen Entnahme auszuschließen. Sie setzen eine Regelung zur Insolvenzsicherung voraus, die entweder betrieblich oder in einer ausfinanzierten überbetrieblichen Einrichtung erfolgt."

Wenn nun ein anderer Tarifvertrag beispielsweise Langzeitkonten auf zwölf Monate beschränkt, wäre hier dann eine Betriebsvereinbarung zur sanierungsunterstützenden Einrichtung von Langzeitkonten mit längerer Laufzeit möglich?[20] Fest steht, dass eine beiden sich widersprechenden Tarifverträgen entsprechende Betriebsvereinbarung nicht möglich wäre.

Es sind Überlegungen angestellt worden, dieses Problem zu überwinden. Die Erwägung ganz grundsätzlich den Tarifvorrang von § 87 auf „repräsentative" Tarifverträge zu beschränken[21] begegnet jedoch de lege lata großen Bedenken. Im Ergebnis mag daher der rechtssicherste Rat sein, auf das jeweilige tarifliche Konzept ganz zu verzichten. Er lässt gleichzeitig das Sanierungspotential tariflicher Konzepte in unbefriedigender Weise ungehoben.

---

[18] Als ein weiteres erwähnenswertes Beispiel sei der Rahmen-Tarifvertrag für Langzeitkonten zwischen der TÜV SÜD AG und ver.di vom 5. September 2011 genannt.

[19] Kuhn/Willemsen, a.a.O., 594.

[20] S. hierzu und zum Meinungsstand nur Richardi, Betriebsverfassungsgesetz, 13. Aufl. [2012], § 81 Rn. 156.

[21] Gamillscheg, Kollektives Arbeitsrecht, Bd. II [2008], S. 871; Richardi, a.a.O., Rn. 156.

Ähnliches gilt für die Nutzung von tarifvertraglichen Sanierungsmodulen. Soweit durch definierte Module tarifautomatisch zum Nachteil von Arbeitnehmern abgewichen werden kann, werden Andersorganisierte bei Tarifpluralität in der Regel nicht erfasst. Bei vertraglicher Verweisung dürfte der eigene Tarifvertrag stets besser sein und damit das Günstigkeitsprinzip zuschlagen. Flexible Tarifmodule verlieren aber dann einen großen Teil ihrer Attraktivität für Unternehmen, wenn mit ihnen nur ein Teil der Mitarbeiter erreicht werden kann. Die Folge dürfte daher sein, dass von ihnen gar kein oder nur eingeschränkt Gebrauch gemacht wird.

3. Erschwerter Abschluss von Sanierungstarifverträgen durch Personenvielfalt

Es hat sich gezeigt, dass die teilweise jahrzehntelange Zusammenarbeit zwischen einem Arbeitgeberverband bzw. einem Unternehmen und der zuständigen Gewerkschaft eine Vertrauensbasis hat entstehen lassen, welche im Krisen- und Sanierungsfall schnelle Lösungen befördert wenn nicht gar Voraussetzung für diese ist. Das Verhandeln von Tarifverträgen erfolgt immer zwischen Menschen, welche sich vertrauen müssen. Denn der Abschluss eines Tarifvertrages beinhaltet stets die Erwartung gegenüber dem Vertragspartner, dass dieser die Drucksituation und die Vertragsverhandlungen nicht zu seinen Gunsten missbraucht. Ständige Tarifpraxis wirkt hier ohne Zweifel förderlich.[22]

Nachvollziehbarerweise liegt ein von positiver Erfahrung getragenes Vertrauen zwischen sich unbekannten Tarifpartnern zunächst (noch) nicht vor. Einer „neuen" Gewerkschaft wird der Arbeitgeber bzw. der Vertreter des Arbeitgeberverbands zunächst neutral und ohne ein entwickeltes Vertrauen begegnen. Vertreter einer „neuen" Gewerkschaft haben ihrerseits noch keine betriebliche Erfahrung mit dem Arbeitgeber bzw. keine Erfahrung mit dem betreffenden Arbeitgeberverband, was in Verhandlungen verzögernd wirken kann. Dies ist freilich kein spezifisches Problem der Tarifpluralität. Es kann etwa bei einem Personenwechsel bei einem langjährig bestehenden Tarifpartner ebenfalls der Fall sein, dass man sich aneinander gewöhnen muss. Doch ist auch hier die Wahrscheinlichkeit viel höher, dass bei mehreren Gewerkschaften solche Situationen häufiger eintreten. Nicht diskutiert werden soll in diesem Zusammenhang freilich die Frage, ob vor dem Hintergrund des anhaltenden Eintretens der Bundesvereinigung der Arbeitgeberverbände für das

---

[22]Das Vorhandensein und die Wichtigkeit von Vertrauen zwischen beiden Seiten wird - allen öffentlichen Streitereien zum Trotz - immer wieder deutlich betont, s. etwa jüngst das Interview mit Stefan Weber, Vorsitzender Bezirksgruppe Mittelhessen von Hessenmetall unter http://www.mittelhessen.de/hessen+welt/wirtschaft/regionalewirtschaft_artikel,-Lieber-ein-Ende-mit-Schrecken-_arid,24882.html (abgerufen am 12. Oktober 2012).

Prinzip der Tarifeinheit[23] ein Verbandsvertreter einer Spartengewerkschaft genauso vertrauensvoll entgegentritt wie einer Gewerkschaft des Deutschen Gewerkschaftsbunds und vice versa.

Diese Beobachtungen beziehen sich übrigens nicht nur auf das Verhalten der Tarifpartner sondern auch auf die praktische Umsetzung mit bestimmten Sanierungswerkzeugen. Häufig hat die „neue" Gewerkschaft etwa noch keine oder keine große einschlägigen Erfahrungen mit dem Thema Kurzarbeit oder Langzeitkonten.

Schließlich wird es besonders schwer, wenn - wie es in der Praxis häufig der Fall ist - der Sanierungstarifvertrag, welcher zumeist als unternehmensbezogener Verbandstarifvertrag abgeschlossen wird, eine Öffnung gegenüber dem zwischen den Tarifpartnern geltenden Flächentarifvertrag ist. Der Flächentarif wird in Bezug genommen und durch verschiedene Instrumente im Sanierungstarifvertrag modifiziert. Diese in sich schlüssigen und aufeinander verweisenden Tarifwerke können in dieser Form nur durch die Partner des Flächentarifs abgeschlossen werden. Würde eine weitere Gewerkschaft, welche nicht Partei des Flächentarifvertrages ist, den Sanierungstarifvertrag mit abschließen, so bedürfte dies zumindest weiterer Regelungen, welche den Sanierungstarifvertrag gegebenenfalls unpraktisch machen und die Gefahr von Regelungslücken beträchtlich erhöhen.

4. Outsourcing

Zu beachten ist die Auswirkung der Tarifpluralität auf das Thema „Betriebsübergang". Dabei muss zunächst erwähnt werden, dass der Betriebsübergang selber schon in der Vergangenheit ein Auslöser für Tarifpluralitäten war.[24] Insofern könnte zunächst zu fragen sein, ob das weitere Zulassen von Tarifpluralität in Betrieben die Situation bei einem Betriebsübergang überhaupt berührt.

Klar ist natürlich, dass es einen Betriebsübergang nicht unbedingt seiner Komplexität entkleidet, wenn zuvor in einem Betrieb nicht ein sondern zum Beispiel drei Tarifverträge nebeneinander Anwendung fanden. Dies insbesondere auch vor dem Hintergrund, dass die tariflichen Folgen eines Betriebsübergangs nach vielen Irrungen und Wirrungen der Vergangenheit immer noch weit davon entfernt sind, eine allgemein gültige Lösung gefunden zu haben.[25] Der Praktiker staunt hier regelmäßig, wenn es etwa darum geht, ein Informationsschreiben nach § 613a Abs. 5 BGB zu verfassen und sich dabei herausstellt, dass eine für die übergehenden Mitarbeiter des Betriebs

---

[23]Vgl. hierzu etwa den Beitrag von R. Wolf in diesem Buch.

[24]Willemsen/Hohenstatt/Weibert/Seibt, Umstrukturierung und Übertragung von Unternehmen, 4. Aufl. [2011], E Rn. 222.

[25]Siehe zur Dogmatik und der Ansicht des BAG nur Löwisch/Rieble, a.a.O., § 3 Rn. 366 f.

einheitliche und abschließend richtige Beschreibung der verschiedenen tarifrechtlichen Folgen des anstehenden Betriebsübergangs schlicht unmöglich ist.

Wenn man sich vor Augen führt, dass im Rahmen von Unternehmenssanierungen Betriebsübergänge vor allem in der Form des Outsourcings bestimmter, nicht zum Kerngeschäft des Unternehmens gehörender Tätigkeiten stattfinden, so muss festgestellt werden, dass die Tarifpluralität ein Outsourcing, insbesondere zur Entgeltabsenkung, stark erschwert. Hintergrund ist zunächst die Annahme, dass die Mitarbeiter übergehen und nicht aufgrund Widerspruchs und anschließender Kündigung das Unternehmen (gegen Abfindung) verlassen. Nur dann spielt die Tarifpluralität eine Rolle. Gehen die Mitarbeiter also über, so werden Entgeltreduzierungen vor allem durch einen eigenen Tarifvertrag oder aber mittelfristig durch einen Branchen-/Tarifwechsel und damit durch eine Entkoppelung von dem teureren Ausgangstarif erreicht. Dabei ist zunächst zu beachten, dass dies im Hinblick auf Regelungen in branchenübergreifenden Tarifwerken nicht erreicht werden kann, denn der Tarifvertrag „überlebt" den Betriebsübergang. Ist dies nicht der Fall, so setzt sich der Erwerber der entsprechend nach wie vor zuständigen Gewerkschaft gegenüber zumindest einem erhöhten Risiko der zukünftigen Inanspruchnahme aus.

Branchenübergreifende Tarifwerke einer übergreifend zuständigen Gewerkschaft sind freilich die Ausnahme. Aber auch beim Wechsel in die Branche anderer Gewerkschaften dürfte es bei zunehmender Tarifpluralität selten zu den gewünschten Vereinheitlichungsprozessen kommen. Dies insbesondere vor dem Hintergrund des oben skizzierten Streits um die Verweisungsklauseln.

Soll ein Betriebsteil übergehen und beim Erwerber integriert werden, so steigert eine im veräußernden Unternehmen bestehende Tarifpluralität das Risiko beträchtlich, dass beim Erwerber überdurchschnittlich vielfältige Lohndifferenzen entstehen. Dies dürfte regelmäßig der Fall sein, wenn Mitarbeiter aus einem Betrieb(steil) integriert werden, in dem zuvor drei verschiedene und nicht ein Lohn- und Gehaltstarifvertrag galt. Entsprechend schwieriger dürfte die Einebnung solcher Differenzen - z.B. durch freiwilliger Zahlungen - sein. Bestehende Differenzen haben jedoch häufig Unruhe in der Belegschaft und ggf. auch eine erhöhte Fluktuation zur Folge.

5. Leiharbeit

Schließlich soll noch kurz auf das mit dem Thema „Sanierung" nur in mittelbarem Zusammenhang stehende Thema „Leiharbeit" eingegangen werden. Dort, wo Mitarbeiterzahlen reduziert werden müssen, ist zunächst die Reduzierung von Leiharbeit anzustreben.[26] Nach richtiger Ansicht handelt es sich bei Leiharbeit nicht um eine eigene Branche sondern Leiharbeitnehmer fallen in die Zuständigkeit der Gewerkschaften und Verbände, welche für die Branchen zuständig sind, in denen die Leiharbeitnehmer tätig sind.[27] Es ist zu erwarten, dass die Tarifpartner der verschiedenen Branchen sich zunehmend dieses Themas annehmen werden. Dabei sind natürlich auch hier unterschiedliche Regelungen denkbar, die eine gleichmäßige Reduzierung von Leiharbeitnehmern gegebenenfalls erschweren können. Zu denken ist etwa an tarifliche Verpflichtungen, eventuell neu entstehende Arbeitsplätze bevorzugt ehemaligen Leiharbeitnehmern anbieten zu müssen, die Integration von Leiharbeitnehmern in betriebliche Umschulungsmaßnahmen etc. Es ist offensichtlich, dass auch hier das Nebeneinander verschiedener tariflicher Regelungen zu praktischen Problemen führen kann.

IV. Möglichkeiten der Reaktion

Auch wenn die Arbeitgeberseite nach wie vor an der Forderung nach einem Gesetz zu einer Regelung der Tarifeinheit in den Betrieben festhält, ist doch von gesetzgeberischen Maßnahmen in der kommenden Zeit nicht auszugehen. Entsprechend werden sich die Betriebe - auch wenn ein gewisser Konsolidierungsprozess in der Gewerkschaftsszene zu erwarten ist - mittelfristig auf tarifplurale Zustände einrichten müssen. Was ist dabei im Sanierungsfall zu beachten?

1. Unzweifelhaft kommt der Analyse der tariflichen Strukturen vor jeglichem Beginn von Maßnahmen eine entscheidende Bedeutung zu.

2. Bei den Vorüberlegungen zu möglichen Maßnahmen sollte verstärkt die Möglichkeit der Regelung durch Betriebsvereinbarung in Betracht gezogen werden. Durch sie können betriebseinheitliche Regelungen trotz unterschiedlicher Gewerkschaftszugehörigkeit der Mitarbeiter erreicht werden. Voraussetzung ist freilich, dass keine tariflichen Regelungen entgegenstehen.

3. Darüber hinaus ist zu eruieren, inwieweit durch Betriebsnormen - zum Beispiel zu Arbeitszeitregelungen - tarifliche Regelungen mit nur einer Gewerkschaft zur Umsetzung im gesamten Betrieb führen können.

---

[26]BAG vom 16. Dezember 2004 - 2 AZR 66/04 - NZA 2005, 761.

[27]Ein Beispiel für diese richtige Entwicklung im Nachgang zu den CGZP-Ereignissen ist etwa der Tarifvertrag zur Bezahlung von Leiharbeitnehmern vom 30. September 2012 zwischen dem Arbeitgeberverband Stahl e.V. und der IG-Metall, Bezirksleitung Nordrhein-Westfalen.

4. Dessen ungeachtet ist es in der Sanierung wichtig, ein möglichst kooperatives Zusammenwirken aller Beteiligten zu erreichen. Insofern sollte frühzeitig vor Aufnahme von Tarifverhandlungen eine Sondierung zur Kooperation der betreffenden Gewerkschaften, möglichst mit dem Ziel eines einheitlichen Verhandlungsgremiums, erfolgen.

5. Outsourcingfälle sind in besonderer Weise tarifrechtlich zu würdigen. Der Gesetzgeber verlangt, dass alle tarifrechtlichen Folgen in einem Informationsschreiben nach § 613a Abs. 5 BGB beschrieben werden. Die möglichen tarifrechtlichen Folgen sind frühzeitig mit einem potentiellen Unternehmer zu diskutieren um Überraschungen zu einem späten Stadium der Verhandlungen zu vermeiden. Erfolgt kein Branchenwechsel so sollte die Möglichkeit eines auf den Betriebsübergang ausgerichteten Tarifvertrags erwogen werden.

Kapitel IV.

Der Arbeitskampf in der Daseinsvorsorge – Ansätze einer gesetzlichen Regelung – rechtsvergleichende Gedanken

Der Arbeitskampf in der Daseinsvorsorge im Spannungsfeld von Tarifpluralität und fehlenden Spielregeln

Dr. Frank **Meik**
Kurator und Direktor der Carl Friedrich von Weizsäcker - Stiftung, München

I. Gesetzliche Regelung der Tarifpluralität?

Kaum ein Thema hat die Wissenschaft und die Praxis im Arbeitsrecht in den letzten Jahren so stark bewegt wie das Thema der Tarifpluralität. Welche Grundsätze müssen gelten, damit die verfassungsrechtlich garantierte Tarifautonomie weiterhin Bestand hat, ja optimal entfaltet wird? Muss das Prinzip der Tarifeinheit nun gesetzlich geregelt werden? Ist die Tarifpluralität ein Angriff auf die Fundamente der Tarifautonomie? Diese Auseinandersetzung kommt nicht von ungefähr. Das seit fünfzig Jahren geltende, vom Bundesarbeitsgericht geschaffene Prinzip der Tarifeinheit wurde vom Gericht selbst 2010 wieder aufgehoben. Schon ab 2007 zeichnete sich ab, dass das lange geltende Prinzip, das von allen unbestritten für eine gewisse Struktur und Ordnung gesorgt hatte, revidiert werden sollte. Der Abschied von einer lang etablierten Rechtsprechung und einer eingespielten Praxis hat zu Änderungen geführt, die zu bewerten sind.

Aber warum erhitzen sich die Gemüter derart? Während die einen davon sprechen, dass nur mit dem Prinzip des Tarifvorrangs die Funktionsgarantie der Tarifautonomie gesichert sei, plädiert die Gegenseite dafür, dass verfassungsrechtlich das Prinzip der Tarifpluralität gewollt sei und in keiner Weise von einem Eingriff in die Gewährleistung der verfassungsrechtlich garantierten Tarifautonomie gesprochen werden dürfe.

Von beiden Seiten wurden unterschiedliche Kassandrarufe ausgestoßen. Dabei sind die Interessen *nicht* nach dem Arbeitgeberlager und dem Arbeitnehmerlager getrennt. Vielmehr stehen auf der einen Seite die Arbeitgeber und die im DGB organisierten Gewerkschaften und auf der anderen Seite die Berufsgruppengewerkschaften, auch Spartengewerkschaften genannt. Deshalb lohnt eine vertiefte Auseinandersetzung mit den Grundsatzfragen. Kann nur eine gesetzliche Regelung des Tarifvorrangs die Funktionssicherheit der Tarifautonomie gewährleisten, oder ist der Gegenansatz richtig, dass es überhaupt keiner gesetzlichen Regelung bedarf und die Tarifpluralität sich im freien Spiel der Kräfte ohne Gesetzesregelung bewegen müsse, um zu sachgerechten Regelungen zu kommen? Unterschiedliche Interessenverbände, Einrichtungen, partikulare Koalitionen und Organisationen haben Gutachten bei Verfassungsrechtlern und Arbeitsrechtlern in Auftrag gegeben, um ihre Position zu untermauern und vor allem ihre verfassungsrechtliche Argumentation zu stützen.

Ausgangspunkt muss die Koalitionsfreiheit des Art. 9 Abs. 3 GG sein. Danach ist die Regelung der Arbeits- und Wirtschaftsbedingungen den Koalitionen vorbehalten. Dies sind die Arbeitgeberverbände und die Gewerkschaften. Sie können nach dem Tarifvertragsgesetz normative Regelungen treffen, d.h. ihnen kommt eine Stellung zu, wie sie sonst nur der Gesetzgeber hat. Diese rechtliche Regelung der Tarifautonomie in Deutschland ist einzigartig. In keinem anderen Land der Welt gibt es eine entsprechende Garantie und Regelungsbefugnis. Unbestritten haben die Koalitionsfreiheit und die bedachtsame Art und Weise, in der die Tarifvertragsparteien von ihr Gebrauch gemacht haben, zu einer Vielzahl von Normierungen geführt, die für große Teile der Arbeitnehmerschaft sichere, soziale Standards geschaffen haben.

Zugleich hat die Tarifautonomie zum sozialen Frieden sowie zur prosperierenden Entwicklung von Wirtschaft und Gesellschaft gleichermaßen beigetragen. In Europa gilt Deutschland gerade auch wieder in den letzten Jahren als Vorbild zur Bewältigung der Finanz- und Wirtschaftskrise. Die von Angemessenheit und Vernunft getragenen Vereinbarungen zwischen den Koalitionen haben dabei eine große Rolle gespielt, wie z.B. bei Regelung der Kurzarbeit. Deshalb fragt sich nicht nur der Laie: Warum entsteht Unruhe in einem Bereich, der durch Stabilität und Weitsicht geprägt zu sein scheint?

Die Gesellschaft der Bundesrepublik Deutschland betont - wie die moderne post-industrielle Gesellschaft überhaupt - in den vergangenen zwei Jahrzehnten immer deutlicher die Individualisierung ihrer Bürger. Gleichzeitig misst sie der Durchsetzung von Partikularinteressen höchstes Gewicht zu. Zudem haben die Medien immer mehr an Einfluss gewonnen. Dies rührt nicht zuletzt daher, dass die Politik zunehmend reflexartig auf die in den Medien gespiegelte Meinung der vermeintlichen Mehrheit der Bevölkerung reagiert. Aus diesem Grund ist das Schlagwort von der „Mediendemokratie" geprägt worden.

Eine Interessengruppe, die es heute schafft, ihre Interessen besonders öffentlichkeitswirksam darzustellen, erhält die meiste Aufmerksamkeit und damit auch die größten Möglichkeiten, Gehör zu finden. Dabei kommt es nicht mehr darauf an, dass es sich um eine große Interessengruppe handelt. Vielmehr spielt eine Rolle, wie das Thema medial platziert ist und ob es an Popularität gewinnt. Es kommt durchaus vor, dass gerade kleine Interessengruppen ihre Anliegen besonders vehement durchsetzen, weil die große schweigende Mehrheit dem Prozess nichts entgegensetzt.

Spiegelbildlich zur Individualisierung der Gesellschaft ist auch die Interessenvertretung von Arbeitnehmern in den vergangenen zwei Jahrzehnten immer stärker auf einzelne Berufsgruppen zugeschnitten worden. Dort etablierten sich kennzeichnenderweise so genannte Berufsgruppengewerkschaften, auch Spartengewerkschaften genannt. Entwickelt haben sie sich in Bereichen, in denen zunächst Spezialisten wie z.b. Ärzte oder Fluglotsen unter Hinweis auf ihre speziellen Vorkenntnisse oder akademische Ausbildung um eine bessere Vergütung kämpften.

Längst erstreckt sich aber diese Entwicklung auf ganz andere Bereiche. Es sind heute nicht mehr nur die ursprünglichen Funktioneliten. Vielmehr gibt es jetzt Gewerkschaften für eine Fülle von Berufsbildern, wie z.b. jenes des Lokführers oder des Flugbegleiters, des Bodenpersonals oder der Betriebsfeuerwehr bei Flughäfen, des Technikmitarbeiters einer Airline und andere mehr, die sich als Berufsgruppengewerkschaft positioniert haben.

Der durchschnittliche Organisationsgrad bei den Berufsgruppengewerkschaften beträgt bis zu 90 Prozent, bei den Flächengewerkschaften dagegen meist nur um ca. 20 Prozent der Beschäftigten. Dies hat notwendigerweise Folgen für die Kampfbereitschaft. Zur Durchsetzung der tarifvertraglichen Ziele dürfen die Gewerkschaften in den Grenzen des Ultima-Ratio-Prinzips auch Arbeitskampfmittel einsetzen. Die Streikbereitschaft einer Berufsgruppe, bei der 80 - 90 Prozent Organisierte vertreten sind, ist ungleich höher als bei Gewerkschaften, die nur einen geringen Anteil der Beschäftigten zu ihren Mitgliedern zählt.

Der Arbeitgeber kann insbesondere von kleinen Berufsgruppengewerkschaften mit Forderungen und der Drohung von Arbeitskämpfen überzogen werden, auch wenn er bereits einen entsprechenden Tarifvertrag mit einer Flächengewerkschaft abgeschlossen hat.

Dies versuchte das Prinzip der Tarifeinheit zu vermeiden. Danach kann in einem Betrieb immer nur ein Tarifvertrag gelten. Es gilt der Tarifvertrag, bei dem die Gewerkschaft im Unternehmen die meisten Mitglieder hat.

Solange das vom BAG aufgestellte Prinzip der Tarifeinheit galt, konnten die Berufsgruppengewerkschaften, weil sie zumeist nur eine kleine Minderheit von Mitarbeitern im Betrieb vertreten, nach dem Mehrheitsprinzip keine konkurrierenden Regelungen verhandeln oder gar durchsetzen. Erst mit der Aufhebung dieses Grundsatzes ist es für die Berufsgruppengewerkschaften möglich, auch dann höhere Abschlüsse anzustreben, wenn der Tarifgegenstand bereits von einer DGB-Gewerkschaft wirksam mit dem Arbeitgeber geregelt wurde. Dies erklärt, dass die Spartengewerkschaften ein Interesse daran haben, dass es keine gesetzliche Regelung der Tarifeinheit gibt, sondern die Tarifpluralität gesetzlich ungeregelt bleibt. Demgegenüber haben sowohl die Arbeitgeber als auch die nach dem Industrieverbandsprinzip organisierten DGB-Gewerkschaften aus demselben Grund ein Interesse an der gesetzlichen Regelung der Tarifeinheit.

Vor diesem Hintergrund hatten die Spitzenorganisation der Arbeitgeber (die BDA) und die Spitzenorganisation der nach dem Industrieverbandsprinzip organisierten Gewerkschaften (der DGB) gemeinsame Eckpunkte entworfen und dem Gesetzgeber einen von Professor Giesen erstellten Entwurf zur Regelung vorgeschlagen. Dieser Gesetzgebungsvorschlag empfiehlt, die Tarifeinheit einfachgesetzlich im Tarifvertragsgesetz zu verankern.

Das Bundesarbeitsgericht hat mit der Feststellung, dass es mangels entgegenstehender gesetzlicher Regelung Tarifpluralität gibt, ein brennendes Thema auf die Tagesordnung gesetzt. Damit ist der Gesetzgeber gehalten zu prüfen, ob er diese Tarifpluralität durch ein Gesetz regeln muss und das Tarifvertragsgesetz entsprechend ergänzt; und wenn ja, wie.

Selbst wenn aber der Gesetzgeber die Tarifeinheit im Tarifvertragsgesetz regelt und damit festlegt, wann und unter welchen Voraussetzungen ein Tarifvorrang besteht, hat er damit noch nicht alle offenen Fragen beantwortet. Auch unter der Geltung des Prinzips der Tarifeinheit gab es praktische Tarifpluralität. Denn die Berufsgruppengewerkschaften haben auch schon bisher für ihre Mitglieder wirksame Regelungen getroffen und mit Arbeitskampfmitteln durchgesetzt, obwohl das Prinzip des Tarifvorrangs in der BAG-Rechtsprechung anerkannt war (siehe zuletzt den Streik der GDL gegen die Bahn AG 2007). Deshalb stellt sich die Frage, ob der Kern des Konfliktes gar nicht im Tarifvertragsrecht, sondern im Arbeitskampfrecht liegt.

Tarifliche Regelungsbefugnis und die Fähigkeit, diese durchzusetzen, sind eng miteinander verknüpft. So ist eine Gewerkschaft nur dann als Koalition im Sinne Art. 9 Abs.3 GG anzusehen, wenn sie die erforderliche Durchsetzungsstärke besitzt. Dabei ist der Arbeitskampf kein bloßer Annex der tariflichen Regelungskompetenz. Vielmehr ist der Arbeitskampf so eigenständig, dass er allein gesetzlich geregelt werden könnte. In Deutschland hat es noch nie eine gesetzliche Regelung des Arbeitskampfes gegeben.

In anderen Ländern gibt es sie schon. Seit über zehn Jahren liegt für Deutschland ein Professorenentwurf zur gesetzlichen Regelung des Arbeitskampfrechtes vor. Zu unterschiedlich sind aber die Interessen der Koalitionen und der politischen Parteien. An die Regelung des Arbeitskampfrechtes hat sich noch keine Regierung gewagt. Politisch ist das Thema ein so heißes Eisen, dass es niemand anfassen möchte.

Im Fall der Tarifpluralität liegen die Probleme ersichtlich im Arbeitskampfrecht. Ob es deshalb zwingend einer umfassenden „Vorfeldregelung" im Tarifrecht bedarf oder ob beide Fragen zugleich zu beantworten sind, kann zunächst offen bleiben. Verbindliche Regelungen oder wenigstens klare

Spielregeln für den Ablauf von Tarifverhandlungsprozessen und der darauf gerichteten Durchsetzung würden Auswüchse wie Kaskadenarbeitskämpfe oder unverhältnismäßig schwere Arbeitskämpfe verhindern.

Gerichte können immer erst nachträglich entscheiden. Das, worüber sie zu entscheiden haben, ist längst eingetreten. Viele Arbeitskampfschäden sind entstanden, und zwar nicht nur schwerwiegende Vertrauensschäden. Auch relevante volkswirtschaftliche Schäden können die Folge sein. Dies kann wiederum zu unerwünschten Reaktionen z.b. der Politik führen. Nicht zuletzt haben dies die so genannten „englischen Verhältnisse im Großbritannien der siebziger Jahren gezeigt. Aufgrund der völlig überzogenen und kaskadierenden Arbeitskämpfe hat der Gesetzgeber im Nachgang sehr viele Restriktionen aufgestellt, die aus dem einst traditionell gewerkschaftsfreundlichen Staat ein Land ohne starken Arbeitnehmervertretungen werden ließen.

Eines scheint bei der Auseinandersetzung um die Frage, ob es einen gesetzlichen Tarifvorrang geben muss und wie weit dieser zu gehen hat, oder ob es „offene" Tarifpluralität geben kann und diese gesetzlich ungeregelt bleiben sollte, mit Blick auf die gesellschaftliche Verantwortung klar zu sein: Wenn sich die positiven Wirkungen der Tarifautonomie in den letzten sechzig Jahren, die zu wirtschaftlicher Prosperität und sozialer Akzeptanz geführt haben, aufgrund einer Grundlagenentscheidung des Bundesarbeitsgerichtes verändern, muss sich der Gesetzgeber seiner Letztverantwortung stellen und sich fragen, welche Regelungen er zu erlassen hat. Tendiert er zu vorsichtigen Eingriffen in das bestehende Konkurrenzsystem der Gewerkschaften, könnte es sein, dass er neben der gesetzlichen Regelung der Tarifpluralität auch noch Spielregeln aufstellen muss, die ein Kaskadieren von Arbeitskämpfen verhindern. Zumindest muss er sich darüber Gedanken machen, ob es nicht klare Arbeitskampfregeln in wichtigen Bereichen der Gesellschaft, insbesondere in denen der Daseinsvorsorge, geben muss.

II. Spielregeln für Arbeitskämpfe, ein Tabu?

Ein Tabu für alle Gewerkschaften ist die gesetzliche Regelung des Arbeitskampfes.

Wer sich heute mit dem Thema Streik beschäftigt, kann ebenso wie in den 70er Jahren davon ausgehen, dass er - gleich, was er sagt - in die Ecke gestellt wird, Arbeitnehmerrechte beschneiden oder gar abschaffen möchte. Deshalb betonen auch immer wieder Politiker und im gesellschaftlichen Leben stehende Verantwortliche, dass sie keinesfalls das Streikrecht in irgendeiner Weise angreifen oder einschränken möchten. Ist damit aber jede Diskussion über die Frage nach Spielregeln für Arbeitskämpfe untersagt? Warum gibt es ein entsprechendes Tabu? Warum ist es politisch inkorrekt, über gesetzliche Regeln des Streikrechts zu diskutieren? Warum wird das Tabu sogar so weit ausgedehnt, dass nicht einmal über Spielregeln für Arbeitskämpfe diskutiert werden darf?

Nun, der Grund für diese Haltung ist sicher historisch bedingt. Schaut man in die Anfänge zurück, ist leicht zu erkennen, wie schwer es die Gewerkschaften hatten, den Arbeitskampf als ein Mittel zur Durchsetzung ihrer Ziele gegen die staatliche Obrigkeit zu sichern.

An dieser Stelle soll deshalb noch einmal ein Blick zurück in den geschichtlichen Kontext geworfen werden. Nur wenn man die historische Entwicklung berücksichtigt, lassen sich auch nachhaltige Lösungen für die Zukunft entwickeln.

Im Jahr 1863 lautete der Appell im „Bundeslied für den allgemeinen deutschen Arbeiterverein": „Mann der Arbeit, aufgewacht! Und erkenne Deine Macht!" Präzise Instruktionen folgten: „Alle Räder stehen still, wenn Dein starker Arm es will." Im gleichen Jahr beflügelte der Dreigroschenstreik der Leipziger Buchdrucker die Gründungswelle der Gewerkschaften, die ganz allgemein in den 1860er Jahren überall im deutschen Reich Fahrt aufnehmen. Aber erst mit der Aufhebung des Sozialistengesetzes im Jahr 1890 war der Weg frei für die Wandlung der ersten Gewerkschaften zu Massenorganisationen. In der Diskussion war den Gewerkschaften schon damals bewusst, dass sie sich entweder als Berufsverbände organisieren konnten oder aber berufsübergreifend als Industrieverband. Letzteres hat sich, insbesondere nach dem Krieg, durchgesetzt. Seither dominieren in Deutschland, anders als in anderen europäischen Staaten, die großen Flächengewerkschaften.

Was aber bedeutet die Entwicklung der Gewerkschaften für die vorliegende Frage? Warum ist es so wichtig, ob es sich um Flächengewerkschaften oder aber um Einzelgewerkschaften für Berufsgruppen, sogenannte Spartengewerkschaften handelt?

III.   Entwicklung der Gewerkschaften

Ein Blick auf die Entwicklung der Gewerkschaften zeigt die Hintergründe auf. Nach dem Krieg gab es im Wesentlichen große Flächengewerkschaften, die für eine Branche zuständig waren wie zum Beispiel die IG Metall oder die IG Chemie. In den letzten 20 Jahren nach der Privatisierung vieler Staatsunternehmen, insbesondere in der Daseinsvorsorge, haben sich daneben so genannte Sparten- oder Berufsgruppengewerkschaften gebildet.

Die Gewerkschaftslandschaft in Deutschland lässt sich auf das Leitbild der Sozialpartnerschaft zurückführen. Diese hat die Arbeitsbeziehungen nach dem Ende des 2. Weltkrieges und angesichts des Kalten Krieges geprägt. Hauptakteure dieser Sozialpartnerschaft sind traditionell Arbeitgeber und

Arbeitnehmer, die sich in Arbeitgeberverbände und Gewerkschaften organisieren, um branchen- und teilweise industrieweite Tarifverhandlungen zu
führen und entsprechende Abschlüsse zu erzielen. Konsens- und Gemein-
wohlorientierung sind wichtige Merkmale des deutschen Gewerkschaftssy-
stems mit dem Ziel, die Betriebe langfristig konkurrenzfähig zu erhalten.
Das deutsche System steht damit im Gegensatz zum US - amerikanischen
Gewerkschaftssystem, der „Craft Unions", die als pluralistische Interessengruppen einseitig die Partikularinteressen ihrer Mitglieder vertreten. Die
US-Gewerkschaften versuchen zum Beispiel, vorrangig möglichst hohe Lohn-
steigerungen durchzusetzen; Rücksicht auf gesamtwirtschaftliche oder gesellschaftliche Verhältnisse nehmen sie dabei nicht.

Dies war bislang in Deutschland anders. Aber seit den 80er Jahren hat sich
dies auch hier verändert. Zum einen wuchs die Wirtschaft nicht mehr im
gewohnten Tempo, zum anderen hat die wachsende Internationalisierung
mit strengeren Wettbewerbsbedingungen für ein konfrontativeres Klima und
eine Zersplitterung vieler Flächentarifverträge gesorgt. An die Stelle dieser
Flächentarifverträge traten zum Teil Firmentarifverträge.

Viele Arbeitnehmer sind in den letzten 20 Jahren aus den großen Gewerkschaften ausgetreten.So waren im Jahr 2007 nur noch 50 Prozent der
Arbeitnehmer in einem durch Branchentarifvertrag gebundenen Betrieb
beschäftigt. Erst mit der Finanz- und Wirtschaftskrise kam wieder eine „Renaissance der Sozialpartnerschaft" ab dem Jahr 2008 zum Tragen, ohne dass
dadurch die längst gewachsenen Spartengewerkschaften, die die Interessen
Einzelner wahrnehmen, zurückgedrängt wurden.

Die deutsche Gewerkschaftslandschaft ist organisatorisch in drei Dachverbänden zusammengefasst. Von den 8,1 Mio. organisierten Arbeitnehmern
sind 7,8 Mio. in diesen Dachverbänden organisiert, die restlichen Arbeitnehmer sind in Gewerkschaften organisiert, die keinem der Dachverbände
angehören. Dies sind im Wesentlichen Berufsgruppen bzw. Spartengewerkschaften. Sie agieren tarifpolitisch eigenständig. Der kleinste Dachverband
ist der Christliche Gewerkschaftsbund Deutschland (CGB) mit 0,5 Mio. Mitgliedern, der größte ist der Deutsche Gewerkschaftsbund (DGB) mit über
6 Mio. Mitgliedern. Das dritte Dach ist der DBB (Beamtenbund und Tarifunion). Er vereint 38 Einzelgewerkschaften, in denen insgesamt 1,3 Mio.
Mitglieder organisiert sind, darunter 908.000 Beamte im DBB. Der DBB vertritt aber auch 385.000 Mitglieder ohne Beamtenstatus. Während Beamte
nicht streiken dürfen, dürfen dies die übrigen Mitglieder.

Die Gewerkschaften, die im DGB organisiert sind, der 1949 gegründet wurde, verstehen sich als Flächengewerkschaften und sind in der Regel nach
Branchen organisiert. Sie schließen meist Flächentarifverträge ab, die für
alle Berufsgruppen in einer Branche gelten. Die letzte Gewerkschaft, die
zum DGB hinzugekommen ist, ist die Dienstleistungsgewerkschaft Ver.di,
die 2001 aus dem Zusammenschluss von fünf DGB Einzelgewerkschaften

(Deutsche Post Gewerkschaft, Gewerkschaft Handel, Banken und Versicherungen, Industriegewerkschaft Medien und Gewerkschaft Öffentliche Dienste, Transport und Verkehr (ÖTV) und der deutschen Angestelltengewerkschaft (DAG) hervorging. Diese Multi-Branchengewerkschaft ist eine sehr große und heterogene mit über zwei Mio. Mitgliedern aus über 1.000 verschiedenen Berufsgruppen. Der Zusammenschluss war der bislang größte in der deutschen Gewerkschaftsgeschichte; er markierte den Höhepunkt eines seit Jahren fusionsbedingten Machtkonzentrationsprozesses bei den Gewerkschaften. In diesem Zusammenschluss liegen auch viele Probleme aufgrund der heterogenen Struktur und der Schwierigkeit der Interessenvertretung.

Die DGB Mitgliederzahlen sind von 1991 (damals knapp 12 Mio. Mitglieder) auf heute etwas über sechs Mio. Mitglieder geschrumpft, also heute nur noch rund bei der Hälfte der Mitglieder. Von den Spartengewerkschaften gibt es keine entsprechende Statistik. Sie werden auf ein Volumen von 300.000 - 400.000 Mitgliedern geschätzt. Allerdings ist der Organisationsgrad völlig unterschiedlich. Während in den Flächengewerkschaften ca. 20 Prozent der Mitarbeiter einer Gewerkschaft angehören, sind dies bei den Berufsgruppengewerkschaften über 80 bis zu 90 Prozent der Arbeitnehmer.

Auffällig ist, dass sich insbesondere in den letzten Jahren neue Spartengewerkschaften gebildet haben (contterm, Dezember 2009; Neue Assekuranz Gewerkschaft, November 2010; Technik Gewerkschaft Luftfahrt, Dezember 2010; Gewerkschaft der Servicekräfte, Dezember 20110; Spartengewerkschaft für Berufsfeuerwehren, Mai 2011).

Das Besondere an diesen Gewerkschaften ist, dass die Mitarbeiter der einzelnen Berufsgruppe in der Regel einen wichtigen Einfluss auf die gesamten Abläufe haben, streikt also eine kleine Berufsgruppe wie z.B. die Fluglotsen oder die Flugbegleiter, kann der Flugbetrieb nicht durchgeführt werden. Gleiches gilt z.B. für die Lokführer bei der Bahn oder für Ärzte oder Krankenschwestern in Krankenhäusern. Auch hier kommt bei einem Streik der Betrieb stark ins Stocken oder sogar zum Erliegen, denn in der Regel können Mitglieder von bestimmten Berufsgruppen nicht oder nur schlecht ersetzt werden.

IV. Grundlagen des Arbeitskampfrechts

Der Verfassungsgesetzgeber hat im Grundgesetz in Art. 9 Abs.3 nicht den Streik oder den Arbeitskampf geregelt, sondern die Koalitionsfreiheit. Dort heißt es, dass die Koalitionen freie Vereinbarungen treffen können, die normative Wirkung haben. Damit hat die Verfassung der Tarifautonomie eine Stellung gegeben, wie sie sonst nur der Gesetzgeber hat. Ferner hat das Bundesverfassungsgericht ausgeführt, dass Arbeitskämpfe zulässig sind, wenn sie als allerletztes Mittel eingesetzt werden und verhältnismäßig sind. Mit diesem Grundsatz hat die Verfassung solche Auseinandersetzungen in eingeschränktem Maße als Annex zur Tarifautonomie gesichert. Der Gesetzgeber hingegen hat keinerlei Versuche unternommen, den Begriff der Verhältnismäßigkeit durch Regelungen zu konkretisieren. Er hat auch davon abgesehen, Spielregeln aufzustellen, wann Arbeitskämpfe stattfinden dürfen und wie sie abzulaufen haben. Er überließ all dies dem Bundesarbeitsgericht. Bereits vor 60 Jahren hat das BAG deshalb das Prinzip der Tarifeinheit aufgestellt. Danach gilt pro Betrieb nur ein Tarifvertrag. Unabhängig davon, ob mehrere Gewerkschaften für Mitarbeiter in den Betrieben zuständig sind, gilt somit die Spielregel, dass diese Tarifverträge nicht gelten sollen, wenn der fachliche und persönliche Geltungsbereich eine Überschneidung bietet. Es gilt dann immer nur der Tarifvertrag, der für die meisten Mitarbeiter im Betrieb Anwendung findet. Soweit, so gut. Das Prinzip hat hervorragend funktioniert. Aber es gilt heute nicht mehr. Das Bundesarbeitsgericht hat dieses Prinzip 2010 aufgehoben.

Das Bundesarbeitsgericht hat sich aber daneben in den letzten 60 Jahren auch bemüht, den Arbeitskampf durch bestimmte Konkretisierungen der Zulässigkeit näher auszugestalten. So war von vornherein klar, dass es keinen politischen Streik geben darf, ebenso wenig wie einen Boykott. Der Arbeitskampf darf ausschließlich dazu dienen, die tarifvertraglichen Ziele durchzusetzen. Insbesondere bis in die 1970er Jahre hat es sehr viele Konkretisierungen gegeben, auch vor dem historischen Hintergrund der Weimarer Reichsverfassung und den in ihrer Zeit sehr spontanen Arbeitskämpfen. Ab Mitte der 1970er bis in die 1980er Jahre hinein hat sich dann mit der konkretisierten Rechtsprechung ein klares Bild für die Zulässigkeit und Unzulässigkeit von Streiks ergeben, weil insbesondere Solidaritätsstreiks als nicht zulässig erachtet wurden und auch sogenannte wilde Streiks unzulässig waren.

Mit der „neuen Beweglichkeit der Gewerkschaften" wurden dann aber Warnstreiks eingeführt und später auch vom BAG für zulässig erachtet. Die Abgrenzung des Warnstreiks vom Erzwingungsstreik wurde immer schwieriger. In der Folge hat das Bundesarbeitsgericht auch Solidaritätsstreiks zugelassen und mittlerweile gibt es auch, insbesondere bei Dienstleistungsunternehmen, sogenannte Ankündigungsstreiks, das heißt Streiks, die angekündigt, aber nicht durchgeführt werden. Zuletzt hat das Bundesarbeitsgericht sogar davon abgesehen, den sogenannten Flashmob als mögliche Kampfform zu untersagen. Hiervon spricht man, wenn zum Beispiel im Einzelhandel durch einen Aufruf an Dritte der normale Verkauf in einem Ladengeschäft z.B. durch Einkaufswagen von Nichtkäufern blockiert wird und somit der Geschäftsbetrieb nachhaltig gestört ist.

Wie das Bundesverfassungsgericht eine solche Handlung sieht, ist noch offen. Die Entscheidung des Verfassungsgerichts zu dieser völlig neuen und anderen Form der Auseinandersetzung steht noch aus.

Festzuhalten bleibt an dieser Stelle, dass in der historischen Entwicklung das Arbeitskampfrecht von den Gewerkschaften mit großen Mühen und großem Einsatz politisch erkämpft werden musste. Letztlich ist es auch das probateste und vielleicht auch das einzige Mittel, das die Gewerkschaften haben, um sich durchzusetzen. Gleichwohl darf der Streik und seine gesetzliche Regelung kein Tabu sein, über das man nicht sprechen darf. Es gibt neben den Rechten der Gewerkschaften und Arbeitnehmer auch Grundrechte, die eine Abwägung und auch einen Ausgleich erforderlich machen können.

In diesem kompakten Beitrag kann das Problem des Arbeitskampfrechtes keineswegs insgesamt gespiegelt und aufgearbeitet werden. Allerdings soll doch ein Blick auf die Einzelfragen eines Bereichs geworfen werden, in dem sich die Probleme des Regelungsvakuums wie unter einem Brennglas bündeln: Nämlich jener der Daseinsvorsorge, dessen Unternehmen besonders dringlich nach Spielregeln für den Arbeitskampf rufen.

V. Besonderheiten der Unternehmen der Daseinsvorsorge

Was macht Unternehmen der Daseinsvorsorge so besonders? Weshalb lohnt sich ein Blick auf die überschaubare Anzahl von Unternehmen in diesem Bereich? Was ist denn eigentlich die Daseinsvorsorge?

Hierzu gab es und gibt es keine abschließende Regelung. Ursprünglich wurde alles dazu gezählt, was im Staat benötigt wird, damit der Bürger überleben kann. Nach dem Sozialstaatsprinzip des Art. 20 III GG bezieht es sich mittlerweile auf alles, was in einem modernen Sozialstaat gewährleistet sein soll. Das sind neben der Grundversorgung mit Strom und Gas und Wasser und der Gesundheitsversorgung auch die Bereiche wie Verkehr und Telekommunikation. Eine grundlegende Definition haben drei Professoren, die einen Gesetzentwurf auf Initiative der Carl Friedrich von Weizsäcker-Stiftung erstellt haben, in der Monographie „Gesetzliche Regelung des Arbeitskampfes in Unternehmen der Daseinsvorsorge" vorgenommen. Hierzu zählen nach dem Gesetzentwurf § 2 Geltungsbereich folgende Bereiche:

1. Medizinische und pflegerische Versorgung

2. Versorgung mit Energie und Wasser

3. Feuerwehr, Bestattung, Entsorgung

4. Landesverteidigungen, innere Sicherheit

5. Verkehr

6. Erziehungswesen und Kinderbetreuung

7. Kommunikationsinfrastruktur

8. Versorgung mit Bargeld und Zahlungsverkehr

All dies ist Daseinsvorsorge nach modernem Staatsverständnis.

Kommen wir nun zum Streik in der Daseinsvorsorge und seinen Besonderheiten gegenüber anderen Streiks:

- Da sind zum einen die besonderen Anforderungen an die Unternehmen.
- Da ist zum anderen die Drittbetroffenheit.

Was heißt das: Drittbetroffenheit?

Während üblicherweise in den Arbeitsverhältnissen die Arbeitnehmer um ihre Rechte kämpfen und dadurch das Unternehmen in seiner Produktion behindert wird, fallen im Bereich der Daseinsvorsorge Dienstleistungen weg, die nicht nachholbar sind und die üblicherweise Dritte betreffen, das heißt Menschen, die mit dem Arbeitskampf nichts zu tun haben. Wenn der Kindergarten oder die Kita nicht aufmacht, können die Eltern ihre Kinder nicht dorthin bringen. Wenn der Flugbetrieb nicht stattfindet, können die Urlaubsreisenden oder Geschäftsreisenden nicht fliegen.

Der Arbeitskampf richtet sich also eigentlich nicht nur gegen den Arbeitgeber, sondern er richtet sich in seiner Auswirkung besonders gegen die Dritten. Diese spüren ganz besonders die Nachteile des Ausstands.

Ferner haben solche Arbeitskämpfe eine sehr große Öffentlichkeitswirkung. Jeder interessiert sich dafür, ob Flugzeuge fliegen, die Bahn fährt oder die öffentliche Versorgung stockt, weil er selbst betroffen sein kann. Mit dieser Öffentlichkeitswirkung, die hohe Medienaufmerksamkeit erzeugt, wird versucht, den Arbeitgeber so unter Druck zu setzen, dass er unabhängig von den Kampfzielen frühzeitig aufgibt oder dass es erst gar nicht zu einem Arbeitskampf kommen lässt.

Nicht von ungefähr ist es so, dass die Spartengewerkschaften besonders hohe Abschlüsse in den letzten 15 Jahren erzielen konnten. Dies wiederum erklärt auch den starken Zulauf und die immer wieder neue Gründung von Berufsgruppengewerkschaften.

VI. Tarifpluralität und Arbeitskämpfe in der Daseinsvorsorge

In der Daseinsvorsorge ist das besondere Spannungsverhältnis von Verfassungsgarantie und Gemeinwohlbindung zu beachten. Bei Unternehmen der Daseinsvorsorge bedarf es der Gegenüberstellung der Arbeitskampfrechte und der Versorgungssicherheit, weil alle Maßnahmen, die ergriffen werden, große Drittbetroffenheit haben und weil dort neben dem Interesse des Staates an einer gesamtwirtschaftlich prosperierenden Entwicklung die Anforderung der Versorgungssicherheit der Bürger tritt. Diese kann im Spannungsfeld zu den Interessen von Arbeitgebern und Arbeitnehmern stehen.

In den Unternehmen der Daseinsvorsorge stehen sich zwei widerstreitende Aufgaben und Interessenlagen gegenüber: Auf der einen Seite der Auftrag des Staates, für die Bevölkerung die Leistungen zur Daseinsvorsorge stets verlässlich zu erbringen. Hierzu sind die Unternehmen ausdrücklich vom Grundgesetz verpflichtet.

Auf der anderen Seite die berechtigten Interessen von Mitarbeitern, über die Koalitionsfreiheit ihre Interessen im freien Spiel der Kräfte einzubringen und durchzusetzen. Es geht also um die Zukunft von Arbeitsbeziehungen, aber auch um das Funktionieren weiter Bereiche des öffentlichen Lebens wie Verkehrssysteme, Versorgung mit medizinischer Hilfe, mit Strom, Wasser und Gas, Kommunikation und mehr.

Das Grundgesetz hat in Art. 9 III GG, die Koalitionsfreiheit und die Tarifautonomie geregelt. Die Tarifautonomie und die Koalitionsfreiheit aus Art. 9 III GG erscheinen wie ein Mobile, in dem sich die Kräfte gegenseitig austarieren müssen und in dem kein großes Ungleichgewicht entstehen darf.

Ist dieses Mobile der Freiheit in Gefahr?

Während die im DGB organisierten Gewerkschaften den Berufsgruppengewerkschaften vorwerfen, dass sie egoistische Ziele verfolgen und eine solidarische Interessenvertretung aller Arbeitnehmer nur über größere Einheiten möglich sei, werfen die Berufsgruppengewerkschaften den nach dem Industrieverbandsprinzip organisierten Gewerkschaften vor, sie würden die Interessen bestimmter Berufsgruppen nicht adäquat wahrnehmen und stellten daher keine Alternative für ein bestimmtes Klientel dar, das sie nicht adäquat vertreten.

Dieser Meinungsstreit zwischen den Gewerkschaften führt dazu, dass sich jede Gewerkschaft im Wettbewerb um Mitglieder gegenüber der anderen profilieren will. Profilieren kann sie sich insbesondere durch bessere Tarifabschlüsse für ihre Mitglieder. Dieser Wettbewerb wird deshalb letztlich auf dem Rücken des Arbeitgebers ausgetragen. Denn dieser wird von allen Seiten mit unterschiedlichen Forderungen und der Drohung von Arbeitskämpfen überzogen.

Die Sorge, dass gerade im Bereich der Daseinsvorsorge Arbeitskämpfe überhand nehmen, teilt auch die Bevölkerung. Mit einer repräsentativen Umfrage durch das Institut für Demoskopie in Allensbach belegte Frau Professor Dr. Renate Köcher im Jahr 2011, dass die große Mehrzahl in der Bevölkerung in der Daseinsvorsorge für eine Einschränkung oder sogar ein Verbot des Streikrechtes eintritt. Die Studie gibt beredt darüber Auskunft, dass in der Bevölkerung ein sehr klares Verständnis dafür vorhanden ist, wie wichtig Gewerkschaften auf der einen Seite sind, wie wichtig es aber auf der anderen

Seite auch ist, Regeln aufzustellen, die den Konkurrenzkampf der Gewerkschaften untereinander durch Arbeitskämpfe auf Kosten der Allgemeinheit einschränken.[1]

Dennoch gibt es seitens der Politik wenig Interesse, regelnd tätig zu werden. Seit über fünfzig Jahren hat sie es nicht geschafft, im Bereich des Arbeitskampfes eine Regelung zu treffen. Selbst als sie staatseigene Unternehmen privatisierte, hat sie es versäumt, die Unternehmen der Daseinsvorsorge, die einen verfassungsrechtlichen Auftrag zu erfüllen haben, mit entsprechenden Regularien zu versehen, die im Arbeitskampf greifen können.

Auf der anderen Seite verfügen Spartengewerkschaften nun mit Arbeitskämpfen in Unternehmen der Daseinsvorsorge über Möglichkeiten, die Verwerfungen des öffentlichen Lebens auslösen können, die auch für die Bevölkerung nicht mehr tragbar erscheinen.

Zuletzt wurde dies im Frühjahr 2012 besonders deutlich, als der Luftverkehr sehr erheblich gestört wurde, weil 220 Vorfeldlotsen und Follow me-Fahrer der Spartengewerkschaft GDF einen Arbeitskampf initiiert hatten. Dadurch wurde die größte Luftverkehrsdrehscheibe in Deutschland, der Flughafen Frankfurt am Main, der größte Airport in Deutschland mit über 20.000 Beschäftigten und fast 70.000 Arbeitsplätzen, in den medialen Mittelpunkt gerückt. Jeder konnte miterleben, was es bedeutet, wenn es keine Spielregeln für Arbeitskämpfe in der Daseinsvorsorge gibt. Die Behinderungen und Beeinträchtigungen der Allgemeinheit bis hin zu massiven Störungen auch des internationalen Luftverkehrs waren so drastisch, dass sich die Stimmung in der Bevölkerung sehr deutlich gegen die Streikenden wendete.

Wenn es in Unternehmen der Daseinsvorsorge eine Tarifpluralität gibt und wenn diese funktionieren soll, muss es auch Regelungen geben, wie bei konkurrierenden Vereinbarungen der Tarifvertragsparteien Tarifverträge in Unternehmen angewendet werden und wann und wie Arbeitskämpfe in Unternehmen stattfinden können und welche Regeln gelten sollen, damit diese Arbeitskämpfe rechtmäßig sind.

Denn fehlen solche Regelungen, wird es naturgemäß immer wieder zu den Arbeitskämpfen kommen, die wir in den letzten zwei Jahren erlebt haben: Bei denen bis zur Entscheidung der Gerichte unsicher ist, ob sie rechtmäßig sind oder nicht, und bei denen die Arbeitgeber oft schon aufgrund der Tatsache, dass die Schäden für das Unternehmen durch den Arbeitskampf erheblich größer sein werden als die wirtschaftliche Belastung, die durch die neue Regelung des Tarifvertrages für eine Spartengewerkschaft folgt, immer wieder versuchen werden, den Weg der konfliktfreien Lösung zu gehen.

---

[1]Vgl. dazu http://www.zukunftderarbeit.eu und http://www.cfvw.org

Im Sinne der Tarifautonomie ist es, dass Regelungen getroffen werden, die eine Stabilität für Unternehmen, die Kalkulierbarkeit und Berechenbarkeit von Personalkosten und Produktionsbedingungen ermöglichen. Der Betriebsfrieden ist ein hohes und wichtiges Gut für Unternehmen.

Was geschieht, wenn mangels gesetzlicher Regelung der Kampf um die Mitglieder von Gewerkschaften, die nach dem Industrieverbandsprinzip aufgestellt sind und von Gewerkschaften, die Berufsgruppen vertreten, durch einen Überbietungswettbewerb mit den besseren Regelungen auf dem Rücken der Unternehmen ausgetragen wird?

Muss dann der Gesetzgeber nicht zumindest in den Bereichen tätig werden, die ihm von Verfassungswegen eine besondere Verpflichtung aufgeben? Er hat nämlich in den Unternehmen der Daseinsvorsorge sicherzustellen, dass die Versorgungssicherheit gewährleistet ist. Muss er bei tarifpluralen Situationen in diesen Unternehmen nicht Regelungen treffen und zumindest Spielregeln aufstellen, die sicherstellen, dass die Drittbetroffenheit solcher Arbeitskämpfe auf das Maß eingegrenzt wird, dass man dem Bürger zumuten kann und das zumindest garantiert, dass eine Versorgungssicherheit für alle gegeben ist? Wie lange kann sich der Gesetzgeber einer solchen Aufgabe entziehen? Muss es erst zu einer entsprechenden Krisensituation kommen oder ist er nicht vorher schon verpflichtet zu handeln?

Rechtsvergleichende Gedanken zum Arbeitskampf in der Daseinsvorsorge

Professor Dr. Gregor **Thüsing**, LL.M. (Harvard)
Direktor des Instituts für Arbeitsrecht und Recht der Sozialen Sicherheit, Universität Bonn

Die Notwendigkeit eines passgenauen Arbeitskampfrechts für den Bereich der Daseinsvorsorge ist keine neue Erkenntnis. Das Bundesarbeitsgericht modifiziert die allgemeinen Regeln und verlangt einen Notdienst im Interesse der Allgemeinheit.[1] Diese Allgemeininteressen zu schützen ist kein deutsches Spezifikum, sondern kann auch durch eine rechtsvergleichende Umschau belegt werden. Arbeitskampfordnungen, die von ganz unterschiedlichen Standpunkten aus die Grenzen und Voraussetzungen von Streik und Aussperrung bestimmen, kommen beim Arbeitskampf im Bereich der Daseinsvorsorge zu erstaunlich übereinstimmenden Ergebnissen. Einige davon sollen exemplarisch vorgestellt werden: Zunächst das Arbeitskampfrecht der Vereinigten Staaten, dann das französische Recht, bei dem sich jüngst Änderungen ergeben haben, am Ende dann das italienische und das spanische Streikrecht.

I. Das Arbeitskampfrecht der USA

Anders als bei uns sind Streik und Aussperrung in den Vereinigten Staaten Gegenstand eingehender gesetzlicher Regelung. Die Besonderheiten des Arbeitskampfs etwa im Verkehrsbereich werden daher bereits im Gesetzestext sichtbar.

1. Grundlagen des Streikrechts

Im Gegensatz zum Grundgesetz enthält die amerikanische Verfassung keine ausdrückliche Garantie der Koalitionsfreiheit, wenn auch verschiedene Gerichte aus der Verfassung einen mittelbaren Schutz der Koalitionen und ihres Wirkens herauslesen. Zum Beispiel wurde die freedom of association in einigen Zusammenhängen aus der Garantie des 1st Amendment abgeleitet, das die Freiheit der Meinungsäußerung der Presse und der Versammlung schützt.[2] Angesichts dieser schwachen, nur mittelbaren Verankerung des Streikrechts in der Verfassung ist die Ausgestaltungsbefugnis des amerika-

---

[1] Ausführlich: BAG: AP GG Art. 9 Arbeitskampf 43, 51, 81.

[2] S. Tribe, American Constitutional Law, 3. Aufl. 2000, § 12-26 bis § 12-27; Westfall/Thüsing, Strikes And Lock-Outs In Germany And Under Federal Legislation In The United States: Comparative Analysis, Boston College International Comparative Law Review 22 (1999), S. 29, 42.

nischen Gesetzgebers weitergehend als die des deutschen[3]. Der Gesetzgeber hat die Ausgestaltung insbesondere durch zwei Gesetze verwirklicht. Zum einen durch den National Labor Relations Act (NLRA)[4] der bis auf einige Ausnahmen die Arbeitsverhältnisse von Arbeitnehmern nicht-staatlicher Arbeitgeber regelt, soweit es nicht Beschäftigte der Eisenbahnen und Fluggesellschaften sind. Für letztere gilt der Railway Labor Act (RLA).[5] Von den zwei zentralen Gesetzen des Tarif- und Arbeitskampfrechts betrifft eines also speziell den Bereich des Fernverkehrs, seit 1922 die Eisenbahn und seit 1936 aufgrund ihrer zunehmenden Bedeutung auch die Luftfahrt. Der Zweck des Gesetzes wird in Übereinstimmung mit den Gesetzgebungsmaterialien allgemein dahingehend gedeutet, dass in Anbetracht der besonderen Bedeutung der Transportwirtschaft für die nationale Wirtschaft die friedliche Beilegung von Arbeitskonflikten erleichtert werden sollte.[6] In Umsetzung dieses Gedankens enthält das Gesetz einige auffällige Unterschiede zum NLRA, denen gemeinsam ist, dass sie den Streikausbruch verzögern, den Streikumfang beschränken aber dennoch gewährleisten, einen angemessenen Ausgleich zwischen Arbeitgeber und Arbeitnehmerinteressen herbeizuführen.

2. Besonderheiten des Railway Labor Act (RLA)

Sowohl für den Bereich des NLRA als auch des RLA besteht die Möglichkeit des Präsidenten, in den Arbeitskampf einzugreifen, wenn er glaubt, daß dieser die nationale Gesundheit oder Sicherheit beeinträchtigen könnte („imperil the national health or safety"). Grundlage im Bereich des NLRA ist Sec. 206 des Taft-Hartley Act von 1947. Für den Bereich des LRA ergibt sich ein vergleichbares Recht direkt aus dem Gesetz selber. Auch wenn also weder NLRA noch RLA eine Vorschrift enthalten, die dem deutschen Verhältnismäßigkeitsprinzip vergleichbar ist, erfolgt doch der Schutz des öffentlichen Interesses durch Verfahrensvorschriften. Das Recht des Präsidenten geht zwar nicht so weit, den Tarifvertragsparteien bestimmte Arbeitsbedingungen vorzuschreiben oder auch nur vorzuschlagen, er kann jedoch eine

---

[3]Daher ist z.B. durch Title VII Civil Service Reform Act of 1987 (5 USC § 7311 (3)) allen Arbeitnehmern des Bundes das Streikrecht versagt. Dies wird allgemein für zulässig gehalten. „As a general rule, public employees, even in the absence of express statutory prohibition, are denied the right to strike or to engage in a work stoppage against a public employer." James Duff, Jr., Annotation, Labor Law: Right of Public Employees to Strike or Engage in Work Stoppage, 37 A.L.R.3d 1147, 1156 (1971).

[4]29 USC §§ 151-168 (2001).

[5]45 USC §§ 151-188 (2001).

[6]Siehe Cox/Bok/Gorman/Finkin, Labor Law, 12. Aufl. 1998, S. 74: „In general the emphasis of the act was on the peaceful settlement of labor disputes, thus reflecting the strategic importance of the transportation industry in the national economy."; siehe auch weitere Nachweise bei Westfall/Thüsing aaO, S. 55, 69. Aus dem neueren Schrifttum Reinert, Airline Labor Disruptions: Is the RLA still Adequate?, Air and Space Lawyer, Winter 2001, S. 1 f..

Unterlassungsverfügung von 80 Tagen erlassen und eine Kommission (emergency board) einsetzen, um den Arbeitskampf und sein Anliegen zu untersuchen und ihm das Ergebnis in einem schriftlichen Bericht zu übermitteln.

Ansonsten ist ein obligatorisches Schlichtungsverfahren im Bereich des NLRA nicht vorgesehen. Im Bereich des LRA liegt das anders: Vor der Änderung eines Tarifvertrags, der Löhne oder sonstige Arbeitsbedingungen betrifft, müssen sowohl Arbeitgeber als auch Gewerkschaften 30 Tage vorher die andere Seite benachrichtigen[7]. Jede Seite kann den National Mediation Board (NMB) anrufen oder der Board kann von sich aus seine Zuständigkeit begründen, um damit einen Arbeitskampf zu beenden oder zu verhindern.[8] Ist der Board angerufen worden oder von sich aus eingeschritten, sind die Parteien verpflichtet, von Arbeitskampfmaßnahmen abzusehen, bis sie vom Board aus der Verhandlung entlassen wurden.

Der dritte Unterschied betrifft die Möglichkeit einer Unterlassungsverfügung. Anders als vielleicht in Deutschland existiert in den USA ein tief verwurzeltes Misstrauen gegen Gerichte und gegen gerichtliche Eingriffe in Arbeitskampfstreitigkeiten, das zum Erlass des Norris-LaGuardia Act von 1932 geführt hat, der generell Bundesgerichten verbietet, Unterlassungsverfügungen zur Beschränkung von friedlichen Arbeitskämpfen zu erlassen.[9] Großzügiger bei der Möglichkeit einer Unterlassungsverfügung ist jedoch der RLA. Obwohl dieser sechs Jahre vor dem Norris-LaGuardia Act erlassen wurde, entschied der Supreme Court, dass eine solche Verfügung bei Verletzung von ausdrücklichen Verboten des RLA möglich ist, solange dies der einzig praktikable Weg zur Durchsetzung des Gesetzes ist.[10] Eine letzte Besonderheit hat nur wenig Gemeinsamkeit mit dem deutschen Arbeitskampfrecht, unterstreicht aber wiederum den Willen des amerikanischen Gesetzgebers, in der Eisenbahn- und Luftfahrtbranche den Betrieb auch während eines Streiks aufrecht zu erhalten. Grundsätzlich ist es dem Arbeitgeber nicht erlaubt, während des Streiks zusätzlich Vergütungen über dem Gehaltsniveau vor dem Streik zu zahlen. Streikbruchprämien sind damit ausgeschlossen. Dies gilt nur dann nicht, wenn die Verhandlungen einen Punkt erreicht haben, in dem eine Einigung nicht mehr zu erwarten ist („after good faith negotiation have exhausted the prospect of concluding an agreement")[11]. Im Anwendungsbereich des RLA liegen die Dinge aber anders. Das Transportunternehmen hat eine Verpflichtung, alle angemessenen Schritte zu unternehmen, um die Durchführung der Transportdienste auch während des Streiks sicherzustellen. Diese Verpflichtung führt zugleich zu

---

[7] RLA § 6, 45 USC § 156 (2001).

[8] RLA § 5, 45 USC § 155 (2001).

[9] 29 USC § 1-115 (2001).

[10] Siehe Burlington Northern RR Co. vs. Brotherhood of Maintainance of Way Employees 481 US 429 (1987); hierzu auch Cox/Bok/Gorman/Finkin, Labor Law, S. 68.

[11] Taft Broadcasting, 168 NLRB 475, 478; siehe dazu auch Westfall/Thüsing, RdA 1999, S. 259.

erweiterten Handlungsspielräumen des Arbeitgebers, dem erlaubt ist, nicht nur einseitige Arbeitsbedingungen nach Verhandlungsstillstand festzusetzen, sondern auch bestehende tarifvertragliche Bindungen abzuändern, wenn dieses vernünftigerweise erforderlich scheint, um den Betrieb aufrecht zu erhalten. Streikbruchprämien sind daher in den geeigneten Fällen erlaubt.[12]

II. Das Arbeitskampfrecht Frankreichs

Das Arbeitskampfrecht Frankreichs scheidet den Bereich Luftfahrt und Eisenbahn nicht in gleicher Deutlichkeit wie das US-amerikanische Recht von den allgemeinen Arbeitskampfregeln, jedoch bestehen auch hier auffällige Besonderheiten. Ein allgemeines Verhältnismäßigkeitsgebot für Arbeitskampfmaßnahmen existiert auch hier nicht, vielmehr ist der Schutz der Gemeinwohlinteressen spezialgesetzlich geregelt. Dies gilt nicht nur für den Bereich des Transportwesens: Für den gesamten Bereich der Daseinsvorsorge enthält Art. L 2512-2 Code du Travail besondere Begrenzungen, insbesondere die Aufrechterhaltung eines Notdienstes („service minimum"). Grundlage ist ein Gesetz vom 31.7.1963, das durch einen Minenarbeiterstreik im Frühjahr 1963 veranlasst wurde[13]. Grundlage für dieses gesetzgeberische Tätigwerden war die Entscheidung des Conseil d'État vom 7.7.1950 (Arrêt Dehaene), worin festgestellt wurde, dass die Anerkennung des Streikrechts (das vorher für öffentliche Bedienstete nicht anerkannt war) nicht hindere, dass ihm Beschränkungen auferlegt werden wie gegenüber jedem anderen Recht, um einen treuwidrigen Gebrauch oder eine Ausübung entgegen der öffentlichen Ordnung zu verhindern.[14] Der Begriff des *service minimum* ist dabei weit zu verstehen; er kann bis zum vollkommenen Ausschluss des Streikrechts gehen.[15] Allerdings müssen diese Beschränkungen erforderlich sein, und so herrscht im Einzelnen große Unsicherheit darüber, was ein *service minimum* ist[16]. Im Bereich des Flugwesens gibt es einiges Fallmaterial, das die Anwendung der Norm verdeutlicht: Der Präsident des Flughafens Paris hatte keinen hinreichenden Notdienst zur Verfügung gestellt als er 52 von insgesamt 4700 Mitarbeitern zur Arbeit während des Streiks aufforderte.[17] Auch hat der Conseil d'État festgestellt, dass es während eines Streiks anlässlich einer Flugschau in Bourget zulässig war anzuordnen, diejenigen

---

[12] Siehe Brotherhood of Railway and Services Clerks vs. Florida East Coast Railway 384 US 238, 248 (1966).

[13] Lyon-Caen/Pélissier/Supiot, Droit du Travail, 1998, Rdn. 1109, 1137 f..

[14] Conseil d'Etat vom 7.7.1950, JCP 1950 II 5681: „La reconnaissance du droit de grève ne saurait avoir pour conséquence d'exclure les limitations qui doivent être apportés à ses droits comme tout autre en vue d'en éviter un usage abusif contraire aux nécessités de l'ordre public."; dazu auch Lyon-Caen/Pélissier/Supiot, Droit du Travail, Rdn. 1137.

[15] Cons. Const 25.7.1979, D. 1980, S. 101.

[16] Vgl Conseil d'Etat vom 12.5.1989, Droit Soc. 1989, S. 669; Conseil d'Etat vom 8.11.1989 D. 1992, Sommaire, S 155.

[17] Conseil d'Etat 20.4.1977, Rec. Conseil d'Etat 1977, S. 175.

Flüge aufrechtzuerhalten, die offizielle Delegationen transportieren, sowie dass mindestens ein täglicher Hin- und Rückflug nach Paris von Marseille, Toulouse und Bordeaux aus angeboten werden musste.[18] Ein Versuch des Gesetzgebers, den *service minimum* gesetzlich zu definieren, wurde vom Conseil d'État in einer Entscheidung vom 12.5.1989[19] aufgehoben. Im ehemaligen Gesetz Nr. 84-1286 vom 31.12.1984 befand sich eine weitreichende Regelung, die letztlich jeden Streik im Luftfahrtbereich unmöglich gemacht hätte (u.a. Art. 2 4.: Aufrechterhalten werden müssten „le mission nécessaire à la sauvegarde des personnes et des biens"). Weil hierfür eine generelle Rechtfertigung fehlte, wurde dies als unvereinbar mit dem Gedanken des *service minimum* befunden.

Greifen die Art. L. 2512-2 f. Code du Travail ein, dann bestimmt Art. L. 2512-3 Code du Travail eine Verpflichtung zur Vorankündigung der Streikmaßnahme von mindestens fünf Tagen. Hierin muss enthalten sein ein Hinweis auf die Motive des Streiks sowie die Ankündigung seines Ortes, seiner Zeit und seiner Dauer. Seit 1982 ist die Norm dahin ergänzt, dass die Parteien während dieser Wartezeit verpflichtet sind, über die erhobenen Streikforderungen zu verhandeln. Auch eine solche Verhandlungspflicht ist außerhalb des Bereichs der Daseinsvorsorge bzw. des öffentlichen Dienstes nicht gegeben.

Wie noch in der Weimarer Zeit[20] hat auch die Cour de Cassation Streiks wegen Unverhältnismäßigkeit eines Schadens als rechtsmißbräuchlich angesehen. Die nicht unumstrittene Leitentscheidung, die großes Aufsehen im Schrifttum erregt hat („un arrêt très commenté")[21] betraf gerade den Streik einer Pilotengewerkschaft. Die Vereinigte Kammer des Kassationsgerichts bestätigte das Verbot des Streiks, weil die Forderung unangemessen und unvernünftig („déraisonnable") war und die Unternehmen auf lange Zeit finanziell überfordert wären. In concreto ging es um die Beibehaltung von drei Piloten entgegen einer Verordnung, die Bemannung mit zwei Piloten gestattete, wenn auch nicht vorgeschriebenen hatte.[22] In späteren Entscheidungen wandte sich die Chambre Sociale zwar gegen eine Inhaltskontrolle

---

[18] Conseil d'Etat vom 8.11.1989 D. 1992, Som. S. 155.

[19] Droit Soc. 1989, S. 669.

[20] Siehe RAG, ARS. 7, 567, 572; RAG, ARS. 8, 269; weitere Nachweise Seiter, Streikrecht und Aussperrungsrecht, 1975, S. 176.

[21] Auzero/Pélissier/Dockès, Droit du travail, 26. Aufl. 2012, Rdn. 1121; siehe auch Ray, Droit soc. 1988, S. 243 und Droit Soc. 1992, S. 296; aus dem deutschen Schrifttum Krieger, RdA 1987, S. 23 f..

[22] Ass. plén. 4.7.1986, SNOMAC ./. Air France, Air Inter, UPA, D. 1986, S. 477; zum deutschen Recht der qualifizierten Besetzungsklauseln siehe Schleusener, Die Zulässigkeit qualifizierter Besetzungsregelungen in Tarifverträgen, 1997.

der Gewerkschaftsforderung[23], doch sind andere Spruchkörper bislang von dieser Linie nicht abgewichen. Gegenteilige Entscheidungen, insbesondere im Flugbereich, liegen seitens der Vereinigten Kammer nicht vor.[24]

Jüngste Fortbildung dieses Rechts erfolgte durch den Gesetzesentwurf vom 23.01.2012, der dem Senat zur Abstimmung vorliegt.[25] Das Gesetz[26] soll - so die markigen Worte Sarkozys - die Geiselnahme der Öffentlichkeit im Streik einschränken.[27] Hierfür werden Arbeitgeber- und Arbeitnehmerseite im Luftfahrtbereich aufgefordert, eine Schlichtungsvereinbarung zur Eingrenzung des Arbeitskampfs abzuschließen. Wichtiger aber: Der einzelne Arbeitnehmer soll mit einer Frist von 2 Tagen mitteilen, ob er am angekündigten Streik teilnimmt, so dass die Öffentlichkeit besser über das Ausmaß des Streiks informiert werden kann - und auch muss. Hiergegen wurde nun ein großer Generalstreik durchgeführt - wenn auch bislang ohne Erfolg.[28]

III. Das Arbeitskampfrecht Italiens

Auch im italienischen Recht findet sich der Dreiklang von Notdienstarbeiten, Ankündigungsfrist und obligatorischem Schlichtungsverfahren für den Arbeitskampf in Unternehmen der Daseinsvorsorge. Das italienische Streikrecht entspricht in seinem Aufbau weitgehend dem deutschen Pendant: Art. 40 der italienischen Verfassung garantiert das Streikrecht ausdrücklich, gibt dem Gesetzgeber jedoch die Befugnis es näher zu regeln.[29] Wie in Deutschland erfolgte die Ausgestaltung dann doch weitgehend durch Richterrecht, da sich der Gesetzgeber nur sporadisch und für enge Teilbereiche des Streikrechts angenommen hat. Die Gerichte gingen einen großzügigen Weg: Erlaubt ist der nichtgewerkschaftliche, „wilde" Streik, und ebenso zulässig ist der politische Streik oder die Arbeitsniederlegung zur Durch-

---

[23]Ch. Soc. vom 2.6.1992, Droit soc. 1992, S. 700; Ch. Soc. vom 19.10.1994, Droit soc. 1994, S. 963.

[24]Dennoch zweifelnd an der weiteren Gültigkeit der Entscheidung Lyon-Caen/Pélissier/Supiot: „On peut considérer l'arrêt de l'Ass. plén. de 1986, comme un moment d'irréalisme juridique, voué à l'oubli".

[25]Siehe: http://www.lemonde.fr/politique/article/2012/01/25/l-assemblee-vote-la-limi↩ tation-du-droit-de-greve-dans-le-transport-aerien_1634033_823448.html#ens_id=1633069

[26]Abrufbar unter: http://www.assemblee-nationale.fr/13/rapports/r4157.asp und http://www.senat.fr/leg/ppl11-290.html

[27]Meldung vom 22.12.2011, abrufbar unter http://tempsreel.nouvelobs.com/societe/ ↩ 20111222.FAP9196/aeroports-sarkozy-estime-que-rien-ne-peut-justifier-la-prise-en-otage-des-passagers.html

[28]Siehe le monde vom 6.2.2012 unter: http://www.lemonde.fr/societe/article/2012/ ↩ 02/03/les-syndicats-de-l-aerien-appellent-a-la-greve-du-6-au-9-fevrier_1638760_ ↩ 3224.html#ens_id=1633069

[29]„Il diritto di sciopero si esercita nell'ambito delle leggi che lo regolano"; Allgemein siehe Abele, Grundzüge des italienischen Arbeitskampfrechts, Jahrbuch für italienisches Recht - Band 3, 1990, S. 155 f.; Luisa Riva- Sanseverino, in: Scialoja/Branca, Commentario del Codice Civile, Libro V, 1986, Art. 2110, Rdn. 8.

setzung eines Rechtsanspruchs - Undenkbarkeiten für das deutsche Arbeitskampfrecht[30]. Dementsprechend geht die herrschende Meinung auch davon
aus, dass Streikende keine Ankündigungs- oder Verhandlungspflicht trifft.[31]
Der Arbeitnehmer ist auch während der Geltung eines Tarifvertrags nicht
an die allein die Gewerkschaften bindende Friedenspflicht gebunden.[32]

Diese Entwicklung führte dazu, dass insbesondere im Bereich des öffentlichen Dienstes seit Mitte der 70er Jahre immer wieder heftige Streikwellen
zu verzeichnen waren, die vor allem Eisenbahn, Zoll, den Fährverkehr mit
den Inseln, die medizinischen Versorgungseinrichtungen und die Müllabfuhr
betrafen, während im gleichen Zeitraum die Zahl der Arbeitskonflikte in der
gewerblichen Wirtschaft deutlich zurückging.[33] Typisch für diese Entwicklung waren die Streiks im Transportwesen und insbesondere im Luftfahrtbereich, die in der zweiten Hälfte des Jahres 1988 zu chaotischen Zuständen
führten. So verursachte zum Beispiel ein Streik der Piloten im Dezember
1988 den Ausfall von 75 % der planmäßigen Flüge.[34] Der Gesetzgeber er-
kannte, welch unbefriedigende Folgen sein Unterlassen hatte, und handelte
entsprechend: Mit dem Gesetz Nr. 146 vom 12.6.1990 erließ der italienische
Gesetzgeber eine Streikrechtsregelung für den Bereich der sogenannten „ser-
vici pubblici essenziali" („besonders wichtige" oder „wesentliche" öffentliche
Dienste).[35] Zweck des Gesetzes ist gemäß Art. 2 Abs. 2 iVm Art. 1 der
Schutz der verfassungsmäßige Persönlichkeitsrechte auf Leben, Gesundheit,
Freiheit und Sicherheit, Bewegungsfreiheit, soziale Beihilfe und Fürsorge,
sowie auf Bildungs- und Kommunikationsfreiheit. Zu den wesentlich öffentlichen Diensten, die der Verwirklichung dieser Ziele dienen, zählt Art. 1
Abs. 2 des Gesetzes auch den Bereich des öffentlichen Transportwesens, d.h.
den Busverkehr, Eisenbahn, Luftverkehr und Fährverkehr mit den Inseln.
Hier gelten zwei Besonderheiten, die ganz ähnlich schon aus dem französischen Recht bekannt sind: Zum einen die Aufrechterhaltung von Notdien-
sten, zum anderen die Verpflichtung zur Vorankündigung eines Streiks mit
der Angabe, wie lange er dauern wird (Art. 2 Abs. 2). Den Umfang der
Notdienstarbeiten zu bestimmen ist zunächst Aufgabe der Sozialpartner,
die hierzu Regelungen treffen können. Streitigkeiten über den Umfang haben sich bislang, soweit ersichtlich, jedenfalls für den Luftfahrtbereich noch
nicht in der Rechtsprechung niedergeschlagen. Für den Fährverkehr aber
bestimmt das Gesetz selber in Art. 3, dass die Notdienste den Personenver-
kehr, die Versorgung mit notwendigen Gütern sowie die Aufrechterhaltung
der übrigen wesentlichen Dienste auf den Inseln sicherstellen müssen. Für die

---

[30]Siehe im einzelnen Abele, aaO, S. 155, 163 f..

[31]Corte Costituzionale vom 28.12.1962 Giurisprudenza Costituzionale 1962, S. 1519 f..

[32]Pera, Diritto del Lavoro, S. 222 f..

[33]Pera, Diritto del Lavoro S. 247; Abele, RdA 1978, 81.

[34]Bottani, Le Relazioni Industriali nell il Quadrimesta 1988, Relazioni Industriali 1989,
S.119 f.; Abele RdA 1991, S. 81.

[35]Abrufbar u.a. unter http://www.silpol.it/contratti/servizi_pubblici_essenziali.htm.

Vorankündigung des Streiks sieht das Gesetz eine Frist von mindestens 10 Tagen vor, wobei Vereinbarungen der Sozialpartner oder auch Übereinkünfte auf Unternehmensebene zwischen Arbeitgeber und Betriebsvertretung eine längere Frist vorsehen können (Art. 2 Abs. 5). Mit der Vorankündigung muss eine Angabe über die Dauer der Arbeitseinstellung verbunden sein, wobei wiederum eine Konkretisierung dieser Pflicht durch Übereinkunft zwischen Arbeitgeber- und Arbeitnehmerseite möglich ist (Art. 2 Abs. 1).

IV. Das Arbeitskampfrecht Spaniens

In Spanien garantiert Art. 28 Abs. 2 der Verfassung vom 29.12.1978 das Streikrecht: „Se reconoce el derecho a la huelga de los trabajadores para la defensa de sus intereses". In Satz 2 weist sie jedoch darauf hin, dass das Ausführungsgesetz gleichzeitig Garantien für die Aufrechterhaltung der für die Gemeinschaft notwendigen Dienste festzulegen hat: „La ley que regule el ejercicio de este derecho establecerá las garantías precisas para asegurar el mantenimiento de los servicios esenciales de la comunidad". Das Gesetz über die Arbeitsbeziehungen von 1977 enthält in 26 Artikeln Vorschriften über Streik, Aussperrung und Schlichtung, von denen einige allerdings für verfassungswidrig erklärt wurden.[36] Das Gleichgewicht herzustellen zwischen dem Streikrecht einerseits und den Bedürfnissen der Allgemeinheit andererseits fällt auch hier nicht einfach. Die Entscheidung über die Dienste im Streikfall obliegt der öffentlichen Verwaltung. Diese gibt vor, was lebensnotwendig ist und in welchem Umfang ein Dienst aufrechtzuerhalten ist. Zwar sind Verhandlungen hierüber möglich, sogar wünschenswert, letztlich steht es aber allein im Ermessen der Verwaltung, diese Dienste festzusetzen. Die Verwaltungspraxis ist recht großzügig, sowohl zu bestimmen, was ein lebensnotwendiger Dienst ist (hierunter fällt auch das Prado-Museum in Madrid![37]), als auch was den Umfang des Notdienstes anbelangt, insbesondere im Verkehrswesen. So ordnete die Verwaltung 1981 an, dass bis zu 79,9 % des Dienstes bei einem Streik gegen die spanische Eisenbahn RENFE aufrecht erhalten werden mussten; das Tribunal Constitutional wertete dies allerdings im konkreten Fall für unzulässig[38]. Zudem besteht allgemein eine Vorankündigungspflicht des Streikes von 5 Tagen gemäß Art. 3.3 II, die in bestimmten Bereichen des öffentlichen Dienstes gemäß Art. 4 auf 10 Tage ausgedehnt wird. Ebenso wie das französische Recht hat auch die spanische

---

[36] Siehe Gamillscheg, Kollektives Arbeitsrecht I, 1997, S. 952.

[37] Tribunal Supremo vom 15.12.1989 sowie die Kritik Ojeda Avilez, Derecho Syndical, 5. Aufl. 1990, S. 460 f..

[38] Tribunal Constitutional 11/1989; siehe auch Reitze RdA 1993, S. 300.

Rechtsprechung Streiks für rechtsmissbräuchlich angesehen, in denen der Schaden unverhältnismäßig hoch war. Auch dies begrenzt das Streikrecht in den Bereichen der Daseinsvorsorge.[39]

Lohnenswert scheint schließlich ein Blick auf das spanische Recht, nicht wie es ist, sondern wie es sein könnte: 1993 sollte ein neues Streikgesetz verabschiedet werden, das jedoch von der Regierung zurückgezogen wurde.[40] Der Gesetzesentwurf orientierte sich in wichtigen Vorschriften stark am italienischen Vorbild. Art. 11 II zählte die Bereiche der lebensnotwendigen Dienste auf; hierzu gehört gemäß Nr. 7 auch die Luft- und Seebeförderung von Passagieren. Gemäß Art. 12.2 muss in in diesem sensiblen Bereich ein Streik 10 Tage vor Beginn mitgeteilt werden, und auch hier besteht die Verpflichtung, konkrete Übereinkommen auszuhandeln, die die Ausübung des Streikrechts unter Aufrechterhaltung der für die Allgemeinheit lebensnotwendigen Dienste regelt (Art. 13.1).[41]

Für den Bereich der wichtigen öffentlichen Dienste kann die Regierung auf Vorschlag des Arbeitsministers auch zwingende Schlichtungsverhandlungen anordnen. Obwohl dies in anderen Bereichen nicht zulässig ist, wertete dies das Verfassungsgericht in seiner grundlegenden Entscheidung von 1981 für verfassungsgemäß.[42] Die spanische Regierung setzte nun den Arbeitsrechtler Federico Durán ein, der 1992 für einige Jahre unter wechselnden Regierungen den Wirtschafts- und Sozialrat leitete, ein Beratungsorgan der Regierung mit Repräsentanten von Arbeitgebern, Gewerkschaften und sozialen Institutionen. Nach drei Streiktagen war damit der Arbeitskampf beendet, obwohl noch weitere 7 Streiktage angekündigt waren. Durch das gleiche Verfahren wurde bereits durch den gleichen Schlichter 1986 ein Tarifkonflikt zwischen den Piloten und der Iberia-Tochter Aviaco gelöst.

V. Gesamtschau

Schaut man zurück, so fällt auf: Bei aller Unterschiedlichkeit im Einzelfall hat die Übersicht gemeinsame Leitlinien erkennen lassen. Zum ersten, dass der Arbeitskampf im Bereich der Daseinsvorsorge allgemein besonderen Regelungen unterworfen wird, zum zweiten, dass die Mittel eines angemessenen Ausgleichs zwischen Interessen der Allgemeinheit und dem Streikrecht oftmals ähnlich sind: Verpflichtung zur Ankündigung des Streiks und ggf. zum

---

[39]Nachweise bei Alonso Holler/Casas Baamonte, Derecho del Trabajo, 14. Aufl. 1995, S. 932, Anm. 100; siehe auch Gamillscheg, Kollektives Arbeitsrecht, S. 1069.

[40]Auch hier also scheute der Gesetzgeber, im Arbeitskampfrecht regelnd tätig zu werden. Entwurf des Gesetzes mit Anmerkungen durch Reitze, RdA 1993, S. 300 f.; siehe auch Bundesarbeitsblatt 1993/1 S. 18; Gamillscheg, Kollektives Arbeitsrecht, S. 952.

[41]Deren weitere Ausgestaltung unterscheidet sich freilich sehr vom italienischen Recht; siehe Art. 13.1-6 und Art. 14.1-3; abgedruckt RdA 1993, S. 302 f.

[42]Siehe Alonso Olea, Artikel Spain Rn. 688 f., in: Blanpain, International Encyclopaedia for Labour Law and Industrial Relations.

Schlichtungsverfahren vor Streikausbruch, danach Notdienstarbeiten in unterschiedlichem, jedoch zumeist erheblichem Umfang. Diese Beobachtungen verdienen Aufmerksamkeit. Schon der bloße Umstand der Übereinstimmung spricht dafür, dass solche Regulierungen des Arbeitskampfrechts im Dienste der Allgemeinheit so unangemessen oder unpraktikabel wohl nicht sind. Wenn verschiedene Rechtsordnungen von ganz unterschiedlichen Ausgangspunkten zum gleichen Ergebnis kommen, dann hat das argumentatives Gewicht. Vor allem aber bieten die verschiedenen Regelungen einen erprobten Anhaltspunkt dafür, wie die grundrechtskonkretisierende Entscheidung des Richters zu Art. 9 Abs. 3 GG aussehen könnte. Nichts Neues ist zu erfinden, sondern nur Vorhandenes behutsam in das deutsche Recht einzupassen.

Tarifpluralität und Arbeitskampf – die besondere Problematik von Arbeitskonflikten in Unternehmen der infrastrukturellen Daseinsvorsorge. Wieviel Arbeitskampf verträgt ein Luftfahrtunternehmen?

Christoph **Wilhelm**
Hauptgeschäftsführer Arbeitgeberverband Luftverkehr e.V.

Die Tarifpolitik bei der Deutschen Lufthansa ist bereits seit vielen Jahren durch Tarifpluralität und nicht zuletzt von Tarifkonflikten mit mehreren Gewerkschaften für unterschiedliche Mitarbeiter- und Berufsgruppen geprägt. Lufthansa hat die Existenz mehrerer Gewerkschaften akzeptiert und stellt sich unverändert den damit verbundenen Herausforderungen: früher ÖTV und DAG, heute die Gewerkschaft ver.di für die Mitarbeiter des Boden- und Kabinenpersonals, die Vereinigung Cockpit (VC) für das Cockpitpersonal, und die Gewerkschaft UFO (Unabhängige Flugbegleiter Organisation) ebenfalls für das Kabinenpersonal. Weitere Gewerkschaften bzw. Berufsgruppen reklamieren inzwischen einen Vertretungsanspruch. Das gibt es auch in anderen Industriezweigen.

Im Bereich der sog. „infrastrukturellen Daseinsvorsorge" (insbesondere dem Schienen- und Luftverkehr) gibt es jedoch viele Sonderprobleme, da hier die Versorgung der Allgemeinheit im Vordergrund steht. Hinzu kommen eine Vielzahl von spezifischen nur im Luftverkehr gültigen gesetzlichen Regulierungen und ein hoher Spezialisierungsgrad von Mitarbeitern (z.B. Piloten, Technikern) mit besonderen Lizenzen. Arbeitskämpfe in diesen Bereichen sind vor allem davon gekennzeichnet, dass nicht nur das bestreikte Unternehmen betroffen ist, sondern vor allem auch Dritte und nicht streikbeteiligte Unternehmen. Betroffen ist vor allem auch die Allgemeinheit, die auf Leistungen aus der Daseinsvorsorge angewiesen ist. Oftmals verbunden sind hiermit erhebliche volkswirtschaftliche Schäden.

Als Besonderheit kommt erschwerend hinzu, dass die Dienstleistung „Luftverkehr" ein „Fixgeschäft" ist und damit nicht nachholbar ist (der ausgefallene Flug kann nicht nachgeholt werden). Gerade deshalb sind Arbeitskämpfe bzw. bereits die Androhung von Arbeitskämpfen im besonderen Maße mit unwiederbringlichen Schäden für das Unternehmen und die Allgemeinheit verbunden. Allein die bloße Androhung eines Arbeitskampfes führt zu hohen Schäden durch Buchungsrückgange und Stornierungen von Passagieren, und zwar ohne dass die den Arbeitskampf führende Gewerkschaft auch nur einen Tag gestreikt haben muss. Damit tritt schon ein Schaden ein, ohne dass er als Arbeitskampfschaden gewertet wird. Die Frage sei in diesem Zusammenhang erlaubt: ist durch diese besondere Situation die „Kampfparität" zwischen den Tarifpartnern nicht offensichtlich anders zu definieren?

Müssen in Dienstleistungsunternehmen, bei denen die Leistung nicht nachholbar ist, nicht andere Regeln gelten? In Unternehmen mit Schwerpunkten in der Produktion sind Leistungen durchaus nachholbar. Für diese Bereiche ist der Gedanke der „Kampfparität" durch das Bundesarbeitsgericht entwickelt worden. Wenn sich immer mehr Berufsgruppen in eigenen Gewerkschaften organisieren und sich damit auch das Gleichgewicht der Kräfte weiter verschieben wird, so darf eine Diskussion zur Wiederherstellung dieses Gleichgewichts im Arbeitskampf nicht tabuisiert werden.

Die besondere Anfälligkeit für Störungen wird potenziert durch die unmittelbare Abhängigkeit von Lufthansa von anderen Beteiligten bei der Erbringung der Dienstleistung „Luftverkehr", wie z.b. der Deutschen Flugsicherung oder auch den Flughäfen. Der vergangene Tarifkonflikt mit der Gewerkschaft der Flugsicherung (GdF) beim Flughafen Frankfurt Anfang 2012 hat dies auch der Öffentlichkeit verdeutlicht. Ein Arbeitskampf in den vorgenannten Unternehmen hat ebenso wirtschaftlich erhebliche Auswirkungen auf andere Beteiligte in der „Dienstleistungskette". Dies gilt sowohl für die Beförderung von Passagieren als auch von Wirtschaftsgütern. Es kommt hinzu, dass gerade der Bereich der infrastrukturellen Daseinsvorsorge eine besondere Abhängigkeit von Monopolstrukturen mit hoheitlichen Aufgaben aufweist.

Das Bundesarbeitsgericht hat seine jahrelange Rechtsprechung zum Grundsatz der Tarifeinheit aufgegeben. Dies hat die Thematik leider verschärft. Die Folgen sind neben einer Vielzahl ungelöster rechtlicher und praktischer Fragen (z.B. welcher Tarifvertrag kommt zur Anwendung?), erheblich gestiegene Risiken für die Unternehmen, insbesondere im Bereich der Daseinsvorsorge, und große Rechtsunsicherheit. Der bereits seit Jahren feststellbare Trend zur Pluralisierung der Gewerkschaftslandschaft mit der Entstehung neuer Spartengewerkschaften hat sich nach dem Urteil erheblich verstärkt. Bei der Deutschen Lufthansa ist die Verschärfung der Problemlage bereits erkennbar.

Eine gesetzliche Regelung der Tarifeinheit könnte einen wichtigen Beitrag zur Sicherung der Funktionsfähigkeit der Tarifautonomie leisten. Es liegt im Interesse der Unternehmen und ihrer Belegschaften, dass zur Vermeidung von dauerhaften Tarifkonflikten eine weitere Zersplitterung des Tarifvertragssystems und eine Spaltung der Belegschaften verhindert werden. Es wäre allerdings illusorisch zu glauben, dass man Arbeitskämpfe durch gesetzliche Regelungen vollständig unterbinden könnte. Auch ein Unternehmen in der Daseinsvorsorge muss dies tarifpolitisch „vertragen".

Erforderlich sind deshalb in jedem Fall auch Rahmenbedingungen und Spielregeln für Arbeitskämpfe, die vor allem den wichtigen Bereich der infrastrukturellen Daseinsvorsorge betreffen: der von seiner besonderen Drittbetroffenheit geprägte Bereich der infrastrukturellen Daseinsvorsorge benötigt klare gesetzliche „Spielregeln" für Arbeitskämpfe und für das Nebeneinander mehrerer Gewerkschaften innerhalb eines Unternehmens. Die Existenz von Spartengewerkschaften ist aus der Tariflandschaft nicht mehr wegzudenken. Unverhältnismäßige Gemeinwohlschädigungen und Beeinträchtigungen der Allgemeinheit müssen allerdings vermieden werden, ohne die Tarifautonomie und auch die Existenz von Sparten- und Berufsgruppengewerkschaften und das Streikrecht insgesamt in Frage zu stellen.

Bei der Gestaltung der Tarifpolitik in einem Unternehmen dürfen die Konkurrenz zwischen verschiedenen Gewerkschaften und der Fokus auf ausschließlich partikulare Interessen von einzelnen Beschäftigungsgruppen aufgrund ggf. bestehender hoher Durchsetzungskraft nicht das Maß der Dinge sein. Arbeitskämpfe sind ansonsten – insbesondere für Unternehmen in der Daseinsvorsorge – schon im Ansatz für die betroffenen Unternehmen und vor allem für Drittbetroffene und die Allgemeinheit „unverträglich".

Aktuelle Formen des Arbeitskampfes – Ankündigungsstreik, Unterstützungshauptstreik, Streik mit Drittwirkung, indirekter Streik und Mogelstreik

Rechtsanwalt Thomas **Ubber**
Fachanwalt für Arbeitsrecht, Partner Allen & Overy, Frankfurt

I. Einleitung

Die Aufgabe des Grundsatzes der Tarifeinheit bei Tarifpluralität[1] sowie die strukturelle Schwäche der Gewerkschaft ver.di haben zu einem Erstarken der Sparten- oder Berufsgruppengewerkschaften geführt. In ihrem Wettbewerb mit den traditionellen Branchengewerkschaften versuchen diese Gewerkschaften zunehmend, bessere Arbeitsbedingungen für ihre kampfstarke Klientel durchzusetzen. Dies kann ihnen häufig nur durch Arbeitskampfmaßnahmen gelingen. Im Zuge ihrer Streikaktivitäten entwickeln die Spartengewerkschaften, aber auch die konkurrierenden herkömmlichen Gewerkschaften, neue Strategien und Taktiken. Sie sehen sich hierbei von der jüngeren Rechtsprechung des BAG beflügelt, die das sich aus der Koalitionsfreiheit des Art. 9 Abs. 3 GG abzuleitende Streikrecht gegenüber den betroffenen Rechten der Unternehmen, Arbeitgeberverbände und Dritten erweitert hat[2]. Im Rahmen der zunehmenden gerichtlicher Auseinandersetzungen über Arbeitskampfmaßnahmen - insbesondere im Rahmen einstweiliger Verfügungsverfahren - werden neue Verteidigungsstrategien entwickelt. Einige neue Strategien und Taktiken im Rahmen solcher Arbeitskämpfe werden in diesem Beitrag vorgestellt. Die Fallbeispiele entstammen durchweg der eigenen Beratungspraxis des Autors. Sie sind zumindest Tarifauseinandersetzungen nachgebildet, die auch in arbeitsgerichtlichen Eilverfahren ausgetragen wurden.

II. Ankündigungsstreik (kalter Streik)

1. Definition

Der Ankündigungsstreik oder auch kalte Streik zeichnet sich dadurch aus, dass die streikführende Gewerkschaft zwar mitunter weitreichende Arbeitskampfmaßnahmen ankündigt, diese dann aber aufgrund ihrer freien Entscheidung nicht oder nur im begrenztem Umfang durchführt. Die Absage

---

[1] BAG v. 7. Juli 2010 - 4 AZR 549/08, NZA 2010, 1068

[2] vgl. BAG v. 24. April 2007 - 1 AZR 252/06, NZA 2007, 987 zum Tarifsozialplan; BAG v. 19. Juni 2007 - 1 AZR 396/06, NZA 2007, 1055 zum Unterstützungsstreik; BAG v. 22.09.2009 - 1 AZR 972/08, BB 2010, 379 zum Flashmob

oder Begrenzung der angekündigten Streikmaßnahmen ist entweder von Seiten der Gewerkschaft bereits von Anfang an geplant oder beruht auf einer späteren Entscheidung.

2. Erläuterungen

2.1. Fallbeispiel 1

Die Gewerkschaft beschließt bundesweite Streikmaßnahmen, die zu einem bestimmten Zeitpunkt beginnen und über einen genau bezeichneten Zeitraum andauern sollen. Daraufhin leitet die Arbeitgeberseite ein gerichtliches Eilverfahren ein. Im Rahmen der mündlichen Verhandlung vor dem Arbeitsgericht zeichnet sich ab, dass der Ausgang des Eilverfahrens offen ist. Daraufhin sagt die Gewerkschaft die Streiks - wenige Stunden vor dem angekündigten Beginn - ab. Aufgrund des Streikaufrufs sind dem Unternehmen bereits beträchtliche Schäden entstanden.

2.2. Fallbeispiel 2

Die Gewerkschaft kündigt an, sie werde in den kommenden Wochen oder Monaten immer wieder zu weitreichenden Streikmaßnahmen aufrufen, die dann jeweils nur kurz vor dem jeweiligen Beginn angekündigt würden. Allein durch diese Ankündigung werden erhebliche Schäden verursacht.

2.3. Anmerkungen

Derartige Ankündigungsstreiks gehören schon längst zur Streiktaktik - insbesondere der Spartengewerkschaften. So hatte die Gewerkschaft der Flugsicherung (GdF) im Rahmen des Tarifkonflikts 2011 zu bundesweiten Arbeitsniederlegungen für den 4. August 2011, ab 6.00 Uhr, aufgerufen, dann aber während der gerichtlichen Auseinandersetzungen am Vorabend des Streikbeginns den Arbeitskampf wieder abgesagt. Da sowohl seitens der Flugsicherung als auch seitens der Fluggesellschaften Notfallpläne bereits längst in Kraft gesetzt worden waren, kam es trotz der Streikabsage zu zahlreichen Flugausfällen und beträchtlichen Schädigungen[3]. Die Taktik einer permanenten Streikdrohung wandte die Gewerkschaft Deutscher Lokomotivführer (GDL) während der Tarifauseinandersetzung 2007 an. Über weite Zeiträume hinweg musste sich die Öffentlichkeit darauf einstellen, dass es ohne Vorankündigungsfristen zu Arbeitsniederlegungen der Lokführer, verbunden mit Zugausfällen, kommt. Die Deutsche Bahn hatte allein aufgrund der Ankündigung einen deutlichen Rückgang der Fahrgastzahlen hinzunehmen. Womöglich haben Gewerkschaften erkannt, dass Ankündigungsstreiks

---

[3]vgl. ArbG Frankfurt v. 3. August 2011 - 22 Ga 134/11; ArbG Frankfurt v. 8. August 2011 - 22 Ga 138/11

- verglichen mit herkömmlichen Streikmaßnahmen - das effektivere und risikoärmere Kampfmittel sind. Kalte Streiks verursachen auf Gewerkschaftsseite keine Kosten; Streikgelder fallen nicht an. Die aufwändige Organisation von Streikaktivitäten entfällt. Die Gewerkschaftsmitglieder müssen keinerlei Beitrag zum Arbeitskampf leisten. Das Schadenersatzrisiko wird womöglich als geringer betrachtet. Schließlich lässt sich ein kalter Streik über längere Zeiträume ausdehnen.

3. Rechtliche Aspekte

In rechtlicher Hinsicht stellt sich die Frage, ob bereits die Ankündigung rechtswidriger Arbeitskampfmaßnahmen als Verletzungshandlung im Sinne des § 823 Abs. 1 BGB anzusehen ist. Ist dies der Fall, können entsprechende Ankündigungsstreiks - auch im Wege der einstweiligen Verfügung - untersagt werden. Zudem läuft die streikankündigende Gewerkschaft das Risiko, sich Schadensersatzansprüchen des geschädigten Unternehmens auszusetzen. Die Ankündigung eines Streiks stellt jedenfalls dann bereits einen Eingriff in das Recht am eingerichteten und ausgeübten Gewerbebetrieb dar, wenn sie selbst als gegen den Unternehmer gerichtete Arbeitskampfmaßnahme zu qualifizieren ist. Arbeitskampfmaßnahmen sind alle Maßnahmen, die den Verhandlungspartner bewusst und gewollt unter den unmittelbaren Druck eingeleiteter Arbeitskämpfe setzen und damit seine Entschließungsfreiheit beeinträchtigen. Es lässt sich nicht in Abrede stellen, dass auch die Ankündigung sowohl eines bevorstehenden oder auch eines nur in Zukunft durchzuführenden Streiks in der Regel dazu bestimmt sein wird, Druck auf die Arbeitgeberseite auszuüben und diese zu einem Nachgeben im Tarifkonflikt zu bewegen. Dementsprechend hat das BAG bereits in seiner frühen Rechtsprechung dem eigentlichen Streik vorgelagerte Maßnahmen dem Arbeitskampf zugerechnet. So wurde der gewerkschaftliche Beschluss zur Durchführung der Urabstimmung im Schleswig-holsteinischen Metallarbeiterstreit als Arbeitskampfmaßnahme angesehen[4]. Im Fallbeispiel 1, in dem die Gewerkschaft auf der Grundlage eines Streikbeschlusses konkrete Arbeitskampfmaßnahmen angekündigt, stellt daher bereits die bloße Ankündigung einen Eingriff in das Rechtsgut dar [5]. Die in Fallbeispiel 2 geschilderte Sachverhaltskonstellation wird man kaum anders beurteilen können. Auch wenn lediglich vage beschriebene Streikmaßnahmen über einen längeren Zeitraum hinweg in Aussicht gestellt werden, greift dies in das Recht am Unternehmen ein. Will sich der Arbeitgeber gegen schadensträchtige Ankündigungen

---

[4] BAG v. 31. Oktober 1958 - 1 AZR 632/57, NJW 1959, 356

[5] vgl. LAG München v. 28. August 2007 - 5 S. 735/07, BeckRS 2009, 67788; ArbG Hamburg v. 11. Juni 2009 - 27 Ga 5/09, BeckRS 2010, 72673; ArbG Hagen v. 23. Januar 1991 - 1 Ca 66/87, AP GG Art. 9 Arbeitskampf Nr. 118; zum Fallbeispiel vgl. ArbG Frankfurt v. 3. August 2011 - 22 Ga 134/11; ArbG Frankfurt v. 8. August 2011 - 22 Ga 138/11

zur Wehr setzen oder im Nachhinein Schadenersatzansprüche geltend machen, sieht er sich allerdings mit anderweitigen Schwierigkeiten konfrontiert.
So stellt sich die Frage, auf welche Weise ermittelt werden soll, ob die Streikankündigung rechtswidrig ist, insbesondere wenn dieser noch kein formeller
Streikbeschluss der Gewerkschaft zugrunde liegt. Hier muss durch Auslegung
nach den §§ 133, 157 BGB ermittelt werden, welche Kampfziele die Gewerkschaft verfolgt. Die im Rahmen der Tarifverhandlung verfolgten Ziele und
Forderungen werden hierbei eine maßgebliche Rolle spielen. Ergänzend kann
auf Verlautbarungen der Gewerkschaft gegenüber ihren Mitgliedern und in
der Öffentlichkeit zurückgegriffen werden. Im Rahmen etwaiger Schadenersatzansprüche des Unternehmens kann die Darlegung des Zurechnungszu-
sammenhangs zwischen Rechtsgutverletzung und Schaden Schwierigkeiten
bereiten. Um sich gegen den Verschuldensvorwurf zu verteidigen wird die
Gewerkschaft womöglich einwenden, sie könne sich auf einen vermeidbaren
Rechtsirrtum berufen. Schließlich habe sie von den ihr zu Verfügung stehenden Kampfmitteln nur in besonders maßvoller Weise Gebrauch gemacht,
da sie ja mit Streikmaßnahmen „nur" gedroht habe. Tatsächlich verneint
das BAG ein Verschulden der Gewerkschaft, wenn für die Zulässigkeit der
umkämpften tariflichen Reglungen beachtliche Gründe sprechen, von dem
Streikrecht maßvoll Gebrauch gemacht wird und eine endgültige Klärung der
Rechtslage anders nicht zu erreichen ist[6]. Ist bereits eine Streikankündigung
dazu geeignet, beachtliche Schäden herbeizuführen, wie dies beispielsweise
bei der Ankündigung der Fluglotsenstreiks im August 2011 der Fall war, so
kann von einem „maßvollen Gebrauch" des Rechts zum Arbeitskampf nicht
die Rede sein. Insbesondere eine fortwährende Ankündigung ist vielmehr als
besonders schikanös und rücksichtslos zu beurteilen und schont zudem die
eigene Streikkasse[7].

III.   Unterstützungshauptstreik

1.   Definition

Als Unterstützungshauptstreik wird hier ein Unterstützungsstreik definiert,
dessen Auswirkungen, wenn auch für begrenzte Zeit, derart gravierend sind,
dass der Hauptstreik keinen zusätzlichen Druck mehr erzeugen kann, sondern
hinfällig wird.

---

[6]BAG v. 21. März 1978 - 1 AZR 11/76, NJW 1978, 2114
[7]vgl. hierzu auch BAG v. 31. Januar 1978 - VI ZR 32/77, NJW 1978, 816

2. Erläuterungen

2.1. Fallbeispiel 3

Die Gewerkschaft führt seit mehreren Wochen Streikmaßnahmen der rund 200 Vorfeldmitarbeiter am Frankfurter Flughafen durch. Dadurch fallen im Tagesdurchschnitt etwa 183 Flugbewegungen aus. Die Streikaktivitäten sind nicht geeignet, den Flughafenbetreiber zum Nachgeben zu bewegen. Daraufhin ruft die Gewerkschaft die am Frankfurter Tower tätigen etwa 20 Towerlotsen zu einem auf sechs Stunden befristeten Unterstützungsstreik auf. Der Unterstützungsstreik hätte den Flugverkehr zum Erliegen gebracht, so dass mit rund 500 Flugausfällen zu rechnen gewesen wäre. Da während des Unterstützungsstreiks ohnehin keine Flugbewegungen hätten stattfinden können, wäre der eigentliche Hauptstreik überflüssig und durch den „Unterstützungshauptstreik" abgelöst worden.

2.2. Anmerkungen

Der Arbeitskampf am Vorfeld des Frankfurter Flughafens war ebenfalls Gegenstand zweier einstweiliger Verfügungsverfahren[8].

3. Rechtliche Aspekte

In seinem Urteil vom 19. Juni 2007[9] hat das BAG entschieden, dass ein Unterstützungsstreik zwar grundsätzlich der durch Art. 9 Abs. 3 GG gewährleisteten Betätigungsfreiheit der Gewerkschaften unterfalle. Das BAG hat aber zugleich zum Ausdruck gebracht, dass ein Unterstützungsstreik nur dann rechtmäßig sein könne, wenn er einer strengen Verhältnismäßigkeitsprüfung standhalte. Insbesondere weil der vom Unterstützungsstreik betroffene Arbeitgeber - anders als beim Hauptarbeitskampf - regelmäßig nicht die Möglichkeit habe, durch eigenes Nachgeben oder durch Einflussnahme in seinem Arbeitgeberverband die gewerkschaftlichen Forderungen zu erfüllen und zu einem Tarifabschluss zu gelangen, bedürfe er eines größeren Schutzes als der unmittelbar von einem Hauptarbeitskampf betroffene Arbeitgeber [10]. Bereits hieraus ergibt sich, dass die Verhältnismäßigkeit eines Unterstützungsstreiks strengeren Anforderungen genügen muss als die Verhältnismäßigkeitsprüfung eines Hauptarbeitskampfes. Das BAG prüft zunächst, ob der Hauptarbeitskampf rechtwidrig ist und demnach den Unterstützungsarbeitskampf „infiziert".

---

[8] ArbG Frankfurt v. 28. Februar 2012 - 9 Ga 25/12 zum Unterstützungsstreik; ArbG Frankfurt v. 29. Februar 2012 - 9 Ga 24/12 zum Hauptstreik
[9] 1 AZR 396/06, NZA 2007, 1055
[10] vgl. BAG v. 19. Juni 2007, a.a.O., Rn. 38

Im Rahmen der Prüfung der Angemessenheit (Proportionalität) des Unterstützungsstreiks selbst sind dann die kollidierenden Rechtspositionen der Parteien sowie unbeteiligter Dritter gegeneinander abzuwägen, wobei folgende Kriterien Berücksichtigung finden müssen:

- Nähe oder Ferne des Unterstützungsstreiks gegenüber dem Hauptarbeitskampf,

- wirtschaftliche Verflochtenheit der Adressaten des Hauptarbeitskampfes und des Unterstützungsstreiks,

- Neutralität oder Einmischung des Arbeitgebers des Unterstützungsstreiks,

- Identität der kampfführenden Gewerkschaft,

- Dauer und Umfang des Unterstützungsstreiks (auch im Verhältnis zum Hauptarbeitskampf).

Im Rahmen des oben skizzierten Fallbeispiels 3 stellt sich nun insbesondere die Frage, unter welchen Voraussetzungen Dauer und Umfang des Unterstützungsstreiks eine Intensität erlangt haben, bei der nicht mehr von einer bloßen Unterstützung des Hauptarbeitskampfes auszugehen ist. Man könnte dazu neigen, zur Beurteilung dieser Frage die Dauer des Haupt- und Unterstützungsstreiks sowie die Anzahl der jeweils zum Streik aufgerufenen Arbeitnehmer zueinander in Bezug zu setzen. Bei einer solchen Betrachtung gelangte man zu dem Ergebnis, dass der Unterstützungsstreik als verhältnismäßig anzusehen ist. Während nämlich regelmäßig rund 200 Vorfeldmitarbeiter zum Hauptstreik aufgerufen waren, sollte der Unterstützungsstreik nur von rund 20 Towerlotsen geführt werden. Und während der Hauptstreik bereits über mehrere Wochen hinweg geführt wurde, sollte der Unterstützungsstreik lediglich sechs Stunden andauern. Entscheidend für die Beurteilung der Intensität einer Arbeitskampfmaßnahme ist der auf den sozialen Gegenspieler ausgeübte Druck, der wiederum durch den mit der Maßnahme verursachen Schaden gekennzeichnet wird. Dementsprechend kann die vermeintliche Angemessenheit nicht durch eine bloße „Streikendenarithmetik" begründet werden. Vielmehr sind die Auswirkungen des Unterstützungsstreiks zu den Auswirkungen des Hauptstreiks in Relation zu setzen. Im Fallbeispiel 3 hätte der Unterstützungsstreik zum vollständigen Erliegen des Flugverkehrs geführt; trotz Durchführung des Hauptstreiks fanden hingegen noch 70 bis 80 % der Flugbewegungen statt. Vergleicht man die Intensität des Haupt- und Unterstützungsstreiks, so sind in zeitlicher Hinsicht jeweils identische Zeiträume der Arbeitsniederlegungen miteinander in Bezug zu setzen. Eine Argumentation dahingehend, der Unterstützungsstreik bleibe in seiner Intensität gegenüber dem Hauptstreik zurück, weil er nur für eine verhältnismäßig kurze Zeitdauer angekündigt sei, kann nicht überzeugen. Dies gilt jedenfalls dann, wenn der Hauptstreik ebenfalls zunächst nur für kurze Streikintervalle angekündigt worden war, die dann im Zuge des Arbeitskampfes immer wieder verlängert wurden. Ein En-de des Unterstützungsstreiks nach einer ersten Streikphase ist ebenso wenig absehbar wie beim Hauptstreik. Während eines laufenden Arbeitskampfes, der mit dem Hauptstreik begonnen und sukzessive aufgrund neuer Streikbe-schlüsse verlängert wurde, kann die Verhältnismäßigkeit des Unterstützungs-streiks nicht vom Verhältnis der Dauer des ersten Unterstützungsstreik-intervalls zur Gesamtdauer der Maßnahmen des Hauptstreiks abhängen. Führt, wie im Fallbeispiel 3, der Unterstützungsstreik dazu, dass die Ar-beit der hauptstreikenden Vorfeldmitarbeiter ohnehin wegfällt, weil es in-folge des Unterstützungsstreiks der Towerlotsen zu keinen Flugbewegungen mehr kommt, so hat der Unterstützungsstreik den Hauptstreik hinfällig ge-macht. Der auf den Arbeitgeber erzeugte Druck kann durch den Haupt-streik nicht weiter erhöht werden, wenn der Flugbetrieb bereits aufgrund des Unterstützungsstreiks zum Erliegen kommt. Im Gegenteil: Der Haupt-streik kann allenfalls schadensmindernde Folgen für das bestreikte Unterneh-men haben, da in diesem Fall Vergütungsansprüche der hauptstreikenden Arbeitnehmer sicher entfallen. In diesem Fall ersetzt der Unterstützungs-arbeitskampf den Hauptstreik, er wird zum „Unterstützungshauptstreik". Dieser kann nicht verhältnismäßig sein. Das Arbeitsgericht Frankfurt hat dies in seiner (rechtskräftigen) Entscheidung im einstweiligen Verfügungs-verfahren[11] zutreffend erkannt.

IV. Streik mit Drittwirkung

1. Definition

Als Streik mit Drittwirkung werden hier Arbeitskampfmaßnahmen einer Ge-werkschaft bezeichnet, die sich zwar vordergründig gegen das bestreikte Un-ternehmen richten, zwangsläufig aber ausschließlich oder zumindest auch dritte Unternehmen oder Personen schädigen.

2. Erläuterungen

2.1. Fallbeispiel 4

Die Gewerkschaft ruft die bei dem Arbeitgeber beschäftigten Fluglotsen zu (rechtswidrigen) Streikmaßnahmen auf. Dadurch kommt der Flugverkehr zum Erliegen, so dass den Fluggesellschaften erhebliche Schäden entstehen. Hingegen entstehen dem Arbeitgeber keine wesentlichen Schäden.

---

[11] ArbG Frankfurt v. 28. Februar 2012 - 9 Ga 25/12

2.2. Fallbeispiel 5

Die Gewerkschaft ruft die beim Flughafenbetreiber beschäftigten Mitarbeiter der Vorfeldkontrolle, Verkehrszentrale und Vorfeldaufsicht zum Arbeitskampf auf. Durch den Verlust von Flughafengebühren entstehen dem Flughafenbetreiber nicht unerhebliche Streikschäden. Mindestens in gleichem Umfang betroffen sind die Fluggesellschaften, die zahlreiche Flüge stornieren müssen.

2.3. Anmerkungen

Nachteilige Auswirkungen auf unbeteiligte Dritte sind keine Seltenheit, sondern bei Arbeitskämpfen eher die Regel. Wird beispielsweise ein Automobilzulieferer bestreikt, so erleidet er selbst durch die Arbeitsniederlegungen und den damit einhergehenden Produktionsstillstand einen Schaden. Möglicherweise wird darüber hinaus der vom Zulieferer zu beliefernde Automobilhersteller geschädigt, der wegen der ausbleibenden Teilelieferung seine Produktion nicht fortsetzen kann. Der Schaden des mittelbar betroffenen Automobilherstellers mag sogar über die Schadenssumme des bestreikten Zulieferers hinausgehen. Die beiden obigen Fallbeispiele weisen allerdings gegenüber „üblichen" Drittschädigungen durch Streikmaßnahmen einige Besonderheiten auf: Im Fallbeispiel 4, das an die Arbeitskampfmaßnahmen der GdF im August 2011 angelehnt ist, erlitt die bestreikte deutsche Flugsicherung (DFS) keinen (wesentlichen) Schaden, da nach § 32 Abs. 4 LuftVG das Vollkostendeckungsprinzip galt. Die DFS deckte also aufgrund der gesetzlichen Situation sämtliche bei ihr anfallenden Kosten über Gebühren ab und verlagerte diese auf ihre Kunden, also die Fluggesellschaft. Diese wiederum wurden durch streikbedingte Flugausfälle erheblich geschädigt. Im Fallbeispiel 5, das dem Arbeitskampf am Frankfurter Flughafen (Fraport) im Februar 2012 nachgebildet ist, wurde zwar auch der Flughafenbetreiber massiv geschädigt, die Schäden des Flughafenbetreibers rührten aber ausschließlich daher, dass die Fluggesellschaften ihre An- und Abflüge des Frankfurter Flughafens stornieren mussten. Nur deshalb entgingen dem Flughafenbetreiber nämlich Flughafengebühren. Ohne die notwendige primäre Schädigung der Fluggesellschaften, die ihre Flüge stornieren mussten, wäre also auch dem Flughafenbetreiber kein Schaden entstanden. Beide Fallbeispiele zeichnen sich also dadurch aus, dass notwendigerweise die Schädigung Dritter erfolgen musste, um überhaupt Druck auf den Streikgegner auszuüben. Ohne die Schädigung Dritter wären die Streikmaßnahmen folgenlos geblieben.

3. Rechtliche Aspekte

Zweifellos stellen rechtswidrige Streikmaßnahmen Eingriffe in den nach § 823 Abs. 1 BGB geschützten eingerichteten und ausgeübten Gewerbebetrieb des bestreikten Unternehmens, also des sozialen Gegenspielers der Gewerkschaft, dar. Noch nicht höchstrichterlich geklärt ist hingegen die Frage, unter welchen Voraussetzungen Streiks auch die Rechtsgüter Dritter verletzen mit der Folge, dass diese sowohl Unterlassung- als auch Schadensersatzansprüche gegen die streikführende Gewerkschaft geltend machen können. Der Schutz des § 823 Abs. 1 BGB wird nach der allgemeinen deliktsrechtlichen Rechtsprechung gegen jede Beeinträchtigung des Rechts am eingerichteten und ausgeübten Gewerbebetrieb gewährt, die einen unmittelbaren Eingriff in den gewerblichen Tätigkeitskreis darstellt. Der Eingriff muss also betriebsbezogen sein und darf nicht nur vom Gewerbebetrieb ohne Weiteres ablösbare Rechte oder Rechtsgüter betreffen [12]. Diese Voraussetzung stellt die Rechtsprechung auf, da ansonsten nicht nur den im Gesetz genannten Schutzobjekten ähnliche absolute Rechte geschützt würden; der Schutz könnte vielmehr in einen allgemeinen deliktischen Vermögensschutz für Gewerbetreibende ausufern. Die Rechtsprechung des BGH zur Betriebsbezogenheit wurde in erster Linie im Rahmen sog. „Stromkabelfälle" entwickelt. Wird beispielsweise die Stromzufuhr durch ein defektes Kabel unterbrochen, so kann dies zur Lahmlegung eines Gewerbetriebs führen. Dennoch hat der BGH in diesen Fällen einen Anspruch gemäß § 823 Abs. 1 BGB wegen eines Eingriffs in den eingerichteten und ausgeübten Gewerbebetrieb verneint. Auch wenn die Kabelbeschädigung Folge eines schuldhaften Verhaltens gewesen sei, habe sich hier nur eine allgemeine Störung der Stromversorgung realisiert. Die Unterbrechung der Stromzufuhr sei gerade nicht auf den gewerblichen Bereich beschränkt gewesen und es bestehe kein Grund, insoweit Gewerbebetriebe anders zu behandeln als die sonstigen Bezieher von Versorgungsleistungen[13]. Anderes gilt jedoch dann, wenn der Schädiger mit dem Ziel handelt, mit der Unterbrechung der Stromversorgung den weiteren Betrieb eines Unternehmens zu stören und zu unterbinden. So hat beispielsweise das OLG Rostock in seinem Urteil vom 25. Juni 2007[14] entschieden, dass in der zielgerichteten Unterbrechung der Stromversorgung für eine Diskothek ein rechtswidriger Eingriff in den eingerichteten und ausgeübten Gewerbebetrieb liegen könne, der dem Störer mit einer Unterlassungsverfügung verboten werden kann. Dies hat das OLG Rostock mit der Zielgerichtetheit des Eingriffs begründet. Auch das OLG Dresden [15] bejahte im Jahr 2010 einen betriebsbezogenen Eingriff in einer Konstellation, in der Drittunternehmen von einer gegen Molkereien gerichteten Blockade betroffen waren. Dort hatten Milchbauern die Zu- und Abfahrtswege eines Werksgeländes blockiert, um von den Molkereien zukünftig höhere Rohmilchpreise zu erhalten. Das Gericht bejahte das Vorliegen eines betriebsbezogenen Eingriffs auch in die Gewer-

---

[12]BGH v. 11. Januar 2005 - VI ZR 34/04, NJW-RR 2005, 673; BGH v. 10. Dezember 2002 - VI ZR 171/02, NJW 2003, 1040; vgl. bereits BGH v. 19. Januar 1985 - VI ZR 130/83, NJW 1985, 1620

[13]z. B. BGH v. 9. Dezember 1958 - VI ZR 199/57, NJW 1959, 479

[14]OLG Rostock v. 25.6.2007 – 3 U 70/07, Beck RS 2007/12676

[15]OLG Dresden v. 16. November 2010 - 9 U 765/10, BeckRS 2011, 16675

bebetriebe der sonstigen, den Milchbauern u.U. nicht einmal bekannten, auf dem Werksgelände ansässigen Unternehmen. Zwar möge es den Milchbauern in erster Linie um eine zeitweise Stilllegung des Geschäftsbetriebes gerade der Klägerin gegangen sein. Das bedeute aber, dass es die Beklagten hingenommen haben, neben der Klägerin weitere Unternehmen an der uneingeschränkten weiteren Herstellung und am reibungslosen Vertrieb ihrer Produkte zu hindern. Bei dieser Sachlage sei ihr Vorgehen in Bezug auf die Drittunternehmen nicht weniger zielgerichtet als im Hinblick auf die Klägerin. Die Zielgerichtetheit ist demnach das entscheidende Merkmal zur Abgrenzung betriebsbezogener Eingriffe von allgemeinen Schädigungshandlungen, die den Gewerbetreibenden nichts anders als andere Dritte trifft. Dementsprechend nahm der BGH im Fall der streikähnlichen Aktion der Fluglotsen im Jahr 1973 eine unmittelbare, betriebsbezogene Beeinträchtigung der betroffenen Reiseunternehmen an, weil das Handeln der Beteiligten darauf abzielte, unternehmerische Handlungsmöglichkeiten zu blockieren[16]. Der BGH führte insoweit aus, dass die Fluglotsen gerade unmittelbar gegen die wirtschaftliche Organisation von Dritten gerichtet gewesen sei, deren unternehmerische Tätigkeit funktionell mit der Amtstätigkeit der Flugleiter eng verbunden und von ihr abhängig war. Es habe ganz wesentlich in der Willensrichtung der Flugleiter gelegen, diese (bestimmten) Unternehmen in ihrer betrieblichen Abhängigkeit von der Flugsicherung zu beeinträchtigen, um die Bundesregierung wegen der bei diesen Dritten eintretenden Schadensfolgen ihren Forderungen gefügig zu machen. Eine solche vorsätzliche Störung der gewerblichen Betätigung eines Reiseunternehmens, das für die reibungslose Abwicklung seiner geplanten und organisierten Flugreisen auf die ordnungsmäßige Durchführung der Flugsicherung angewiesen ist, stellte nach Ansicht des BGH einen betriebsbezogenen Eingriff in den geschützten Bereich des Gewerbebetriebs dar. Das BAG[17] befasste sich im Zusammenhang mit der im Rahmen eines Arbeitskampfes von der Gewerkschaft verhängten Blockade gegen ein Druckzentrum mit der Frage, wann ein unmittelbarer, betriebsbezogener Eingriff anzunehmen ist. Es gelangte zu dem Ergebnis, dass die Blockade einen zielgerichteten Angriff nicht nur auf den Betrieb des sozialen Gegenspielers darstellte, sondern auf alle im Druckzentrum befindlichen Betriebe mit dem Ziel, die Verbreitung der Wochenendausgabe der dort produzierten Zeitung zu verhindern. Streikposten und blockierende Arbeitnehmer wollten nämlich nicht selektiv ein Unternehmen sondern gezielt und gemeinsam die im Druckzentrum arbeitsteilig bei der Herstellung und dem Vertrieb der Zeitung zusammenwirkenden Unternehmen treffen. Auch in der Literatur wird betont, dass sich die Betriebsbezogenheit eines Eingriffs aus dessen Tendenz ergeben kann, die beispielsweise in

---

[16]BGH v. 16. Juni 1977 - III ZR 179/75, NJW 1977, 1875; vgl. Soergel, § 823 BGB Anh. V Rn. 53

[17]BAG v. 21. Juni 1988 - 1 AZR 653/86, AP GG Art. 9 Arbeitskampf Nr. 109

der Willensrichtung des Verletzers liegt, durch bestimmte Maßnahmen den
Betrieb eines Dritten zu beeinträchtigen[18]. Löwisch/Krauß führen dazu aus,
dass ein betriebsbezogener Eingriff in Betracht komme, wenn ein Streik von
vornherein darauf gerichtet ist, auch die Betriebstätigkeit von Unternehmen
zu stören, die mit dem bestreikten Unternehmen arbeitsteilig zusammenarbeiten.[19] Bei Anwendung dieser Kriterien auf die beiden Fallbeispiele gelangt
man zwangsläufig zu dem Ergebnis, dass bereits aufgrund der Zielgerichtetheit betriebsbezogene Eingriffe in die Rechte der Fluggesellschaften vorla-
gen. Der Gewerbebetrieb der Fluggesellschaften und deren unternehmerische
Betätigung ist funktionell untrennbar mit den Leistungen der Flugsicherung
und der Vorfeldkontrolle verbunden und von der Leistungserbringung durch
diese abhängig. Ausschließlich durch die Störung der von den Fluggesellschaften betriebenen Flugbewegungen konnte die Gewerkschaft überhaupt
Druck auf ihren jeweiligen sozialen Gegenspieler ausüben. Ihre Streikaktivitäten mussten sich demnach - sogar primär - gegen die Fluggesellschaften
richten. Im Fallbeispiel 4 wäre der Flugsicherung selbst nämlich - wegen des
Vollkostendeckungsprinzips - jedenfalls kein nennenswerter Schaden entstanden. Ähnlich wie im Fluglotsen-Fall des BGH muss es der Gewerkschaft gerade darum gegangen sein, durch die Schädigung der Fluggesellschaften Druck
auf die Flugsicherung auszuüben. Im Fallbeispiel 5 wäre es ohne die von der
Gewerkschaft intendierten Flugausfälle gar nicht zu einer Schädigung des
Flughafenbetreibers gekommen, da dieser Flughafengebühren nur dann verliert, wenn keine Flugbewegungen stattfinden. Wenn das ArbG Frankfurt
hingegen in seinen Urteilen vom 27. März 2012 und vom 16. August 2012[20]
ausführt, es fehle in ähnlichen Situationen an betriebsbezogenen Eingriffen,
da es der Gewerkschaft nicht auf eine Einbeziehung der Fluggesellschaften
angekommen sei, sie diese nur in Anbetracht der Arbeitsaufteilung bei Per-
sonenbeförderungen per Flugzeug nicht habe vermeiden können, kann dies
nicht überzeugen. Vielmehr belegt gerade diese Argumentation die objektive
Stoßrichtung der gewerkschaftlichen Aktivitäten.

V.   Indirekter Streik

1.   Definition

Unter einem indirekten Streik wird hier ein Arbeitskampf verstanden, den
die Gewerkschaft gegen ein bestreiktes Unternehmen in erster Linie mit
dem Ziel führt, andere Unternehmen zum Abschluss eines Tarifvertrages

---

[18]Kissel, Arbeitskampfrecht, § 73 Rn. 71

[19]Löwisch/Krauß, Arbeitskampfrecht III, Rn. 35

[20]ArbG Frankfurt v. 27. März 2012 - 10 Ca 3468/11; ArbG Frankfurt v. 16. August 2012
   - 12 Ca 8341

zu bewegen. Im Gegensatz zum Unterstützungsstreik gibt die Gewerkschaft aber vor, eigene Tarifziele bei dem bestreikten Unternehmen erzwingen zu wollen.

2. Erläuterungen

2.1. Fallbeispiel 6

Die Gewerkschaft beschließt Streikmaßnahmen gegen den Arbeitgeber zur Durchführung eines Bundesrahmentarifvertrages. Der Arbeitgeber hat sich in einer Vereinbarung mit der Gewerkschaft bereits zum Abschluss dieses Tarifvertrags bereiterklärt, sofern auch ein Quorum seiner Wettbewerber diesen Tarifvertrag abschließt. Dennoch sollen die Kampfmaßnahmen - ausschließlich oder weit überwiegend - gegen den Arbeitgeber geführt werden.

2.2. Anmerkungen

Ein vergleichbarer Sachverhalt lag dem Tarifkonflikt der Gewerkschaft Deutscher Lokomotivführer (GDL) mit der Deutsche Bahn im Frühjahr 2011 zugrunde. Der Arbeitgeberverband und die Gewerkschaft GDL hatten sich auf einen Bundesrahmen-Lokführertarifvertrag verständigt und zugleich vereinbart, dass dieser erst unterzeichnet werde, wenn ein bestimmtes Quorum anderer Mitbewerber inhaltsgleiche Tarifverträge endverhandelt haben. Ungeachtet dessen wurde die Deutsche Bahn zur Durchsetzung dieses Tarifvertrages bestreikt.

3. Rechtliche Aspekte

Der hier in Rede stehende Streik ist nicht als Unterstützungsstreik anzusehen; er wird nämlich nicht zur Unterstützung eines Hauptstreiks bei den Wettbewerbern geführt, sondern dient nach dem zugrunde liegenden Streikbeschluss der Durchsetzung eines eigenen Tarifvertrages bei dem bestreikten Unternehmen [21]. Der Streik ist am Grundsatz der Verhältnismäßigkeit zu messen, der nach der Rechtsprechung des BAG der zentrale und angemessene Maßstab für die Beurteilung der unterschiedlichen Erscheinungsformen des Arbeitskampfes ist[22]. Das BAG hält den Grundsatz der Verhältnismäßigkeit als Maßstab für die rechtliche Beurteilung von Arbeitskampfmaßnahmen auch deshalb für besonders geeignet, weil durch die Ausübung der verfassungsrechtlich gewährleisteten Betätigungsfreiheit regelmäßig in

---

[21] vgl. BAG v. 19. Juni 2012 - 1 AZR 775/10

[22] BAG v. 19. Juni 2007, 1 AZR 396/06, NZA 2007, 1055; vgl. BVerfG vom 4. Juli 1995, 1 BvF 2/86, BVerfG 92, 365

ebenfalls verfassungsrechtlich geschützte Rechtspositionen des Kampfgegners oder von Dritten eingegriffen wird, so dass es der Abwägung kollidierender Rechtspositionen bedarf. Die Verhältnismäßigkeitsprüfung erfolgt bekanntlich in drei Stufen. So ist ein Kampfmittel geeignet, wenn durch seinen Einsatz die Durchsetzung des Kampfziels gefördert werden kann. Hierbei räumt das BAG den einen Arbeitskampf führenden Koalitionen eine Einschätzungsprärogative ein. Nur wenn ein Kampfmittel zur Erreichung des Kampfziels offensichtlich ungeeignet ist, kann eine Arbeitskampfmaßnahme aus diesem Grund für rechtswidrig erachtet werden. Erforderlich ist ein Kampfmittel, wenn mildere Mittel zur Erreichung des angestrebten Ziels nicht zur Verfügung stehen. Auch insoweit besteht grundsätzlich eine Einschätzungsprärogative der den Arbeitskampf führenden Koalition. Was häufig übersehen wird: Die Grenze bildet der Rechtsmissbrauch, der dann vorliegt, wenn es des ergriffenen Kampfmittels zur Erreichung des Ziels ohnehin nicht bedarf, etwa deshalb, weil der Gegner dazu erkennbar ohnehin bereit ist. Schließlich ist ein Arbeitskampfmittel unverhältnismäßig im engeren Sinne, das sich unter hinreichender Würdigung der Betätigungsfreiheit zur Erreichung des angestrebten Kampfziels unter Berücksichtigung der Rechtspositionen der von der Kampfmaßnahme unmittelbar oder mittelbar Betroffenen als unangemessen darstellt. Insoweit gesteht das BAG der Arbeitskampfpartei keine Einschätzungsprärogative zu[23]. Unter Anwendung dieser Grundsätze zur Verhältnismäßigkeitsprüfung erweisen sich Arbeitskampfmaßnahmen im Fallbeispiel 6 als offensichtlich ungeeignet, offensichtlich nicht erforderlich und unverhältnismäßig. Kampfmaßnahmen gegen das bestreikte Unternehmen sind offensichtlich ungeeignet, da durch ihren Einsatz die Durchsetzung des Bundesrahmentarifvertrages nicht gefördert werden kann. Vielmehr haben sich die Tarifvertragsparteien bereits darauf geeinigt, dass dieser erst nach Erreichen des genannten Quorums bei den Wettbewerbern unterschrieben wird. Das Erreichen des Quorums kann aber offensichtlich nicht durch Streikmaßnahmen gegen den Arbeitgeber gefördert werden. Jedenfalls sind die bei den Antragstellerinnen durchgeführten Streiks offensichtlich nicht erforderlich, sondern rechtsmissbräuchlich. Der Arbeitgeber ist nämlich - nach Maßgabe getroffener Vereinbarung - ohnehin abschlussbereit, weshalb es offensichtlich keiner Kampfmaßnahmen bedarf.

VI. Mogelstreik

1. Definition

Beim Mogelstreik gibt die Gewerkschaft ihr bis dahin verfolgtes Tarif- oder Streikziel aufgrund befürchteter Rechtswidrigkeit auf und gibt nun vor, den Arbeitskampf (ausschließlich) für ein anderes Streikziel zu führen.

---

[23]BAG v. 19. Juni 2007, 1 AZR 396/06, NZA 2007, 1055

2. Erläuterungen

2.1. Fallbeispiel 7

Das zuständige Gremium der Gewerkschaft fasst den Beschluss, Streikmaßnahmen zur Durchsetzung der Streikziele (1), (2) und (3) durchzuführen.
Nachdem das Landesarbeitsgericht im einstweiligen Verfügungsverfahren
Streikziel (1) als rechtliche bedenklich bezeichnet hat, erklärt der Pro-
zessbevollmächtigte der Gewerkschaft in der mündlichen Verhandlung, dieses Streikziel werde nicht aufrechterhalten. Die bereits beschlossenen Streikmaßnahmen würden nunmehr ausschließlich zur Durchsetzung der Streikziele (2) und (3) durchgeführt.

2.2. Fallbeispiel 8

Die Tarifkommission der Gewerkschaft fasst den Beschluss, Streiks zur
Durchsetzung eines Standortsicherungstarifvertrags durchzuführen. Danach
soll das bestreikte Unternehmen auf betriebsbedingte Kündigungen bis zum
Jahr 2020 verzichten und die Aufrechterhaltung der bisherigen Standorte
garantieren. Nachdem das Unternehmen beim zuständigen Arbeitsgericht
einen Eilantrag auf Untersagung der Streikmaßnahmen im einstweiligen
Verfügungsverfahren gestellt hat, beschließt die Tarifkommission unmittelbar vor der mündlichen Verhandlung, dieses rechtswidrige Streikziel[24] aufzugeben und stattdessen (nur) für eine Erweiterung der Mitbestimmung beim
Einsatz von Leiharbeit zu streiken. Zugleich mobilisieren die Gewerkschaft
und der Gesamtbetriebsrat die Arbeitnehmer in einem Flugblatt dazu, für
die Standortsicherung zu streiken.

2.3. Fallbeispiel 9

Die Gewerkschaft verfolgt in der laufenden Tarifrunde das Ziel, eine
Erhöhung der Vergütung, ein Verbot der Leiharbeit sowie ein Verbot der
Auslagerung von Arbeitsplätzen auf eine andere Konzerngesellschaft zu erreichen. Während über die Vergütungsfragen Einigkeit erzielt werden könnte, scheitern die Tarifverhandlungen an den anderen beiden Forderungen.
Daraufhin beschließt die Gewerkschaft Streikmaßnahmen zur Durchsetzung
der Vergütungsforderungen. Sie weist darauf hin, dass Verbote der Leiharbeit und der Auslagerung von Arbeitsplätzen nicht erstreikt werden dürfen.
In der Kommunikation bezeichnen die Gremien der Gewerkschaft diese beiden Punkte aber als die zentralen Forderungen im Tarifkonflikt. Dementsprechend sind es nach dem einhelligen Verständnis der Medien auch diese
Forderungen, um deren Durchsetzung es im Rahmen des Arbeitskampfes
geht.

---

[24]vgl. LAG Hamm v. 31. Mai 2000 - 18a S. 858/00, NZA-RR 2000, 535

2.4. Anmerkungen

Nicht selten kommt es vor, dass Gewerkschaften vorgeben, für rechtlich unangreifbare Ziele zu streiken, obwohl den Umständen klar zu entnehmen ist, dass es ihnen tatsächlich primär oder zumindest auch um die Durchsetzung anderer Tarifziele geht, die aber - etwa aufgrund von Friedenspflichten oder wegen des Schutzes der unternehmerischen Freiheit - nicht Gegenstand eines Arbeitskampfes sein können. So lagen beispielsweise den von der Gewerkschaft UFO organisierten Streiks der Flugbegleiter bei der Lufthansa im September 2012 (Fallbeispiel 9) nach dem formellen Streikbeschluss ausschließlich Forderungen nach Erhöhung der Grundvergütung, Änderung der Vergütungsstruktur und Zahlung einer Gewinnbeteiligung zugrunde. Verlautbarungen der Gewerkschaft zufolge, die auch von den Medien aufgegriffen wurden, ging es hingegen maßgeblich um die Verhinderung des Einsatzes von Leiharbeitnehmern und der Verlagerung von Arbeitsplätzen auf eine andere Gesellschaft, bei der ungünstigere Arbeitsbedingungen gelten. Werden einzelne Streikforderungen im Rahmen eines einstweiligen Verfügungsverfahrens als rechtswidrig angegriffen, so versuchen Gewerkschaften, die Rechtmäßigkeit der angekündigten oder laufenden Streikmaßnahmen dadurch herzustellen, dass sie im Verfahrensverlauf auf die vermeintlich rechtswidrigen Streikforderungen verzichten (Fallbeispiele 7 und 8); gegenüber den Mitgliedern wird diese Änderung häufig nicht einmal erwähnt.

3. Rechtliche Aspekte

Maßgeblich für die Überprüfung der Rechtmäßigkeit eines Streiks sind nach der Tarifsozialplan-Entscheidung des BAG[25] die von den dazu legitimierten Gremien der Gewerkschaft in Form des konkreten Streikbeschlusses getroffenen und an den Streikgegner übermittelten Tarifforderungen. Sonstige Verlautbarungen nicht vertretungsberechtigter Mitglieder der Gewerkschaft - etwa in Flugblättern, Presseerklärungen und dergleichen - sollen zur Bestimmung des Streikziels schon aus Gründen der Rechtssicherheit und um der Unbefangenheit der Meinungsbildung innerhalb der Gewerkschaft willen unmaßgeblich sein[26]. Diese Ansicht des BAG hat dazu geführt, dass Gewerkschaften nicht selten Streikziele festlegen, die mit ihren eigentlichen Tarifforderungen nicht allzu viel zu tun haben. So werden beispielsweise Streikforderungen nach Abschluss eines Tarifvertrages zum Gesundheitsschutz erhoben, wenn es tatsächlich um Vergütungsforderungen oder um die Verhinderung einer Betriebsänderung („Restrukturierung macht krank") geht. Dies ändert aber nichts daran, dass sie im Rahmen der Mobilisierung ihrer Mitglieder und auch in ihrer Öffentlichkeitsarbeit die eigentlichen Forderungen als Ziele des Arbeitskampfes vorgeben. Gewerkschaften gehen sogar so

---

[25]BAG v. 24. April 2007 - 1 AZR 252/06, NZA 2007, 987
[26]vgl. auch LAG Hessen v. 17. September 2008 - 9 SaGa 1442/08, NZA-RR 2009, 26

weit, dass sie diese Taktik ihren Mitgliedern unter explizitem Hinweis auf
die Tarifsozialplan-Entscheidung des BAG erläutern. Sie machen deutlich,
dass es bei den Streikmaßnahmen „eigentlich" um ganz andere Ziele als die
im „offiziellen" Streikbeschluss genannten Forderungen gehe. Darauf dürfe
aber - um die Rechtmäßigkeit des Streiks nicht zu gefährden - der förmliche
Streikbeschluss keinen Hinweis erhalten. Sei dieser Beschluss in Ordnung,
dann spiele es keine Rolle, wofür tatsächlich gestreikt werde. Insbesondere
diese Taktik führt den Standpunkt des BAG ad absurdum. Dementsprechend
ist die Ansicht des BAG in der Literatur vielfach auf Kritik gestoßen[27]. Das
BAG dürfe nicht außer Acht lassen, dass die Gewerkschaften ihre Mitglieder durch auf Spruchbändern und Plakaten geäußerte Parolen mobilisierten,
um ihre wahren Ziele durchzusetzen. Verschließe sich das BAG diesem Umstand, so werde den Gewerkschaften ein verfassungswidriger Eingriff in die
durch Art. 12 Abs. 1 GG geschützte unternehmerische Freiheit ermöglicht.
Allerdings hat das BAG lediglich festgestellt, dass sonstige Verlautbarungen
nicht vertretungsberechtigter Gewerkschaftsmitglieder für die Ermittlung
des Streikziels keine Bedeutung haben. Keine Aussage trifft das BAG in
der Entscheidung vom 24. April 2006 hingegen zur Bedeutung sonstiger offizieller Verlautbarungen außerhalb des formellen Streikbeschlusses. Dass aber
offizielle Handlungen und Verlautbarungen vertretungsberechtigter Organe
der Gewerkschaft zur Bestimmung des Streikziels heranzuziehen sind, hat
das BAG bereits in seinem Urteil vom 19. Juni 1973[28] festgestellt. Aus dieser
Entscheidung ergibt sich auch, dass es in Fällen des Rechtsmissbrauchs auf
das wahre Streikziel ankommt. Kann also durch sonstige Meinungsäußerun-
gen und Verlautbarungen der Gewerkschaft aufgedeckt werden, dass diese
nicht das sich aus dem Gremienbeschluss ergebende, sondern ein anderes -
aber möglicherweise rechtswidriges - Kampfziel verfolgt, so ist dieses Ziel
der Rechtmäßigkeitsprüfung zugrunde zu legen.

Dementsprechend sollte bei der Ermittlung des Streikziels von folgenden
Grundsätzen ausgegangen werden:

• Maßgeblich für die Ermittlung des Streikziels ist grundsätzlich der Inhalt
des von den legitimierten Gremien getroffenen und dem Gegner übermittelten Streikbeschlusses.

• Offizielle Verlautbarungen vertretungsberechtigter Organe der Gewerkschaft (z. B. auf deren Website) sind zur Ermittlung der Streikziele auch
außerhalb des Streikbeschlusses zu berücksichtigen.

• Verlautbarungen nicht vertretungsberechtigter Gewerkschaftsmitglieder
(z. B. der örtlichen Streikleitung oder streikender Arbeitnehmer, etwa in
der internen Kommunikation oder gegenüber der Presse) sind für die Ermittlung des Streikziels grundsätzlich ohne Bedeutung.

---

[27] vgl. z.B. Löw, AuA 2007, 463; Weller, GmbHR 2007, R 241; Kock, ZIP 2007, 1775
[28] 1 AZR 521/72, AP GG Art. 9 Arbeitskampf Nr. 47

• In Fällen des Rechtsmissbrauchs sind anderweitige Verlautbarungen zu berücksichtigen, um auf diese Weise das wahre Kampfziel der Gewerkschaft nach den §§ 133, 157 BGB aufzudecken. Rechtsmissbrauch liegt etwa vor, wenn der Streikbeschluss und die gewerkschaftliche Kommunikation deutlich voneinander abweichen, die Gewerkschaft den von den eigentlichen Zielen abweichenden formellen Streikbeschluss unter Verweis auf die Entscheidung des BAG vom 24. April 2007 erläutert oder wenn die Gewerkschaft ihre Ziele nach Beantragung gerichtlicher Eilmaßnahmen ändert, ohne ihre Mitglieder darauf hinzuweisen.

Diese Grundsätze stehen auch im Einklang mit den Erwägungen des BVerfG in seiner Entscheidung vom 4. Juli 1995[29].

Im Fallbeispiel 9 ist dem entsprechend - bereits aufgrund der offiziellen Verlautbarungen der vertretungsberechtigten Gewerkschaftsorgane - davon auszugehen, dass der Arbeitskampf zur Durchsetzung des Verbots der Leiharbeit und der Auslagerung von Arbeitsplätzen geführt wird. Will die Gewerkschaft dies verhindern, muss sie sich von den ursprünglich geltend gemachten Zielen deutlich distanzieren.

Im Fallbeispiel 8 hätte die Gewerkschaft ihren Mitgliedern gegenüber kommunizieren müssen, dass sie nunmehr - nach Änderung der Streikziele im Rahmen einer gerichtlichen Auseinandersetzung - für andere Ziele streiken. Da sie allerdings in ihrem - gemeinsam mit dem Gesamtbetriebsrat - herausgegebenen Flugblatt zu Streikmaßnahmen für die ursprünglichen Ziele mobilisierte, sind auch diese Ziele der Rechtmäßigkeitsprüfung zugrunde zu legen [30].

Fallbeispiel 7 wirft zudem die Frage auf, ob ein - vermeintlich rechtswidriges - Streikziel im Rahmen einer gerichtlichen Auseinandersetzung durch den Prozessbevollmächtigten der Gewerkschaft zurückgenommen werden kann mit der Folge, dass eine auf Unterlassung gerichtete einstweilige Verfügung des Arbeitgebers zurückzuweisen ist, also der ggf. rechtswidrig begonnene Streik nunmehr in rechtmäßiger Weise fortgesetzt werden kann. Stellt man zur Streikzielbestimmung in erster Linie auf den Gremienbeschluss des zuständigen Gewerkschaftsorgans ab, so muss dies auch zulasten der Gewerkschaft gelten. Solange also ein dem Arbeitgeber übermittelter Gremienbeschluss getroffen wurde, kann dieser nicht durch die „Herausnahme" einzelner Streikziele, etwa durch Abgabe einer partiellen Unterlassungserklärung im Zuge eines arbeitsgerichtlichen Rechtsstreits, modifiziert werden. Vielmehr bedarf es eines erneuten Gremienbeschlusses, der sich dann nicht mehr auf das rechtswidrige Streikziel beziehen darf[31].

---

[29] 1 BvF 2/86; 1 BvF 1/87; 1 BvF 2/87; 1 BvF 3/87; 1 BvF 4/87 und 1 BvR 1421/86, NZA 1995, 754

[30] a.A. ArbG Frankfurt v. 30. April 2011 - 8 Ga 169/11

[31] a.A. LAG Hessen v. 9. August 2011 - 9 SaGa 1147/11 zum Fluglotsenstreik

Jedenfalls kann einem bereits laufenden Arbeitskampf nicht ohne einen erneuten Gremienbeschluss durch die bloße Erklärung, man halte an als rechtswidrig erkannten Streikzielen nicht länger fest, die Rechtswidrigkeit genommen werden. Ein bereits andauernder Streik kann als einheitliche Maßnahme nur einheitlich als rechtmäßig oder rechtswidrig beurteilt werden. Eine Änderung der Kampfziele während des laufenden Streiks ist nicht möglich[32].

VII. Fazit

Zahlreiche Rechtsfragen, die im Rahmen der aktuellen Tarifkonflikte eine nicht unbeträchtliche Rolle spielen, sind noch weitgehend ungeklärt. In Ermangelung einer gesetzlichen Kodifizierung des Arbeitskampfrechts und höchstrichterlicher Entscheidungen müssen sie von den Instanzgerichten - vor Streikbeginn nicht selten ausschließlich durch das Arbeitsgericht - entschieden werden. Der Verfasser hofft, durch diesen Beitrag zur Diskussion über die einzelnen Fallkonstellationen und die damit verbundenen Rechtsprobleme angeregt zu haben. In Anbetracht der Bedeutung der widerstreitenden Rechte wäre ein angeregter Meinungsaustausch wünschenswert.

---

[32] ArbG Frankfurt v. 29. Februar 2012 - 9 Ga 24/12 zum Vorfeldstreik am Frankfurter Flughafen

Kapitel V.

Mediation zwischen Kollektivpartnern – eine neue Streitkultur?

Mediation zwischen den Kollektivpartnern - eine neue Streitkultur nach europäischem Recht - dargestellt am Beispiel der TÜV SÜD AG, München

Dr. Friedrich-Wilhelm **Lehmann**
Rechtsanwalt, Schliersee und Krefeld

Andreas **Heß**
Geschäftsführender Gesellschafter der HLS-Gobal Business Service GmbH,
Schliersee und Frankfurt

Das Europarecht[1] und dessen Transformation in nationales Recht durch das „Gesetz zur Förderung der Mediation und anderer Verfahren der außergerichtlichen Konfliktbeilegung" (MediationsG) vom 21. Juli 2012[2] hat der Mediation in den Ländern Europas eine neue Anerkennung in einem zivilen und handelsrechtlichen Rahmen verschafft.[3]

Die Mediation im Sinne des MediationsG ist nicht nur ein hilfreiches Instrument zur Beilegung von Konflikten einzelner Personen untereinander. Vielmehr kann sie auch ein hilfreiches Mittel zur Bereinigung von Arbeitskonflikten zwischen Arbeitnehmer und Arbeitgeber oder zwischen Kollektivparteien sein, seien dies Betriebsparteien oder Tarifvertragsparteien. Auch bei Konflikten von Betriebsräten untereinander oder im Verhältnis zum Gesamtbetriebsrat oder Konzernbetriebsrat bis hin zu Streitigkeiten von Gewerkschaften untereinander ist ein Mediationsverfahren geeignet, die Konflikte mit friedlichen Mitteln beizulegen.

---

[1] Richtlinie 2008/52/EG vom 21.5.2008 über bestimmte Aspekte der Mediation in Zivil- und Handelssachen (Europäische Mediationsrichtlinie).

[2] „Gesetz zur Förderung der Mediation und anderer Verfahren der außergerichtlichen Konfliktbeilegung" mit der Kurzbezeichnung als Mediationsgesetz (MediationsG) BGBl I 2012 S. 1577 f.

[3] Dabei darf nicht übersehen werden, dass große Unternehmen in Deutschland schon im letzten Jahrzehnt vor Inkrafttreten des MediationsG im Rahmen ihrer Unternehmenskultur Institutionen geschaffen haben, in der die Mediation als Methode der außergerichtlichen Konfliktbeilegung für den innerbetrieblichen Frieden angewandt worden ist. So haben einzelne große Unternehmen in eigener Initiative ein Konfliktmanagementsystem (KMS) installiert, wie die Deutsche Bahn AG, die E.ON Kernkraftwerk GmbH, die SAP Deutschland AG & Co. KG, die Bombardier Transportation (Signal) Germany GmbH. Im Jahre 2008 haben namhafte Unternehmen die Institution „Round Table Mediation & Konfliktmanagement der deutschen Wirtschaft" gegründet, ein wissenschaftlich begleitetes Forum zum Austausch und zur Fortentwicklung der Erfahrungen von Unternehmern im Konfliktmanagement und insbesondere der Mediation (vgl. hierzu Mattioli und Eyer „Mediation in Arbeitskonflikten" in Arbeit und Arbeitsrecht 2011, S. 340 f.). In diesem Sinne berichtet Heß, HLS-Global Business Service GmbH (HLS), mit Erlaubnis von TÜV SÜD und der Tarifvertragsparteien (Konfliktparteien) über das Beispiel eines reibungslosen Ablaufes einer Mediation innerhalb der Unternehmen der TÜV SÜD Gruppe mit einer die Konfliktparteien zufrieden stellenden Abschlussvereinbarung (im Folgenden unter Ziffer VII).

Die Bundesjustizministerin sprach bei ihrer Ankündigung des MediationsG von einem „Meilenstein zur Verbesserung der Streitkultur in Deutschland". Das neue Mediationsgesetz sei ein „kluges Recht für eine fortgeschrittene Zivilgesellschaft".

Mediationsverfahren gibt es - wenn auch in unterschiedlichen Formen - seit unvordenklichen Zeiten. Sie sind keine Erfindung unserer modernen Zivilgesellschaft, sondern in der historischen Entwicklung nur „ziviler" geworden.[4]

Die Entscheidung der Konfliktparteien setzt das Wissen über die Grundzüge der Mediation voraus, die der Mediator am Beginn des Verfahrens mit den Konfliktparteien erläutert, wie es das MediationsG verlangt. Eine Mediation macht erst danach Sinn und ist zielführend, wenn die Konfliktparteien die Prinzipien und Besonderheiten der Mediation verstanden haben.

Daher befassen wir uns erst mit den Eckpunkten des MediationsG und erst dann mit der Perspektive für eine Konfliktbeilegung in kollektiven Arbeitskonflikten.

I. Eckpunkte des Mediationsgesetzes

Mediation ist ein vertrauliches und strukturiertes Verfahren, bei dem Parteien mithilfe eines oder mehrerer Mediatoren freiwillig und eigenverantwortlich eine einvernehmliche Beilegung ihres Konfliktes anstreben. Ein Mediator ist eine unabhängige und neutrale Person ohne Entscheidungsbefugnis, die die Parteien durch die Mediation führt.

Das MediationG kann - zumindest was seinen ersten Teil in Artikel 1 betrifft - als ein kleines Kunstwerk einer recht gut gelungenen knappen Zusammenfassung der bestehenden Lehre der Mediation auf dem Boden europäischen Primärrechtes bezeichnet werden. Demgegenüber stiftet die Einführung einer neuen mediatorischen Institution „Güterichter" in der bisher in der Justiz bekannten gerichtlichen oder gerichtsnahen Konfliktbeilegung eher Verwirrung, der wir in diesem Beitrag über die *außergerichtliche Konfliktbeilegung* keinen Tribut zur Entwirrung zollen wollen. Vor Inkrafttreten des

---

[4]Beispiele einer Konfliktbeilegung finden wir von der Antike bis heute. Diese sind: der Bund von Menschen mit Göttern durch Rituale und Opfer mithilfe von Vermittlern (Mediatoren), der Abkauf von Sünden (Ablass), die Zahlung von Blutgeld (Thalia im Orient) zur Vermeidung weiteren Blutvergießens; moderner geworden sind die Formen der Konfliktbeilegung in den Ländern Europas durch gerichtliche und außergerichtliche Konfliktbeilegung, so in der Zivil- und Arbeitsgerichtsbarkeit, in familienrechtlichen Verfahren, der Verwaltungs-, Sozial- und Finanzgerichtsbarkeit. Keine Mediation gibt es in der Strafprozessordnung; aber dennoch erfolgt eine erstaunliche Konfliktbeilegung zwischen Angeklagtem und Staat beim „Deal" nach Maßgabe der Strafprozessordnung oder darüber hinaus; das Bundesverfassungsgericht befasst sich bekanntlich aktuell mit den aus den Extremen resultierenden verfassungsrechtlichen Fragen.

MediationsG trennte man die Konfliktbeilegung in der Sphäre von Gerichten noch in eine gerichtliche und gerichtsnahe Konfliktbeilegung. Diese Begriffe sind durch Art. 2 des MediationsG überholt.

1. Grundsatz der Freiwilligkeit

Die Mediation ist ein Verfahren, das von anderen Möglichkeiten der Konfliktbeilegung in Form und Inhalt zu trennen ist, wie beispielsweise vom Verfahren bei einem Schiedsgericht, einer Güteverhandlung[5], dem Verfahren vor dem nicht entscheidungsbefugten Güterichter, einem Einigungsstellenverfahren, Schlichtungsverfahren o.ä. Verfahren. Jedoch können sich die vorgenannten Institutionen dennoch mediatorischer Elemente bedienen.

Allerdings ist keine Streitpartei - das Gesetz spricht von „Konfliktpartei" - gezwungen, sich auf Wunsch des Konfliktgegners auf ein Mediationsverfahren einzulassen. Oberstes Prinzip ist die Freiwilligkeit, sich zur Beilegung eines Konfliktes für eine Mediation zu entscheiden. Dazu gehört auch die Einigung auf die Person des Mediators.

2. Allparteilichkeit des Mediators

Der Mediator ist allen Parteien gleichermaßen verpflichtet. Er muss allparteilich sein.[6] Dazu gehören die im Gesetz genannten Offenbarungspflichten und das Geheimhaltungsgebot. Er fördert die Kommunikation der Parteien und gewährleistet, dass die Parteien in angemessener und fairer Weise in die Mediation eingebunden sind. Er kann im allseitigen Einverständnis getrennte Gespräche mit den Parteien führen. Dritte können nur mit Zustimmung aller Parteien in die Mediation einbezogen werden. Die Parteien können die Mediation jederzeit beenden. Auch der Mediator kann die Mediation beenden, insbesondere wenn er der Auffassung ist, dass eine eigenverantwortliche Kommunikation oder eine Einigung der Parteien nicht zu erwarten ist. Die vom MediationsG dem Mediator abverlangten Eigenschaften der Unabhängigkeit, Neutralität und Allparteilichkeit sind unumstößliche Kriterien, ebenso die Geheimhaltungspflicht, soweit nicht die Konfliktparteien selbst eine Verlautbarung nach außen wünschen.

Die genannten Eigenschaften erfordern, dass der Mediator mit der gebotenen Sensibilität und dem von ihm zu erwartenden psychologischen Geschick dafür sorgt, dass die Konfliktparteien eigenverantwortlich und selbständig

---

[5] vgl. Artikel 2 MediationsG: die Güteverhandlung gemäß § 278 Abs. 2 ZPO sowie das Güteverfahren gemäß § 4 ArbGG sind unverändert geblieben. Jedoch sind in das MediationsG neu aufgenommen das „erweiterte Modell des nicht entscheidungsbefugten Güterichters" gemäß § 278 a ZPO sowie § 54 a ArbGG

[6] eine unabhängige und neutrale Person (§ 1 Abs. 2 MediationsG) hat die Stärke, sich die Interessen und Belange einer jeden Konfliktpartei anzuhören und sie zu verstehen.

Lösungen entwickeln und erarbeiten. Der Mediator hält sich somit aus dem Konflikt vollständig heraus.[7] Jeder noch so gut gemeinte Lösungsvorschlag sollte unbedingt unterbleiben.

Die Allparteilichkeit darf in Anbetracht der unabdingbaren Unabhängigkeit, Neutralität und Verschwiegenheitspflicht des Mediators nicht etwa so interpretiert werden, der Mediator dürfe beiden Konfliktparteien zugeneigt sein. Jedwede Unterstützung der einen oder anderen Konfliktpartei oder sogar auch beider Parteien kann zu Misstrauen bei der einen oder anderen Partei und Zweifel an der Neutralität und Unabhängigkeit des Mediators führen, nicht zuletzt auch dann, wenn einer Partei der Lösungsvorschlag nicht gefällt[8] und sie fürchten muss, dass der Lösungsvorschlag für die andere Partei Präjudizien schafft.

3. Abweichungen

Beide Parteien können sich einvernehmlich für Abweichungen von der reinen Lehre der Mediation entscheiden. In diesem Fall allerdings gibt es für sie keinen Mediator, sondern nur noch eine vermittelnde Person.

Abweichungen in den Methoden werden in der Praxis die Ausnahme bleiben, weil die Konfliktlösung der Parteien in Eigenverantwortung in der Regel erheblich mehr Aussicht auf Erfolg bietet.

---

[7] Anders verhält es sich im Verfahren vor dem nicht entscheidungsbefugten Güterichter im erweiterten Güterichtermodell (so in § 278 a ZPO und § 54 a ArbGG). Der durch das MediationsG „neu gebackene" nicht entscheidungsbefugte Güterichter ist kein Mediator. Er darf alle angemessenen Methoden der Konfliktbeilegung anwenden, also auch Lösungsvorschläge unterbreiten, eine rechtliche Bewertung den Konfliktparteien vor Augen führen, die Gerichtsakten ohne Zustimmung der Parteien einsehen und einen vollstreckbaren Vergleich gerichtlich protokollieren. Dessen ungeachtet darf er dennoch mediatorische Elemente bei dem Versuch der Konfliktlösung einsetzen. Im erweiterten Modell des Güterichters nach dem MediationsG ist zu unterscheiden: erstens dem entscheidungsbefugten Richter im Gütetermin (Einigung im Rechtsstreit), zweitens dem nicht entscheidungsbefugten Richter im Sinne der erweiterten Güterichtermodells (nicht entscheidungsbefugter Güterichter) und drittens der Mediation (außergerichtliches Mediationsverfahren).

[8] Allein schon aus dieser Perspektive unterscheidet sich die Mediation beispielsweise von den Methoden einer Schlichtung. Im Schlichtungsverfahren macht der Schlichter spätestens am Ende des Verfahrens einen Schlichtungsvorschlag, dem die Parteien zustimmen können oder auch nicht, es sei denn, dass sie sich zuvor dem Schlichterspruch unterworfen haben. In den Schlichtungsverfahren von Tarifvertragsparteien besteht wegen der Publizitätswirkung nicht selten ein hoher Einigungsdruck. Dieser Einigungsdruck entfällt in der Regel zwar auch nicht bei Mediationsverfahren. Aber die eine oder andere Partei hat den Vorteil, die Mediation jederzeit abbrechen und andere Maßnahmen ergreifen zu können.

4. Verschwiegenheitspflicht

Ein Essential der Mediation ist die gesetzlich gebotene Verschwiegenheitspflicht sowohl des Mediators als auch der Konfliktparteien selbst. Von der Verschwiegenheitspflicht wird auch ein mit Zustimmung beider Konfliktparteien hinzugezogenen Dritter erfasst[9].

Die an der Mediation Beteiligten sollen im Mediationsverfahren oder in den getrennt mit dem Mediator mit Zustimmung der Konfliktparteien geführten Gesprächen offen ihre Kritik aussprechen und ihre Interessen darlegen dürfen, ohne befürchten zu müssen, dass die Äußerungen nach außen an Dritte dringen.

Jedoch können die Konfliktparteien Veröffentlichungen zustimmen; bei der Abgabe der Zustimmung sollten die Gegenstände der Publikation genau bezeichnet werden, beispielsweise die Offenlegung der Abschlussvereinbarung.

5. Kommunikation der Konfliktparteien in gleicher Augenhöhe

Zur Kommunikation gehört das „Einander wechselseitig Zuhören", sowie das Kommunizieren der Konfliktparteien „in gleicher Augenhöhe".

6. Ergebnisoffenheit

Die Konfliktparteien müssen mit einer grundsätzlichen Verhandlungsbereitschaft in das Mediationsverfahren gehen. Sie benötigen, falls sie in Arbeitskonflikten einen Konzern, ein Unternehmen oder sonst wie einen Kollektivpartner vertreten, die Abschlusskompetenz. Eigene unumstößliche Vorgaben einer Konfliktpartei an sich selbst oder Vorgaben an eine Konfliktpartei von außen führen zum Scheitern der Mediation und zu unnötigen Zeitverlusten. Die Ergebnisoffenheit wird gefördert durch das Recht jeder Konfliktpartei oder des Mediators, das Verfahren jederzeit abbrechen zu können.

7. Gleicher Informationsstand der Beteiligten

Alle Entscheidungen werden auf einer Grundlage eines gemeinsamen Informationsstandes getroffen. Denn das MediationsG verlangt, dass der Mediator die Kommunikation der Parteien fördert und gewährleistet, dass die Parteien in angemessener und fairer Weise in die Mediation eingebunden sind (§ 2 Abs. 3 MediationsG).

---

[9]Verstöße gegen die Verschwiegenheitspflicht lassen sich derzeit strafrechtlich nicht unter die Bestimmungen der §§203 f. StGB zu subsumieren. Hier bedarf es einer Klarstellung des Gesetzgebers.

Der Mediator darf sich nur mit Zustimmung der Konfliktparteien eigene Informationen verschaffen, indem er beispielsweise vor Beginn der gemeinsamen Sitzung mit den Konfliktparteien getrennt über deren Interessenschwerpunkte und Belange spricht oder Akten einsieht. Hierbei hat er auf die gesetzlichen Gebote der Neutralität und Unabhängigkeit sowie der Allparteilichkeit zu achten. Getrennt mit den Konfliktparteien geführte Gespräche können für den Erfolg der Mediation förderlich sein.

II. Mediationsvereinbarung

Sobald sich die Konfliktparteien auf eine Mediation und die Beauftragung eines personifizierten Mediators geeinigt haben, sollten die Beteiligten die Organisation des Mediationsverfahrens vorbereiten.

1. Gestaltung der Mediationsvereinbarung

Die Mediationsvereinbarung kann aus zwei unterschiedlichen Vertragsteilen bestehen. Dies ist zum einen die Vereinbarung zwischen den Konfliktparteien, dass ein Mediationsverfahren durchgeführt wird und unter welchen Rahmenbedingungen dies erfolgt, und zum anderen der Vertrag, mit dem ein bestimmter Mediator, auf den sich die Konfliktparteien geeinigt haben, beauftragt wird.

Die Aufteilung der Mediationsvereinbarung in zwei unterschiedliche Vertragsteile ist nicht zwingend geboten. Die Mediationsvereinbarung kann auch in einem einzigen Dokument alle den Konfliktparteien als notwendig erscheinenden Regelungspunkte erfassen. In einem solchen Fall unterschreibt nebem dem Auftraggeber und Auftragnehmer auch der Mediator die Mediationsvereinbarung.

Eine Schriftformerfordernis gibt es nicht. Es herrscht auch hier Vertragsfreiheit. Jedoch kann die Dokumentation späteren Streitigkeiten unter den Beteiligten über die Inhalte der Absprachen vorbeugen. Ein weiterer Vorteil der Dokumentation liegt darin, dass der Mediator gemäß § 2 Abs. 2 MediationsG verpflichtet ist, sich darüber zu vergewissern, dass die Parteien die Grundsätze und den Ablauf des Mediationsverfahrens verstanden haben und freiwillig an der Mediation teilnehmen. Sollte nämlich eine Partei im Laufe des Verfahrens oder nach dessen Abschluss erklären, sie sei nicht genügend über die Prinzipien des Mediationsverfahrens und dessen Ablauf vom Mediator aufgeklärt worden, kann es zur Wiederholung oder zur Beendigung des Verfahrens kommen. Für die Kosten haftet der Mediator. Daher erleichtert er sich den später vielleicht einmal notwendig werdenden Nachweis der Aufklärung, indem er die Grundsätze der Mediation in die Medationsvereinbarung aufnehmen lässt. Er sollte diese Grundsätze jedoch zusätzlich zu Beginn des Mediationsverfahrens nochmals klar stellen. Dazu gehört es, den Konfliktparteien (Medianten) zu verdeutlichen, dass sie anstreben, eigenständig und eigenverantwortlich - mit Unterstützung des Mediators, aber ohne dessen Einmischung in den Konflikt - zu einer gemeinsamen Vereinbarung zu gelangen, die aus der Sicht der Beteiligten fair und gerecht ist und ihre Interessen berücksichtigt.

2. Beispiel für den Inhalt einer Mediationsvereinbarung und eines Vertrages mit dem Mediator

Die für den konkreten Einzelfall wichtigen Regelungspunkte, die im Folgenden aufgelistet sind, stellen für beide Verträge eine Art „Checkliste" dar:

• Beauftragung des Mediators zur Mediation (Bezeichnung der Beteiligten)

• Grundsätze des Mediationsverfahrens, insbesondere: die Freiwilligkeit; Verschwiegenheitspflicht der in die Durchführung des Verfahrens eingebundenen Personen; gegebenenfalls die Offenlegung aller Umstände, die die Unabhängigkeit und Neutralität des Mediators beeinträchtigen könn(t)en; das Recht des Mediators oder der Konfliktparteien zur jederzeitigen Beendigung des Verfahrens; das notwendige Vorliegen von entscheidungsrelevanten Tatsachen (Informiertheit);

• Prognostizierter Zeitaufwand und Zeitplan; der Zeitplan kann je nach Schwierigkeit und Bedeutung des Verfahrens eine Zeitachse über Stunden, Tage, Wochen oder Monate darstellen; dazu kann der prognostizierte Zeitaufwand für eine mit Zustimmung der Konfliktparteien getrennte Anhörung der Konfliktparteien und Dritter gehören;

• Zustimmung der Beteiligten, dass der Mediator getrennte Gespräche mit den Konfliktparteien und / oder deren Vertretern führt,

• Zustimmung der Beteiligten, dass der Mediator erforderlichenfalls Informationen beim Arbeitgeber und bei weiteren Institutionen/Organisationen einholt,

• Datenschutz

• Haftung und Haftungsbegrenzung des Mediators ohne Erfolgshaftung und der Beteiligten bei Verstößen gegen die Verschwiegenheit;

• Gewährleistung der Einhaltung der Regeln der Mediation, soweit nicht die Konfliktparteien eine Abweichung ausdrücklich wünschen;

• Laufdauer und Beendigung des Vertrages, auch vorzeitige Beendigung nach dem MediationsG

• Festlegung des Honorars (stundenweise Vergütung oder Pauschalhonorar oder gesetzliche Gebühren, falls solche anfallen). Wegen der Vertragsfreiheit kann die Verteilung der Honorar- und Reisekosten auf die Auftraggeber zu gleichen Teilen oder unterschiedlichen Teilen vereinbart werden. Möglich ist ebenso, dass nur eine Konfliktpartei die Honorar- und sonstigen Kosten übernimmt. Diese Kostenlast wird bei einer betriebsverfassungsrechtlichen Streitigkeit, die nach dem Willen der Betriebsparteien durch Mediation erledigt werden soll, beim Arbeitgeber sein.[10]

III. Prozedere in einem Mediationsverfahren

Das Verfahren besteht aus unterschiedlichen Phasen, die wie folgt ablaufen können:

1. Eröffnungsphase

Der Mediator erläutert das bevorstehende Verfahren. Dabei vergewissert er sich, dass die Parteien die Grundsätze und den Ablauf des Mediationsverfahrens, insbesondere den Grundsatz der freiwilligen Teilnahme an der Mediation und das Prinzip der eigenverantwortlichen Erarbeitung von Lösungen als Inbegriff der Mediation, verstanden haben.

Die Parteien können, wenn sie das Verfahren verstanden haben, der Mediation nach der ihnen aufgezeigten „reinen Lehre" zustimmen oder Abweichungen in einzelnen Punkten untereinander aushandeln. Die Möglichkeit zur Abweichung folgt aus dem Prinzip der Freiwilligkeit des Verfahrens. Den besten Erfolg verspricht aber ein Mediationsverfahren, das ausschließlich nach der „reinen Lehre" abläuft.

2. Themensammlung und deren Gewichtung durch die Parteien selbst

Die Parteien sammeln die zur Konfliktbeilegung für sie jeweils wichtigen regelungsbedürftigen Themen. Es steht ihnen frei, zu regelnde Sachverhalte einvernehmlich auszuschließen oder einzubeziehen.

Sodann gewichtet jede Partei auf ihrer Seite die Themen. Dabei kann sich herausstellen, dass die Interessenlagen der Parteien je Thema unterschiedlich gewichtet sind. Dies kann eine Einigung erleichtern, weil eine Partei, der etwas als unwichtig erscheint, leichter in *diesem* als einem anderen für sie wichtigen Punkt nachgibt.

---

[10]Nach § 40 BetrVG trägt der Arbeitgeber die notwendigen Kosten. Der Betriebsrat, Gesamtbetriebsrat oder Konzernbetriebsrat sind nicht vermögensfähig.

Beispiel:
Der Wirtschaftsausschuss des Betriebsrates und der Betriebsrat möchten mehr Informationen über ein anstehendes Projekt von dem Arbeitgeber erhalten; die Arbeitgeberseite ist grundsätzlich zu weiteren Informationen bereit, befürchtet aber, dass der Betriebsrat oder einzelne Mitglieder des Wirtschaftsausschusses sämtliche Informationen noch in der Phase der nicht abgeschlossenen Planung - die also noch keine Reife erreicht hat - erhalten und dann diese Informationen aus der Planung weiter an die Belegschaft oder an Dritte herantragen. Bei der Gewichtung der beiderseitigen Interessenlagen wird im Mediationsverfahren deutlich, dass es dem Arbeitgeber weniger um eine Erweiterung der Informationen, als vielmehr um die Installation eines betrieblichen Verfahrens über die rechtzeitige, aber nicht vorzeitige Erteilung und Weitergabe von Informationen geht. Demgegenüber ist für den Betriebsrat wichtig, dass er umfassende Informationen erhält, mit denen der Arbeitgeber und er rechtzeitig in die Beratung über einen Interessensausgleich gehen können.

3. Konfliktbearbeitung

Das Prinzip der Mediation besteht darin, dass die Parteien für den Konflikt und dessen Lösung selbst zuständig sind. Die Entscheidungen über Verfahrensabläufe und Lösungswege werden von den Parteien eigenverantwortlich - also nicht durch einen Richter, Schiedsrichter oder den Mediator - getroffen.

Eine Grundregel lautet: **Die Konfliktparteien sind „Herr des Konflikts"** in ihrer Selbstverantwortung. **Der Mediator ist „Herr des Mediationsverfahrens"** als neutraler Verfahrenslenker, der auf keiner Seite der Konfliktparteien steht (Allparteilichkeit).

Unter der Moderation des Mediators sind die Konfliktparteien gefordert, selbständig und eigenverantwortlich und ohne Einmischung des Mediators

- die eigenen Interessen zu erkennen, vorzutragen und zu formulieren, sowie
- der anderen Seite der Konfliktparteien zuzuhören.

Die für den Erfolg einer Mediation erforderliche Offenheit jeder Partei zur Verdeutlichung ihrer Interessenlage lässt nicht nur den Austausch von Höflichkeiten zu, allerdings auch nicht beleidigende oder andere wenig wertschätzende Äußerungen. Der Mediator wird darauf achten, dass jede Partei die Interessenlage der anderen Partei wahrnimmt. Je besser die Parteien die wechselseitigen Interessenlagen und deren Gewichtung wahrnehmen, um so mehr nähern sich die Konfliktparteien dem Erfolg der Mediation durch eine Einigung. Dies fördert der Mediator durch seine Aufgabe, für die Kommunikation der Parteien zu sorgen.

Auf Wunsch der Konfliktparteien und nur mit deren ausdrücklichen Zustimmung kann eine sachkundige Person hinzugezogen werden, wenn in der Mediation schwierige oder komplexe Sachverhalte zu behandeln sind, die von den Beteiligten nicht ohne externe Unterstützung verstanden werden (können). Der Dritte kann mit Zustimmung der Konfliktparteien auch ein weiterer Mediator sein.[11]

Unter diesen Prämissen des Verfahrensablaufes sind die Konfliktparteien in der Mediation gefordert, die Lösungswege selbst zu entwickeln, zu bewerten und zu verhandeln.

4. Protokollierung

Die Dokumentation während des Verfahrens (Protokollierung) kann den Konfliktparteien hilfreich sein, damit den Beteiligten die wechselseitigen Interessenlagen und deren Gewichtung vor Augen ist. Der Mediator muss allerdings zur Protokollierung die Zustimmung der Konfliktparteien einholen. Es empfiehlt sich, dass die Beteiligten die Sätze des Protokolls gemeinsam formulieren.

5. Abschlussvereinbarung

Der Mediator wirkt im Falle einer Einigung der Konfliktparteien darauf hin, dass die Parteien die Vereinbarung in Kenntnis der Sachlage treffen und ihren Inhalt verstehen.

Der Mediator hat die Parteien, die ohne fachliche Beratung an der Mediation teilnehmen, auf die Möglichkeit hinzuweisen, die Vereinbarung bei Bedarf (vor der Zustimmung zur Abschlussvereinbarung oder deren Unterzeichnung) durch externe Berater überprüfen zu lassen (§ 2 Abs. 6 MediationsG).

Nur mit Zustimmung der Konfliktparteien kann die erzielte Einigung in einer schriftlichen Abschlussvereinbarung dokumentiert werden. Denn die Gefahr einer versehentlichen Offenbarung nach außen ist gegeben. Jedoch liegt eine Bekanntgabe nach außen an die Kollektivpartner oder Beschäftigten nahe, wenn der Inhalt der Einigung der allseitigen Beruhigung und der Umsetzung der Ergebnisse dient. Die Zustimmung der Beteiligten ist unverzichtbar.

Im Hinblick über die in der Regel nach Abschluss der Vereinbarung erfolgende Umsetzung der Obliegenheiten und Rechte sollte der Mediator dafür sorgen, dass die Formulierungen für die Parteien transparent, eindeutig und soweit wie möglich bestimmt oder bestimmbar sind. Falls der Mediator selbst die Vereinbarung formuliert, sollte er darauf achten, dass keine der beiden

---

[11]Das MediationsG lässt mehrere Mediatoren zu.

Parteien Misstrauen hat, ob der Mediator wirklich allparteilich formuliert. Daher sollte der Mediator vorsorglich jeden einzelnen Satz im Dokument mit den Konfliktparteien abstimmen.

Die Vereinbarung sollte eine konkrete Regelung über das weitere Vorgehen zur Umsetzung der Ergebnisse und über zu beachtende Fristen bei der Umsetzung - soweit dies passt - sowie über das Vorgehen im zukünftigen Konfliktfall enthalten.

IV. Was kann die Mediation bewirken?

Die Konfliktlösung durch Mediation ist nicht jedermann willkommen, wenn sich eine Konfliktpartei lieber streiten und Recht behalten will, „um es dem Konfliktgegner mal zu zeigen, dass... usw."

Es zeigt die Erfahrung, dass die Mediation überwiegend erfolgreich ist.

Die Mediation hat den psychologischen Vorteil, dass die Parteien ohne äußeren Einfluss, jedoch mithilfe der Moderation eines Mediators in einem strukturierten Verfahren die Konfliktlösung selbst erarbeiten. Die Eigenverantwortung führt dazu, dass sich keine der Konfliktparteien unterlegen fühlt und falls doch, dass sie jederzeit das Verfahren beenden kann. Das Obsiegen der einen Partei und Unterliegen der anderen Partei im Prozess führt zwar ebenfalls nach Eintritt der Rechtskraft zum Rechtsfrieden, aber nicht zur inneren Konfliktlösung.

Der Erfolg der Konfliktbewältigung kann auch davon abhängen, dass alle relevanten Gesichtspunkte berücksichtigt werden, etwa die Beziehung der Parteien belastende und in der Folge den Konflikt prägende Elemente wie beispielsweise sozialpsychologisch erklärbare Verhärtungen in den Beziehungen. Auch können freiwillig weitere Konfliktpunkte in die Einigung einbezogen werden.[12]

Ein Richter sagte mir, dass nach den bisherigen Erfahrungen in seinem Justizbereich etwa 90 % aller Rechtsstreitigkeiten, in denen sich die Parteien auf eine außergerichtliche Mediation vor einem nicht entscheidungsbefugten Richter geeinigt haben, mit einer Abschlussvereinbarung geendet haben. Dies sei zwar nur ein empirischer Wert, weil Datenerhebungen in seinem Bereich nicht existieren. Jedoch verdiene die „außergerichtliche Konfliktbeile-

---

[12] vgl. die Argumentation des BVerfG im Beschluss 14.2.2007 - 1 BvR 1351/01, NJW - RR 2007, 1073; dort ging es um die Verfassungsmäßigkeit einer in NRW gesetzlich vorgeschriebenen Schlichtung. Das BVerfG hält das Gesetz NRW für verfassungsgemäß. Die vom BVerfG genannten möglicherweise den Konflikt belastenden und sozialpsychologisch erklärbare Verhärtungen in den Beziehungen der Konflikparteien treffen im Kern auf jede Form der Konfliktbeilegung zu, insbesondere auch die Mediation, über die das BVerfG allerdings nicht zu entscheiden hatte. Die Gesichtspunkte des BVerfG verdienen daher, hervorgehoben zu werden.

gung" in gerichtsnahen Verfahren[13] die Bewertung, dass die in einer Mediation eigenverantwortlich getroffenen Entscheidungen der Medianten überwiegend zum Rechtsfrieden führen. Für die Justiz würde durch die Beendigung von Rechtsstreitigkeiten durch Abschlußvereinbarungen die Produktivität in anderen Angelegenheiten höher. Die außergerichtliche Konfliktbeilegung sei somit nach bisheriger Feststellung eine Entlastung für die Justiz. Die Entlastung entstehe in der Regel ebenso bei den Konfliktparteien.

Sowohl in gerichtlichen als auch in außergerichtlichen Konflikten werden die Parteien und ihre Berater bedenken, dass die Konfliktlösung mithilfe eines Mediators erheblich kostengünstiger sein kann als die streitige Austragung eines sich möglicherweise über mehrere Instanzen hinweg erstreckenden Rechtsstreites bei den Fachgerichten. Insbesondere sind die den mit Rechtsstreitigkeiten verbundenen, für das Unternehmen unproduktiven Zeiten durch jahrelang schwelende Konflikte mit ungewissem Ausgang eine mögliche, sich vor und bei Gerichtsterminen wiederholende zeitliche Belastung, die im Falle einer schnellen Einigung durch Mediation nicht mehr entsteht. Hinzu kann auch eine hohe emotianale oder psychische Belastung kommen.

V. Mediation in betriebsverfassungsrechtlichen Angelegenheiten

Eine gute Sozialpartnerschaft beseitigt das reine Anspruchsdenken des einen oder anderen Partners. Sie erfordert ein vernünftiges ausgewogenes Geben und Nehmen.(do ut des). Arbeitgeber und Betriebsrat werden daher bereits im Vorfeld sich abzeichnender Konflikte zwei Fragen stellen und beantworten. Erstens: wie ist die Rechtslage? und zweitens: wie lösen wir den Fall außerhalb der Rechtsstandpunkte pragmatisch? Dies ist bei einem einigermaßen guten Willen beider Sozialpartner das gar nicht so große Geheimnis eines vertrauensvollen Zusammenwirkens von Arbeitgeber und Betriebsrat zum Wohle der Beschäftigten und des Unternehmens im Sinne der Magna Charta der Betriebsverfassung.[14]

Arbeitgeber und Betriebsrat können sich daher zur Beilegung eines Konfliktes außerhalb eines gerichtlichen Beschlussverfahrens oder eines Einigungsstellenverfahrens sowohl in mitbestimmungspflichtigen als auch in nicht mitbestimmungspflichtigen Angelegenheiten auf eine Mediation verständigen.

---

[13] Gemeint ist das zuvor in einzelnen Bundesländern geübte gerichtsnahe Mediationsverfahren, ersetzt durch Art. 2 MediationsG, das das erweiterte Modell des nicht entscheidungsbefugten Güterichters statuiert (§ 278 a ZPO n.F. oder § 54 a ArbGG n.F. als „andere außergerichtliche Verfahren").

[14] vgl. Richardi, Betriebsverfassung, § 2 Ziffer II, 12. Auflage

Es gelten dann die Regeln des Mediationsgesetzes. Daher gilt auch, dass beide Betriebsparteien oder eine Betriebspartei jederzeit das Mediationsverfahren beenden kann, beispielsweise wenn sich abzeichnet, dass eine Einigung nicht möglich ist. Nach der Beendigung können eine oder beide Betriebsparteien in mitbestimmungspflichtigen Angelegenheiten ein Beschlussverfahren beim Arbeitsgericht einleiten oder die Einigungsstelle anrufen (§ 76 BetrVG). Das Verfahren vor der Einigungsstelle unterliegt anderen Maßstäben als die Mediation, wobei in der ersten Phase des Verfahrens eine freiwillige Einigung noch möglich ist, aber in der zweiten Phase ein Spruch die Folge sein kann. In nicht mitbestimmungspflichtigen Angelegenheiten können sich die Betriebsparteien nach Beendigung der Mediation immer noch freiwillig auf die Einberufung einer Einigungsstelle einigen. In keinem Fall gehen also die Betriebsparteien ihrer Rechte verlustig, wenn sie sich auf ein Mediationsverfahren einlassen.

Die Mediation im Bereich der Betriebsverfassung wird durch den Grundsatz der vertrauensvollen Zusammenarbeit gestärkt. Dieser Grundsatz (§ 2 Abs. 1 i.V.m. §§ 74, 76 BetrVG enthält gleichsam die **Magna Charta** der Betriebsverfassung.[15] Arbeitgeber und Betriebsrat arbeiten unter Beachtung der geltenden Tarifveräge vertrauensvoll und im Zusammenwirken mit den im Betrieb vertretenen Gewerkschaften und Arbeitgebervereinigungen zum Wohl der Arbeitnehmer und des Betriebs zusammen. **Das Gebot des vertrauensvollen Zusammenwirkens spiegelt wider, dass die Betriebsverfassung im Gegensatz zum Tarifvertragssystem von einem Kooperationsmodell ausgeht.** Das Gebot ist eine Konkretisierung des allgemeinen Grundsatzes von Treu und Glauben.[16] Es handelt sich nicht um einen Programmsatz, sondern um unmittelbar geltendes Recht.[17]

Die Chancen der Betriebsparteien, sich im Rahmen einer Mediation zu einigen, sind aufgrund der Magna Charta relativ hoch. Denn sie können in der Mediation in Eigenverantwortung und mit der gebotenen Sachlichkeit unter der sokratischen Moderation eines sensiblen, psychologisch versierten und allparteilichen Mediators, der ihr Vertrauen hat, auch wieder das Vertrauen zum Betriebspartner durch die vertraulichen, offenen Gespräche vor dem Mediator gewinnen. Hinzu kommt die eigenverantwortliche Konfliktbearbeitung und die eigenständige Entscheidung. Auf diese Weise entsteht am Ende des Verfahrens eben keine Unzufriedenheit, weil der Mediator kein Schlichter oder Einigungsstellenvorsitzender ist, der von sich aus Bewertungen der Sach- und Rechtslage vornimmt und am Ende einen Vorschlag entwickelt, den zumindest eine Partei als aufoktroyiert empfinden könnte. Demgegenüber entkommen die Betriebsparteien durch die Mediation dem scharfen Schwert des Richterspruchs oder dem Spruch der Eini-

---

[15]Richardi, Betriebsverfassungsgesetz § 2 Rn 4
[16]Richardi a.a.O. Rn. 6
[17]BAG 21.2.1978 AP BetrVG 1972 § 74 Nr. 1

gungsstelle ohne wirklichen oder gefühlten Gesichtsverlust. **Keine Partei ist wegen ihrer eigenverantwortlichen Entscheidung ein Verlierer. Beide gewinnen neuen Boden.**

Diese Perspektive eröffnet eine weitere neue Sicht: Im betriebsverfassungsrechtlichen Alltag - und nicht nur in Sonderfällen - kann die Mediation der gemeinsamen Arbeit der Betriebsparteien und somit dem Wohl der Beschäftigten und des Betriebs förderlich sein. Vor allem werden Streitigkeiten schnell erledigt werden können, die auch die Produktivität der handelnden Personen eines Betriebs zu beeinträchtigen vermögen und auf das Unternehmen insgesamt ausstrahlen können. Daher sollten die Betriebsparteien, falls die eine oder andere Seite nicht ohnehin einen Dauerkrieg gegeneinander führen will, überlegen, ob sie nicht einen externen Mediator gemeinsam, entweder ad hoc oder auf Dauer, in jeweils neuen Konfliktfällen einschalten, damit dieser die Betriebsparteien bei der Konfliktbeilegung unterstützt. Hierdurch können zeit- und kostenverursachende Beschlussverfahren vor dem Arbeitsgericht oder der Einigungsstelle vermieden werden. In den Fällen, in denen keine Eingung in der Mediation erfolgte, steht der Weg zum Gericht oder zur Einigungsstelle in jedem Fall im Rahmen der Gesetze offen.

VI. Mediation für die Tarifvertragsparteien

Anders als in der Betriebsverfassung, in der der Grundsatz des vertrauensvollen Zusammenwirkens als ein gesetzlicher Grundsatz gilt, verhält sich der Konflikt zwischen Tarifvertragsparteien. Die Wahrnehmung der Tarifautonomie aus Art. 9 Abs. 3 GG gebietet ein gewisses Maß an Polarität und an sozialer Mächtigkeit. Die Tarifvertragsparteien müssen in der Lage sein, durch soziale Durchsetzungskraft und Leistungsfähigkeit der Organisation Druck und Gegendruck aufzubauen, ohne dabei den Boden der Rechtsordnung zu verlassen.[18] Etwas einfacher ausgedrückt liegt der Unterschied zwischen der Interessenpolarität der Betriebsparteien und derjenigen der Tarifvertragsparteien darin, dass eine tariffähige Gewerkschaft beim Arbeitgeber legitim Druck erzeugen und materielle Forderungen durchsetzen darf, der Betriebsrat in der Regel jedoch nicht.[19]

Dennoch steht den normsetzenden Tarifvertragsparteien das Instrument der Mediation außerhalb von Normen mit Drittwirkung zur Verfügung. Es liegt auf der Hand, dass sich Tarifvertragsparteien autonom dazu entschließen, mit ihrem Tarifvertragspartner vorsorglich Fälle zu regeln, in denen eine Tarifvertragspartei das Recht hat, von der anderen Tarifvertragspartei ein **De-Eskalationsverfahren in Form der Mediation** zu verlangen. Ein tariflicher Rahmen kann zwei unterschiedlichen Zielsetzungen dienen:

---

[18] Thüsing/Braun: „Tarifrecht", Emmert „Tarifvertragsparteien", 2. Kapitel Rn. 35ff.
[19] Eine Ausnahme bildet § 87 Abs. 1 Nr. 11 BetrVG.

1. Grundkonflikt

In der Tarifpolitik besteht ein permanenter Grundkonflikt aus dem Gegensatz von Kapital (Arbeitgeber) und Arbeit (Arbeitnehmer). Es ist ein historischer gesellschaftlicher Grundkonflikt, der sich auf der Tarifvertragsebene darin äußert, dass eine tariffähige Arbeitnehmervereinigung ihre Mitglieder vor unangemessenen Arbeitsbedingungen schützt und eine Arbeitgebervereinigung für ihre Mitglieder unangemessene Forderungen abwehrt.

Bekanntlich schließen die tariffähigen Koalitionen auf der Grundlage des Tarifvertragsgesetzes formell Tarifverträge ab, deren Rechtsnormen unmittelbar und zwingend für die beiderseits Tarifgebundenen gelten. Abweichungen zu Gunsten des tarifgebundenen Arbeitnehmers sind erlaubt, Abweichungen zu seinen Ungunsten nicht, was immer das Günstigkeitsprinzip inhaltlich bedeuten mag. Nach Ablauf des Tarifvertrags enden die Tarifnormen. Sie wirken als gesetzlich fingierte Rechtsnormen solange nach, bis sie durch neue Abmachungen ersetzt sind. In diesem Zeitraum der Nachwirkung, bei dem die während der Laufdauer des Tarifvertrags bestehende Friedenspflicht entfallen ist, setzen in der Regel Tarifverhandlungen zum Abschluss eine neuen Tarifvertrags mit Veränderungen ein. Der schlummernde Grundkonflikt setzt nach Wegfall der Friedenspflicht wieder mit voller legitimer Stärke ein. Mit Arbeitskämpfen auf der Arbeitnehmerseite und Aussperrungen zur Antwort auf der Arbeitgeberseite kann die Tarifsituation eskalieren.

Der Grundkonflikt kann durch die Einigung der Tarifvertragsparteien - meist unter Druck und Gegendruck - mithilfe eines wieder in Kraft gesetzten und erstmals in Kraft gesetzten neuen Tarifvertrags beigelegt werden. Oftmals ist zur Vermeidung von Arbeitskämpfen ein Schlichtungsverfahren zwischen den Tarifvertragsparteien vereinbart. Die Vereinbarung einer Schlichtung ad hoc oder einer generell geltenden Schlichtungsvereinbarung ist kein „Muss" für Tarifvertragsparteien. Aber die Schlichtung ist ein „aliud" im Vergleich zur Mediation (vgl. nachfolgende Ziffer 7).

Die Europarichtlinie und deren Umsetzung in deutsches Recht durch das MediationsG kann eine neue Streitkultur einleiten, die auf der Tarifebene neben die Schlichtung oder an die Stelle der Schlichtung tritt. Dies gilt es noch im Folgenden zu vertiefen.

2. Außerhalb des Grundkonfliktes liegende Konflikte von Tarifparteien

Das allseitige Interesse der Sozialpartner und der Beschäftigten liegt in der Aufrechterhaltung oder Wiederherstellung einer gelebten Unternehmenskultur. Dies betrifft alle Ebenen eines Unternehmens und die Tarifebene. Voraussetzung ist in Bezug auf die Tarifvertragsparteien, dass diese ein autonomes Interesse an Konfliktlösungen in der Unternehmenskultur mit Ausstrahlung auf die Tarifebene haben.[20]

Nicht selten kommt es vor, dass sich Tarifvertragsparteien die Verletzung von gesetzlich geregelten oder nicht geregelten Obliegenheiten wechselseitig vorhalten und eine Änderung des Verhaltens einfordern. Dieser Tatbestand betrifft nicht den vorgenannten latenten kollektiven Grundkonflikt. Vielmehr kann der Konflikt sich außerhalb des kollektiven Grundkonflikts abspielen und beispielsweise Regularien betreffen, wie das Prozedere der Tarifkommissionen bei Tarifverhandlungen. Es kann aber auch zu vielfältigen Formen anderer kollektiver Konflikte kommen, beispielsweise auf der betrieblichen Ebene. Diese Konflikte können Interdependenzen zwischen der Tarifebene und der Betriebsratsebene aufweisen.

Die Inhalte der Europarichtlinie und des MediationsG kommen daher wie gerufen, um einen brauchbaren, allseits akzeptierten modernen Ansatzpunkt zur Beilegung kollektiver Konflikte durch Mediation zu nutzen, wie dies im Folgenden anhand des Beispiels TÜV SÜD dargelegt ist.[21]

3. Was können die Tarifvertragsparteien zur Konfliktbeilegung tun?

Zunächst kommt es darauf an, ob es Tarifvertragparteien gibt, die grundsätzlich bereit sind, auch den modernen Weg, den die Europarrichtlinie allen Konfliktparteien, also auch den Kollektivpartnern weist, miteinander zu beschreiten, sei es zur Mediation von latenten kollektiven Grundkonflikten, oder sei es zur Mediation in anderen die Interessen der Tarifvertragsparteien berührenden Angelegenheiten, vielleicht auch die Kombination.

Es liegt in der Sphäre der Tarifautonomie, dass die Tarifvertragsparteien eine **Verfahrensregelung zur De-Eskalation in Tarifangelegenheiten** (Grundkonflikte) gestalten, sowie ein weiteres Verfahren der De-Eskalation in Konflikten, die außerhalb von latenten kollektiven Grundkonflikten entstanden sind. Im ersten Fall (Grundkonflikt) fällt eine tarifliche Vereinbarung in den Zuständigkeitsbereich der Tarifvertragsparteien, im anderen Fall reicht es aus, wenn die Tarifvertragsparteien nur eine tarifliche Rahmenregelung für die Betriebsparteien schaffen oder den Betriebsparteien das Muster einer Vereinbarung über eine freiwilligen Nutzung der Mediation an die Hand geben.

Das nachfolgend beschriebene Beispiel TÜV SÜD (Ziffer VII), das aus der aktuellen Praxis gegriffen ist, zeigt, dass die Mediation ein neuer Meilenstein der Streitkultur auch für die Tarifvertragsparteien sein kann.

---

[20] vgl. das Beispiel TÜV SÜD unter nachfolgender Ziffer VII.
[21] siehe Beispiel unter Ziffer VII.

Gewiss wird die Mediation in kollektiven Streitigkeiten kein Wundermittel der Konfliktbeilegung sein oder werden. Aber der Einsatz dieses Instrumentes steigert die Chancen zur Konfliktbeilegung.

Der generell überwiegend erfolgreiche Einsatz dieses Instrumentes (Empirische Betrachtung) regt an, darüber nachzudenken, ob es illusorisch ist oder nicht, dass Tarifvertragsparteien in Zukunft von der Mediation Gebrauch machen und welche tarifpolitischen Gründe dafür oder dagegen sprechen.

Wenn sie sich grundsätzlich für diesen zukunftsorientierten Weg entscheiden könnten, entstünde die Frage nach dem Inhalt der zu treffenden Mediationsvereinbarung. Die Regelung würde beispielsweise festlegen, dass es den Tarifvertragparteien frei steht, beim Tarifvertragspartner oder bei einem ständigen Moderator/Mediator (im Folgenden Mediator genannt) eine Mediation zu beantragen. Nach der Einigung über das „Ob" würden die in der Rahmenregelung aufgeführten Randbedingungen von den Tarifvertragsparteien zu erfüllen sein. Es würden bestimmte Elemente des MediationsG, wie das Recht jeder Konfliktpartei oder des Mediators zur Beendigung der Mediation, in die Rahmenregelung übernommen.

4.　Mediation als kurzer Zwischenstopp vor einem Arbeitskampf

Der Gedanke der Mediation auf der Tarifebene erscheint schon deshalb nicht als abwegig, weil die EU Richtlinie eine neue europäische Herausforderung an die Vernunft (ratio als ultima ratio) von Konfliktparteien gesetzt hat und den Koalitionen in Art. 28 der Charta der europäischen Grundrechte den Tarifvertragsparteien das „Recht" einräumt, bei Interessenkonflikten kollektive Maßnahmen zur Verteidigung ihrer Interessen, einschließlich Streiks, zu ergreifen. Der Formulierung des Grundrechts lässt sich ohne vernünftigen Zweifel entnehmen, dass nicht nur Streiks als Maßnahmen angesprochen sind.

Die europäische Richtlinie vom 21.5.2008 „über bestimmte Aspekte der Mediation" und das MediationsG vom 21.7.2012 könnten die Tariflandschaft etwas entstauben, damit der Druck und Gegendruck durch alte Kampfmittel der Tarifvertragsparteien nicht so sehr im Blickpunkt steht, sondern die ratio eigenverantwortlicher Tarifvertragsparteien, die weniger durch legitime Mittel der Gewalt den Widerstand des sozialen Gegenspielers brechen, sondern Vernunft und Überzeugung in einem Mediationsverfahren auf hoher Ebene einsetzen.

5.　Neue realistische Streitkultur für Tarifvertragsparteien

Hat etwa ein neues Zeitalter in der allgemeinen Tariflandschaft durch eine von Europa eingeführte neue Streitkultur begonnen?

Wir wollen nicht so hoch greifen. Aber das europäische Primärrecht bringt viele neue Aspekte in die deutsche Rechtslandschaft, somit auch in die Tariflandschaft.

Eine Mediation auf der Grundlage des MediationsG könnte eine Zwischenstation auf dem Weg zu den üblichen Arbeitskampfmaßnahmen werden. Tarifvertragsparteien in der deutschen Tariflandschaft werden diesen Weg nicht gleich aus tarifpolitischen Gründen verwerfen, sondern zu gegebener Zeit als einen vielleicht gehbaren Weg prüfen.

Zumindest unter dem Blickpunkt der Verhältnismäßigkeit der Mittel - ultima ratio - Prinzip - und der Beschränkung des Arbeitskampfes auf die ultima ratio erscheint es nicht als jenseits aller realistischen Tarifpolitik zu liegen, dass beide Tarifvertragsparteien das Mittel eines Mediationsverfahrens in ihr Kalkül ziehen.

Freilich müssen Tarifvertragsparteien, die den Gedanken einer Mediation auf der Tarifebene nicht verwerfen, auch eine **Strategie** dafür entwickeln, zu welchem Zeitpunkt im Ablauf ihrer üblichen Rituale ein Mediationsverfahren in Betracht gezogen werden könnte, beispielsweise vor der Auftaktveranstaltung „erste Verhandlungsrunde" oder erst danach, wenn sich die Gemüter erhitzt haben sollten. Das strategische Denken ist Tarifvertragsparteien gleichsam angeboren. Daher wissen die Tarifvertragsparteien, welchen Zeitpunkt sie für passend halten oder ob sie die Möglichkeit einer Mediation weiter auf der Agenda halten. Der tariferfahrene Leser weiß, dass zum Ritual von Tarifvertragsparteien der deutliche Hinweis der Organisation auf den Waffenschrank gehört. Die Medien greifen Drohungen und Waffengeklirr gerne auf und leisten indirekte Hilfestellung zur Erzeugung von Druck. Auf diese Weise kann es dazu kommen, dass die ersten Auseinandersetzungen der Tarifvertragsparteien auf der medialen Ebene stattfindet, wobei zuweilen auch noch Politiker meinen, verlautbaren zu müssen, dass eine Erhöhung der tariflichen Vergütung um x oder y Prozent angemessen und vor allem gerecht sei. Dies könnte implizit als eine Einmischung in die Tarifautonomie verstanden werden.

Dem tritt in der Regel ein Sprecher der Arbeitgeber entgegen. Der dann geöffnete Waffenschrank der Gewerkschaft enthält ein in den letzten Jahrzehnten stetig vergrößertes Arsenal an Waffen. Das Öffnen des Schrankes soll eine Einschüchterung des sozialen Gegenspielers bewirken. Zu den nicht sichtbaren Waffen gehört der Mogelstreik oder sogar ein bewusst angedrohter, aber bewusst nicht ausgeübter Streik, auf den sich die Arbeitgeberseite mit Zeit- und Kostenverlusten vergeblich einrichtet. Der Nutzer dieses Kampfmittels riskiert allerdings im Tarifleben seine Glaubwürdigkeit und das Vertrauen, das trotz Interessenpolarität erforderlich ist.

Jedenfalls sollten Tarifvertragsparteien, die nicht bereit sind, schon im Frühstadium von soeben begonnenen Tarifverhandlungen auf den „Roten Knopf" zum Abschuss kreativer Kampfmittel[22] zu drücken, mit ihrem Tarifpartner die Möglichkeiten der Mediation auf der Tarifebene besprechen, vor allem wenn sie in ihrer hohen Verantwortung für den Arbeitsmarkt und die deutsche Wirtschaft der Meinung sind, zunächst das mildere Mittel einzusetzen und nicht gleich die Verhandlungen für gescheitert zu erklären, bevor sie begonnen haben.

6. Positives historisches Beispiel Margarethenhofabkommen 1954

Werfen wir einen Blick zurück auf das Jahr 1954, als ein historischer Einschnitt in die legitime Gewalt von Arbeitskämpfen eintrat. Die heutige Situation ähnelt ein wenig der tarifpolitischen Situation mit einer großen Zäsur, als im Jahr 1954 die BDA und der DGB[23] das berühmte *Margarethenhofabkommen* 1954[24] vereinbart haben. Dieses Abkommen hat bis zum heutigen Tag eine fundamentale Bedeutung für das Tarifgeschehen. Es hat den streitenden Tarifvertragsparteien ein von BDA und DGB gemeinsam getragenes Muster einer Schlichtungsvereinbarung an die Hand gegeben. Dies war der Ausgangspunkt für die Verbreitung von Schlichtungsvereinbarungen in der deutschen Tariflandschaft, die allerdings nicht von allen Tarifvertragsparteien für ihre branchen- oder unternehmensspezifische Tarifwerke vereinbart worden sind.

---

[22]vgl. Ubber, „Aktuelle Formen des Arbeitskampfes - Ankündigungsstreik, Unterstützungshauptstreik, Streik mit Drittwirkung, indirekter Streik und Mogelstreik" in Kapitel IV dieser Schrift; ebenso Meik, Thüsing und Wilhelm zum „Arbeitskampf in der Daseinsvorsorge" im gleichnamigen Kapitel. Die ehemaligen Prinzipien der Rechtsprechung haben sich erheblich auch zu Lasten der Drittbetroffenen in der Daseinsvorsorge verschoben (Lehmann: „Macht der Verbände - Ohnmacht der Betroffenen und Drittbetroffenen", FS Buchner, S. 529 ff.)

[23]Auch BDA und DGB zeigen in einer gemeinsamen Erklärung zur Tarifeinheit, dass nicht nur Arbeitskampf (Kapital und Arbeit), sondern dass trotz Interessenpolarität auch die „ratio" ein Miteinander begründen kann; vgl. Schliemann: „Arbeitgeber und Gewerkschaften in einer veränderten Tariflandschaft", Kapitel I in dieser Schrift; ebenso Wolf: „Vorschlag für gesetzliche Regelung sichert Koalitionsfreiheit!", Kapitel III in dieser Schrift.

[24]Gamillscheg, Kollektives Arbeitsrecht Bd. I § 31 Schlichtung S. 1303, 1306, 1308 mit den Worten: „Führen ... Verhandlungen zu keinem Ergebnis, so sollen nach der gemeinschaftlichen Überzeugung der unterzeichneten Spitzenverbände der Arbeitgeber und Arbeitnehmer Streitigkeiten über den Abschluss von Gesamtvereinbarungen nicht im Wege staatlicher Entscheidungen, sondern nur durch vereinbarte Schlichtungsinstanzen beigelegt werden"

7. Was sind die tarifpolitischen Bedenken gegen die Mediation?

Diese Frage bedingt sogleich eine weitere: Könnte nicht der Weg zu einem Muster einer tariflichen Vereinbarung „Mediationsverfahren" mit den mediatorischen Elementen des MediationsG ähnlich wie beim Margarethenhofabkommen verlaufen? Oder ist diese Frage vermessen?

Tarifpolitiker auf der Arbeitnehmerseite könnten meinen, die Mediation auf der Tarifebene sei nur ein Lockruf der Arbeitgeber.

Es könnte bei interner Diskussion in einer tariffähigen Arbeitnehmervereinigung ein Vertreter der Organisation Fragen und tarifpolitische Erwägungen vortragen, die im folgenden „Szenario" als Beispiel enthalten sind.

Szenario:

Wollen die Arbeitgeber die Gewerkschaften mit Lockrufen zur Mediation bringen, um Zeit zu gewinnen? Kann und darf eine Gewerkschaft so ein „schlaffes Mediationsverfahren" überhaupt ernst nehmen, statt im Sinne der von der Rechtsprechung erlaubten Möglichkeit Gebrauch zu machen, schon direkt nach Ablauf der Friedenspflicht und evtl. noch einer Pflichtübung in einer ersten Verhandlungsrunde das Scheitern der Verhandlungen unter Berufung auf eine angenommene Verweigerungs- und Verzögerungshaltung der Arbeitgeber zu erklären und danach gleich loszuschlagen? Wenn uns schon die Druckmittel legal in die Hand gegeben sind und wir nach der lauten oder stillschweigenden Erklärung des Scheiterns der Verhandlungen nach der Rechtsprechung nicht einmal das Ende der ersten Verhandlungsrunde abwarten müssen, sondern auf uneinsichtige Arbeitgeber gleich mit Kampfmitteln einschlagen dürfen, ja dann versteh ich nicht, weshalb es Stimmen auf unserer Seite gibt, dass wir uns auf eine Mediation einlassen sollten. Wir lassen uns doch wohl nicht das Mittel, das die Rechtsprechung als ultima ratio anerkennt, aus der Hand nehmen, indem wir uns freiwillig auf eine Mediation einlassen und in dieser Phase unsere Waffen ruhen? Schon die unglücklicherweise eingegangene Schlichtungsvereinbarung hindert uns, wie wir bemerkt haben, an einem schnellen kräftigen Zuschlagen. Für uns sieht es so aus: Die Arbeitgeber wollen mit ihren Vorschlägen zur Mediation nur Zeit gewinnen!

Immerhin ist dies nur ein mehr oder weniger phantasievolles Szenario, das in der Tarifpraxis vielleicht nicht so oft vorkommt. Der Aspekt, das Mittel des Arbeitskampfes habe sich mit Unterstützung der Rechtsprechung geschmeidig gehalten und sollte zu jedem Zeitpunkt zur Verfügung stehen, lässt außer Acht, dass einzelne große Gewerkschaften zurückhaltender mit dem ultima ratio Prinzip umgehen, als es ihnen die Rechtsprechung erlaubt. Ein Blick beispielsweise in die Arbeitskampfrichtlinie der Gewerkschaft ver.di[25] verdeutlicht, dass ein Verhandlungsführer, der die Verhandlungen für gescheitert erklären und Arbeitskampfmaßnahmen einleiten will, zunächst mit dem Ziel der Einhaltung des ultima ratio Prinzips einen langen formellen Weg zu durchlaufen hat.[26]

Zwischenfeststellung:
Es macht Sinn, wenn die Tarifvertragsparteien miteinander das Thema „Mediation auf der Tarifebene" besprechen. Die Meditation ist der Beginn einer möglichen neuen Streitkultur auch auf der Tarifebene.

8. Unterschied zwischen Schlichtung und Mediation

Schlichtung und Mediation haben nicht die gleichen Inhalte[27], so dass der Verweis auf bestehende tarifliche Schlichtungsvereinbarungen wenig zielführend wirken und dem hohen Anspruch der europäischen Richtlinie an die europäische Streitkultur nicht gerecht würde. Denn die Mediation ist - wie sich der Richtlinie und dem MediationsG entnehmen lässt, ein „aliud" gegenüber der Schlichtung.

Einer der wesentlichen Unterschiede besteht in den unterschiedlichen Graden der Eigenverantwortung. Vom Schlichter erwarten die Tarifvertragsparteien einen akzeptablen Vorschlag. Den Vorschlag des Schlichters brauchen die Tarifvertragsparteien nicht anzunehmen. Im Fall der Ablehnung aber hat der Schlichterspruch bereits den Verhandlungsstand weitgehend zementiert. Noch stringenter ist der Fall der Unterwerfung unter einen Spruch zu bewerten.

Anders verhält es sich in einem zwischen den Parteien freiwillig vereinbarten Verfahren der Mediation, in dessen Verlauf der Mediator - anders als der Schlichter - es den Parteien überlässt, in Eigenverantwortung und Selbständigkeit gemeinsam zu tragende Lösungen zu erarbeiten und zu einer Abschlussvereinbarung zu gelangen.

Résumee:
Die Mediation kommt der Tarifautonomie näher als die Schlichtung.

---

[25] Grenzen kann die gewerkschaftseigene Satzung enthalten wie beispielsweise die Satzung von ver.di, bei der ein Verhandlungsführer erst ein formelles gewerkschaftsinternes Verfahren durchlaufen muss, um losschlagen zu dürfen, es sei denn, er hätte vorsorglich bereits die formelle Erlaubnis eingeholt.

[26] Der Antrag bedarf der Begründung mit mindestens 13 Angaben. Der Bundesvorstand gibt ein einzuhaltendes Erfassungsformular heraus. Der Antrag geht den Instanzenweg von unten nach oben und dann von oben nach unten. Der Bundesvorstand kann beantragte Arbeitskampfmaßnahmen ablehnen. Dies gilt insbesondere, wenn mit dem Arbeitskampf wesentliche rechtliche, politische und/oder finanzielle Risiken verbunden sind.

[27] vgl. vorstehend Ziffer I „Eckpunkte des Mediationsgesetzes"

9. Was sind für Tarifvertragsparteien die Vorteile der Mediation?

Es kann für Tarifvertragsparteien tarifpolitisch eine Erleichterung bedeuten, wenn sie nach Abschluss eines Mediationsverfahrens eine in Eigenverantwortung und Selbständigkeit ausgehandelte Abschlussvereinbarung den nicht mit am Verhandlungstisch sitzenden Arbeitgebern und Arbeitnehmern näher bringen. Keiner kann sich benachteiligt fühlen. Der Vergleich Schlichter und Schiedsrichter auf dem Sportfeld steht vor Augen, weil der Schiedsrichter sich beim Eingriff in das Spiel selten auf beiden Seiten beliebt macht.

Auch in der psychologischen Auswirkung hat die Mediation Vorteile gegenüber der Schlichtung. Dies beginnt schon beim Erwartungshorizont der einen oder anderen Konfliktpartei. Die Erwartungen können enttäuscht werden, wenn der Schlichterspruch nicht akzeptabel erscheint. Auf der Arbeitgeberseite kann dann die Situation entstehen, dass sie den Vorschlag des Schlichters nicht ablehnen kann, weil sie bei Ablehnung Ärger und Unverständnis bei denjenigen Beschäftigten auslöst, die die wirtschaftlichen Rahmenbedingungen nicht genügend erkennen.

Anders zu bewerten ist die psychologische Auswirkung eines Mediationsverfahrens von Tarifvertragsparteien, wenn diese sich gemeinsam und freiwillig für eine Mediation nach den Regeln des MediationsG entschieden haben, sei es ad hoc oder sei es durch ein schuldrechtliches Rahmenabkommen[28] auf Zeit.

Denn Kern des Mediationsverfahrens ist die unverzichtbare Souveränität der Parteien.[29] Die Tarifautonomie bleibt auf ihrem Podest.

Es ist ein sehr fragiles Gebilde, das die Verfassungsgeber des Grundgesetzes anerkannt und gewährleistet haben. Das Ausbalancieren der Kräfte, Mächte und Interessen unterhalb der staatlichen Ebene im gesellschaftlichen Raum ist das Geheimnis des Funktionierens der Tarifvertragsautonomie in Deutschland. Die Staatsneutralität des tarifvertraglichen Systems ist bis heute ein erstaunlicher Freiheitsgewinn im Rahmen des demokratischen Rechtsstaates. Es ist allein Aufgabe der Tarifvertragsparteien nach Art. 9 Abs. 3 GG, die Arbeits- und Wirtschaftsbedingungen für Beschäftigte wie

---

[28]Ein schuldrechtliches Rahmenabkommen von Tarifvertragsparteien stelle keine für Beschäftigte einklagbare Tarifnorm dar. Ähnlich verhält es sich bei der nur schuldrechtlich wirkenden Regelungsabrede (Betriebsabsprache) von Betriebsparteien, so dass die den Tarifvorrang absichernde Bestimmung des § 77 Abs. 3 BetrVG keine Sperrwirkung entfalten kann.

[29]Ein Mediator hat dabei eine verantwortungsvolle Aufgabe, wie sie das MediationsG beschreibt. Zur Bewältigung dieser oft schwierigen Aufgabe sind einschlägige Kenntnisse und Erfahrungen erforderlich. Daher wird das Bundesjustizministerium Rechtsverordnungen nach Maßgabe der Verordnungsermächtigung gemäß § 6 MediationsG erlassen. Die Erfüllung der Ausbildungsvoraussetzungen nach Maßgabe der Rechtsverordnungen, die im November 2012 noch nicht erlassen sind, führen zum Titel „Zertifizierter Mediator".

für Unternehmen **kraft freier Vereinbarung in Eigenverantwortung und Selbständigkeit**, und nur als ultima ratio auch unter Zuhilfenahme des Arbeitskampfes festzusetzen.[30]

Zwischenfeststellung:

Das hohe Maß an Freiheit und Eigenverantwortung, das die Tarifautonomie prägt und das die Tarifvertragsparteien oder Spitzenverbände mithin wie einen heiligen Gral hochhalten, bleibt in der Mediation ein absolutes Gebot, vorausgesetzt, dass sich Tarifvertragsparteien freiwillig für ein Mediationsverfahren entscheiden. Die Tarifautonomie wird hierdurch nicht beeinträchtigt.

VII. Beispiel TÜV SÜD

Das folgende Beispiel TÜV SÜD ist aus der aktuellen Praxis einer im Juni 2012 abgeschlossenen Mediation gegriffen. Es zeigt, dass sogar auf dem Hochplateau **der normsetzenden Tarifvertragsparteien** ein neuer Meilenstein der Streitkultur ein allparteilich hilfreicher Markierungspunkt mit Wegweisung an die Tarifpartner sein kann.

Um es vorwegzunehmen:

Die Gewerkschaft ver.di teilte in einem Flugblatt im Juni 2012 den Beschäftigten der TÜV SÜD Gruppe mit: „**Meditation: Gutes Ergebnis erreicht!**"

Der erfolgreiche Einsatz dieses Instrumentes „Mediation" regt dazu an, darüber nachzudenken, ob es vielleicht nicht ganz illusorisch ist, dass Arbeitskonflikte nicht nur mit Pauken und Trompeten streitig nach innen und außen solange ausgetragen werden, bis eine Partei durch Druck und Gegendruck einknickt, sondern ob nicht beide Koalitionen zunächst leisere Mittel, zumindest im Vorfeld von Arbeitskampfmaßnahmen, einzusetzen vermögen. Dies könnte ein Modell der De-Eskalation von den Tarifvertragsparteien und ebenso den Betriebsparteien als ständiges oder als „ad hoc"-Instrument vereinbart werden.

Nicht wenige Unternehmen in Deutschland nutzen die Mediation in ihren Unternehmen und Betrieben schon seit längerem mit Erfolg. Dabei darf nicht übersehen werden, dass einige Unternehmen in Deutschland schon im letzten Jahrzehnt vor Inkrafttreten des Mediationsgesetz freiwillig und in Selbstverantwortung im Rahmen ihrer Unternehmenskultur Institutionen geschaffen haben, in der die Mediation als Methode der außergerichtlichen Konfliktbeilegung für den innerbetrieblichen Frieden angewandt wird. So haben einzelne Unternehmen wie die Deutsche Bahn AG, die E.ON Kernkraftwerk GmbH, die SAP Deutschland AG & Co. KG oder die Bombardier

---

[30]Heinze: „Auf dem Weg in die Zukunft der Tarifautonomie" in Lehmann: „Der Arbeitnehmer im 21. Jahrhundert", S. 274 ff. (277).

Transportation (Signal) Germany GmbH in eigener Initiative ein Konfliktmanagementsystem (KMS) installiert. Im Jahre 2008 haben namhafte Unternehmen die Institution „Round Table Mediation & Konfliktmanagement
der deutschen Wirtschaft" gegründet, ein wissenschaftlich begleitetes Forum
zum Austausch und zur Fortentwicklung der Erfahrungen von Unternehmern
im Konfliktmanagement und insbesondere der Mediation.[31]

Die Mediation in der TÜV SÜD AG betraf die höhere Ebene der Tarifvertragsparteien. Im Vordergrund stand die Wiederherstellung eines fairen
und angemessenen Verhaltens der Tarifvertragsparteien zueinander. Dies erfasste auch die wechselseitigen Ausstrahlungen im Verhältnis Tarifvertragsparteien, Arbeitgeber und Arbeitnehmer sowie der Betriebsparteien.

Im Einzelnen:
Die TÜV SÜD AG (TÜV SÜD) ist ein weltweit tätiger Konzern mit Unternehmen im Bereich der Prüfung und Überwachung von technischen Anla-
gen, der Auditierung und Zertifizierung. TÜV SÜD beschäftigt etwa 17.000
Mitarbeiterinnen und Mitarbeiter, davon knapp 10.000 in Deutschland. Seit
dem Jahre 2000 sind die wesentlichen Arbeitsbedingungen der Beschäftig-
ten durch Firmentarifverträge in elf tarifgebundenen Unternehmen der TÜV
SÜD Gruppe geregelt. Tarifvertragsparteien sind jeweils die einzelnen elf
Unternehmen und die Gewerkschaft ver.di. Die Firmentarifverträge sind im
Wesentlichen inhaltsgleich. Weitere 36 Gesellschaften sind nicht tarifgebun-
den. Die Tarifvertragsparteien haben ihre Verträge bisher in einer guten
Partnerschaft gestaltet und jeweils zu gegebener Zeit weiter modernisiert.

1. Arbeitskonflikt

Im TÜV SÜD gibt es traditionell mehrere Strömungen in der Arbeitnehmerschaft. So besteht zusätzlich zur Gewerkschaft ver.di eine nicht tariffähige[32],
bundesweit aktive Arbeitnehmerorganisation mit der Bezeichnung „Vereinigung der Bediensteten in der technischen Überwachung (btü)" mit Sitz in
München. Gemäß ihrer Satzung vertritt und fördert die btü in Zusammenarbeit mit den Betriebsratsgremien und Gewerkschaften die sozialen, wirtschaftlichen, rechtlichen und beruflichen Interessen der Bediensteten in der
Technischen Überwachung und in der technischen Kontrolle. Sie akzeptiert
sowohl Tarifverträge als auch Betriebsvereinbarungen zur Regelung der sozialen, wirtschaftlichen und technischen Interessen ihrer Mitglieder. Die Arbeitgeberseite in TÜV SÜD hat die btü in die Sozialpartnerschaft integriert.
Dies hat zugleich eine positive Ausstrahlung auf das Zusammenwirken der
Arbeitgeber mit den jeweiligen Betriebsräten, Gesamtbetriebsräten und dem
Konzernbetriebsrat bewirkt.

---

[31]vgl. hierzu Mattioli und Eyer: „Mediation in Arbeitskonflikten" in Arbeit und Arbeitsrecht 2011, S. 340 f.
[32]vgl. BAG vom 6.6.2000 - 1 ABR 10/99 - BetriebsBerater 2001, S. 103 f. (btü-Fall).

Die Gewerkschaft ver.di hat sich in diesem großen Gefüge von Sozialpartnern bisher nicht als ausschließlich anerkannte und starke Gewerkschaft im Konzern etablieren können.

Andere Arbeitnehmerströmungen profitierten zum Teil davon. Es entstand eine größere Zersplitterung im Umgang der Sozialpartner mit dem jeweiligen Arbeitgeber der Konzernunternehmen und untereinander.

Dieser Entwicklung ist der Vorstand von TÜV SÜD rechtzeitig entgegen getreten.

TÜV SÜD als eine international ausgerichtete Unternehmensgruppe verfügt über eine vorbildliche Kultur der Mitbestimmung in Deutschland einschließlich der im Ausland tätigen Mitarbeiter. Er füllt einen Code of Ethics und Code of Conduct mit Leben aus. Daher stand und steht eine Zersplitterung der Arbeitnehmerlandschaft und der Durchbruch von Sparteninteressen dem Ziel einer für alle Beschäftigten und das Unternehmen effektiven Sozialpartnerschaft diametral entgegen.

Vor dem Hintergrund der Zersplitterung entstand aus unterschiedlichen Gründen innerhalb der Beschäftigten des Konzerns, der Gesamtbetriebsräte, der Betriebsräte und als weitere Folge beim Tarifpartner ver.di ein Arbeitskonflikt. Die Kritik der Arbeitnehmerseite bezog sich auf das Führungsverhalten einzelner Personen und deren individuelle Maßnahmen, zum anderen auf kollektive Maßnahmen der Arbeitgeber. Dies wirkte sich auf die bis dahin gute Tarifpartnerschaft und die gemeinsame Tarifarbeit nachteilig aus. Der Tarifpartner ver.di entschied sich demonstrativ zur Blockade von Tarifverhandlungen über die von den Tarifvertragsparteien angestrebte weitere Modernisierung von Tarifnormen. Dies führte auf allen Ebenen in der sozialen Partnerschaft zu einem Stillstand.

In der Folgezeit gab es allenfalls eine auf das Notwendigste beschränkte Kommunikation. Die bisher geübte Kultur des fairen und angemessenen Umganges miteinander fand nur noch sehr begrenzt statt.

Ein Stillstand in sozialen Angelegenheiten liegt in der Regel weder im Interesse der Arbeitgeber noch der Beschäftigten und ebenso wenig der Kollektivparteien. Denn ein Unternehmen benötigt im Wettbewerb auf dem Markt ein hohes Maß an Flexibilität zur Erhaltung und Steigerung der Wettbewerbsfähigkeit. Dazu bedarf es eines grundsätzlichen sozialen Konsenses. Blockaden lassen sich in der Praxis nicht immer durch rechtliche Klimmzüge überwinden. Im Gegenteil können gerichtliche Auseinandersetzungen oder Einigungsstellenverfahren vom Sozialpartner als Kampfansage gewertet werden. Das natürliche Gebot sozialen Zusammenwirkens würde durch permanente Rechtsstreitigkeiten unterlaufen. Derartige Auseinandersetzungen können das Wohl des Unternehmens und der Mitarbeiter gefährden. Nur eine gute Sozialpartnerschaft ist eine der Voraussetzungen für die gemeinsame Sicherung des Bestandes eines Unternehmens.

**Das Unternehmen entschied sich im Sinne der Mitbestimmungs-
kultur für eine De-Eskalation. Dazu gehörte der Vorschlag an die
Gewerkschaft ver.di zur Konfliktbeilegung durch eine Mediation.
Die Gewerkschaft stimmte zu.**

Unmittelbar nach der Einigung über die Einleitung eines Mediationsverfahrens teilte die Gewerkschaft ver.di allen Beschäftigten der Unternehmen in
der TÜV SÜD Gruppe den Sach- und Streitstand mit. Sie erläuterte die tarif-
und sozialpolitische Situation. Es gebe neben dem bei Tarifverhandlungen
üblichen Grundkonflikt, der durch einen bei Tarifverhandlungen erzielbaren
Kompromiss beigelegt werden könne, noch eine Menge weiterer Konflikte,
die nachhaltig die Zusammenarbeit behinderten, erschwerten und nunmehr
„zum Erliegen gebracht" hätten. Daher würden derzeit auch die Tarifverhandlungen „auf Eis liegen".

Der Arbeitgeber habe jedoch zur Konfliktbeilegung eine Mediation vorgeschlagen, gegen die sich die ver.di Tarifkommission nicht verschließe.

2. Mediationsvereinbarung und Vertrag mit dem Mediator

Die Konfliktparteien - die Arbeitgeberseite, vertreten durch die Leiterin
Konzernbereich Personal der TÜV SÜD AG, und die Gewerkschaft ver.di,
vertreten durch den von ver.di beauftragten Verhandlungsführer bei den
Tarifverhandlungen[33] - vereinbarten eine Mediation auf der Tarifebene.

Sie einigten sich dabei auf die Person des Mediators[34] und darauf, dass
die TÜV SÜD AG vertragliche Auftraggeberin ist. In diesem Sinne schloss
TÜV SÜD mit dem Mediator einen Vertrag ab. Der Auftrag enthielt zur
Klarstellung die im konkreten Konfliktfall anzuwendenden Grundsätze der
Mediation, ferner enthielt er eine Zeitplanung.

---

[33]Dies waren: Frau Gabriele Sommer als Verhandlungsführerin auf der Arbeitgeberseite, Leiterin Konzernbereich Personal TÜV SÜD AG, sowie auf Seiten von ver.di deren Verhandlungsführer Herr Marcus Borck, Fachbereichsleiter ver.di des Landesbezirks
Baden-Württemberg.

[34]Mediator war Andreas Heß, Geschäftsführender Gesellschafter der HLS Global Business
Service GmbH (HLS) www.hls-gbs.net (Email: andreas.hess@hls-gbs.net). Beide Partei-
en schenkten dem von ihnen auserkorenen Moderator das uneingeschränkte Vertrauen.
Sie wussten, dass dieser Moderator in der Funktion als Mediator unabhängig und neutral ist sowie über langjährige Erfahrungen und Kenntnisse in sozialen und tariflichen
Angelegenheiten verfügt, die er in hoher Position - zunächst auf der Arbeitnehmer - und
später auf der Arbeitgeberseite - erworben hat.

3. Ablauf des Mediationsverfahrens im TÜV SÜD Konzern

Nach der Beauftragung lud der Mediator die Konfliktparteien bzw. deren Vertreter zu einer Auftaktveranstaltung ein, in der er die Methode des Mediationsverfahrens eingehend erläuterte. Die Konfliktparteien legten das weitere Vorgehen im Verfahrensablauf autonom fest.

Sie einigten sich in der Auftaktveranstaltung auf das Ziel der Mediation und die nachfolgende Skizze des Ablaufs:

• **Ziel:** Fortführung der weiterhin positiven wirtschaftlichen Entwicklung des TÜV SÜD.

• Einbindung der Mitarbeiterinnen und Mitarbeiter sowie des Managements in die Zielsetzung.

• Analyse und Auflösung von Konflikten zwischen Unternehmens- und Gewerkschaftsebene mit gesamtheitlicher Ausstrahlung zur Vorbereitung zukünftiger Verhandlungen auf tariflicher Ebene.

• Erarbeitung von Vorschlägen zur Wiederherstellung einer positiven Kommunikationskultur; respektvoller Umgang und eine konstruktive, ethische und somit produktivitätsfördernde Unternehmenskultur.

4. Sicherstellung des gemeinsamen Informationsstandes

Entsprechend der Pflicht des Mediators, die Unabhängigkeit, Neutralität und Allparteilichkeit zu gewährleisten, sowie dafür zu sorgen, dass die Parteien in angemessener und fairer Weise in die Mediation eingebunden sind, war den Beteiligten klar, dass die Medianten einschließlich des Mediators über den erforderlichen Informationsstand verfügen mussten. Es galt herauszufinden, an welchen Stellen es den Beteiligten (Medianten) in den betrieblichen Abläufen und bei den Tarifverhandlungen „weh tut", was sie kritisieren und sich von der Wirkung der Mediation und ihrer möglichen Ergebnisse an Perspektiven erhoffen. Somit sammelten die Beteiligten die Themen, analysierten und gewichteten sie und versuchten, eigenverantwortlich mithilfe der Moderation des Mediators Lösungen zu finden.

5. Durchführung zahlreicher Interviews als Aufgabe des Mediators

Vor dem Hintergrund der komplexen Aufgabenstellung und der Mischung der individual- und kollektivrechtlichen Konflikte und Fragestellungen sowie zur Herbeiführung eines gemeinsamen Informationsstandes regten die Beteiligten in der Auftaktveranstaltung an, dass der Mediator Interviews mit den Beteiligten und weiteren Personen durchführt.

Die Zustimmung erfolgte allseitig.

Die Gespräche/Interviews hatten das übereinstimmend von den Beteiligten festgelegte Ziel, dass der Mediator in der nach den Interviews folgenden Mediation (aktive Mediationsphase im Hauptverfahren) die unterschiedlichen Positionen der Vertreter der einzelnen Ebenen versteht und den Beteiligten sodann im Hauptverfahren der Mediation vorträgt.

Die Konfliktparteien hielten es für notwendig, dass der Mediator in ihrem Auftrag zusätzlich bestimmte, vertrauliche Gespräche beziehungsweise Interviews mit einzelnen Personen zur Vorbereitung der aktiven Mediationsphase (Hauptverfahren) führt.

Auf der Grundlage dieses aus 24 Interviews erreichten Informationsstandes führte der Mediator die Beteiligten in der aktiven Mediationsphase (Hauptverfahren) durch das Dickicht der zum Teil übereinstimmenden, zum Teil aber auch erheblich divergierenden Interessen.

6. Einigung und Vereinbarung nach Mediation

In einem dreitägigen Hauptverfahren einigten sich die Beteiligten auf eine Abschlussvereinbarung, die sie als „**Vereinbarung nach Mediation**" bezeichnet haben.

Sowohl die personifizierten Themen als auch die kollektivrechtlichen Konflikte sind in dem Dokument beschrieben und einer Lösung im Rahmen eines weiteren Prozesses zugeführt.

Die Gewerkschaft ver.di veröffentlichte mit Zustimmung der Beteiligten die wesentlichen Punkte der Vereinbarung in einer an die Beschäftigten gerichteten Erklärung wie folgt:

Juni 2012

Mediation: Gutes Ergebnis erreicht!

Liebe Kolleginnen und Kollegen, die im März angekündigte Mediation zwischen den Tarifkommissionen von ver.di und TÜV SÜD zur Konfliktbewältigung wurde am 22. Juni 2012 zu einem positiven und tragfähigen Ergebnis geführt. Im Rahmen dieser Mediation wurden Themen gesammelt, eine Konfliktbearbeitung vorgenommen und Lösungswege entwickelt.

Ergebnisse:

• Beide Seiten sehen sich als natürliche Tarifpartner und stehen zu den Tarifverträgen des TÜV SÜD.

• Wesentliches Ziel zukünftiger Tarifverhandlungen ist es, das einheitliche Tarifvertragswerk im TÜV SÜD beizubehalten und weiter zu entwickeln.

• In der Perspektive wird es eine gemeinsame und aktiv gelebte Tarifpartnerschaft geben.

• Die Tarifpartner werden vertrauensvoll und auf Augenhöhe zusammenarbeiten.

• Beiderseitige tarifpolitische Vorstellungen werden ernst genommen.

• Die Tarifpartner sorgen jeweils für die geeignete Akzeptanz der Tarifarbeit bei Mitarbeitern und Führungskräften.

• Die Tarifpartner fühlen sich dem Code of Ethics und dem Code of Conduct des TÜV SÜD verpflichtet und arbeiten aktiv an der Umsetzung.

• Respekt, Vertrauen, Führungs -und Sozialkompetenz, verbunden mit dem entsprechenden Führungsstil, sollen Maßgabe für eine gelebte Unternehmenskultur sein.

• Tarifliche Konfliktthemen aus dem Vorfeld der Meditation wurden ausgeräumt.

Damit ist die Basis für eine transparente und zukunftsfähige Tarifarbeit beim TÜV SÜD geschaffen! Bereits am 19. Juli 2012 wird es ein erstes gemeinsames Gespräch zu aktuellen Tarifthemen und zu den nächsten Schritten geben.

Unterschriften der Verhandlungsführer der jeweiligen Tarifkommissionen

Soweit die konstruktive, sachdienliche und zielfördernde Verlautbarung von ver.di.

Der Mediator wurde noch bei nachlaufenden Problemstellungen von den Parteien hinzugezogen. **Es wurde eine Evaluierung der Vereinbarung nach einem Jahr vereinbart.**

Die Tarifgespräche wurden vereinbarungsgemäß im Juli 2012 aufgenommen. Die Tarifverhandlungen verliefen kurz und effektiv. Die in der Mediation erarbeiteten Grundsätze haben die Mitglieder der beiden Tarifkommissionen beachtet.

Die Mitglieder der Tarifkommissionen haben - wie sie später erklärten - den Stil und Ablauf der Tarifverhandlungen sowie die Tarifergebnisse als sehr konstruktiv empfunden.

VIII. Schlussbemerkung

Ich halte ein Nachdenken der Tarifvertragsparteien über Formen der kollektiven Konfliktbeilegung durch Mediation für unverzichtbar, vorausgesetzt, dass sie dem ihnen von Europa garantierten Grundrecht (Art. 28 Charta der Grundrechte) in Verbindung mit den Vorgaben der Europarichtlinie über Mediation[35] Respekt zollen.

Grundrechte zu haben, heißt auch, sie zu bedenken.

Wie sehen das die Protagonisten in der Tarifpolitik, in den tarifschließenden Verbänden, den Spitzenorganisationen der Sozialpartner und in der Wissenschaft?

---

[35]Richtlinie 2008/52/EG vom 21.5.2008 über bestimmte Aspekte der Mediation in Zivil- und Handelssachen (Europäische Mediationsrichtlinie).

Kapitel VI.

Differenzierende Tarifregelungen zu Gunsten von Gewerkschaftsmitgliedern: Tarifrechtsprechung und Tarifpraxis

Tarifliche Differenzierungsklauseln

Professor Klaus **Bepler**
Vors. Richter am Bundesarbeitsgericht a.D., Berlin

I. Tarifrechtsprechung und Tarifpraxis

Am 29. November 1967 entschied der Große Senat des Bundesarbeitsgerichts auf eine entsprechende, angesichts einer sehr speziellen Klausel in einem Verbandstarifvertrag sehr allgemeine Anfrage ebenso allgemein: In Tarifverträgen darf zwischen den bei der tarifschließenden Gewerkschaft organisierten und nicht oder anders organisierten Arbeitnehmern nicht differenziert werden[1]. Auch wenn die Ausführungen im Beschluss selbst deutlich differenzierender waren, sprach nach dieser soweit ersichtlich ersten höchstrichterlichen Entscheidung zur Zulässigkeit von Differenzierungsklauseln sehr viel dafür, dass es auch eine der letzten hierzu gewesen sein würde. Sie schien das Ende derartiger tariflicher Gestaltungen zu bedeuten, das Thema zu erledigen. Dafür sprach auch die höchstrichterliche Rechtsprechung der Folgezeit: In einer arbeitskampfrechtlichen Entscheidung vom 21. März 1978[2], in der das Thema zum ersten Mal wieder behandelt wurde, ging es darum, ob ein Streik aus dem Jahre 1965 (!), der u.a. eine Differenzierungsklausel als Kampfziel hatte, rechtswidrig gewesen war und für den damals im Anschluss an die Entscheidung des Großen Senats gesehenen Fall, dass dies zu bejahen sei, ob sich daraus ein Schadensersatzanspruch gegen die streikleitende Gewerkschaft ergibt, obwohl bei Ausbruch des Arbeitskampfes die Rechtslage insoweit noch höchst unklar war. Letzteres verneinte der Erste Senat. Danach dauerte es bis zum Jahre 1987, bis sich das Bundesarbeitsgericht wieder einmal in drei Urteilen mit dem Thema Differenzierungsklausel befasste. Es ging allerdings jeweils nur um Vorruhestandstarifverträge aus der Textil- und der Chemischen Industrie und darin enthaltene Überforderungsklauseln, die den Arbeitgeber nur verpflichteten, mit einem bestimmten Prozentsatz der Belegschaft Vorruhestandstarifverträge abzuschließen. Diese Regelungen waren dahin auszulegen, ob dieser Prozentsatz nur durch Vorruhestandsverträge mit tarifgebundenen Arbeitnehmern ausgefüllt werden konnte, oder ob hier jeder Vorruhestandsvertrag mit zu berücksichtigen war. Der Vierte Senat entschied sich für die zweite Auslegungsalternative. Es gebe zwar kein dahin gehendes eindeutiges Auslegungsergebnis. Die erste Auslegungsalternative führe aber im Ergebnis zu einer Art Differenzierungsklausel, die einen sozial inadäquaten Druck, der Gewerkschaft beizutreten,

---

[1]BAG v. 29. November 1967 - GS 1/67 - BAGE 20, 175 = AP GG Art. 9 Nr. 13.
[2]BAG v. 21. März 1978 - 1 AZR 11/76 - BAGE 30, 189 = AP GG Art. 9 Arbeitskampf Nr. 62.

aufbaue und so gegen die negative Koalitionsfreiheit verstieße. Es sei davon auszugehen, dass die Tarifvertragsparteien eine derartige rechtswidrige Regelung nicht getroffen hätten[3]. Die nächste aus den Datenbanken ermittelbare einschlägige Entscheidung des Bundesarbeitsgerichts stammt aus dem Jahre 2007. Sie hatte eine echte Differenzierungsklausel aus einem Haustarifvertrag eines kleinen Unternehmens der Chemischen Industrie zum Gegenstand. Die dort getroffene Regelung war aber so ungewöhnlich, dass man auch aus diesem Anlass nicht von einem Wiederaufleben der Problematik ausgehen konnte: Ein Haustarifvertrag über das laufende Entgelt war ohne Veränderung verlängert worden; allerdings erhielten nach der Verlängerungsvereinbarung alle Mitglieder der tarifschließenden Gewerkschaft eine (zusätzliche) monatliche Vergütung von 55,00 €; Voraussetzung war, dass die Gewerkschaftsmitgliedschaft an einem vor dem Tarifabschlusszeitpunkt liegenden Stichtag bestand und weiterhin bestehen blieb. Für Arbeitnehmer, bei denen diese Voraussetzung entfiel, die also die Gewerkschaft in der Folgezeit verließen, wurde festgelegt, dass sie die zu Unrecht gezahlte Vergütung zurückzuzahlen hatten. Der Vierte Senat hielt die Stichtagsregelung wegen ihrer Besonderheiten für unwirksam, ließ aber offen, ob man der Rechtsprechung des Großen Senats in allen Einzelheiten zu folgen bereit sein würde, falls es einmal darauf ankommen sollte[4].

Dass die Ruhe in der Rechtsprechung nicht - zumindest nicht mehr - den Schluss auf eine fehlende Tarifpraxis zuließ, was Differenzierungsklauseln angeht, wurde für viele Richter deutlich, die am 29. Mai 2008 in Köln auf der 23. Verbandstagung des Deutschen Arbeitsgerichtsverbandes den hochinteressanten, leider nicht allgemein zugänglich veröffentlichten Vortrag von Clemens Franzen, damals Jurist bei der IG-Metall-Bezirksleitung in Düsseldorf, über „Tarifrecht und neue Differenzierungen"[5] verfolgten. Franzen schilderte nicht nur anschaulich die Motive, die - fast ausschließlich im Rahmen von häufig der Unternehmenssanierung dienenden Haustarifverträgen - zur Vereinbarung von Differenzierungsklauseln zu Gunsten von Gewerkschaftsmitgliedern führten. Er wies auch darauf hin, dass allein in seinem Arbeitsbereich, also der Metall- und Elektroindustrie Nordrhein-Westfalens zum damaligen Zeitpunkt 189 Tarifverträge mit Differenzierungsklauseln existierten.

---

[3]BAG v. 21. Januar 1987 - 4 AZR 547/86 - BAGE 54, 113 = AP GG Art. 9 Nr. 47 [Textil]; v. 21. Januar 1987 - 4 AZR 486/86 - AP GG Art. 9 Nr. 46 [Chemie]; v. 3. Juni 1987 - 4 AZR 573/86 - n.v. [Textil].

[4]BAG v. 9. Mai 2007 - 4 AZR 275/06 - AP TVG § 4 Verbandszugehörigkeit Nr. 23.

[5]Nur in der Verbandszeitschrift des Deutschen Arbeitsgerichtsverbandes DArbGV 79/Sept. 2009 S. 11 findet sich eine zusammenfassende Darstellung; vgl. auch Eva Kocher, NZA 2009, 119; Berg/Platow/Schoof/Unterhinninghofen, TVG, § 3 Fn. 364 zu § 3 Rz. 18.

Darüber, wie es dazu kam, dass diese Regelungen in der Vergangenheit offenbar längere Zeit fast unangefochten praktiziert wurden, ohne dass man in Kassel oder Erfurt davon hörte, gibt es keine belastbaren Hintergrundinformationen. Die Situation änderte sich aber auch in der Folgezeit erheblich. Am 18. März 2009[6] kam es zu einer Grundsatzentscheidung über eine auf eine tarifliche Sonderzahlung bezogene einfache Differenzierungsklausel in einem der Unternehmenssanierung dienenden Haustarifvertrag, die eine solche Klausel für wirksam hielt, und die durch ein Urteil vom 22. September 2010[7] für einen vergleichbaren Tarifvertrag und einen entsprechenden Differenzierungsgegenstand bestätigt wurde. Eine qualifizierte Differenzierungsklausel war dann Gegenstand des Urteils des Vierten Senats vom 23. März 2011[8], das der dort gewählten Gestaltung einer Gewerkschaftsmitgliedern vorbehaltenen Erholungsbeihilfe teilweise die Wirksamkeit versagte. Die letztgenannten Entscheidungen sind Anlass für den folgenden kurzen Bericht, der eine sehr interessante, vom Unternehmensergebnis abhängig gemachte Differenzierungsklausel eines Haustarifvertrages nicht mit umfassen kann. Mit diesem Tarifvertrag hat sich das Bundesarbeitsgericht bereits drei Mal befasst, ohne dass bisher ein rechtlich gebotener Anlass bestanden hätte, zu der Wirksamkeit der Klausel Stellung zu nehmen[9].

II. Motive für differenzierende Regelungen

Aus der vielfach bestätigten Sicht eines Außenstehenden gibt es zwei unterschiedliche, aber miteinander verknüpfte Motive für die Gewerkschaften, sich um differenzierende Tarifregelungen zu Gunsten ihrer Mitglieder zu bemühen: Mitgliederwerbung und Ausgleich für eine gefühlte und/oder tatsächliche Ungerechtigkeit („Trittbrettfahrer")[10].

1. Mitgliederwerbung

In den letzten 20 Jahren sind die Mitgliederzahlen in den großen Gewerkschaften zum Teil stark zurückgegangen. Dies und die damit einhergehenden Rückgänge im Beitragsaufkommen bedeuten für diese Organisationen eine grundlegende Gefährdung ihrer Möglichkeiten effektiver koalitionsgemäßer

---

[6]BAG v. 18. März 2009 - 4 AZR 64/08 - BAGE 130, 43 = AP TVG § 3 Nr. 41 mit Anm. Subadeh Kamanabrou.

[7]BAG v. 22. September 2010 - 4 AZR 117/09 - AP GG Art. 9 Nr. 144.

[8]BAG v. 23. März 2011 - 4 AZR 366/09 - AP GG Art. 9 Nr. 147 mit kritischer Anm. Sebastian Neumann = NZA 2011, 920.

[9]Vgl. BAG v. 7. Juli 2010 - 4 AZR 120/09 - EzA TVG § 3 Bezugnahme auf Tarifvertrag Nr. 49; BAG v. 16. Mai 2012 - 10 AZR 256/11 - n.v.; wohl auch BAG v. 5. September 2012 - 4 AZR 696/10 - n.v.

[10]Vgl. etwa Berg/Platow/Schoof/Unterhinninghofen, TVG, § 1 Rz. 188 f.; Däubler/Hensche/Heuschmid, TVG, § 1 Rz. 981.

Betätigung. Dies bedarf ebenso wenig einer vertieften Begründung wie der Umstand, dass eine funktionstüchtige Tarifautonomie zum gleichberechtigten Aushandeln von kollektiven Arbeitsbedingungen fähiger Arbeitnehmerorganisationen bedarf. Mit der beschriebenen Entwicklung könnte es jedenfalls zusammenhängen, dass zumindest in der gerichtlichen Wahrnehmung Tarifverträge mit Differenzierungsklauseln im gleichen Zeitraum deutlich häufiger geworden zu sein scheinen. Sie sollen für die bisher Nichtorganisierten einen Anreiz bieten, sich gewerkschaftlich zu organisieren und so auch die diesen vorbehaltenen tariflichen Vorteile zu genießen. Verstärkt dürfte es daneben in der aktuellen Situation steigender Organisationenkonkurrenz[11] auch darum gehen, Andersorganisierte „abzuwerben". Einer auf Mitgliederwerbung gerichteten Motivation stehen die mehrfach zu beobachtenden Stichtagsregelungen nicht durchgreifend entgegen, die nur den Gewerkschaftsmitgliedern Vorteile einräumen, die zu einem bestimmten Termin Mitglieder sind, und später eintretenden Arbeitnehmern diese Vorteile vorenthalten. Hier mag der noch zu erörternde Ausgleich gefühlter Nachteile das vorrangige Regelungsziel gewesen sein. Es wird aber auch in diesen Fällen gegenüber den Außenseitern deutlich gemacht, dass die betreffende Gewerkschaft etwas für ihre Mitglieder tut, und dass es deshalb auf Dauer lohnend ist, dazu zu gehören.

2. Ausgleich für eine gefühlte und/oder tatsächliche Ungerechtigkeit

Mit dem Schlagwort von den „Trittbrettfahrern" wird als Grund für das Erfordernis von Differenzierungsklauseln darauf hingewiesen, es gehe um den Ausgleich des Umstandes, dass nicht organisierten Arbeitnehmern von ihren Arbeitgebern regelmäßig dieselben tariflichen Rechte zugebilligt würden wie den Organisierten, die durch ihre Beitragszahlung und gegebenenfalls Streikbeteiligung die am Tarifabschluss beteiligte Gewerkschaft in die Lage versetzt hätten, das tarifliche Verhandlungsergebnis zu erzielen. Deren besonderer Aufwand solle durch die ihnen vorbehaltenen Sonderzahlungen ausgeglichen werden[12]. Diese Erklärung ist ebenso leicht eingängig wie im Rechtstatsächlichen problematisch. Auf den ersten Blick ist es richtig: Gewerkschaftsmitglieder erhalten die tariflichen Rechte und haben sich dafür in der beschriebenen Weise eingesetzt, während nichtorganisierten Arbeitnehmern auf der Grundlage arbeitsvertraglicher Bezugnahmeklauseln dieselben Leistungen zufließen, ohne dass sie den betreffenden Aufwand hatten. Aber schon bei „denselben Leistungen" stockt man. Es fehlt den Rechten hierauf bei den Außenseitern eine wesentliche Eigenschaft tariflicher Rechte; es handelt sich nicht um unabdingbare Mindestarbeitsbedingungen. Mag

---

[11] Hierauf weisen im Zusammenhang mit ihrer Behandlung von Differenzierungsklauseln Berg/Platow/Schoof/ Unterhinninghofen, TVG,§ 3 Rz. 230, ausdrücklich hin.

[12] So zuletzt etwa Otto Ernst Kempen, FS Bepler, S. 255, 261.

man dies noch als juristische Differenzierung ohne unmittelbaren werbewirksamen wirtschaftlichen Wert kennzeichnen. Es erscheint indes in jedem Falle zweifelhaft, den mit der Gewerkschaftsmitgliedschaft verbundenen - wirtschaftlichen - Wert auf den Erwerb tariflicher Ansprüche zu reduzieren. Zumindest der Rechtsanspruch auf gewerkschaftlichen Rechtsschutz ist ebenso von erheblichem geldwerten Vorteil wie die satzungsmäßige Streikunterstützung, die Außenseiter auch dann nicht in Anspruch nehmen können, wenn sie dem gewerkschaftlichen Streikaufruf Folge leisten. Tun sie dies nicht, verlieren sie bei einer durch den Streik ausgelösten Unmöglichkeit ihrer Weiterbeschäftigung[13] oder bei einer vom Arbeitgeber ausgehenden suspendierenden Betriebsstillegung[14] im Umfang des Streikaufrufs nach der Rechtsprechung des Bundesarbeitsgerichts ihre Vergütungsansprüche, ohne dass ihnen kompensierende Ausgleichsleistungen zu Gute kämen. Es mag sein, dass im Normalarbeitsverhältnis immer noch eine Differenz zu Gunsten der am tariflichen Verhandlungsergebnis partizipierenden Außenseite bleibt. In welchem Umfang er aber den Organisierten vorbehaltene tarifliche Rechte erklären oder gar - wenn es denn darauf überhaupt ankommt - rechtfertigen kann, ist unklar.

III. Der rechtliche und rechtstatsächliche Ursprung der Problematik

Die geschilderten Motive, die Vereinbarung tariflicher Differenzierungsklauseln anzustreben, weisen bereits auf den Ausgangspunkt der Problematik hin: § 4 Abs. 1 TVG ordnet ausdrücklich an, dass die Rechtsnormen des Tarifvertrages, die Rechte und Pflichten im Arbeitsverhältnis begründen, unmittelbar - nur - zwischen den beiderseits Tarifgebundenen gelten, soweit sie unter den Geltungsbereich des Tarifvertrages fallen. Versteht man das auch als eine Art gewerkschaftliche Privilegierung, als gesetzgeberische Hilfe beim Werben um Mitglieder, versteht man die deutlich reservierte Haltung vieler Gewerkschafter gegenüber den arbeitsvertraglichen Bezugnahmeklauseln[15],

---

[13]Zur hier eingreifenden Arbeitskampfrisikolehre nur BAG 22. Dezember 1980 - 1 ABR 2/79 - AP GG Art. 9 Nr. 70 mit Anm. Reinhard Richardi; BAG v. 15. Dezember 1998 - 1 AZR 289/98 - AP GG Art. 9 Arbeitskampf Nr. 154 mit Anm. Hansjörg Otto; umfangreiche, auch kritische aktuelle Darstellung des Sach- und Streitstandes bei Däubler/Öğüt, Arbeitskampfrecht, 3. Aufl. 2011, Rz. 72 f.

[14]Erstmals anerkannt durch BAG v. 22. März 1994 - 1 AZR 622/93 - AP GG Art. 9 Arbeitskampf Nr. 130 mit Anm. Hartmut Oetker = EzA GG Art. 9 Arbeitskampf Nr. 115 mit krit. Anm. Christian Fischer/Bernd Rüthers; kritisch auch Däubler/Öğüt, aaO, insbes. Rz. 84 f.; zuletzt bestätigt durch BAG v. 13. Dezember 2011 - 1 AZR 495/10 - NZA 2012, 995.

[15]Diese Position ist allerdings nicht unumstritten. Gewerkschaften, die stärker auf ihre Gesamtverantwortung für die Arbeitnehmer in ihrem Zuständigkeitsbereich abstellen, stehen Bezugnahmeklauseln, da sie für eine arbeitsrechtliche Ausgestaltung der Branche insgesamt durch die erreichten Tarifabschlüsse unabdingbar sind, positiver und tariflichen Differenzierungsklauseln kritischer gegenüber (vgl. die Nachweise bei Berg/Platow/Schoof/Unterhinninghofen, TVG § 3 Rz. 188).

auf deren Grundlage auch Nichtmitglieder in den Genuss der durch Tarifvertrag begründeten Vorteile kommen. Der aufgrund der Gesetzeslage zu
Gunsten der Gewerkschaften entstehende Werbeeffekt von Tarifabschlüssen
entfällt bei dieser weitverbreiteten von Arbeitgeberseite ausgehenden Praxis des Arbeitslebens. Dies geschieht, wie die Gewerkschaften sicherlich nicht
zu Unrecht argwöhnen, teilweise bewusst, wenn man auch die Vorteile um-
fassender Tarifanwendung für eine einfache Personalverwaltung als Motiv
nicht ausklammern sollte. Aber auch wenn man die beschriebene Wirkung
von Bezugnahmeklauseln, die Nichtorganisierte mit Gewerkschaftsmitgliedern wirtschaftlich weitgehend gleichstellen, in Rechnung stellt, sollte man
nicht so weit gehen, wie dies in der aktuellen Diskussion gelegentlich geschieht[16], und solche vertragliche Bestimmungen vor dem Hintergrund des
Art. 9 Abs. 3 Satz 2 GG problematisieren. Es handelt sich allein wegen
der beschriebenen mittelbaren Wirkung nicht bereits um Abreden, die das
Recht, Koalitionen zu bilden, einschränken oder zu behindern suchen. Wie
die fast schon zahllosen gesetzlichen Tariföffnungsklauseln zeigen, die schon
dann genutzt werden können, wenn der betreffende Tarifvertrag nur aufgrund arbeitsvertraglicher Verweisung im Arbeitsverhältnis anwendbar ist,
handelt es sich vielmehr um eine gesetzgeberisch erwünschte Verstärkung tarifvertraglicher Gestaltungswirkung, die auch darin zum Ausdruck kommt,
dass Art. 9 Abs. 3 GG eine Regelung der Arbeits- und Wirtschaftsbedingungen, nicht lediglich der Rechte in den Arbeitsverhältnissen der Mitglieder
eröffnet[17]. § 4 Abs. 1 TVG kann hiernach auch nicht als Privilegierung für
Tarifgebundene verstanden werden. Sie macht vielmehr lediglich den normativen Zwang ebenso wie die normative Berechtigung von der Legitimation
des Geregelten durch die Arbeitsvertragsparteien abhängig.

IV. Differenzierung durch Tarifvertrag

Wendet man sich nun kurz den einzelnen Regelungsalternativen zu, ist
zunächst vorab klarzustellen, dass es nicht um im hier behandelten Sinne differenzierende Regelungen geht, wenn es in Geltungsbereichsbestimmungen
heißt: „Dieser Tarifvertrag gilt - nur - für Mitglieder der X-Gewerkschaft".
Solche und ähnliche Formulierungen beschreiben nur (deklaratorisch) die
Rechtslage: Tarifverträge gelten - bei Tarifgebundenheit auch des Arbeitgebers - als solche, als Rechtsnormen, von vornherein nur für die Mitglieder
der tarifschließenden Gewerkschaft. Sie schließen es ohne eine dahin gehende

---

[16]Eva Kocher, NZA 2009, 119, 123.

[17]Damit wird weder der Erklärung der Tarifautonomie als kollektiv ausgeübter Privatautonomie entgegen getreten, noch die gesetzgeberische Praxis, auch an den erstaunlichsten
Stellen Tariföffnungsklauseln vorzusehen, besonders begrüßt. Es geht hier nicht darum,
die Ausübung der Tarifautonomie zu erklären, sondern die Wirkung, die Verfassung
und einfaches Gesetz der kollektiv ausgeübten Privatautonomie beigemessen haben, zu
beschreiben.

zusätzliche Regelung weder aus, dass die einzelnen Regelungen eines solchen Tarifvertrages durch arbeitsvertragliche Verweisung zum individualvertraglichen Inhalt des Arbeitsverhältnisses gemacht werden, noch ist für eine derartige Vereinbarung erforderlich, dass ausdrücklich eine Behandlung des betreffenden Arbeitnehmers vertraglich vorgesehen wird, als wäre er Mitglied der tarifschließenden Gewerkschaft.

Der Regelungsbereich der Differenzierungsklauseln ist erst dann erreicht, wenn in irgendeiner Weise die Mitgliedschaft in der tarifschließenden Gewerkschaft ausweislich eines unmissverständlichen Tarifwortlauts zum Tatbestandsmerkmal einer oder mehrerer tarifvertraglicher Ansprüche gemacht wird. Man unterscheidet hier herkömmlich zwischen einfachen und qualifizierten Differenzierungsklauseln. Einfache Klauseln ordnen lediglich an, dass nur Mitglieder der betreffenden Gewerkschaft den genannten Anspruch haben sollen, wobei auch verlangt werden kann, dass die Mitgliedschaft zu einem festgelegten Stichtag oder zum Zeitpunkt des Inkrafttretens des Tarifvertrages schon für eine bestimmte Mindestdauer besteht. Sie bestimmen aber keine Rechtsfolgen für den Fall, dass der Arbeitgeber über den Tarifwortlaut hinaus Nichtorganisierten die versprochene Leistung gewährt. Als effektiv werden solche Regelungen offenbar nur dann eingeschätzt, wenn sie in einem Sanierungstarifvertrag vorgesehen sind. Der Anlass eines solchen Tarifvertrages streitet in der Regel dafür, dass Außenseiter nicht insoweit regelungszweckwidrig und überobligationsmäßig auf vertraglicher Grundlage gleich gestellt werden[18]. Qualifizierte Differenzierungsklauseln setzen auf

---

[18]Dass Volker Rieble (Löwisch/Rieble, TVG § 1 Rz. 1853) für solche Fallkonstellationen annimmt, eine dahin gehende Regelungsabsicht der beteiligten Gewerkschaft ziele auf einen Vertrag zu Lasten Dritter, der den Nicht- oder Andersorganisierten bei einer die gesamte Belegschaft treffenden Krisensituation ein überschießendes Entgeltopfer abverlange und an eine sittenwidrige Schutzgelderpressung grenze, ist weder verständlich noch verständig; Martin Franzen, RdA 2006, 8, teilt diese Einschätzung zu Recht nicht. Aufgrund eines Sanierungstarifvertrags verlieren die gewerkschaftlich Organisierten mehr als die Außenseiter, nämlich einen Teil ihres (in der Regel flächen-) tarifvertraglichen Mindestschutzes. Die Außenseiter sind mangels einer derartigen Absicherung auch ohne den Sanierungstarifvertrag einem vertraglichen Anpassungsdruck bis hin zu dem Ausspruch einer Änderungskündigung zur Kürzung der vertraglich eingeräumten (in in Bezug genommenen Tarifverträgen vorgesehenen) Leistungen ausgesetzt. Darüber hinaus ist es nachvollziehbar und verdient keine derart starken Worte, wenn sich die Gewerkschaft, die sich an einem Sanierungstarifvertrag zu Lasten der bisherigen tariflichen Besitzstände ihrer Mitglieder beteiligt, einen mitgliedschaftserhaltenden Bonus einräumen lässt. Durchgreifende Bedenken ergeben sich erst dann, wenn die Bonusregelung für Mitglieder dazu führt, dass die tarifvertraglich vorgesehenen Sanierungslasten im Ergebnis allein von den durch Verweisungsklauseln einbezogenen und von den Boni ausgenommenen Nichtmitgliedern getragen werden sollen. Ein in diese Richtung gehender, vielleicht als Ausreißerfall zu qualifizierender Rechtsstreit aus Sachsen ist mangels Revisionszulassung nicht zum Bundesarbeitsgericht gelangt; es wäre möglicherweise auch nicht auf die Wirksamkeit der differenzierenden Regelung angekommen (vgl. Sächsisches LAG v. 10. März 2011 - 6 S. 324/10 - n.v.; dazu Hermann Oberhofer, jurisPR-ArbR 50/2011 Anm. 5).

eine einfache Klausel zusätzlich einen Sanktionsmechanismus auf: Entweder sie verbieten eine Tarifanwendung zu Gunsten nicht oder anders Organisierter und drohen dem Arbeitgeber für den Fall eines Verstoßes gegen diese (schuldrechtliche) Bestimmung eine Sanktion an, vergleichbar einer Vertragsstrafe (Tarifausschlussklauseln). Oder sie legen normativ fest, dass bei einem derartigen - aus der Sicht des Tarifvertrages - Fehlverhalten des Arbeitgebers die tarifliche Vergünstigung den Organisierten im Verhältnis zum Nichtorganisierten stets entsprechend besser stellen muss; will der Arbeitgeber auch dem Nichtorganisierten die privilegiert versprochene Leistung zuwenden, muss er die Leistung an den Organisierten entsprechend erhöhen (Tarifabstands- oder Spannenklauseln).

Es ist auch denkbar, dass ein Arbeitgeber sich in einer rein schuldrechtlichen Vereinbarung neben einem normativ wirkenden Tarifvertrag verpflichtet, tarifvertraglich vorgesehene Leistungen oder einen Teil von ihnen nur an Gewerkschaftsmitglieder zu erbringen, und sich für den Fall einer Leistungsgewährung an hiernach Nichtberechtigte der Pflicht zu einer Zahlung unterwirft, die den Organisierten oder der Gewerkschaft unmittelbar zu Gute kommt. Auch tarifliche Regelungen über Gemeinsame Einrichtungen können, wenn sie nicht für allgemeinverbindlich erklärt sind, wie Differenzierungsklauseln wirken. Werden Leistungen von einer von Arbeitgeber oder Arbeitgeberverband und tarifschließender Gewerkschaft gemeinsam unterhaltenen Einrichtung gewährt, liegt es im gesetzlichen Regelungsplan[19], dass nur Tarifgebundene Leistungen der Einrichtung verlangen können.

V. Die gängigen Argumente

Die Diskussion um die Zulässigkeit von Differenzierungsklauseln hat bereits vor dem Beschluss des Großen Senats vom 29. November 1967 begonnen, sich aufgrund des dort gefundenen Ergebnisses und seiner Begründung intensiviert und ist nach ihrem Abflauen in den letzten Jahren intensiv wiederaufgeflammt. Dabei ist der Argumentationshaushalt naturgemäß begrenzt und erscheint auch in der Kritik an und der Zustimmung zur neueren Rechtsprechung des Bundesarbeitsgerichts wieder auf. Sie lässt sich etwa wie folgt zusammenfassen[20]: Gegen die Zulässigkeit von Differenzierungsklauseln wird allgemein geltend gemacht, sie verletzten die immanenten Grenzen der Tarifautonomie; sie stünden im Widerspruch zur Ordnungsaufgabe der Gewerkschaften im Rahmen der ausgeübten Tarifautonomie, die sich über die

---

[19] So wohl auch Löwisch/Rieble, TVG, § 1 Rz. 1871

[20] Vgl. hierzu aus der aktuellen Literatur etwa Löwisch/Rieble, TVG, § 1 Rz. 1852 f.; Däubler/Hensche/Heuschmid, TVG, § 1 Rz. 981 f.; Berg/Platow/Schoof/Unterhinninghofen, TVG, § 1 Rz. 187 f.; Wiedemann/Wiedemann, TVG Einleitung Rz. 428 f.; Sebastian Neumann, Tarifboni für Gewerkschaftsmitglieder, 2012; Philipp Leydecker, Der Tarifvertrag als exklusives Gut, 2005; ders., AuR 2009, 338; Jobst-Hubertus Bauer/Christian Arnold, NZA 2002, 1169 f.; jeweils mwN.

Grenzen ihrer Mitgliedschaft hinaus erstrecke; darüber hinaus verstießen sie durch den Eintritts- oder Übertrittsdruck, der von ihnen ausgehe, gegen die negative Koalitionsfreiheit der angezielten Außenseiter und hierdurch sowie durch die Festschreibung eines Tarifabstands zu Gunsten der Mitglieder der tarifschließenden Gewerkschaft auch gegen die positive Koalitionsfreiheit sowohl der anders Organisierten als auch von deren Gewerkschaften; es stehe auch im Widerspruch zu der antagonistischen Rollenverteilung im Modell der Tarifautonomie, die Gegenseite für die eigene Mitgliederwerbung fördernd einzusetzen; schließlich wird auf die Vertragsfreiheit von Arbeitgeber und Außenseiter und das Günstigkeitsprinzip als allgemeines Rechtsprinzip hingewiesen.

Die Gegenposition, die für die Wirksamkeit von Differenzierungsklauseln streitet, nimmt hierfür besonders die grundsätzlich gerichtlicher Inhaltskontrolle entzogene Freiheit koalitionsgemäßer Betätigung in Anspruch; sie weist auf die Notwendigkeit und den verfassungsmäßigen Schutz des Wettbewerbs der Gewerkschaften sowie das Interesse hin, dass sich in einem verbandspluralen System die Mitgliedschaft auf die durchsetzungsstärksten Gewerkschaften konzentriere, die ihre Rolle als Tarifvertragsparteien am besten ausfüllen könnten; schließlich wird auch auf das gesellschaftliche Interesse an gewerkschaftlichem Engagement, das auch eine Förderung der Mitgliedschaft im Rahmen von tarifvertraglichen Regelungen wenn nicht gebiete, so doch nahelege.

VI. Die aktuellen Entscheidungen

Die aktuelle Senatsrechtsprechung zu den beiden Grundformen von Differenzierungsklauseln, die normativ auf die Arbeitsverhältnisse der Tarifunterworfenen einwirken wollen, lassen die Absicht des Bundesarbeitsgerichts erkennen, auf die teilweise sehr abstrakten Ansätze, die in der Diskussion einander gegenüber gestellt werden, möglichst wenig zurückzugreifen und auch die stark auf ausfüllungsbedürftige allgemeine Wertungen abstellende Begründung des Großen Senats vom 29. November 1967[21] nur im notwendigsten Umfang bestätigend zu wiederholen.

1. Grundsätzliche Zulässigkeit der einfachen Differenzierungsklauseln

In seinem Urteil vom 18. März 2009[22] hatte der Vierte Senat die folgende Klausel eines Sanierungstarifvertrages zu beurteilen:

---

[21] BAG v. 29. November 1967 - GS 1/67 - BAGE 20, 175 = AP GG Art. 9 Nr. 13.
[22] BAG v. 18. März 2009 - 4 AZR 64/08 - BAGE 130, 43 = AP TVG § 3 Nr. 41 mit Anm. Subadeh Kamanabrou.

„Als Ersatzleistung wegen des Verzichts auf die Sonderzahlung gemäß § 19 des Haustarifvertrages der AWO-Gruppe erhalten die ver.di-Mitglieder der AWO-Gruppe in jedem Geschäftsjahr zum 31. Juli eine Ausgleichszahlung in Höhe von 535 € brutto je Vollzeitkraft gemäß tariflicher Wochenarbeitszeit."

Die nicht gewerkschaftlich organisierte Klägerin verlangte diese Zahlung ebenfalls, weil die hier angeordnete Ungleichbehandlung zu Gunsten organisierter Arbeitnehmer eine unzulässige Differenzierungsklausel darstelle; darüber hinaus stehe ihr der geltend gemachte Anspruch auch deshalb zu, weil in ihrem Arbeitsvertrag aus dem Jahre 1999 mit ihrer damals tarifgebundenen Arbeitgeberin auf die Tarifverträge der AWO-Gruppe Bezug genommen worden sei. Das Bundesarbeitsgericht hat in seiner umfangreichen Entscheidung weder einen vertraglichen Anspruch zuerkannt, noch die streitbefangene einfache Differenzierungsklausel als unwirksam angesehen.

1.1. Die Bedeutung der vertraglichen Gleichstellungsklausel

Der Vierte Senat hat es abgelehnt, der Klägerin einen vertraglichen Anspruch darauf zuzuerkennen, so wie ein ver.di-Mitglied behandelt zu werden, was den geltend gemachten Anspruch ohne weiteres ausgelöst hätte, weil der Tarifvertrag eine derartige vertragliche Zusage nicht zu unterbinden versuchte. Dieser Punkt, der im Anschluss an die Entscheidung am ehesten Kritiker auf den Plan gerufen hat[23], war deshalb problematisch, weil es sich bei der Bezugnahmeklausel um eine Altklausel aus der Zeit vor dem 1. Januar 2002 handelte, bei der die Anforderungen der früheren Senatsrechtsprechung für die Annahme einer Gleichstellungsklausel erfüllt waren. Diese ältere Rechtsprechung blieb deshalb im entschiedenen Fall aufgrund des vom Vierten Senat in ständiger Rechtsprechung gewährten Vertrauensschutzes anwendbar[24]. Der Begriff der Gleichstellungsabrede ist im vorliegenden Zusammenhang indes missverständlich: Es geht nicht darum, jemanden so zu behandeln, als wäre er Mitglied der tarifschließenden Gewerkschaft, sondern so, als gelte der Tarifvertrag für ihn kraft beiderseitiger Tarifgebundenheit. Eine Gleichstellungsabrede weist entsprechende Rechtsansprüche zu, sie verleiht keinen „Als-Ob-Status". Eine derartige vertragliche Verleihung ist rechtlich möglich, wenn ein derartiger Regelungswille hinreichend deutlich zum Ausdruck kommt. In einer Gleichstellungsabrede allein liegt sie nicht. Da die Klägerin also nicht aufgrund vertraglicher Rechtseinräumung verlangen konnte, so wie ein ver.di-Mitglied behandelt zu werden, und die Eigenschaft tatbestandliche Voraussetzung für den tarifvertraglich eingeräumten Anspruch auf 535 € war, konnte die Klage unter diesem rechtlichen Gesichtspunkt keinen Erfolg haben. Verallgemeinernd lässt sich sagen,

---

[23]Z.B. Jobst-Hubertus Bauer/Christian Arnold, NZA 2002, 1169, 117.1
[24]Vgl. BAG v. 18. April 2007 - 4 AZR 652/05 - BAGE 122, 74 = AP TVG § 1 Bezugnahme auf Tarifvertrag Nr. 53 mit Anm. Frank Bayreuther.

dass einfache Differenzierungsklauseln auch dann nicht aufgrund allgemeiner Bezugnahmeklauseln gegenstandslos werden, sondern zunächst einmal eine differenzierte Rechtslage begründen, wenn diese - noch - als Gleichstellungsklauseln zu behandeln sind.

1.2. Die tarifrechtliche Rechtslage

In seiner Hauptbegründung hat der Vierte Senat zunächst die bisherige Diskussion zur Zulässigkeit von Differenzierungsklauseln aufgearbeitet und ist dann zu dem Ergebnis gekommen, „die hier vorliegende einfache Differenzierungsklausel in Form der einfachen Anspruchsvoraussetzung einer ver.di-Mitgliedschaft ist bereits wegen ihrer Stellung im rechtlichen Gefüge zwischen nicht organisierten und organisierten Arbeitnehmer, Arbeitgeber und Gewerkschaft nicht geeignet, Rechte von nicht organisierten Arbeitnehmern rechtswidrig zu beeinträchtigen." Die tarifliche Regelung begründe ausschließlich Rechte und Pflichten der Tarifvertragsparteien und schränke die Handlungs- insbesondere Vertragsfreiheit der tarifgebundenen Arbeitgeberin nicht ein. Die mit einer einfachen Differenzierungsklausel herbeigeführte Ungleichbehandlung im Verhältnis organisierter zu nicht organisierten Arbeitnehmern sei in verfassungsrechtlich nicht zu beanstandender Weise in § 3 Abs. 1 TVG, § 4 Abs. 1 TVG angelegt[25]. Aus diesem Grund hat der Vierte Senat auch einen Verstoß gegen die negative Koalitionsfreiheit durch einfache Differenzierungsklauseln abgelehnt. Sie übten grundsätzlich keinen weitergehenden Druck auf einen Gewerkschaftsbeitritt oder -wechsel aus, als der unbestritten nicht zu beanstandende Umstand, dass tarifvertragliche Rechte ohnehin nur zwischen den beiderseits Tarifgebundenen gelten. Wesentlich in den Vordergrund gerückt hat der vierte Senat mehrfach den Umstand, dass einfache Differenzierungsklauseln den Arbeitgeber durch nichts rechtlich hinderten, nicht organisierte Arbeitnehmer wie Gewerkschaftsmitglieder zu behandeln. Da der Große Senat des Bundesarbeitsgerichts im Jahre 1967 angesichts der an ihn gerichteten Anfrage und verschiedener Ausführungen in den Beschlussgründen keine abschließende Antwort zu Frage der Zulässigkeit einfacher Differenzierungsklauseln gegeben hatte, sah sich der Vierte Senat - ausführlich begründet[26] - nicht gehalten, den Großen Senat vor seiner Entscheidung erneut anzurufen.

---

[25]Zustimmend insoweit auch Löwisch/Rieble, TVG, § 1 Rz. 1863.

[26]Rz. 84 bis 120 des Urteils (!); zustimmend Matthias Jacobs, FS Bauer, S. 485; Löwisch/Rieble, TVG, § 1 Rz. 1863 meinen allerdings unter Wiedergabe eines aus dem Zusammenhang gerissenen Zitats aus der Entscheidung des Großen Senats und ohne auf die Senatsbegründung im einzelnen einzugehen, die Entscheidung, den Großen Senat nicht anzurufen, sei rabulistisch begründet, weshalb es nahe liege, davon auszugehen, dass der Senat, der deshalb auch nicht als gesetzlicher Richter entschieden habe, seine Vorlagepflicht erkannt und sie bewusst ignoriert habe. Die Intensität einer Begründung deutet aber wohl zunächst einmal nur darauf, dass man ein Ergebnis für erheblich begründungsbedürftig gehalten hat, und nicht, dass man das Gegenteil für richtig hielt und nur eine eigene strafbare Handlung camouflieren wollte.

In einer ausdrücklich nur als „in Erwägung gezogen" bezeichneten Hilfsbegründung hat der Senat zunächst unterstellt, Tarifverträge müssten möglicherweise grundsätzlich geeignet sein, alle Arbeitsverhältnisse in ihrem Geltungsbereich zu regeln. In diesen, die oben bereits angesprochene Diskussion auf Seiten der Gewerkschaften[27] - und nicht nur dort - aufgreifenden Hilfserwägungen kommt der Senat ebenfalls zum Ergebnis der Wirksamkeit der streitbefangenen Klausel. Die vorliegende Differenzierung übe bei einem Umfang von etwa zwei Jahresmitgliedsbeiträgen der tarifschließenden Gewerkschaft keine einem Zwang ähnlichen, sozial inadäquaten Druck aus, das Recht darauf, einer Koalition fernzubleiben, aufzugeben. In diesem Zusammenhang hat der Vierte Senat auch die hier nicht einschlägige Erwägung angestellt, dass in der Regel auch einfache Differenzierungsklauseln nicht an den Bestimmungen des Austauschverhältnisses von Leistung und Gegenleistung im laufenden Arbeitsverhältnis anknüpfen, und wohl auch bei Sonderleistungen als Differenzierungsmittel nicht eine Größenordnung erreichen dürften, dass sich die Regelung im wirtschaftlichen Ergebnis als eine Art Umschichtung des insgesamt versprochenen Entgelts von der laufenden Vergütung hin zu einer Einmalzahlung darstelle. Als mögliche Begründung für eine solche Begrenzung wird auf die Möglichkeit hingewiesen, dass ein Tarifwerk als Ganzes einer umfassenden Gestaltungsaufgabe, was alle Arbeitsverhältnisse im Geltungsbereich angeht, gerecht werden müsse.

Die im Urteil gewählten Formulierungen für die Hilfsbegründung, die deutlich an den Vorgaben des Großen Senats aus dem Jahre 1967 orientiert sind, dienten zwar auch der weiteren Absicherung der Senatsentscheidung, den Großen Senat nicht erneut anzurufen. Sie sind aber auch Ausdruck der Verunsicherung, die Differenzierungsklauseln in das herkömmliche, auch durch gesetzliche Wertungen unterstützte Tarifvertragsverständnis bringen, und die auch durch das unterschiedliche Selbstverständnis, das bei verschiedenen Gewerkschaften schon aus den Satzungen ablesbar ist, nicht eben beseitigt wird.

1.3. Offen gebliebene Fragen zu einfachen Differenzierungsklauseln

Im Wesentlichen, aber nicht nur auf der Grundlage der vorstehend in aller Kürze angesprochenen Hilfsbegründung sind noch einige Fragen zu einfachen Differenzierungsklauseln offen geblieben, die möglicherweise bei nächster Gelegenheit abschließend geklärt werden müssen:

Sind Differenzierungsklauseln wirklich bedenklich, wenn sie im unmittelbaren Austauschverhältnis, etwa an den Tarifentgelten ansetzen? Ist diese Frage zumindest dann zu bejahen, wenn die Differenzierung an die Gewerkschaftszugehörigkeit zu einem bestimmten Stichtag anknüpft, später Einge-

---

[27] S.o. Fn. 15

tretene, aber dann natürlich auch Tarifgebundene, also von den Begünsti-
gungen ausnimmt? Ungleicher Lohn für gleiche Arbeit je nachdem, wann der
Tarifunterworfene Gewerkschaftsmitglied wurde? Zumindest bei der letztgenannten Frage kommen einem wohl schon Wirksamkeitsbedenken. Gibt es
von Rechts wegen eine Höchstgrenze für eingeräumte Rechtsvorteile? Soll sie
wirklich an der Höhe der Gewerkschaftsbeiträge ansetzen?[28] Das Spektrum
der bisher bekannt gewordenen Differenzierungsklauseln - von dem oben[29]
kurz angesprochenen Ausreißer abgesehen - reicht von 260 € bis immerhin fast 2000 €. Liegt eine Grenzüberschreitung immerhin dort, wo sich die
Differenzierung im wirtschaftlichen Ergebnis im Wesentlichen nur als tarifvertragliche Belastung der Außenseiter mit arbeitsvertraglichen Bezugnahmeklauseln darstellt, indem zunächst allgemein gegenüber der flächentarif-
vertraglichen Rechtslage ein erhebliches tarifvertragliches Sanierungsopfer
vereinbart wird und sodann im Rahmen einer Differenzierungsklausel nur
den Mitgliedern der tarifschließenden Gewerkschaft eine dieses Opfer wirtschaftlich ausgleichende Geldleistung versprochen wird?[30] Es scheint nahe
zu liegen, diese Frage zu bejahen. Soll es schließlich wirklich, wie dies noch in
dem Urteil des Bundesarbeitsgerichts vom 9. Mai 2007[31] im Zusammenhang
mit der dortigen Stichtagsregelung anzuklingen scheint, auf die gerichtliche
Beurteilung ankommen, ob eine Differenzierungsklausel geeignet ist, einen
etwa rechtfertigenden Werbezweck zu erfüllen? Es spricht viel dafür, hier
zumindest ebenso wie bei der Tauglichkeit von Arbeitskampfmaßnahmen[32]
von einer Einschätzungsprärogative der am Tarifabschluss beteiligten Gewerkschaft auszugehen.

2. Grundsätzliche Unwirksamkeit von Spannenklauseln

Anders als manche erwartet hatten, hat das Bundesarbeitsgericht dann am
23. März 2011[33] umgekehrt zu den einfachen Differenzierungsklauseln entschieden. Der Vierte Senat hat eine typische, der Sicherung der vereinbarten
Differenzierung dienende Spannenklausel als unwirksam angesehen und die
Sache nicht, was andernfalls geboten gewesen wäre, mit einer entgegenge-
setzten Zielrichtung dem Großen Senat zur Korrektur seiner Rechtsprechung
vorgelegt. Die betreffende tarifliche Regelung, die in einem Haustarifvertrag

---

[28] So Otto Ernst Kempen, FS Bepler, S. 259m ff., allerdings im Zusammenhang mit Spannenklauseln.
[29] Fn. 17 a.E.
[30] Vgl. hierzu den Sachverhalt des Sächsischen LAG v. 10. März 2011 - 6 S. 324/10 - n.v.
   [Juris]; dazu Hermann Oberhofer, jurisPR-ArbR 50/2011 Anm. 5.
[31] BAG v. 9. Mai 2007 - 4 AZR 275/06 - AP TVG § 4 Verbandszugehörigkeit Nr. 23.
[32] Hierzu BAG v. 19. Juni 2007 - 1 AZR 396/06 - AP GG Art. 9 Arbeitskampf Nr. 173
   mit Anm. Rolf Wank.
[33] BAG v. 23. März 2011 - 4 AZR 366/09 - AP GG Art. 9 Nr. 147 mit kritischer Anm.
   Sebastian Neumann = NZA 2011, 920.

für einen Betrieb mit hohem Organisationsgrad abgeschlossen wurde, weshalb bei ihr auch der Verdacht nicht ganz fern lag, dass sie zu Testzwecken durchgesetzt worden war, lautete im hier Wesentlichen:

„I. Lohn- und Gehaltsempfänger, die Mitglied der Gewerkschaft ver.di sind, erhalten pro Kalenderjahr eine Erholungsbeihilfe von € 260. . . .

IV. Der Anspruch auf Gewährung der Erholungsbeihilfe setzt voraus, dass der Lohn- oder Gehaltsempfänger bei Antragstellung dem Arbeitgeber glaubhaft seine Mitgliedschaft in der Vereinten Dienstleistungsgewerkschaft ver.di nachgewiesen hat. . . .

V. Gewährt die H. [Arbeitgeberin] die Leistung nach Ziffer I. oder über die in Ziffer I. festgelegten Ansprüche hinausgehende Beträge oder sonstige Leistungen Lohn- oder Gehaltsempfängern, die nicht Mitglied der Vereinten Dienstleistungsgewerkschaft ver.di sind, erhöht sich für die Lohn- und Gehaltsempfänger, die Mitglied der Vereinten Dienstleistungsgewerkschaft ver.di sind, die Arbeitgeberleistung entsprechend."

Der Vierte Senat wies die Verbandsklage (§ 9 TVG) mit dem Antrag, die Unwirksamkeit von Ziffern I. und V. des Haustarifvertrages festzustellen, die im Wege der Sprungrevision (!) zu ihm gelangt war, teilweise, nämlich hinsichtlich Ziffer I., unter Bestätigung seines Urteils vom 18. März 2007 ab, während er dem Feststellungsantrag im Übrigen, hinsichtlich Ziffer V., stattgab.

2.1. Die Begründung des Bundesarbeitsgerichts

2.1.1. Bestätigung des Urteils vom 18. März 2009 zu einfachen Differenzierungsklauseln

Die Klageabweisung des Antrages hinsichtlich Ziffer I. des Tarifvertrages, in der Sache also die Feststellung der Wirksamkeit der dortigen Regelung, war nach der Begründung des zuvor referierten Urteils zwingend. Es ergab sich schon aus Ziffer I. selbst, unzweifelhaft aber unter ergänzender Heranziehung von Ziffer IV., dass hier nicht nur deklaratorisch deutlich gemacht werden sollte: „Tarifvertragliche Rechte stehen als solche nur Tarifgebundenen zu". Spätestens mit der Regelung zum erforderlichen Nachweis der ver.di-Mitgliedschaft in Ziffer IV. war klar, dass diese Mitgliedschaft konstitutives Tatbestandsmerkmal für den Anspruchserwerb sein sollte. Damit begegnete die - für sich genommen sinnvoll anwendbare - Regelung in Ziffer I. angesichts des Gegenstandes der Differenzierung (Erholungsbeihilfe) und von deren Höhe (260 €) nach den dann auch nur sehr zusammengefasst wiederholten Gründen des Urteils vom 18. Märtz 2009 keinen Wirksamkeitsbedenken.

2.1.2. Im Ergebnis: Bestätigung der Entscheidung des Großen Senats zur Unzulässigkeit von Spannenklauseln

Anders verhält es sich mit der in Ziffer V. getroffenen Regelung. Bei ihr handelt es sich um eine Spannenklausel, die im Ergebnis normativ auf die Arbeitsverhältnisse der Tarifunterworfenen einwirken soll und zwar (noch) hinreichend bestimmt ist, bei deren Vereinbarungen die Tarifvertragsparteien aber wegen der mit ihr angezielten Wirkung die Grenzen der tariflichen Rechtsetzungsmacht überschritten haben.

Eva Kocher hatte es schon zu Recht angemerkt: Bei Spannenklauseln kommen zu den erörterten und noch zu erörternden Differenzierungsproblemen häufig noch Fragen der Transparenz und Bestimmtheit der getroffenen Tarifregelungen hinzu[34]. So verhielt es sich auch bei der hier behandelten Tarifklausel. Es geht in Ziffer V. darum, die Wirksamkeit der nach Ziffer I. normativ für ver.di-Mitglieder festgelegten Sonderleistung dadurch zu sichern, dass verhindert wird, dass der Arbeitgeber deren Exklusivität dadurch leerlaufen lässt, dass er gleichartige Leistungen wie die ausgelobten Erholungsbeihilfen zur Kompensation an Nicht- oder Andersorganisierte gewährt. Um dies zu erreichen, wirft der Tarifvertrag für einen solchen Fall keine - schuldrechtlich wirkende - „Vertragsstrafe" aus, die der Arbeitgeber zu erbringen hat, sondern legt fest, dass sich - normativ - die Rechtslage der privilegierten Gewerkschaftsmitglieder in ihren Arbeitsverhältnissen dahin ändern, dass sie entsprechend erhöhte Leistungsansprüche haben, ohne dass es auf den Gewährungszweck der Kompensationsleistung ankommen soll. Dass diese Regelung in ihren Tatbestandsmerkmalen hinreichend bestimmt ist, begründet der Senat dann im Einzelnen, wobei er insbesondere davon ausgeht, dass eine Kompensationsleistung, welche die Anspruchssteigerung auslösen kann, nur dann vorliegt, wenn die Leistung an die Außenseiter aufgrund eines generalisierenden Prinzips mit kollektivem Bezug erfolgt. Zu der Gesamtwürdigung, wonach eine hinreichend bestimmte Klausel vorliegt, kommt der Senat erkennbar vor dem Hintergrund des die Wirksamkeit der Klausel insgesamt betreffenden Verbandsklageverfahrens, wo es insoweit genügt, dass ihre Anwendung auf den Einzelfall jedenfalls grundsätzlich möglich ist und nicht alle denkbaren Konstellationen auf die Umsetzbarkeit der Regelung hin zu überprüfen sind. Dass hier in den für die Effektivität der Differenzierungsklausel entscheidenden Einzelfällen vielfach Probleme auftreten können, erscheint zumindest nicht fernliegend.

Die materiell-rechtliche Überprüfung der Spannenklausel führt den Senat dann zu dem Ergebnis, dass die Tarifvertragsparteien mit ihr ihre tarifliche Rechtssetzungsbefugnis überschritten haben. Sie streben mit dieser normativen Regelung entgegen den grundlegenden Wertungen des Gesetzes, wie sie etwa im Günstigkeitsprinzip des § 4 Abs. 3 TVG zum Ausdruck kommen, die

---

[34]Eva Kocher, NZA 2009, 119, 120.

Festlegung einer - relativen - Höchstarbeitsbedingungsgrenze für Arbeitsverträge an, die *mit* nicht den tarifvertraglichen Bestimmungen unterliegenden Arbeitnehmern und *von* ihnen abgeschlossen werden. Zugleich wollen sie auch bestimmte Regelungen des Arbeitgebers mit anderen Gewerkschaften verhindern. In beiden Fällen soll es die Spannenklausel „rechtlich-logisch" unmöglich machen und tut dies bei regelungsgerechter Anwendung auch, dass in den beschriebenen Rechtsverhältnissen eine Gleichstellung der Außenseiter oder der Mitglieder der Außenseitergewerkschaft mit den von der Differenzierungsklausel begünstigten Beschäftigten vereinbart wird. Auf diese Weise wirkt die Spannenklausel nicht nur auf den am Tarifabschluss beteiligten und deshalb nicht außerhalb der Regelungskompetenz der Tarifvertragsparteien stehenden Arbeitgeber ein, sondern auch und gerade auf die Außenseiterarbeitnehmer und -gewerkschaften. Deren Vertragsabschlussfreiheit steht aber nicht zur Disposition der an der Vereinbarung der Spannenklausel Beteiligten. Anschaulich wird diese Beschränkung der Vereinbarungsbefugnis auch außerhalb des Bereichs der eigenen Rechtsetzungskompetenz, wenn man sich die Verhandlungssituation in einer typischen verbandspluralen Situation vorstellt. Die eine Gewerkschaft wird sich in aller Regel um ihrer eigenen Attraktivität willen nicht als erste auf einen Tarifabschluss mit der Tarifvertragspartei auf Arbeitgeberseite einlassen, wenn nicht zugleich durch eine entsprechende Klausel sichergestellt wird, dass etwaige Verbesserungen, welche die später abschließende Gewerkschaft noch erreicht, auch ihren Mitgliedern zugute kommen (Meistbegünstigungsklausel). Eine solche Bestimmung geriete in einen unauflöslichen Widerspruch zu dem jüngeren Tarifvertrag, wenn die dort erreichten Verbesserungen durch eine Spannenklausel abgesichert werden könnten. Umgekehrt könnte die erstabschließende Gewerkschaft durch Spannenklauseln die Regelungskompetenz der zweitabschließenden derart begrenzen, dass sie in den entsprechenden Bereichen Gleichstellungsvereinbarungen verhinderte[35].

2.2. Stellungnahmen der Literatur

Die Entscheidung zur Spannenklausel, die, dies sei noch einmal wiederholt, ohne eine erneute Anrufung des Großen Senats im Ergebnis nicht anders ausfallen konnte, hat einige Kritik erfahren, der allerdings teilweise auch Missverständnisse zu Grunde liegen.

---

[35]Eine derartige Wirkung von Spannenklauseln hält auch Sebastian Neumann, der ansonsten für die Wirksamkeit von Spannenklauseln streitet, wegen eines Verstoßes gegen die Koalitionsfreiheit der Andersorganisierten für unwirksam (Anm. zu AP GG Art. 9 Nr. 147, unter III. 2 e), meint aber, die konkrete Klausel sei dahin auszulegen, dass sie diesen Fall nicht mit umfasse; Spannenklausel als Werbemaßnahme für den Verbandsbeitritt zu einer Konkurrenzorganisation, weil nur sie wirklich gleichstellen kann?

So hat etwa Otto Ernst Kempen[36] der Entscheidung eine ihr zu Grunde liegende Wertung des Senats entnommen, das Günstigkeitsprinzip stelle die von der kollektiv ausgeübten Privatautonomie „verdrängte" Privatautonomie wieder her. „Der Gewerkschaftsbeitritt wird so zum Verzicht auf persönliche Selbstentfaltung." Richtig ist, dass der Vierte Senat im Zusammenhang mit § 4 Abs. 3 TVG von einer „Verdrängung" des einzelvertraglich Vereinbarten spricht. Dahinter steckt indes nicht die von Kempen vermutete Grundwertung. Der Begriff ist vielmehr Ausdruck einer rechtskonstruktiven Situation: Günstigere Tarifverträge machen ungünstigere Arbeitsverträge nach der Rechtsprechung des Vierten Senats nicht nichtig, sondern verdrängen sie, machen sie für die Dauer der Tarifgeltung wirkungslos. Dies dient nicht der Wiederherstellung von Ergebnissen arbeitnehmerseitiger „Selbstentfaltung", sondern als Notanker zur Sicherung wenigstens der vertraglich festgelegten Standards vor weiterem Absinken nach Wegfall des bisherigen Tarifvertrags[37]. Wertend gilt demgegenüber ganz allgemein: Arbeitsverträge sind typischerweise strukturell notleidend, weil dort eine gleichgewichtige „Selbstentfaltung" nicht die Regel ist. Dies ist üblicherweise nur dann der Fall, wenn die Privatautonomie auf Arbeitnehmerseite kollektiv gebündelt wahrgenommen wird. Die daraufhin zustande gekommenen Tarifverträge haben die Angemessenheitsvermutung für sich, die Individualverträgen außerhalb des Arbeitslebens in ungestörter Verhandlungsparität zukommt. Der Hintergrund des durch das Günstigkeitsprinzip auch offengelassenen Freiraums oberhalb des Tarifniveaus ist die sich aus der gegenüber dem Tarifabschluss günstigeren Individualvertragsvereinbarung ergebende Erkenntnis, dass bei diesen Arbeitsvertragsparteien das Vertragsmodell offenbar funktioniert hat und der allgemein strukturell schwächere Arbeitnehmer hier nicht des Einsatzes des allgemeinen arbeitsrechtlichen Schutzprinzips mit seinen kollektivrechtlichen Schutzmechanismen bedarf. Um hiervon ausgehend auf die Begründung des Senats vom 23. März 2011 zurückzukommen: Das Günstigkeitsprinzip belegt in unserem Zusammenhang[38], dass der Gesetzgeber den Tarifvertragsparteien eine unabdingbare Schutzaufgabe in strukturell gestörten Vertragsbeziehungen einräumt, dass er es den Individualvertragsparteien aber überlassen will, in einer nicht durch Disparitäten gestörten Vertragsbeziehung verbindlich zu kontrahieren. Er vermutet eine solche ungestörte Situation bei Verhandlungsergebnissen, die oberhalb des tariflich Geregelten liegen. Dort können die Tarifvertragsparteien nicht beschränkend eingreifen; die Festlegung von Höchstarbeitsbedingungen ist ih-

---

[36] Otto Ernst Kempen, FS Bepler, S. 255, 257.

[37] Vgl. BAG v. 12. Dezember 2007 - 4 AZR 998/06 - AP TVG § 4 Nr. 29 mit Anm. Olaf Deinert = NZA 2008, 649

[38] Es geht auch entgegen der Auffassung von Sebastian Neumann (Anm. in AP GG Art. 9 Nr. 147) nicht um einen unmittelbaren Verstoß gegen das Günstigkeitsprinzip, sondern gegen die genannten, auch in ihm zum Ausdruck gekommenen gesetzgeberischen Grundwertungen.

nen deshalb grundsätzlich verschlossen. Da Spannenklauseln in diese Richtung wirken und dies auch, was Individualvereinbarungen angeht, mögen diese auch über Gesamtzusagen oder abgestimmtes Verhalten den nach der Auslegung des Spannenklausel erforderlichen kollektiven Bezug haben[39], begegnen sie durchgreifenden Bedenken. Dies muss erst Recht gelten, wenn sie ihre Wirkung auf nicht beteiligte Dritte erstrecken.

Auch die umfangreichen Erörterungen von Sebastian Neumann und Johannes Heuschmid treffen den Begründungsansatz des Vierten Senats nicht durchgängig. Der zentralen Überlegung, dass die Sicherung der tariflich angeordneten Differenzierung durch die Spannenklausel eine Überschreitung der tariflichen Regelungsmacht darstelle, weil sie durch eine normativ wirkende Regelung im Verhältnis zu den tarifunterworfenen Arbeitnehmern eine vollständige vertragliche Gleichstellung der Nichtorganisierten mit den Gewerkschaftsmitgliedern durch Vereinbarung mit Ersteren „rechtlich-logisch" ausschließe, tritt Neumann unter Berufung auf Franz Gamillscheg[40] mit der Erwägung entgegen, der Außenseiter sei nicht Adressat der Regelung, sondern „Bezugsgröße". Dies scheint mir die Gewichte realitätswidrig zu verschieben: Die normative Regelung in Ziffer V. zielt, wie schon die notwendig fehlende Bezifferung des Anspruchs zeigt, nicht in erster Linie auf die Einräumung eines bestimmten Anspruchs, sondern sie droht - aus der Sicht des Arbeitgebers - einen tariflichen Anspruch für den Fall einer Nichterfüllung der vorgesehenen Ungleichstellung in einer Weise an, dass eine vollständige Gleichstellung im Außenseiterverhältnis „rechtlich-logisch" ausgeschlossen ist. Wenn man hier zwischen einer Hauptstoßrichtung der Tarifregelung und einer Instrumentalisierung unterscheiden will, wie sie im Begriff der „Bezugsgröße" zum Ausdruck kommt, dann trifft letzteres sicher eher auf die Situation des Gewerkschaftsmitglieds als auf die des Außenseiters zu. Natürlich kann man darüber streiten, ob die durch eine normative Regelung, die für sich genommen, als - potentielle - Rechtseinräumung die tarifliche Rechtssetzungsmacht nicht verlässt, herbeigeführte „rechtlich-logische" Unmöglichkeit, eine bestimmte vertragliche Vereinbarung im den Tarifvertragsparteien unzugänglichen Außenseiterverhältnis zu vereinbaren, einer Regelung des Außenseiterverhältnisses gleichkommt. Der Vierte Senat hat dies wegen der Wirkungsintensität der Regelung in die Außenseiterverhältnisse hinein angenommen. Der Begründungsansatz des Bundesarbeitsgerichts wird verlassen, wenn darauf hingewiesen wird, die übliche

---

[39]Was an ihrem individualvertraglichen Zustandekommen durch Antrag und Annahme nichts ändert; deshalb ist auch der Einwand von Philipp Leydecker (Der Tarifvertrag als exklusives Gut, 2005, S. 231), ihm folgend Sebastian Neumann (aaO, unter III. 2.b) und Johannes Heuschmid (Däubler/Hensche/Heuschmid, TVG, § 1 Rz. 998) nicht überzeugend, auf das Günstigkeitsprinzip komme es hier von vornherein nicht an, weil eine individualvertragliche Gleichstellung durch Spannenklausel nicht verhindert werde.

[40]Franz Gamillscheg, Die Differenzierung nach der Gewerkschaftszugehörigkeit, 1966, S. 74.

Gleichstellungsabrede werde doch durch eine Spannenklausel nicht verhindert[41]; eine derartige vertragliche Regelung gebe ja keinen Anspruch auf eine den Mitgliedern der tarifschließenden Gewerkschaft vorbehaltene Leistung. Dies ist richtig, wie der Vierte Senat in seiner Entscheidung zur einfachen Differenzierungsklausel im Einzelnen begründet hatte[42]. Darum geht es aber auch bei der Annahme einer Überschreitung der tariflichen Regelungsmacht nicht. Es geht darum, dass die Spannenklausel für die Zukunft eine nach den Regeln des Individualvertrags zustande gekommene Vereinbarung, die einen Nichtorganisierten in jeder Hinsicht wie ein Mitglied der tarifschließenden Gewerkschaft stellen will, „rechtlich-logisch" unmöglich macht. Nicht, ob der Arbeitgeber aus einer Klausel verpflichtet ist, sondern, ob er und der Außenseiter eine entsprechende einzelvertragliche Verpflichtung begründen können, ist entscheidend, wobei es auch nicht darauf ankommt, ob diese Frage „bislang [!] hypothetisch und kaum praxisrelevant ist"[43]. Schließlich: Dass der Senat sich nicht die Mühe gemacht hat, vernünftige Allgemeinwohlerwägungen, die für eine Spannenklausel streiten könnten, im Rahmen einer Kontrolle anhand des Art. 12 GG zu prüfen, wie Neumann vorwurfsvoll anmerkt[44], ist richtig, entsprach aber den für gerichtliche Entscheidungen geltenden Geboten. Es kam hierauf nicht an. Mit der Feststellung der Überschreitung der tariflichen Rechtsetzungsmacht war die Entscheidung gefallen[45].

3. Offene Fragen zur differenzierenden Tarifgestaltung

Mit den referierten Entscheidungen sind einige Fragen jedenfalls bis auf Weiteres geklärt. Offen ist aber weiterhin die rechtliche Behandlung von Tarifausschlussklauseln, die einfache Differenzierungsklauseln durch schuldrechtliche Abreden absichern, in denen der Arbeitgeber sich für den Fall, dass er von der tariflich vorgesehenen Ungleichbehandlung absieht, zu einer Leistung ähnlich einer Vertragsstrafe verpflichtet. Hier kann man sich fragen, ob die hierin liegende Beschränkung der Vertragsabschlussfreiheit im Verhältnis zu Dritten unterschiedlich zu bewerten ist, je nach dem, ob sie sich in einem Haus- oder in einem Flächentarifvertrag findet. Man könnte auch daran denken, hier der Höhe nach zu differenzieren und zu fragen, ob die wirtschaftliche Unmöglichkeit eines egalisierenden Vertragsschlusses einer rechtlichen Unmöglichkeit gleichzustellen ist, und ob - nur - dies zur Unwirksamkeit einer Tarifausschlussklausel führt. Nach meiner Einschätzung ist aber auch hier der Große Senat des Bundesarbeitsgerichts für jede - teil-

---

[41]Sebastian Neumann aaO, unter III. 2. d) aa); Johannes Heuschmid, aaO Rz. 1001.

[42]S.o. BAG v. 18.März 2009 - 4 AZR 64/08 - BAGE 130, 43 = AP TVG § 3 Nr. 41 mit Anm. Subadeh Kamanabrou.

[43]Sebastian Neumann, aaO. unter III. 2. d) bb)

[44]aaO. unter II. 2. c).

[45]Richtig Johannes Heuschmid aaO. Rz. 1002.

weise - Öffnung der tariflichen Regelungsmacht der gesetzliche Richter. Unklar ist darüber hinaus, inwieweit dem Differenzierungsinteresse durch die Installation gemeinsamer Einrichtungen Rechnung getragen werden kann, und welche Regelungsmechanismen es geben kann, hier eine materielle Exklusivität sicher zu stellen. Insgesamt ist wohl davon auszugehen, dass die Kautelarjuristen auf Seiten einiger Gewerkschaften hier neue Wege ersinnen und erproben werden.

VII. System- und Orientierungsprobleme durch Differenzierungsklauseln?

Die bereits angesprochene Grundsatzdiskussion über die Ausrichtung gewerkschaftlicher Arbeit - Mitgliedschaftsbezogenheit oder Gesamtrepräsentation -, die in den Gewerkschaften geführt wird, aber etwa auch in der Hilfsbegründung des Urteils vom 18. März 2009 zu einfachen Differenzierungsklauseln anklingt, ist nicht nur ein strategisches Problem[46]. Die stärkere Mitgliedschaftsbezogenheit, wie sie in der verbreiteten Praxis von Differenzierungsklauseln zum Ausdruck kommt, stellt althergebrachte rechtliche Wertentscheidungen in Frage und wirft zusätzliche Fragen für künftige Gesetzgebung auf. Drei davon sollen hier nur ausformuliert werden, ohne dass damit zum Ausdruck gebracht werden soll, dass die in den Fragen angedeuteten Konsequenzen wirklich gezogen werden müssten. Vielleicht machen die Fragen aber zumindest den m.E. bestehenden Diskussionsbedarf deutlich:

Jeder Tarifvertrag mit Differenzierungsklausel schafft zwei Regelwerke mit jeweils unterschiedlichem Verhältnis von Leistung und Gegenleistung, eines für Organisierte und ein zweites, das für auf Grund Bezugnahmeklauseln einbezogene Außenseiter gilt, mag die tarifschließende Gewerkschaft letzteres auch nicht wollen; sie baut jedenfalls auf dem entsprechenden Phänomen auf, wenn sie denn überhaupt Differenzierungsklauseln durchsetzt.

• Kommt für derartige Tarifverträge eine gesetzliche Tariföffnung in Betracht? Auch zu Gunsten des „billigeren" Regelwerks, das nur kraft arbeitsvertraglicher Verweisung gilt?

• Ist die Kontrollfreiheit von Tarifverträgen nach § 310 Abs. 4 BGB auf das für die Tarifgebundenen geltende Regelwerk beschränkt, oder gilt die Angemessenheitsvermutung trotz der dort festzustellenden Unterschiede für beide Regelwerke? Oder hängt dies gar vom Umfang der den Gewerkschaftsmitgliedern vorbehaltenen Zusatzleistung ab?[47] Auch aus der anderen Sichtrichtung ist die Lage nicht unproblematisch: Das Regelwerk für Tarifgebun-

---

[46]Vgl. auch Eva Kocher, NZA 2009, 119, 123 a.E.

[47]Nach einer dargestellten Auffassung wäre es konsequent, Differenzierungen bis zur Höhe von einem Jahresmitgliesbeitrag oder mehreren Jahresmitgliedsbeiträgen weiterhin zu privilegieren.

dene ist uneingeschränkt mitgliedschaftlich legitimiert, so dass die Gewährleistung der Koalitionsfreiheit einer Angemessenheitskontrolle von Tarifverträgen entgegensteht; gilt das aber auch für das Außenseiter-Regelwerk?

- Von diesen Fragen ausgehend: Müsste ein etwaiges Tarifeinheitsgesetz mit einer Geltungserstreckung des repräsentativeren Tarifvertrages auf die gesamte Belegschaft nicht zumindest solche Tarifverträge (oder gar Tarifwerke!?) hiervon ausnehmen, die Differenzierungsklauseln enthalten, also gerade nicht in gleicher Weise für Organisierte und Nichtorganisierte gelten wollen?

Kapitel VII.

Gesetzliche Mindestlöhne im Spannungsverhältnis von Gesetz, Tarifautonomie und Tarifpluralität

Vorrang des tariflichen Gesamtpaketes vor gesetzlichem Mindestlohn - Beispiel Systemgastronomie

Wolfgang **Goebel**
Präsident des Bundesverbandes der Systemgastronomie e.V. München, Vorstand Personal McDonald's Deutschland Inc.

Im Dezember 2011 trat der zwischen dem Bundesverband der Systemgastronomie und der Gewerkschaft-Nahrung-Genuss-Gaststätten (NGG) abgeschlossene neue Entgelttarifvertrag in Kraft. Dieser sieht für die über 100.000 Beschäftigten der Branche eine prozentuale Lohnerhöhung in zwei Stufen vor. Die untersten Tarifgruppen beginnen im Westen mit 7,50 €. Die Einstiegslöhne dieses neuen Tarifabschlusses liegen unter dem, was gleichzeitig in der öffentlichen Mindestlohndebatte gefordert wurde und wird. Warum sind die Tarifpartner also diesen Weg über einen tarifvertraglichen Einstiegslohn von 7,50 € gegangen? Hierzu zunächst einige Worte zur Verbandspolitik des BdS: Der BdS ist Arbeitgeber- und Wirtschaftsverband für die Systemgastronomie und damit umfassendes Sprachrohr und Ansprechpartner für die Branche. Die Mitgliedschaft im BdS setzt zwingend eine Tarifbindung voraus, d.h. alle über 700 Mitgliedsunternehmen müssen ihre Mitarbeiter nach Tarifkonditionen behandeln. Die BdS-Tarifverträge sind Flächentarifverträge, d.h. sowohl der Entgelttarifvertrag, als auch der Manteltarifvertrag sind bundesweit gültig. Warum ist der Weg über Tarifverträge im Vergleich zu einem gesetzlichen Mindestlohn der richtige Weg?

I. Arbeitsbedingungen sind ein Gesamtpaket

Der tarifliche Stundenlohn, der in den Entgelttabellen festgeschrieben ist, ist immer nur ein Teil des Gesamtgefüges. Zusätzlich hierzu werden weitere tarifvertragliche Leistungen gewährt. Hierzu zählen unter anderem Sonderzahlungen, wie z.b. Urlaubs- und Weihnachtsgeld, bis zu zehn zusätzliche Urlaubstage und diverse Zuschläge, z.B. für Feiertags- und Nachtarbeit. Dadurch ist der effektive tarifliche Stundenlohn deutlich höher, als der reine Lohn nach der Entgelttabelle, was in der Diskussion um den gesetzlichen Mindestlohn häufig übersehen wird. Überlegungen zu einem gesetzlichen Mindestlohn konzentrieren sich immer auf einen Punkt, nämlich auf ein Stundenentgelt in konkreter Höhe. Tarifverträge leisten zudem mehr, als nur Geld- oder geldwerte Ansprüche zu regeln. Durch klare Regelungen, z.B. zur Arbeitszeit, bieten sie einen verlässlichen Rahmen für das gesamte Arbeitsverhältnis. Wir werden den lebendigen Facetten und dem Miteinander eines Arbeitsverhältnisses nicht gerecht, wenn wir dieses ausschließlich über den Bestandteil „Stundenlohn" definieren. Ein Tarifvertrag ist eher geeignet, das Arbeitsverhältnis in seiner Gesamtheit zu erfassen und praxisgerecht zu ordnen. In dieses ordnende und ausgewogene Gesamtgefüge würde durch einen gesetzlichen Mindestlohn eingegriffen werden. Wer einen gesetzlichen Mindestlohn fordert, muss sich bewusst sein, dass sich dadurch der Verteilungsspielraum nicht wirklich erweitert, also dadurch nicht automatisch mehr Masse zur Verhandlung steht. Es würde per Gesetzgeber nur eine klare Schwerpunktsetzung des Verteilungsmodus erreicht werden. Änderungen an anderen Stellschrauben wären daher eine logische Konsequenz. Dies birgt die Gefahr, dass das sorgsam austarierte Gesamtpaket der Tarifparteien aus dem Gleichgewicht gerät.

II. Expertenwissen aus der Branche

Der Eingriff in das Gesamtpaket Tarifvertrag ist gefährlich, da dieses Gesamtpaket alles andere als ein Zufallsprodukt ist. Tarifverträge sind in und aus der Branche gewachsen. Und keiner kennt die Branche besser als diejenigen, die täglich darin arbeiten. Dies gilt für die Arbeitnehmer- genauso wie für die Arbeitgeberseite. Sowohl Arbeitnehmer- als auch Arbeitgeberseite besetzen die Tarifkommission mit Menschen aus der Branche und diese bringen ihr Expertenwissen ein. In den letzten Tarifverhandlungen der Systemgastronomie war dies beispielsweise eine bunte Gruppe von Mitarbeitern aus Crew und Management, Franchisenehmern und Companyvertretern sowie Vertretern aus dem Hauptamt von Gewerkschaft und Verband. Genau diese Mischung macht die Tarifkommission zu einer „Expertenrunde". Nur diese kennen die Bedürfnisse und Gegebenheiten der täglichen Arbeitsrealität. Bereits die vielleicht ungewohnten Begriffe „Crew", „Management", „Company" und „Franchisenehmer" zeigen die in der Systemgastronomie bestehenden branchenspezifischen Besonderheiten - wie dies für alle Branchen zutreffen wird. Ein solches Fachwissen wäre selbst durch die anerkanntesten Wissenschaftler und Beamten in staatlichen Gremien nicht ersetzbar. Das spezifische Branchenwissen und die daraus resultierenden Sachgründe würden bei der Lohnfindung verloren gehen - selbst dann, wenn in staatlichen Lohngremien einzelne, branchenübergreifende Arbeitgeber- und Arbeitnehmervertreter säßen.

III. Höhe der Einstiegslöhne basiert auf Sachgründen

Die unterste Lohngruppe regelt einen Einstiegslohn, der, wie der Name schon sagt, den Einstieg mit der einfachsten Tätigkeit bedeutet. Die Höhe des tariflichen Einstiegslohnes basiert auf Sachgründen, die von den Tarifkommissionen in die Tarifvertragsverhandlungen eingebracht werden. Um nur ein Beispiel für die Systemgastronomie zu nennen: In der Systemgastronomie beobachten wir eine sehr hohe Fluktuation in den ersten Wochen. Viele Bewerber haben sich vor Aufnahme der Tätigkeit kein echtes Bild gemacht oder nicht wahrgenommen, dass die Branche mit Schichtdiensten und auch am Wochenende agiert. Die Einarbeitung der Beschäftigten ist für Arbeitgeber und Kollegen ein nicht unerheblicher Aufwand. Mitarbeiter, die sich dagegen längerfristig im Betrieb engagieren und entsprechend fortbilden, steigen nach der Einstiegsphase in höhere Verantwortungen und Tarifgruppen auf. Dies war ein ausdrückliches Anliegen der Tarifkommission. So erfolgt der erste Lohnsprung von der TG 1a in die TG 1b bereits nach sechs Monaten, die TG 2 wird anschließend nach weiteren 6 Monaten erreicht. Dazu besteht noch die Besonderheit, dass unternehmensspezifische Vorkenntnisse bei der Eingruppierung angerechnet werden, also Erfahrungswissen auf die Eingruppierung angerechnet wird. Zu dieser Bewertung kam die Tarifkommission in ihren Verhandlungen. Ein gesetzlicher Mindestlohn könnte derartige Überlegungen kaum bzw. gar nicht abbilden. Durch die gedankliche Fixierung auf die unterste Lohngruppe würden diese differenzierten Überlegungen abhandenkommen und damit Chancen zur Eingliederung von Menschen in die Arbeitswelt verbaut werden.

IV. Gefahr für Tarifstrukturen

Neben der Ausblendung von Überlegungen würde ein gesetzlicher Mindestlohn auch zu Verschiebungseffekten innerhalb der tariflichen Entgeltstruktur führen. Bei einem (zu) hohen Einstiegslohn gäbe es weniger Spielraum für die Anerkennung von Erfahrungen und Fertigkeiten. Insbesondere in den unteren Lohngruppen gäbe es voraussichtlich weniger finanzielles Entwicklungspotential, da das zu verteilende Budget bereits überproportional in die unterste Lohngruppe fließt. Das Honorieren zusätzlicher Qualifikationen und größerer Betriebszugehörigkeit ist jedoch ein nicht unerheblicher Motivationsfaktor für die Beschäftigten. Zudem muss man sich dessen bewusst sein, dass die Attraktivität einer Tarifbindung allgemein leiden würde. Einige Unternehmen würden die Überlegung anstellen, warum sie sich dem Gesamtpaket eines Tarifgefüges anschließen bzw. diesem angeschlossen bleiben sollten, wenn Sie lediglich über die Zahlung des gesetzlichen Mindestlohns in der untersten Lohngruppe bereits rechtlich und moralisch einwandfrei aufgestellt sind. Es wäre eine bedauerliche Entwicklung, wenn Arbeitgeber sich „auf dem gesetzlichen Mindestlohn ausruhen könnten". Auch dem Abschlussdruck für neue Tarifverträge dürfte ein gesetzlicher Mindestlohn sicherlich nicht förderlich sein. Der gesetzliche Mindestlohn könnte so von einer Lohnuntergrenze faktisch auch zur Lohnobergrenze werden.

V. Fazit

Die Lohnfindung muss weiterhin den Tarifvertragsparteien überlassen werden. Diese wissen besser, wie das Gesamtpaket zu schnüren ist. Gerade im Bereich der ungelernten Bewerber würden Einstiegschancen erschwert, Tarifverträge würden an Attraktivität verlieren und die Tarifbindung sinken. Eine götzenhafte Fixierung auf die unterste Lohngruppe ist schädlich für differenzierte und branchenspezifische Lösungen: Ein guter Arbeitgeber ist mehr als ein Mindestlohnzahler!

Einführung eines gesetzlichen Mindestlohns - Rückbesinnung auf die Gestaltungsmacht und -fähigkeit von Tarifvertragsparteien

Dr. Friedrich-Wilhelm **Lehmann**
Rechtsanwalt, Schliersee und Krefeld

Schon einige Jahre ziehen sich die politischen Auseinandersetzungen über die Einführung eines gesetzlichen Mindestlohnes hin. Inzwischen hat das Land Bremen die ihm zu langsam vorfahrende Bundesregierung über den Randstreifen hinweg überholt und mit Wirkung vom 1.9.2012 das Landesmindestlohngesetz vom 17.7.2012 „zur Durchsetzung eines Mindestlohns" in Kraft gesetzt. Die Diskussion in der Wissenschaft hat manchen interessanten Denkansatz generiert[1] Der Weg zu gesetzlichen Mindestlöhnen ist vorgezeichnet. Der Ruf der Politiker nach einem staatlich verordneten Mindestlohn soll die Arbeitnehmer vor zu geringen Löhnen in Wirtschaftszweigen und Regionen schützen, in denen keine Tarifverträge bestehen oder Tarifverträge zwar bestehen, aber die untersten tariflichen Löhne dem Staat als zu niedrig erscheinen. In der aktuellen politischen Diskussion wird auf Beispiele anderer europäischer Länder verwiesen. So schreiben nicht nur wirtschaftlich starke, sondern auch nicht starke europäische Länder einen gesetzlichen Mindestlohn vor, beispielsweise Spanien in Höhe von 12 mal monatlich 748 Euro, Portugal 668 Euro und Griechenland 14 mal monatlich 751 Euro. (Süddeutsche Zeitung vom 7.2.2012) Über das „Ob" der Einführung besteht in der deutschen Wirtschaft und Gesellschaft überwiegend Konsens. Offen ist derzeit vor allem das „Wie" der Einführung. In der Union gibt es seit einem Jahr ein abgesprochenes Konzept zum Mindestlohn, das auch von den Tarifvertragsparteien getragen werden könnte, erklärt die CDU/CSU. Die Union hat sich im April 2012 auf ein Modell für Mindestlöhne in Branchen ohne geltende Tarifverträge geeinigt. Das Konzept umfasst ein Verfahren zur Festlegung einer „tarifoffenen, allgemein verbindlichen Lohnuntergrenze". Eine Kommission, die sich aus gleich vielen Vertretern der Arbeitgeber und der Gewerkschaften zusammensetzt, soll die Lohnuntergrenzen aushandeln. Sie soll völlig unabhängig entscheiden und auch Differenzierungen wie Ausnahmen für bestimmte Bereiche beschließen können. Falls es in der Kommission zu keiner Einigung kommen sollte, ist ein Schlichtungsverfahren vorgesehen. Um Beschlüsse der Kommission in geltendes Recht umzusetzen, müsste die Regierung die Lohnuntergrenze per Rechtsverordnung in Kraft setzen. Weil der Mindestlohn aber nur in Branchen zum Tragen käme, für die es bislang

---

[1]vgl. Caspers: „Mindestlohn und Tarifautonomie", ZAAR Schriftenreihe (Herausgeber Volker Rieble, Abbo Junker und Richard Giesen) mit dem Vortrag aus dem 7. Ludwigsburger Rechtsgespräch; Sittard: „Verfassungs- und europarechtliche Anmerkungen zu den Mindestlohnbeschlüssen des Deutschen Juristentags", NZA 2010, 1160 ff.

keine Tarifverträge gibt, wäre es kein allgemeiner Mindestlohn. Mögliche niedrigere Untergrenzen aus bestehenden Tarifverträgen blieben damit bestehen. Ziel der Umsetzung des Konzeptes ist das Jahr 2013.

Die FDP hält den Vorschlag der Union zur Festlegung eines einheitlichen Mindestlohns für kontraproduktiv. Dieser würde nicht zu höheren Löhnen, sondern zu höherer Arbeitslosigkeit führen. In der politischen Diskussion wird derzeit ein für alle Arbeitgeber und Arbeitnehmer in allen Wirtschaftszweigen in gleicher Höhe zwingend geltender flächendeckender gesetzlich verordneter Mindestlohn befürwortet. Innerhalb der Regierungsparteien wird ein Betrag von **8,50 Euro je Stunde** favorisiert.

I. Wirtschaftliche Daten „Niedriglohnland"

„Millionen Deutsche bekommen Niedriglohn", zitiert die Süddeutsche Zeitung vom 11. September 2012 das Statistische Bundesamt in Berlin. Im Jahr 2012 habe der Niedriglohn bei 10,36 Euro brutto in der Stunde gelegen. Als Niedriglohn gilt nach Aussage des Statistischen Bundesamtes ein Verdienst, der kleiner als zwei Drittel des mittleren Einkommens aller Beschäftigten ist. Ein Normalarbeitnehmer in Vollzeit verdiene etwa 17 Euro, ein Minijobber 8,19 Euro. *Maßgeblich für das Einkommen sei die Branche.* Im Jahr 2012 seien von den 30,9 Millionen Arbeitnehmern etwa jeder Vierte (7,8 Millionen Arbeitnehmer) atypisch beschäftigt mit einer Teilzeitstelle (bis zu 20 Wochenstunden), oder einem Minijob, einem befristeten Arbeitsvertrag oder als Leiharbeitnehmer. Fast jeder Zweite erhalte einen Niedriglohn. Am 26.10.2012 berichtet die Süddeutsche Zeitung, dass laut dem Bericht des Deutschen Instituts für Wirtschaftsforschung (DIW) 14 % der Menschen in Deutschland von Armut bedroht seien. Sie hätten im Jahr 2010 mit 60 % des mittleren Haushaltsnettoeinkommen der Gesamtbevölkerung auskommen müssen. Dies seien im Jahr 2012 monatlich 990 Euro. „In den Arbeitskosten liegt Deutschland international mit 35,66 Euro in der Spitzengruppe", verlautbart die Süddeutsche Zeitung am 4. Oktober 2012. Die Deutschen haben im Durchschnitt 38.521 Euro „auf der hohen Kante", meldet die Zeitung „Die Welt" am 19. September 2012. Weltweit sei das Bruttogeld-Vermögen , also vor Abzug von Schulden, auf 103, 3 Billionen (Jahr 2011) gestiegen. Dies ergebe sich aus dem Armuts - und Reichtumsbericht der Bundesregierung. Danach steigen die Privatvermögen in Deutschland und sinken die Vermögen des Staates. Der Schuldenstand der staatlichen Haushalte im Jahr 2012 sei auf rund 83 % (!) des Bruttoinlandsprodukts gestiegen. Bemängelt wird, dass das Privatvermögen in Deutschland sehr ungleich verteilt sei. Insgesamt 53 % des gesamten deutschen Privatvermögens liege bei nur 10 % der Haushalte. Die Zeitung „Die Welt" berichtet am 25. Oktober 2012, dass die Löhne wieder gerechter werden. Der boomende Arbeitsmarkt lasse Einkommen im unteren Bereich steigen. Die Ungleichheit sei um 4 % in Westdeutschland geschrumpft, in Ostdeutschland gleich geblieben, so die Zahlen des Deutschen Instituts für Wirtschaftsforschung (DIW). Grund sei die Trendwende am Arbeitsmarkt. Zwischen 2005 und 2011 seien 2,2 Millionen sozialversicherungspflichtige Stellen geschaffen worden.

II. Problemaufriss

Der Staat greift in die Regelung der Arbeitsbedingungen zunehmend stärker ein, wenn und soweit er feststellt, dass entweder die Tarifvertragsparteien nicht genügend Stärke zur Ordnung der Arbeitsbedingungen in der deutschen Wirtschaft besitzen oder eine Erosion der ordnenden Tarifverträge durch ein nicht ordnungsgemäßes Anwenden der Tarifnormen, durch Tarifflucht oder durch Enthaltung von der Tarifbindung erfolgt. Im Blickpunkt stehen die Auswirkungen der staatlich verordneten Mindestlöhne auf Unternehmen mit und ohne Tarifbindung. Die Abgrenzung von Tarifautonomie und gesetzlichen Vorgaben zum Mindestlohn ist ein vor allem von den Arbeitgeberverbänden oder Gewerkschaften sowie insbesondere der Wissenschaft je nach Standort in vielen Facetten diskutiertes Thema. Der gute Wille aller Beteiligten, die Arbeitnehmer zu schützen, birgt auch den Fluch der guten Tat. Der Gesetzgeber will mit dem gesetzlichen Mindestlohn keinesfalls die Tarifvertragsparteien entmachten. Vielmehr möchte er vor allem den Arbeitnehmern in tarifvertragsfreien Branchen oder Räumen - den so genannten weißen Flecken -den von ihm für richtig gehaltenen Schutz geben. Die Berufung der schutzwürdigen Arbeitnehmer auf das Recht, nicht sittenwidrig ausgebeutet zu werden, nutzt nicht viel, wenn Arbeitnehmer nicht Rechtsstreite zu führen wagen, oder wenn die Löhne nicht so weit unter der Schwelle der Sittenwidrigkeit liegen, dass ein Gericht in die vertragsautonome Gestaltung von Arbeitsbedingungen eingreifen dürfte. Weshalb gibt es überhaupt die weißen Flecken, in denen die Tarifmacht versagt? Ist es nicht den Tarifvertragsparteien - im Besonderen vielleicht den Gewerkschaften -zuzuschreiben, dass nicht jeder Arbeitnehmer sich unter dem Dach der tarifvertragschließenden Verbände wohl fühlt, sondern von sich aus die Gewerkschaft nicht in den Betrieb lassen will, weil er spürt oder glaubt, dass sein Betrieb die tariflichen Mindestlöhne nicht tragen kann und bei Durchsetzung schließen müsste? Wenn die Tarifvertragsparteien Fuß fassen, die Arbeitnehmer durch zwingende Tarifnormen schützen und wegen ihrer Nähe zum betrieblichen Geschehen den Staat heraushalten wollen, dann sollten sie sich auf die Gestaltungskraft der Tarifverträge und die Gestaltungsmacht der Tarifvertragspartei mehr denn je rückbesinnen. In der Hand von Tarifvertragsparteien liegt es, die Arbeitnehmer und Betriebsräte nicht durch eigenwillige „hoheitlich" generell und abstrakt geltende Tarifverträge zu bevormunden und hierdurch abzuschrecken, sondern die Tarifnormen an den effektiven Bedarf der Unternehmen und Betriebe anzupassen. Wenn sie diesen Weg gemeinsam zu gehen bereit sind, haben sie die Chance, dass sie die Attraktivität der Tarifverträge steigern. Tarifvertragsparteien, die das Interesse von Arbeitgebern und Arbeitnehmern an sachnahen Tarifregelungen im Blick haben und nicht die Verhandlungen durch Tabusteine erschweren, vermögen den Staat weitgehend von Eingriffen abzuhalten. Sie können darüber hinaus - wenn sie dies als gute Tarifpartner wollen - gemeinsam die stärker werdende Konkurrenz unterschiedlicher Gewerkschaften im Unternehmen und Betrieb meistern.

Sehen wir uns zunächst den für gesetzliche Mindestlöhne bereits geltenden und den möglichen zukünftigen gesetzlichen Mechanismus an.

1. Auf welcher gesetzlichen Grundlage wird der Mindestlohn eingeführt?

Die geltenden Gesetze, die den Mindestlohn festlegen könnten, werden in der derzeitigen Fassung nicht als ausreichende Grundlage für die Einführung eines flächendeckenden Mindestlohnes angesehen. Der Gesetzgeber wird sie wohl nur dann verändern, wenn er nicht zugleich andere ihm nach wie vor wichtige Regelungsmechanismen im Zuge der Veränderung beseitigen müsste.

1.1. Tarifvertragsgesetz

Zwar können die Tarifverträge unter den unterschiedlichen Voraussetzungen des Tarifvertragsgesetzes (TVG) vom Bundesministerium für Arbeit und Soziales für allgemeinverbindlich erklärt werden. Voraussetzung ist jedoch, dass die tarifgebundenen Arbeitgeber nicht weniger als 50 % der unter den Geltungsbereich des Tarifvertrags fallenden Arbeitnehmer beschäftigen und die Allgemeinverbindlichkeitserklärung im öffentlichen Interesse geboten erscheint. Ferner ist die Zustimmung der Spitzenverbände BDA und DGB erforderlich. Die durch das TVG in den Weg gelegte Schwelle liegt somit relativ hoch. Aktuell gibt es aus einem Volumen von fast 70.000 Tarifverträgen etwa 480 allgemeinverbindliche Tarifverträge. Somit setzt das TVG bestehende Tarifverträge voraus. Es erfasst nicht die Regionen und Branchen ohne einschlägige Tarifverträge (so genannte weiße Flecken).

1.2. Arbeitnehmerentsendegesetz (AEntG)

Nach dem AEntG können Tarifverträge, die für weniger als 50 Prozent der tarifgebundenen Arbeitnehmer gelten, durch Rechtsverordnung für allgemein zwingend erklärt werden. Das AEntG setzt wie das TVG bestehende einschlägige Tarifverträge voraus. Daher ist es für die politische Zielsetzung der flächendeckenden Einführung von einheitlichen Mindestlöhnen ohne wesentliche Veränderungen nicht geeignet. Hinzu kommt, dass das ursprüngliche Gesetzeziel der Einbindung der aus dem Ausland entsandten Beschäftigten in das deutsche Lohnsystem durch die Erweiterung zum nationalen Mindestlohngesetz konterkariert ist. Die auf der Grundlage der Rahmenbestimmungen des AEntG vom Bundesministerium für Arbeit und Soziales erlassenen Rechtsverordnungen regeln für bestimmte Branchen die gesetzlichen Mindestlöhne mit und ohne Entsendung. Die Mindestlöhne sind in der Höhe je nach Branche unterschiedlich. Aufgenommen in das Gesetz sind aktuell beispielsweise die Branchen des Bauhauptgewerbes oder des Baunebengewerbes, der Gebäudereinigung, Briefdienstleistungen, Sicherheitsdienstleistungen bis hin zur Leiharbeit und zuletzt im Juli 2012 die Aus- und Weiterbildungsbranche mit etwa 30.000 Beschäftigten als 12. Branche. Das AEntG erreicht nicht das aktuelle politische Ziel der flächendeckenden Einführung eines generell für alle Branchen und auch für die weißen Flecken geltenden einheitlichen Mindestlohns. Ob und inwieweit im Ergebnis der politischen Diskussion ein einheitlicher Mindestlohn als ein Irrweg erkannt wird, der in den strukturschwachen Gebieten und notleidenden Branchen Arbeitsplätze vernichten könnte, ist noch nicht genügend politisch durchleuchtet und ausdiskutiert.

1.3.   Mindestarbeitsbedingungengesetz (MiArbG)

Nach der im Jahr 2008 entstandenen Mindestlohndebatte (Stichwort: Wegfall des Monopols der Post bei Briefdienstleistungen) hat der Gesetzgeber das seit dem Jahr 1952 schlummernde „Gesetz über die Festsetzung von Mindestarbeitsbedingungen (MiArbG)" durch die Veränderung vom 22.4.2009 wieder aktiviert. In diesem Gesetz ist in seiner letzten Gestalt die Ermächtigung zum Erlass von Verordnungen über rahmenmäßig bestimmte sonstige staatlich regelungsbedürftige Mindestarbeitsbedingungen statuiert. Das Bundesministerium für Arbeit und Soziales erhält vom Gesetzgeber die Ermächtigung, nach den formellen Verfahrensregeln des Gesetzes die Mindestarbeitsbedingungen in den Bereichen zu regeln, in denen die Tarifvertragsparteien nicht genügend Durchsetzungskraft haben oder eine Erosion der Tarifverträge festzustellen ist (vgl. hierzu den Initiativantrag von Abgeordneten des Bundestages Bundestagsdrucksache 17/8459 vom 24. Januar 2012) Das Gesetz erkennt ausdrücklich an, dass die Regelung von Entgelten und sonstigen Arbeitsbedingungen grundsätzlich in freier Vereinbarung zwischen den Tarifvertragsparteien durch Tarifverträge erfolgt. Jedoch ist im Rahmen der Bestimmungen dieses Gesetzes das Bundesministerium für Arbeit und Soziales ermächtigt, durch Rechtsverordnung „Mindestarbeitsentgelte" einzuführen. Mindestarbeitsentgelte können nach diesem Gesetz in einem Wirtschaftszweig festgesetzt werden, wenn in dem Wirtschaftszweig bundesweit die an Tarifverträge gebundenen Arbeitgeber weniger als 50 Prozent der unter den Geltungsbereich dieser Tarifverträge fallenden Arbeitnehmer beschäftigen. Der Gedanke liegt, soweit man politischen Äußerungen folgen kann, nicht fern, dass dieses Gesetz für die flächendeckende Einführung von gesetzlichen Mindestlöhnen mit weiteren Veränderungen die Rechtsgrundlage bilden wird.

Ziel des Mindestarbeitsbedingungengesetz (MiArbG) ist es,

- angemessene Arbeitsbedingungen zu schaffen,

- faire und funktionierende Wettbewerbsbedingungen zu gewährleisten und

- sozialversicherungspflichtige Beschäftigungen zu erhalten.

Hierfür ist im Gesetz ein bestimmtes Verfahren vorgesehen: Ein beim Bundesministerium für Arbeit und Soziales errichteter Hauptausschuss befasst sich mit den sozialen und ökonomischen Auswirkungen und legt dem Bundesarbeitsministerium Vorschläge zum Erlass von Mindestentgelten durch Rechtsverordnung vor. Die Vorschläge, die aber keine Bindewirkung haben, berücksichtigen die sozialen und ökonomischen Auswirkungen möglicher gesetzlicher Mindestentgelte. Dazu gehören auch einschätzbare soziale Verwerfungen[2]in dem betreffenden Wirtschaftszweig. Der Hauptausschuss kann ebenso Vorschläge dafür entwickeln, ob bestehende gesetzliche Mindestentgelte geändert oder aufgehoben werden sollen.[3] Der Erlass einer Rechtsverordnung liegt im gebundenen Ermessen des Bundesministeriums für Arbeit und Soziales.

Seit der Einführung der gesetzlichen Neufassung des MiArbG vom 22.4.2009 stand nur einmal eine Branche (Callcenter) auf dem Prüfstand. Es wurden im Ergebnis keine Mindestlöhne (so genannte „Mindestarbeitsentgeltsätze") verordnet. Rechtspolitisch liegt der Vorzug des MiArbG darin, dass nicht - wie bei den anderen beiden Gesetzen TVG und AEntG - ein bestimmter

---

[2]Zum unbestimmten Rechtsbegriff der „sozialen Verwerfungen" vgl. Riechert und Stomps, RdA 2012, 81 f.

[3]Der Hauptausschuss ist ein vom Bundesministerium für Arbeit und Soziales errichteter ständiger Ausschuss, der aus sieben für die Dauer von drei Jahren eingesetzten ordentlichen Mitgliedern besteht, die in der Lage sein müssen, umfassend die sozialen und ökonomischen Auswirkungen von Mindestarbeitsentgelten einzuschätzen (§ 2 Mindestarbeitsbedingungengesetz). Drei Mitglieder werden auf Vorschlag des Bundesministeriums für Arbeit und Soziales, je zwei auf Vorschlag der Spitzenorganisationen der Arbeitgeber und Arbeitnehmer von der Bundesregierung berufen Die Mitglieder des Ausschusses sind weisungsunabhängig. Die Aufgaben des Hauptausschusses sind in § 3 MiArbG beschrieben. Er „stellt unter Berücksichtigung der sozialen und ökonomischen Auswirkungen durch Beschluss fest, ob in einem Wirtschaftszweig soziale Verwerfungen vorliegen und Mindestarbeitsentgelte festgesetzt, geändert oder aufgehoben werden sollen. Der Mitautor dieser Schrift - Herr Professor Dr. Otto Ernst Kempen, Europäische Akademie der Arbeit im Universität Frankfurt am Main - ist Mitglied des Hauptausschusses für Mindestarbeitsentgelte nach § 2 Mindestarbeitsbedingungengesetz. Zum Beitrag Kempen in der Schrift „Deutsche und europäische Tariflandschaft im Wandel" vgl. „Vom Wesen und Wert der Tarifeinheit", Kap. III.

Tarifvertrag mit einem bestimmten Quorum an Geltung die Grundlage für die Allgemeinverbindlichkeitserklärung bilden muss, sondern dass die Mindestarbeitsentgelte und sonstigen Arbeitsbedingungen sowohl mit als auch ohne Bestand eines Tarifvertrags in allen Regionen Deutschlands zwangsweise vom Staat verordnet werden können, also auch in den so genannten „weißen Flecken", in denen bisher keine Tarifverträge bestehen. Es spricht in der Prognose einiges dafür, dass dieses Gesetz für das aktuelle politische Vorhaben „flächendeckender Mindestlohn" mit einigen Veränderungen versehen und an das Tageslicht geholt wird. Daher soll der Blick auf die im Gespräch befindlichen Weiterungen gelenkt werden:

2. Schnittmengen zwischen Gesetz und Tarifautonomie bei flächendeckendem Mindestlohn- Gedanken zu einer Lösung

Wenn das MiArbG zur Grundlage eines generell geltenden Mindestarbeitsentgeltes erhoben würde, was ohne tiefgreifende Änderungen des Gesetzes möglich wäre, läge es nicht fern, dass der Gesetzgeber Umfang und Grenzen des Gesetzes bei Kollisionen zwischen den gesetzlichen Vorgaben und der grundrechtlich geschützten Tarifautonomie regelt. In den beiden Entscheidungen des Europäischen Gerichtshofes vom 8.9.2011 (Fälle Hennigs und Mai EuGH C-297/10 und 298/10) ist nochmals deutlich geworden, dass weder der Gesetzgeber noch die Tarifvertragsparteien uneingeschränkt ihre Autonomie ausüben dürfen. Der EuGH hat die Frage einer möglichen Kollision zwischen europäischem Primärrecht und der geschützten Tarifautonomie in der Entscheidung vom 8. September 2011 fallbezogen wie folgt beantwortet: Der nationale Gesetzgeber und die nationalen Sozialpartner verfügen über einen weiten Ermessensspielraum nicht nur bei der Entscheidung, welches konkrete Ziel von mehreren im Bereich der Arbeits- und Sozialpolitik sie verfolgen wollen, sondern auch bei der Festlegung von Maßnahmen zur Erreichung des Ziels. Prüfmaßstäbe seien im Bereich des europäischen Rechtes die Legitimität des Ziels der Tarifvertragsparteien bei der Verfolgung der Arbeits- und Sozialpolitik und die Einhaltung des Grundsatzes der Verhältnismäßigkeit. Gleiche Anforderungen gelten für den Gesetzgeber.

2.1. Tarifautonomie im Europarecht unbedenklich bei legitimen Zielen

Die Beachtung des grundrechtlich geschützten Gutes der Tarifautonomie und die Abgrenzung der nicht grenzenlosen tariflichen Gestaltungsfreiheit von der ebenfalls nicht grenzenlosen Gestaltungsfreiheit des Gesetzgebers verlangen dem Gesetzgeber eine Klarstellung im Gesetz zu diesem gewiss „heißen Thema" ab. Eine Klarstellung könnte man sich in etwa wie folgt vorstellen:

„Die in den letzten drei Kalenderjahren vor Inkrafttreten des Gesetzes von zuständigen Tarifvertragsparteien getroffenen Vereinbarungen bleiben von dem in Kraft getretenen Gesetz über Mindestlöhne unberührt. Der gesetzliche Mindestlohn darf nicht durch die nach Inkrafttreten des Gesetzes abgeschlossenen Tarifverträge unterschritten werden; eine Unterschreitung liegt nicht vor, wenn und soweit im Gesamtpaket des Tarifwerkes (Manteltarifvertrag, Entgeltrahmentarifvertrag, Entgelttarifvertrag, Sondertarifverträge) der Wert der Haupt- und Nebenleistungen durch Umrechnung einen durchschnittlichen Stundensatz ergibt, der oberhalb des gesetzlichen Mindestlohnes liegt."

Zu den zu berücksichtigenden Haupt- und Nebenleistungen, die im Gesamtpaket zum effektiv gewährten Stundenlohn hinzuaddiert werden können, um den Mindestlohnstandard zu erreichen, können beispielsweise Zuschläge, Einmalzahlungen, Sonderzuwendungen als auch Weihnachts- und/oder Urlaubsgeld gehören. Zu den berücksichtigungsfähigen Nebenleistungen zählt das BAG in einem Rechtsstreit auch die vom Arbeitgeber gewährte „Verkehrsmittelzulage".[4]

Offen ist, ob auch vermögenswirksame Leistungen zum effektiv gewährten Stundenlohn zu addieren sind, solange der Mindestlohnstandard nicht erreicht ist. Dies verneint der 4. Senat des BAG und hat die offene Frage, weil Europarecht (Arbeitnehmerentsendegesetz) berührt ist, dem EuGH zur Prüfung und Entscheidung über die Auslegung des Begriffes „Mindestlohnsätze" vorgelegt.[5]

Bei europaübergreifenden Dienstleistungen von Arbeitnehmern kommt dem Europarecht eine das nationale Recht überragende Bedeutung zu. Daher sollten die Tarifvertragsparteien ihre Tarifverträge europarechtskonform formulieren und abschließen.

2.2. Gesetzliche Öffnungsklausel?

Die Schnittmenge könnte aber auch dadurch entschärft werden, dass das Gesetz eine gesetzliche Öffnungsklausel enthält. Durch eine gesetzliche Öffnungsklausel würde der Gesetzgeber den Tarifvertragsparteien Abweichun-

---

[4]BAG v. 18.4.2012 - 4 AZR 139/10 - Pressemitteilung des BAG; EzA Schnelldienst v. 30.4.2012, Heft 9 S. 12 ff.: Der 4. Senat des BAG hat entschieden, dass es für die Frage, ob und inwieweit der Arbeitgeber den Anspruch auf den im Arbeitnehmerentsendegesetz geregelten Arbeitslohn durch anderweitige Leistungen erfüllt hat, darauf ankommt, welchen Zweck die anderen Leistungen haben. Sie seien dann als funktional gleichwertig zum Mindestlohn anzusehen, wenn sie dazu dienen, die nach dem allgemeinverbindlichen Tarifvertrag vorausgesetzte „Normalleistung" abzugelten, nicht jedoch, wenn sie über die vom Tarifvertrag vorausgesetzte Verpflichtung hinaus geleistete Arbeitsstunden oder unter demgegenüber besonderen Erschwernissen geleistete Arbeit vergüten sollen.
[5]Beschluss v. 18.4.2012 - 4 AZR 168/10 - Pressemitteilung des BAG Nr. 30/12; EzA Schnelldienst v. 30.4.2012, Heft 9 S. 12 ff.

gen von der staatlichen Vorgabe des Mindestlohns erlauben. Die Abweichungen stehen unter dem Prüfmaßstab legitimer Ziele und des Grundsatzes der Verhältnismäßigkeit. Politiker haben signalisiert, dass die Tarifautonomie durch eine gesetzliche Öffnungsklausel gesichert werden soll. Ob dies Wirklichkeit wird, ist im jetzigen politischen Sachstand[6] noch ungewiß.

2.3. Gesetzlicher Regelungsbedarf bei einheitlichem Mindestlohn

Wenn das MiArbG zur Grundlage eines generell geltenden Mindestarbeitsentgeltes erhoben würde, was anscheinend ohne große Änderungen des Gesetzes möglich wäre, müsste am Ende der neu eröffneten Diskussion über Mindestlöhne die Entscheidung des Gesetzgebers stehen, Umfang und Grenzen des Gesetzes bei Schnittmengen mit der grundrechtlich geschützten Tarifautonomie zu regeln.

III. Auswirkung staatlich verordneter Mindestarbeitsentgelte

Die Bundesvereinigung der Deutschen Arbeitgeberverbände (BDA) hat vor dem erkennbaren Verlust vieler Arbeitsplätze vor allem in strukturschwachen Regionen gewarnt. Unabhängig von der Stellungnahme der Verbände und der wirtschaftswissenschaftlichen Institute richtet sich der Blick der Gesellschaft derzeit noch wenig auf die einschätzbaren Auswirkungen auf die deutsche Wirtschaft. Im Vordergrund steht bei der überwiegenden Mehrheit der Arbeitgeber und Arbeitnehmer der Begriff der sozialen Gerechtigkeit, obgleich der unbestimmte Begriff je nach Standpunkt unterschiedlich interpretierbar ist. Bei einer Umfrage des Bundes der Selbständigen in Bayern haben sich über 70 % der befragten Unternehmer für die Einführung eines flächendeckenden gesetzlichen Mindestlohns ausgesprochen.

1. Ist die Tarifautonomie in Gefahr?

„Die Lohnfindung muss weiterhin den Tarifvertragsparteien überlassen werden. Diese wissen besser, wie ein Gesamtpaket zu schnüren ist", sagt Wolfgang Goebel, Präsident des Bundesverbandes der Systemgastronomie[7]. Dieser Verband hat im Dezember 2011 mit der Gewerkschaft NGG für die über 100.000 Beschäftigten der Branche ein tarifliches Gesamtpaket geschnürt, bei dem der nominale Wert des Lohnes *zwar unterhalb der derzeit politisch*

---

[6]November 2012

[7]hierzu in dieser Schrift Wolfgang Goebel: „Vorrang des tariflichen Gesamtpaketes vor gesetzlichem Mindestlohn - Beispiel Systemgastronomie"

in Rede stehenden 8,50 Euro liegt, dessen Gesamtwert aus dem Gesamtpaket der tariflichen Arbeitsbedingungen aber deutlich höher liegt. Dieses Beispiel zeigt, wie wichtig eine wertende Gesamtbetrachtung der Tarifvertragsparteien ist. Die Tarifautonomie muss gewahrt bleiben. Der Staat muss die Tarifabschlüsse anerkennen, auch wenn sie ihm nicht gefallen sollten. Das ist gelebte Tarifautonomie! Die Gefahr liegt nahe, dass der Staat den Mindestlohn nicht nur in den so genannten weißen Flecken, in denen (noch) keine Tarifvertragsparteien die Arbeitsbedingungen gestalten, sondern auch darüber hinaus in Konkurrenz zu bereits in einer Region tätigen Tarifvertragspartnern die Lohnfindung betreibt.

2. Ermittlung des Mindestlohns aus einem Gesamtpaket der Arbeitsbedingungen

Ein Mindestlohn, der in tarifgebundenen oder nicht tarifgebundenen Unternehmen gezahlt wird, sagt noch nicht viel darüber aus, ob der Lohn nur deshalb niedriger als der gesetzlich vorgegebene Mindestlohn ist, weil er mit anderen sozialen Vorteilen und/oder Sozialleistungen kombiniert ist. Auch kann die Anzahl der vom Arbeitnehmer zu leistenden Arbeitsstunden unter dem Schutz des Arbeitszeitgesetzes das für den einzelnen Arbeitnehmer verfügbare Einkommen je nach Volumen der Arbeitszeit als sozial erträglich oder sozial unerträglich erscheinen lassen.

3. Viele von der Rechtsprechung noch zu beantwortende Fragen

Auf diesen unbeackerten Feldern wird die Rechtsprechung noch manches Wort zu sagen haben. Dies ist auch heute schon der Fall bei der Bewertung der durch das Arbeitnehmerentsendegesetz verordneten Löhne und Gehälter. Es entsteht die Frage, ob die im Gesetz aufgeführten Mindestlöhne nominell vom Arbeitgeber zu zahlen sind, oder ob diese im Synallagma von Leistung und Gegenleistung alle im Laufe eines Jahres gewährten Vergütungen einschließlich Einmalzahlungen erfassen. Fraglich ist dabei vor allem, ob auch vermögenswirksame Leistungen, die auf dem Vermögensbildungsgesetz beruhen, zum Synallagma gehören oder nicht. Von der Rechtsprechung wird auch die Frage zu beantworten sein, ob und inwieweit die Tarifvertragsparteien den Bonus der Tarifautonomie für sich beanspruchen können, wenn die tarifliche Vergütung unterhalb des gesetzlichen Mindestlohnes liegt, aber das tarifliche Gesamtpaket so ausgelegt ist, dass der gesetzliche Mindestlohn durch die tariflichen Leistungen bei einer Zwölftelung insgesamt überstiegen wird. Zu fragen wird auch sein, ob die gleiche Freiheit der Abweichung vom gesetzlichen Mindestlohn durch das Gesamtpaket der Leistungen auch in entsprechender Weise einem nicht tarifgebundenen Unternehmen zukommt. Hier wird voraussichtlich zu differenzieren sein. Die Tarifvertragsparteien genießen aufgrund ihrer Tarifautonomie und Unabhängigkeit vom sozialen Gegenspieler in Gesetzgebung und Rechtsprechung einen Vertrauensvorsprung im Vergleich zu einem nicht tarifgebundenen Arbeitgeber. Daher kann grundsätzlich zu Gunsten tariflicher Vereinbarungen davon ausgegangen werden, dass die Tarifvertragsparteien ein legitimes Ziel verfolgen und im Rahmen der Verhältnismäßigkeit der Tarifnormen ein ausgewogenes Gesamtpaket tariflicher Leistungen schnüren. Dieser Vertrauensvorsprung schließt es von Rechts wegen aus, dass ein vom tariflichen Gesamtpaket isolierter Vergleich des tariflichen Mindestentgeltes mit einem staatlich verordneten Mindestlohn von Rechts wegen erfolgen muss. Der Bewerter darf die Mindestlöhne nicht nur nominal vergleichen. Der Schutz ist daher für den einzelnen Arbeitnehmer bei Unterwerfung unter die Tarifnormen höher als bei einem Arbeitgeber ohne Tarifbindung. Insbesondere ist zu berücksichtigen, dass die in der Betriebspraxis als freiwillig bezeichneten Leistungen, die arbeitsrechtlich Arbeitsentgelt sind, trotz der arbeitsrechtlichen Einengungen des Arbeitgebers durch dessen einseitige Entscheidungen entfallen können, soweit nicht das Betriebsverfassungsgesetz oder die gerichtliche Kontrolle vorformulierter Arbeitsbedingungen nach den AGB Regeln einen Schutz bieten. Darüber hinaus können die vom Arbeitgeber gewährten staatlichen Förderleistungen wie vermögenswirksame Leistungen Zweifel an der zulässigen Einbeziehung in den Vergleich von gesetzlichen Mindestlöhnen und betrieblichen Mindestlöhnen aufwerfen. So wird das Bundesarbeitsgericht (BAG) in einem aktuell rechtshängigen Fall zum gesetzlichen Mindestlohn zu entscheiden haben, ob ein Arbeitgeber, dessen Mindestlohn unterhalb des durch das Arbeitnehmerentsendegesetz vorgeschriebenen Mindestlohnes liegt, sich zu Recht darauf berufen kann, dass der Mindestlohn bei Berücksichtigung der Sonderleistungen im Ergebnis höher liegt als der gesetzliche Mindestlohn. Das BAG hat diese rechtliche Frage, die europaweit relevant ist, dem Europäischen Gerichtshof (EuGH) zur Beantwortung vorgelegt.

4. Beispiel der tarifautonomen Gestaltung des Lohnes im tariflichen Gesamtpaket: Tarifbereich der Systemgastronomie

Unabhängig von der Rechtslage kann die Meinungsbildung und Auseinandersetzung innerhalb der Tarifvertragsparteien zu einem den gesetzlichen Mindestlohn beachtenden Verhandlungsergebnis führen. Ein aktuelles Beispiel bildet der zwischen dem Bundesverband der Systemgastronomie und der Gewerkschaft Nahrung und Genuss mit Wirkung ab 1.11.2011 in Kraft gesetzte Entgelttarifvertrag. Die Tarifvertragsparteien haben einen Einstiegslohn in Höhe von 7,50 Euro (West) und zusätzlich gewichtige soziale Nebenleistungen im Rahmen des vertraglichen Austauschverhältnisses von Leistung und Gegenleistung vereinbart. Dazu gehören u.a. das Urlaubs- und Weihnachtsgeld, ein Zusatzurlaub und Zuschläge für Feiertags- und Nachtarbeit, vermögenswirksame Leistungen sowie Regelungen zur Arbeitszeit. Zwar gibt es in der betreffenden Branche noch keinen gesetzlich vorgeschriebenen Mindestlohn. Aber selbst wenn es diesen in Höhe von 8,50 Euro geben würde, wäre in den Vergleich das tarifliche Gesamtpaket einzubeziehen. Das Ergebnis würde zu einem deutlich oberhalb von 8,50 Euro liegenden Stundenlohn führen.

5. Auswirkung des gesetzlichen Mindestlohnes durch Verzerrungen im Gehalts- und Lohngefüge?

In Fällen, in denen im tariflosen Betrieb die unterste Lohngrenze in der betrieblichen Vergütungsordnung unterhalb des gesetzlichen Mindestlohns liegt, kann die staatlich verordnete Anhebung der untersten Lohngruppe in der Betriebspraxis zu Verzerrungen und Verwerfungen im Lohngefüge führen. Immerhin sind sechzig Prozent aller sozialversicherungspflichtigen Arbeitnehmer in Deutschland in kleinen und mittleren Unternehmen beschäftigt. Dort kann es empirisch realtiv schnell zu Lohnverzerrungen kommen. Es ist unter anderem folgendes Szenario denkbar: Die Mitarbeiter in den folgenden höheren Vergütungsgruppen fordern die Einhaltung der bisherigen Prozentabstände innerhalb des betrieblichen Lohngefüges. Der Arbeitgeber, der den sozialen Frieden im Betrieb nicht gefährden will, justiert daraufhin das Lohnsystem neu. Die Justierung kann die Verschiebung aller betrieblichen Vergütungsgruppen nach oben und höhere Personalkosten zur Folge haben.

6. Auswirkung auf den örtlichen Arbeitsmarkt

Ein gesetzlicher Mindestlohn, der in einer Branche deutlich oberhalb des in der Region am Markt üblichen Lohnes liegt, beispielsweise in Höhe von 8,50 Euro in einer strukturell schwachen Region, kann nach der gesetzlich gebotenen Anhebung der bisher gezahlten Mindestlöhne auf den gesetzlich vorgeschriebenen Mindestlohn von 8,50 Euro dazu führen, dass sich das Arbeitsplatzangebot der kleinen und mittleren Unternehmen verringert. Der örtliche Arbeitsmarkt kann empfindlich gestört sein.

7. Chancen und Risiken der Unternehmen in einer neuen Welt der Tariflandschaft

Die Tarifautonomie in Deutschland kann ein Vorbild für andere Länder in Europa sein. Sie bewahrt den sozialen Frieden. Der Staat greift nur dann lenkend ein, wenn die Tarifvertragsparteien - aus welchen Gründen auch immer -nicht in der Lage sind, die Arbeitsbedingungen tariflich zu vereinbaren.

8. Plädoyer für Tarifverträge als Ordnungsinstrumente statt gesetzlich vorgegebener Mindestlöhne

Die Ordnung der Arbeitsbedingungen durch Tarifvertragsparteien und der Vorrang der Tarifautonomie vor staatlicher Lenkung ist stärker denn je gefordert, um die Fremdbestimmung der Arbeitsbedingungen durch den Staat nach Möglichkeit auszuschließen. Jedoch kann die staatliche Lenkung eben nicht durch die unternehmensinterne Gestaltung von Arbeitsbedingungen außerhalb der Bindung an Tarifverträge abgewendet werden. Auch die arbeitsvertragliche Bezugnahme auf Tarifverträge führt noch keine gesetzliche Tarifbindung nach dem Tarifvertragsgesetz herbei. Im Gegenteil: Die politisch geplante und zum Teil bereits im Arbeitnehmerentsendegesetz verwirklichte staatliche Ordnung der Arbeitsbedingungen zeigt, dass die Meinung, die Arbeitsbedingungen außerhalb einer Solidargemeinschaft des Arbeitgeberverbandes im Alleingang besser und kostengünstiger regeln zu können, den Staat zum Eingreifen und zur Herstellung einer zwingenden Ordnung im Teilbereich unterster Löhne und später vielleicht auch ergänzend in Teilbereichen sonstiger Arbeitsbedingungen zwingt. Der Weg im Alleingang ist auch heute schon mit *Fallgruben* bestückt, deren Schließung das einzelne Unternehmen eines Tages viel Geld kosten kann. Gesetz und Rechtsprechung fördern die Tarifverträge als Instrument der sicheren Gestaltung der Arbeitsbedingungen. Sie verwehren bei Tarifüblichkeit den Betriebsparteien den Abschluss von Betriebsvereinbarungen über materielle Leistungen, so beispielsweise über die Höhe von Löhnen, betrieblichen Sonderleistungen oder über die Dauer der Arbeitszeit. Auf die Tarifbindung des einzelnen Unternehmens oder Betriebes kommt es bei dieser *Sperrwirkung von üblichen Tarifverträgen* gegenüber den rangniedrigeren Betriebsvereinbarungen nicht an. Auch der Abschluss von Betriebsvereinbarungen in einem tarifungebundene Unternehmen ist durch einen in der Branche üblichen Flächentarifvertrag gesperrt, es sei denn, dass die Tarifvertragsparteien durch Öffnungsklauseln einen Rahmen für die Gestaltung von betrieblichen Regelungen im Tarifvertrag vereinbart haben. Die gesperrten Betriebsvereinbarungen sind unwirksam und rechtswidrig. Viele nicht tarifgebundene Unternehmen sind im guten Glauben, dass ihre Betriebsvereinbarungen eine tragfähige Rechtsgrundlage bilden. Ein Erfahrungswert besagt, dass eine Vielzahl der in Deutschland abgeschlossenen Betriebsvereinbarungen gegen die Sperrwirkung der Tarifverträge verstößt und unwirksam ist.

IV. Vorschau auf den gesetzlichen Mindestlohn 2013

Die Regierungsparteien schieben aus unterschiedlichen Motiven die Vorlage ihres Konzeptes beim Parlament hinaus. Es hat den - sicherlich unzutreffenden - Anschein als diente der Aufschub eher dazu, den Bürgern vor Augen zu führen, dass sich die Partei mit Macht für den gesetzlichen Mindestlohn einsetzt. Die dringende Inkraftsetzung von gesetzlichen Mindestlöhnen kann erst im Jahr 2013 stattfinden, weil die nächste Bundestagswahl für den Herbst 2013 vorläufig eingeplant ist.

Der Bürger mag denken: „Die tun wenigstens etwas für die Niedriglöhner. Das ist sehr sozial."

Und das ist es auch!

Kapitel VIII.

Wechselwirkungen zwischen Tarifrecht, Betriebsverfassungsrecht und Privatautonomie

Die „betrieblich-kollektive Übung": ein neues übergesetzliches Rechtsinstitut im Betriebsverfassungsrecht?

Professor Dr. Hermann **Reichold**
Universität Tübingen

Man kann mit Fug und Recht der Meinung sein, dass Themen wie Tarifpluralität, neue Formen des Arbeitkampfs sowie Differenzierungsklauseln zugunsten organisierter Arbeitnehmer als „Mega-Themen" des kollektiven Arbeitsrechts heute zu Recht vorrangig diskutiert worden sind. Doch darf darüber nicht die Betriebsverfassung und ihre die betriebliche Sozialpartnerschaft im Unternehmen vor Ort prägende Auslegung und Fortentwicklung vergessen werden. Herr Dr. Lehmann hat deshalb völlig zu Recht eine neue gesetzesübersteigende Rechtsprechung des Bundesarbeitsgerichts zum Thema gemacht und dabei freundlicherweise meine Rede von der so genannten „betrieblich-kollektiven Übung" als Stichwort in die Überschrift eingestellt. Das sollte ich jetzt also erklären, auch wenn diese Aufgabe eigentlich dem 1. BAG-Senat obläge, der sein Konstrukt einer Perpetuierung betrieblicher Vergütungsordnungen trotz Beendigung ihrer Nachwirkung inzwischen oftmals bestätigt und zur ständigen Rechtsprechung ausgebaut hat.[1] Nach diesen Urteilen des BAG scheint es, als sei der Betriebsrat nicht nur für „Grundsätze" der Entgeltregelung im Betrieb zuständig, wie es in § 87 Abs. 1 Nr. 10 BetrVG heißt, sondern - gerade in Fällen fehlender Tarifbindung - der Partner überhaupt für alle Entgeltfragen. Neu eingestellten Arbeitnehmern, mit denen der Arbeitgeber Verträge schließt, ohne den Betriebsrat beteiligt zu haben, wird vom BAG ein Direktanspruch nach vormaligen kollektiven Vergütungsordnungen zugesprochen, selbst wenn diese nicht mehr nachwirken. Das soll wohl eine Art Buße für die unterlassene Mitbestimmung sein. Juristisch gewährt das BAG damit einen „Anspruch ohne Anspruchsgrundlage".

I. Herkömmliche Grundsätze der Entgeltmitbestimmung und ihre aktuellen Wandlungen

Bekanntlich war die Rechtsprechung des BAG zum Mitbestimmungsrecht des Betriebsrats in Entgeltfragen lange Zeit nur mit betrieblichen Zulagen befasst, die der Arbeitgeber zusätzlich zum tariflichen Grundgehalt auszahl-

---

[1] Aktuelle Übersicht bei Jacobs, FS Säcker, 2011, S. 201: „Entgeltmitbestimmung beim nicht (mehr) tarifgebundenen Arbeitgeber"; Lehmann, ZTR 2011, 523: „Richterrecht: Perpetuierung gekündigter tariflicher bzw. betrieblicher Vergütungsordnungen"; Reichold, Kölner Schrift zum Wirtschaftsrecht (KSzW), Heft 1.12: „Neues zur Entgeltmitbestimmung im Betrieb und zur „unbegrenzten" Rechtsfortbildung des BAG".

te. Darüber konnte der Arbeitgeber alleine entscheiden, d.h. über die „Ob"-Frage einer zusätzlichen - tariflich nicht vorgesehenen - Leistung. Erst dann, wenn er ein Zusatzentgelt bereit stellen wollte, konnte der Betriebsrat über die „Wie"-Frage der strukturellen Verteilung dieser Zusatzleistung mitbestimmen. Bis in die 90er Jahre des 20. Jahrhunderts gab es noch diese heile Welt der sozialpartnerschaftlich organisierten Entgeltfindung, wie sie sich auch in der Kommentierung zu § 87 BetrVG bis heute widerspiegelt. Das BAG arbeitet auch durchaus noch mit der These, dass die Mitbestimmung in „Fragen der betrieblichen Lohngestaltung" (§ 87 Abs. 1 Nr. 10 BetrVG) nicht die Entgelthöhe, also das „Ob" der Leistung, beeinflussen dürfe, weil es sonst des besonderen Tatbestands für die Leistungsentlohnung in § 87 Abs. 1 Nr. 11 BetrVG („Geldfaktoren") nicht bedurft hätte.[2] Vielmehr sollte der Arbeitgeber nach Volker Riebles anschaulicher Version der sog. „Topftheorie"[3] souverän festlegen dürfen, wie groß der Topf ist (Dotierungsrahmen), was er darin kocht (Zweckbestimmung) und für wen er kocht (Festlegung der Adressaten). Das führt im Ergebnis zu einer „komplexen Teilmitbestimmung"[4], die die so genannten Verteilungsgrundsätze als „Wie"-Entscheidung bei der Ausschüttung einer kollektiven (Zusatzentgelt-)Leistung der Mitbestimmung des Betriebsrats unterwirft. Der Arbeitgeber kann eine „freiwillige" Leistung zwar komplett einstellen (§ 77 Abs. 5 BetrVG) oder nach einem gleichmäßigen Prozentsatz kürzen bzw. erhöhen („Ob"-Frage), nicht aber die ursprüngliche Verteilungsrelation im Verhältnis der Begünstigten zueinander ohne Mitwirkung des Betriebsrats einseitig verändern („Wie"-Frage).[5]

Diese Rechtslage hat sich im 21. Jahrhundert weniger in der Theorie als vor allem in der Praxis deutlich verändert. Der 1. BAG-Senat reagiert mit seiner neuen Rechtsprechung auf Tarifflucht und Out-Sourcing, wenn er kollektive Vergütungsordnungen mit aller Macht und notfalls auch gegen das Gesetz zementieren will. Inzwischen gilt als Leitmotiv: Der Arbeitgeber mag sich einzelvertraglich verpflichtet haben, wozu er will - für die Entgeltmitbestimmung ist das gleichwohl unerheblich, so die Richter im 1. Senat, die hier einmal das Gesetz ganz genau nehmen (ich zitiere den Richter Kreft, inzwischen Vorsitzender des 2. Senats): „Mitbestimmungsrechte werden nach Maßgabe von § 87 Abs. 1 Einleitungssatz BetrVG nur durch einen Tarifvertrag eingeschränkt, nicht auf Grund arbeitsvertraglich eingegangener Bindungen".[6]

---

[2]St. Rspr. seit BAG v. 10.7.1979, AP BetrVG 1972 § 87 Lohngestaltung Nr. 2 bzw. BAG v. 22.1.1980, BAGE 32, 350; vgl. auch BAG v. 10.2.1988, BAGE 57, 309; BAG v. 30.1.1990, BAGE 64, 117.

[3]FAKArbR/Rieble, 4. Aufl. 2011, § 87 BetrVG Rz. 65.

[4]Rieble a.a.O. (Fn. 3).

[5]Beispiele zum zulässigen „Rasenmäher-Prinzip" bei Bauer/Günther, DB 2009, 620, 622 f.

[6]So Kreft, FS Kreutz, 2010, S. 263, 274; dagegen Reichold, FS Kreutz, 2010, S. 349, 354: Wer vom Vertrag als der grundlegenden Selbstbindung im Arbeitsverhältnis ausgeht, kann der Betriebsvereinbarung jeweils nur vertragsergänzende, nicht dagegen vertragsersetzende Wirkung zusprechen.

Der Arbeitsvertrag, der nach klassischer Lehre in seinen essentialia, d.h. vor
allem beim Entgelt, nur von den Vertragsparteien und nicht vom Betriebs-
rat bestimmt wird, scheint also im verfassten Betrieb keine Rolle mehr zu
spielen. Das ist deshalb so wesentlich, weil immer mehr Arbeitgeber sich der
Tarifbindung entziehen und allenfalls noch mit dem Betriebsrat über das
Entgelt reden.[7] Doch müssen diese tariffreien Arbeitgeber wissen, dass das
BAG die Betriebsräte nunmehr zu Ersatzgewerkschaften aufgerüstet hat.
Die betriebliche Mitbestimmung soll im 21. Jahrhundert tendenziell jede
Vertragsbindung überspielen. Mehr noch: das BAG zaubert Ansprüche her-
bei, die de lege lata gar nicht zu begründen sind. Das möchte ich Ihnen in
Kürze erklären.

II. Neue Grundsätze zur Entgeltmitbestimmung bei soge-
nannten „betrieblichen Vergütungsordnungen"

Gemeinsames Merkmal der neuen Rechtsprechung ist zunächst die rich-
terliche Feststellung einer kollektiven (tariflichen oder betrieblichen)
Vergütungsordnung, die bereits einmal im Betrieb Wirkung entfaltet hat und
nach deren Ablauf jede „Strukturveränderung" ohne Beteiligung der gewählten Betriebs- bzw. Personalvertretung durch den Arbeitgeber verboten sein
soll. Die Vergütungsordnung soll auch dann noch als „Anspruchsgrundlage"
herhalten, wenn ihre Wirkung oder Nachwirkung beendet ist. Dabei ist in
den aktuellen Fällen auch gar nicht streitig, dass die Teil-Mitbestimmung
beim Entgelt vom Arbeitgeber umgangen wurde und nachgeholt werden
müsste. Doch dieser Befund alleine wäre für das BAG deshalb unbefriedi-
gend, weil der Verstoß dann ja zunächst sanktionslos bliebe. Der Betriebsrat müsste erst mit dem Arbeitgeber verhandeln und könnte erst danach
eine mitbestimmte Entgeltlösung präsentieren. Das BAG greift daher dem
Betriebsrat damit unter die Arme, dass er dem konkret „benachteiligten"
Arbeitnehmer einen Direktanspruch wegen unterlassener Mitbestimmung
verschafft. Mit diesem rechtsdogmatisch kühnen Manöver soll der Arbeitgeber im Kernbereich seiner Vertragskompetenz, also da, wo es ums Geld
geht, durch das BAG wegen unterlassener Mitbestimmung „bestraft" werden. Man könnte also von einer neuen „betrieblichen Übung" kraft kollektiver Ordnung sprechen, die keine vertragliche Modifikation mehr duldet.[8]

---

[7] Das lässt sich trotz des Tarifvorbehalts in § 77 Abs. 3 BetrVG dann machen, wenn eine
zwingende Mitbestimmung des Betriebsrats nach § 87 Abs. 1 Nr. 10 BetrVG als „lex
specialis" die allgemeinere Regel des § 77 Abs. 3 BetrVG verdrängt („Vorrangtheorie"
des BAG, wohl h.M.), vgl. nur ErfK/Kania, 11. Aufl. 2011, § 77 BetrVG Rz. 44 f.;
FAKArbR/Rieble (Fn. 3), § 77 BetrVG Rz. 29; Löwisch/Kaiser, BetrVG, 6. Aufl. 2010,
§ 77 Rz. 129 f.
[8] Reichold, FS Picker, 2010, S. 1079, 1091.

1. Neue Ansprüche für neu Eingestellte trotz fehlender tariflicher Nachwirkung

Die ersten Fälle der neuen Rechtsprechung des BAG hatten die vertragliche Abänderung einer tariflich nicht mehr nachwirkenden Vergütungsordnung zum Gegenstand.[9] Es handelte sich jeweils um Fälle der „Tarifflucht": der nicht mehr tarifgebundene Arbeitgeber schloss mit neu eingestellten Mitarbeitern leicht verschlechterte Verträge ab (z.b. ohne Fortschreibung der tariflichen Vergütungsdynamik oder ohne tarifliche Sonderzahlung). Es handelte sich jeweils um Einzelfälle, in denen Betriebsrat bzw. Personalrat nicht beteiligt wurden. Die Arbeitnehmer machten mit einer Leistungsklage die Differenz geltend, die aus der Nichtanwendung der bisherigen tariflichen Vergütungsordnung folgte.

Streitig war hier wie gesagt nicht, dass der Betriebsrat hätte beteiligt werden müssen. Erstaunlich war vielmehr, dass allein die unterlassene Mitbestimmung zu einem neuen, besseren Anspruch des neu eingestellten Mitarbeiters führen sollte. Allein die abstrakte Mitbestimmungspflichtigkeit der „Entlohnungsgrundsätze" im Betrieb führte laut BAG zu diesem neuen Anspruch. Es handelte sich damit offenbar um einen Anspruch ohne Anspruchsgrundlage. Zugesprochen wurde eine „Forderung", die weder dem wirksamen Vertrag noch einer wirksamen kollektiven Regelung zu entnehmen war. Der Vertrag sah ja andere (schlechtere) Entgeltbedingungen vor, die (bessere) kollektive Regelung konnte für die neu Eingestellten aber mangels Nachwirkung (§ 4 Abs. 5 TVG) keine Geltung mehr entfalten. Dieses Paradoxon wurde von einem der BAG-Richter damit erklärt, dass auch dann, wenn eine ausdrückliche Betriebsvereinbarung zur Fortschreibung der abgelaufenen tariflichen Vergütungsordnung nicht existiere, dennoch „das abstrakte Vergütungsschema und die übrigen Vergütungsgrundsätze der vormals vorrangigen Tarifverträge die im Betrieb unverändert maßgeblichen Entlohnungsgrundsätze" darstellten.[10] Diese These verstößt offensichtlich gegen das Gesetz: wirken kann der Tarifvertrag nur bis zu den sich aus § 4 Abs. 5 TVG ergebenden Grenzen der Nachwirkung. Diese konnte hier wegen der „anderen Abmachung" im Neuvertrag nicht mehr greifen[11]. „Maßgebliche Entlohnungsgrundsätze" können aber unabhängig von § 4 Abs. 5 TVG nicht irgendwie weiter gelten. Vertreten lässt sich eine solche These allenfalls mit der sog. Theorie der Wirksamkeitsvoraussetzung, soweit man dieser die Kreati-

---

[9]BAG v. 11.6.2002, AP BetrVG 1972 § 87 Lohngestaltung Nr. 113; v. 2.3.2004, AP TVG § 3 Nr. 31 (Anm. Reichold); v. 15.4.2008, AP BetrVG 1972 § 87 Lohngestaltung Nr. 133 = NZA 2008, 888; ganz ähnlich jetzt BAG v. 17.5.2011 - 1 AZR 797/09, BeckRS 2011, 76516.

[10]Kreft, FS Kreutz (Fn. 6), S. 282 (Hervorhebung d. Verf.).

[11]Vgl. Reichold, FS Konzen, 2006, S. 763, 765 f.

on neuer Ansprüche zutraut (dazu III.) Genau das allerdings wird vom 1.
BAG-Senat in diesem Zusammenhang immer wieder „deklaratorisch" abgelehnt.[12]

2. Neue Ansprüche für neu Eingestellte nach Betriebsübergang

Weitere Konsequenzen der Rechtsfortbildung des BAG wurden auch für
die wichtige Fallgruppe des Betriebsübergangs gezogen. Im Beschluss vom
8.12.2009[13] ging es um die Veräußerung eines Betriebs vom tarifgebundenen auf den nicht tarifgebundenen Erwerber. Über den Umweg eines vom
Betriebsrat begehrten Eingruppierungsverfahrens wurde die „Fortführungs-
pflicht" einer Vergütungsordnung durch den Betriebsübernehmer behauptet. Dieser sei bis zu einer dem Mitbestimmungsrecht nach § 87 Abs. 1
BetrVG genügenden Änderung zur Fortführung der „im Betrieb bestehenden Vergütungsordnung" verpflichtet, wird im Leitsatz behauptet. Der Über-
nehmer habe nolens volens das tarifliche und/oder betriebliche Vergütungsschema des Veräußerers fortzusetzen, auch wenn sich das aus § 613a BGB
keineswegs ergibt, insbesondere nicht aus § 613a Abs. 1 S. 2 BGB. Nach
wie vor bleibt im Dunklen, warum eine für den Erwerber nicht mehr wirksame tarifliche Regelung „die für den Betrieb maßgebliche Entgeltstruktur"
darstellen soll. Im Dunklen bleibt auch, warum der Betriebsübernehmer die
von ihm neu eingestellten Arbeitnehmer nach den alten Regeln des Veräußerers vergüten soll, obwohl § 613a Abs. 1 BGB nur für die übernommenen
Arbeitnehmer eine Bestandssicherung nach Maßgabe der Sätze 1 bis 4 vorgesehen hat, nicht aber die Fortgeltung einer tariflichen Vergütungsordnung
auch für neu eingestellte Arbeitnehmer des Übernehmers. Das BAG bleibt
hierfür eine Begründung schuldig.

3. Neue Ansprüche auch für Altarbeitnehmer trotz fehlender be-
trieblicher Nachwirkung

Auch beim von vorneherein tariflosen Arbeitgeber, der seine Vergütung nur
auf eine Entgelt-Betriebsvereinbarung stützt[14], greift die neue Rechtsprechung, wenn diese Betriebsvereinbarung (zulässigerweise) einseitig gekündigt
wird und nicht mehr gem. § 77 Abs. 6 BetrVG nachwirkt. Im Fall des BAG
vom 22.6.2010[15] hatte das LAG Baden-Württemberg drei Jahre zuvor den

---

[12]BAG v. 11.6.2002 sowie v. 2.3.2004 a.a.O. Fn. 9; ferner BAG v. 22.6.2010, AP BetrVG
1972 § 87 Lohngestaltung Nr. 136 = NZA 2010, 1243.

[13]BAG v. 8.12.2009, AP BGB § 613a Nr. 380 = NZA 2010, 404.

[14]Zur rechtlichen Zulässigkeit solcher betrieblicher Entgeltregelungen s.o. Fn. 7.

[15]BAG v. 22.6.2010 - 1 AZR 853/08, AP BetrVG 1972 § 87 Lohngestaltung Nr. 136 =
NZA 2010, 1243; abl. Anm. Jacobs, EzA § 87 BetrVG 2001 Betriebliche Lohngestaltung
Nr. 22; abl. Anm. Reichold, RdA 2011, 311.

Antrag des Betriebsrats desselben Unternehmens auf Feststellung der Nachwirkung der Entgelt-BV rechtskräftig zurückgewiesen. Auch das störte das BAG nicht weiter, als es einer Individualklage auf Leistung aufgrund dieser ursprünglich einmal zugesagten jährlichen „Monatszuwendung" dann doch stattgab. Der neueren und schlechteren Einzelvereinbarung wurde auch hier wie nach dem Betriebsübergang trotz der Beendigung der Vergütungs-BV die Wirksamkeit versagt, weil eine möglicherweise aus grauer Vorzeit stammende betriebliche „Vergütungsordnung"[16] noch festgestellt werden konnte. Diese Feststellung fällt gestaltungsfreudigen Sozialingenieuren auf der Richterbank nicht schwer.[17] Sie richten immer häufiger nicht nach geltendem Recht, sondern sie gestalten „ihr" neues Recht. Daraus folgt hier die Zuerkennung eines Anspruchs allein aufgrund unterlassener Mitbestimmung bei der neuen Vertragsgestaltung. Angeknüpft wird an die früher einmal existierende und mitbestimmte Vergütungsordnung[18], obwohl diese nicht mehr nachwirkt.

III. Rechtsfortbildung contra legem und die „Theorie der Wirksamkeitsvoraussetzung"

Was das BAG in allen geschilderten Varianten nicht überzeugend zu begründen vermag, ist (1) die Beachtlichkeit vormaliger „Entlohnungsgrundsätze" trotz fehlender Nachwirkung gem. § 77 Abs. 6 BetrVG bzw. § 4 Abs. 5 TVG bzw. § 613a Abs. 1 S. 2 BGB, also die Behauptung einer „betrieblich-kollektiven" Übung trotz entgegen stehender Gesetzeslage, und (2) deren Verdrängungswirkung auch gegenüber anderslautenden neuen vertraglichen Absprachen. Diese Verdrängungswirkung wird jetzt als Fortentwicklung der „Theorie der Wirksamkeitsvorausetzung" offener als bisher ausgewiesen[19] (eine andere Anspruchsgrundlage im positiven Recht ist ja auch nicht erkennbar). Doch sackt dieses Gedankengebäude in sich zusammen, wenn man seine Prämisse kritisch hinterfragt: denn Tarifvertrag bzw.

---

[16]Vgl. BAG v. 8.12.2009 (Fn. 13), Tz. 21: „Eine Vergütungsordnung ist ein kollektives, mindestens zwei Vergütungsgruppen enthaltendes Entgeltschema, das eine Zuordnung der Arbeitnehmer zu einer der Vergütungsgruppen nach bestimmten, generell beschriebenen Merkmalen vorsieht".

[17]Näher Reichold, FS Picker, 2010, S. 1079, 1091 f.

[18]Zur rechtspraktischen Schwierigkeit des Günstigkeitsvergleichs der neuen mit der vormaligen Entgeltregel vgl. Jacobs, FS Säcker, 2011, S. 201, 206.

[19]BAG v. 22.6.2010 (Fn. 15), Orientierungssatz 3: „Führt der nicht tarifgebundene Arbeitgeber Maßnahmen durch, auf Grund derer sich die im Betrieb geltenden Entlohnungsgrundsätze ändern und beachtet er dabei das Mitbestimmungsrecht des Betriebsrats aus § 87 Abs. 1 Nr. 10 BetrVG nicht, können die betroffenen Arbeitnehmer nach der Theorie der Wirksamkeitsvoraussetzung eine Vergütung auf der Grundlage der zuletzt mitbestimmten Entlohnungsgrundsätze verlangen. Die im Arbeitsvertrag getroffene Vereinbarung über die Vergütungshöhe wird von Gesetzes wegen ergänzt durch die Verpflichtung des Arbeitgebers, die Arbeitnehmer nach den im Betrieb geltenden Entlohnungsgrundsätzen zu vergüten".

Betriebsvereinbarung können ja nur über ihre zwingende (§§ 4 Abs. 1 S. 1 TVG, 77 Abs. 4 S. 1 BetrVG) bzw. nachwirkende Geltung (§§ 4 Abs. 5 TVG, § 77 Abs. 6 BetrVG) das Arbeitsverhältnis „normativ" gestalten. Diese Gesetzeslage ist vom Richter als maßgebendes Gesetzesrecht auch weiterhin zu beachten. Der ordentliche Rechtsanwender wird beim Nichtvorliegen solcher Geltungstatbestände wie hier einen Umkehrschluss dahin gehend ziehen, dass eine Nachwirkung eben nicht greifen kann. Er wird sagen: nach dem Plan des Gesetzgebers kann diese kollektive Ordnung eben nicht mehr „unmittelbar" (nach-)wirken. Das entspricht herrschender Methodenlehre.[20] Eine planwidrige Regelungslücke, die für das „Dennoch-Fortwirken" spräche, müsste demgegenüber solide aufgezeigt und begründet werden, um z.b. die Norm des § 77 Abs. 6 BetrVG wenigstens analog in Anwendung zu bringen. Das könnte auch Richter Kreft gemeint haben, zumindest in Bezug auf die Fortwirkung von Tarifnormen im betrieblichen Bereich.[21] Sein Vorverständnis offenbart er aber mit der Rede vom zu verhindernden betriebsverfassungsrechtlichen „Leerzustand"[22]. Dieses Denken vom Ergebnis her diktiert die Begründung und schert sich nicht mehr um Rechtsmethodik und um den Wortlaut des Gesetzes. Der Gesetzgeber hat diesen „Leerzustand" offenbar nicht verhindern wollen, doch sieht das der 1. Senat des BAG jetzt eben anders.

Das BAG möchte uns von seinem Ergebnis dadurch überzeugen, dass er eine Weiterentwicklung der so genannten „Theorie von der Wirksamkeitsvoraussetzung" behauptet. Diese Theorie möchte traditionell erreichen, dass Mitbestimmung nicht nur theoretisch bleibt, sondern auch praktisch durchgesetzt wird durch ins individuelle Arbeitsverhältnis übergreifende Sanktionen. So kann eine mitbestimmungspflichtige Maßnahme, z.B. die Anordnung von Sonderschichten wegen saisonbedingter Hochkonjunktur, die Rechtsstellung des Arbeitnehmers nur wirksam gestalten, wenn der Betriebsrat der entsprechenden Weisung des Arbeitgebers auch tatsächlich zugestimmt hat. Tut er das nicht, kann der Arbeitnehmer die Befolgung der einseitigen Weisung verweigern.[23] Diese Theorie verhindert also nur eine Verschlechterung von Arbeitsbedingungen, kann aber keine neuen Ansprüche kreieren, die ansonsten nicht bestünden.[24] Freilich liegen gerade beim Entgelt Schwierigkeiten auf der Hand, wenn kollektive und individuelle Gestaltungsmechanismen sozusagen ineinander greifen. Man kann dann, wie die Richter des 1. BAG-

---

[20]Vgl. nur Kühl/Reichold/Ronellenfitsch, Einführung in die Rechtswissenschaft, 9. Aufl. 2011, § 3 Rz. 27 f.; Rüthers/Fischer, Rechtstheorie, 5. Aufl. 2010, Rz. 899 f.; Schwab/Löhnig, Einführung in das Zivilrecht, 18. Aufl. 2010, Rz. 107.

[21]Kreft, FS Kreutz (Fn. 6) S. 279; dass er auch damit rechtsdogmatisch nicht überzeugen kann, wird von Jacobs, FS Säcker, 2011, S. 201, 207 f. überzeugend dargelegt.

[22]Vgl. Kreft (Fn. 6), S. 278.

[23]Vgl. nur ErfK/Kania (Fn. 7), § 87 Rz. 136; FAKArbR/Rieble (Fn. 3), § 87 BetrVG Rz. 12; GK-BetrVG/Wiese, 9. Aufl. 2010, § 87 Rz. 98 f.; Löwisch/Kaiser, BetrVG (Fn. 7), § 87 Rz. 29 f.

[24]So auch Jacobs zur gegenständlichen Kontroverse in FS Säcker, 2011, S. 201, 206.

Senats, die Mitbestimmung dadurch effektivieren, dass man nicht auf das Eingreifen des Betriebsrats vertraut, sondern die vertragliche Gestaltung grundsätzlich untersagt.[25] Doch ist das ein unverhältnismäßiger Eingriff in die Vertragsfreiheit des Arbeitgebers. Und dummerweise verstößt die neue These, der Arbeitgeber habe sich an die im Betrieb geltenden Entlohnungsgrundsätze zu halten, als reine petitio principii gegen das Gesetz. Es ist widersprüchlich, zunächst die Nachwirkung de lege lata korrekt abzulehnen, um sodann „im Betrieb geltende Entlohnungsgrundsätze" aus dem Hut zu ziehen. Merkwürdig ist auch die am 22.6.2010 aufgestellte dogmatische These des BAG, wonach die „im Arbeitsvertrag getroffene Vereinbarung über die Vergütungshöhe" von Gesetzes wegen ergänzt werde durch die „Verpflichtung des Arbeitgebers, die Arbeitnehmer nach den im Betrieb geltenden Entlohnungsgrundsätzen zu vergüten".[26] Damit erfindet das BAG das Gesetz neu. Seine Rechtsfigur der irgendwie weiter gültigen Vergütungsordnung ist mit geltendem Recht nicht zu vereinbaren.

IV. Fazit: Rechtserfindung statt Rechtsfortbildung

Das BAG möchte mit seiner geschilderten Rechtsprechung zu § 87 Abs. 1 Nr. 10 BetrVG die Vertragskompetenz des Arbeitgebers im Kernbereich unter einen „Mitbestimmungsvorbehalt" stellen. Das erinnert an die längst überholte frühe These des BAG, der Arbeitgeber habe im Bereich des (damaligen § 56 und) heutigen § 87 BetrVG seine rechtsgeschäftliche Handlungsfähigkeit verloren.[27] Und es belegt ein grundsätzliches Fehlverständnis des Verhältnisses von Mitbestimmungsrechten zur Autonomie der Vertragsparteien im Kernbereich, das am Gesetzeswortlaut des § 87 Abs. 1 Nr. 10 BetrVG grob vorbei geht, der nur eine Mitbestimmung der „Wie"-Entscheidung fordert.[28] Die „Ob"-Entscheidung der Vertragsparteien im Bereich des Entgelts darf dadurch nicht verdrängt werden.[29] Die Kreation einer „betrieblich-kollektiven Übung" durch das BAG, die sich als einmal errichtete kollektive Vergütungsordnung durch den Arbeitgeber nicht mehr ohne Betriebsrat vertraglich verändern lässt, ist ein Lehrstück kollektiver Fremdbestimmung durch Richterrecht. Selbst wenn viele Unternehmen ihre betriebliche Sozialpartnerschaft so gut praktizieren, dass sie den Betriebsrat auch im Entgeltbereich häufig ohne den Blick in Kommentare „mitzunehmen" verstehen, muss doch darauf hingewiesen werden, dass jede „Rechts-

---

[25] Rechtsdogmatisch wird das von Wolter, RdA 2006, 137 zu begründen versucht; dagegen z.B. Wiebauer, Kollektiv- oder individualrechtliche Sicherung der Mitbestimmung, Diss. München 2010, S. 91 f.

[26] Nachw. s. Fn. 15.

[27] BAG v. 1.2.1957 - 1 AZR 521/54, BAGE 3, 266, 272 f.

[28] Zur überschießenden Wirkung der Wirksamkeitstheorie vgl. Reichold, FS Konzen, 2006, S. 763, 771 f.

[29] Näher dazu H. Hanau, RdA 1998, 345, 347; Konzen, FS v. Maydell, 2002, S. 341, 353.

fortbildung" methodisch hinreichend begründet sein muss, um überzeugen zu können. Wer dabei handfest gegen das geltende Recht der Nachwirkung von kollektiven Normen verstößt, kann nicht auf Beifall rechnen. Sozialingenieure auf der Richterbank tendieren leider, wie sich immer wieder zeigt, zur „grenzenlosen" Rechtsfortbildung und wollen das Recht neu erfinden, um die Rechte des Betriebsrats effektiver zu sichern, als es das Gesetz vorsieht. Diese gesetzesübersteigende Rechtsfortbildung greift zudem bedenklich in den Schutzbereich der verfassungsrechtlich geschützten Arbeitsvertragsfreiheit des Arbeitgebers ein.[30] Rechtsprechung ist an „Gesetz und Recht" gebunden (Art. 20 Abs. 3 GG) und darf dem Gesetzgeber nicht ins Handwerk pfuschen - er alleine wäre für eine Weiterentwicklung der Entgeltmitbestimmung zuständig.

---

[30]So auch Jacobs (Fn. 18), S. 171.

Notwendigkeit einer rechtsstaatlichen Ordnung zur Sicherung der Privatautonomie im Arbeitsleben

Professor Dr. Reinhard **Richardi**
em. Universität Regensburg

Bereits in seinem Beitrag „Das Arbeitsverhältnis - alternativ" aus dem Jahr 1984 - noch lange vor der Wiedervereinigung - schrieb Klaus Adomeit: „Das Arbeitsverhältnis ist im geschichtlichen Verlauf der Bundesrepublik Deutschland, von 1949 bis einstweilen 1984, unter Zusammenwirken von Regierenden, Bundestagsabgeordneten, Ministerialbeamten, Tarifpartnern, Richtern, Professoren, betrieblichen Instanzen in einen so vollkommenen Rechtszustand gebracht worden, daß man es nur, wie altes Meißen, in die Vitrine stellen kann, zum praktischen Gebrauch ist es zu kostbar, zu kostspielig."[1] Die Problemfelder, die er schon damals aufzeigte, sind uns auch heute noch erhalten. Zum einen: „Manch ein Selbständiger macht Kasse; wie angenehm lebt es sich an der Costa del Sol!" Zum anderen: Technischer Wandel und Offenheit der Grenzen brächten es mit sich, „für Arbeit evtl. einen Vertrag (zu) bekommen, aber bestimmt keinen Arbeitsvertrag im heutigen Sinne" - „vielleicht einen Werkvertrag, allenfalls eine Art von modernisiertem Heimarbeitsvertrag, manche sehen die Schlesischen Weber zurückkehren".

Geändert hat sich seit diesen Zeilen vor allem die gesetzliche Ordnung der Arbeitgeber-Arbeitnehmer-Beziehungen, wobei von einer kodifikatorischen Geschlossenheit nach wie vor Abstand genommen wird, vielmehr durch Einzelgesetze Ausnahmen von Grundsätzen geschaffen werden, die ihrerseits Ausnahmen von Grundsätzen sind, z. B. das Teilzeit- und Befristungsgesetz (TzBfG), aus letzter Zeit das Pflegezeitgesetz und das Familienpflegezeitgesetz - sozialpolitisch sehr zu loben, aber juristisch völlig verfehlt, eine Quelle juristischer Gebrauchsliteratur ohne jeden wissenschaftlichen Anspruch. Wie „altes Meißen" ist das Arbeitsrecht mit Sicherheit nicht mehr anzusehen, daher auch zum praktischen Gebrauch nicht mehr kostbar, in seiner zwischenzeitlich erheblich eingetretenen Verformung aber mit Sicherheit „zu kostspielig".

I. Fehlen einer übergreifende Rechtskonzeption in der Gesetzgebung

Der Gesetzgebung für die Arbeitgeber-Arbeitnehmer-Beziehungen fehlt jede übergreifende Rechtskonzeption, die es ermöglicht bei unklarer Gesetzeslage zu Ergebnissen zu gelangen, die für den Rechtsunterworfenen berechen-

---

[1] NJW 1984, 1337 (1338).

bar bleiben. Statt sich um kodifikatorische Geschlossenheit zu bemühen, zerbricht man sich den Kopf, für Klarheit dort zu sorgen, wo es keinen Klärungsbedarf gibt.

Noch das Schuldrechtsmodernisierungsgesetz, das am 1.1.2002 in Kraft trat, spricht in vom ihm eingefügten § 619a BGB nur vom „Arbeitnehmer", obwohl schon das Betriebsverfassungs-Reformgesetz vom 23.7.2001 dem zweifelnden Zeitgenossen entgegengekommen war; es stellt in § 5 Abs. 1 Satz 1 BetrVG klar: „Arbeitnehmer (Arbeiternehmerinnen und Arbeitnehmer (im Sinne dieses Gesetzes) sind Arbeiter und Angestellte... ". Diese Legaldefinition ist allerdings in ihrer Sachaussage kurios, weil mit dem Betriebsverfassungs-Reformgesetz die Unterscheidung in Arbeiter und Angestellte in den Gesetzen des Arbeitsrechts endgültig abgeschafft wurde. Die Unterscheidung war gleichheitswidrig und für den Arbeitnehmerbegriff ohne materiellen Gehalt, weil zu den Arbeitern und zu den Angestellten nur gezählt werden konnte, wenn man zuvor präzisiert hatte, dass es sich um Arbeitnehmer handelt. Reduziert man die Legaldefinition also auf ihre materielle Aussage, so lautet sie: „Arbeitnehmer (Arbeitnehmerinnen und Arbeitnehmer) sind Arbeitnehmer", wobei zur Klarstellung hinzugefügt werden müsste, dass es auch Arbeiternehmerinnen sein können. Die Dadaisten freuen sich über diesen Beitrag der Gesetzgebung.

Die Beispiele lassen sich leicht vermehren. Das Allgemeine Gleichbehandlungsgesetz legt den von ihm geschützten Personenkreis mit dem Begriff des Beschäftigten fest (§ 6 Abs. 1 Satz 1 AGG). Für den Begriff, der erkennbar wegen seiner geschlechtsneutralen Verwendung gewählt wurde, enthält § 6 Abs. 1 Satz 1 AGG eine Legaldefinition, die ihn durch die Begriffe der „Arbeitnehmerinnen und Arbeitnehmer" ergänzt, obwohl jeder weiß, dass sie ausschließlich durch die Rechtsprechung festgelegt sind, um den Geltungsbereich des Arbeitsrechts auf der Grundlage der Privatautonomie zu bestimmen. Hinter der Formulierung des Gesetzestextes in „gerechter Sprache" verbirgt sich die List, die dem Arbeitsrecht gezogenen Grenzen zu überwinden. Dass Gesetzestexte häufig im Dunkeln verbleiben, lässt sich angesichts der menschlichen Unvollkommenheit nicht vermeiden. Als die Gesetzgebung noch um sprachliche Präzision bemüht war, konnte sie der Illusion unterliegen, dass es möglich sei, die Rechtsprechung aus vorformulierten Normen zu deduzieren. Dennoch ist ein Gegenprogramm nicht mit dem Gewaltenteilungsprinzip vereinbar. Es muss mit den rechtswissenschaftlich entwickelten Argumentationsformen möglich bleiben, die Berechenbarkeit gesetzlicher Bestimmungen zu erschließen, die den Bürger mit Sanktionsfolgen belegen.

II. Arbeitsgesetzgebung als Labyrinth oder Systematik nach der Rumpelstilzchen-Methode

Nicht nur die Form der Gesetzestexte, sondern auch deren Systematik widerspricht rechtsstaatlicher Ordnung. „Ach, wie gut, dass niemand weiß, dass ich Rumpelstilzchen heiß!" Nach dieser Methode verfährt der Gesetzgeber. Unter der Zielsetzung einer Flexibilisierung durch Deregulierung gelangt er zur Petrifizierung durch eine Flut von Kleinstregelungen in Gesetzen, deren Kenntniserlangung dem Zufallsprinzip überlassen ist.

Durch Gesetz vom 24.8.2002 wurde das Arbeitsrecht der Gewerbeordnung durch eine Neuregelung ersetzt: In dem Titel mit der neuen Überschrift „Arbeitnehmer" wurden als erster Abschnitt „Allgemeine arbeitsrechtliche Grundsätze" (§§ 105 - 110) eingefügt. Wenn der Betrieb nicht unter den Anwendungsbereich der Gewerbeordnung fällt (§ 6 Abs. 1), wird man kaum veranlaßt sein, einen Blick in die dort gegebene Regelung zu nehmen - aber weit gefehlt, § 6 Abs. 2 GewO ordnet an: „Die Bestimmungen des Abschnitts I des Titels VII finden auf alle Arbeitnehmer Anwendung." Der gesetzessystematisch richtige Standort wäre das Bürgerliche Gesetzbuch. Die Pflicht zur Zeugniserteilung regelt dort für den Dienstvertrag § 630 - aber nicht für den Arbeitnehmer; denn nach Satz 4 findet § 109 GewO Anwendung, der mit § 630 BGB im wesentlichen den gleichen Regelungsinhalt hat. Für Arbeitnehmer gilt, wie nach dem Gesetz nur für Handlungsgehilfen der überholt formulierte § 60 Abs. 1 HGB bestimmt, ein Wettbewerbsverbot während des Arbeitsverhältnisses. Eine Legaldefinition des Wettbewerbsverbots hat der Gesetzgeber aber davon abweichend durch einen Klammerzusatz in § 110 Satz 1 GewO gegeben, nach dem Arbeitgeber und Arbeitnehmer die berufliche Tätigkeit des Arbeitnehmers für die Zeit nach Beendigung des Arbeitsverhältnisses durch Vereinbarung beschränken können. Die Grenzen allerdings findet man in §§ 74 - 75 f. HGB, die für Handlungsgehilfen aufgestellt sind, aber gemäß § 110 Satz 2 GewO entsprechend anzuwenden sind, und zwar auf alle Arbeitnehmer, wie § 6 Abs. 2 GewO klarstellt.

Ein Arbeitnehmer, der für sein Arbeitsverhältnis feststellen muss, dass es zur Bestandssicherung nicht mehr von den Vorschriften des allgemeinen Kündigungsschutzes erfasst wird, muss gleichwohl diesen Abschnitt des Kündigungsschutzgesetzes studieren; denn die dort gegebene Regelung über die Dreiwochenfrist muss er beachten, wenn er geltend machen will, dass die Kündigung aus anderen Gründen rechtsunwirksam ist. Von der Ausnahme macht nämlich der Gesetzgeber die „Ausnahme der §§ 4 bis 7 und des § 13 Abs. 1 Satz 1 und 2". Nur wenn der Arbeitgeber bei der Kündigung nicht gemäß § 623 BGB die gesetzliche Schriftform des § 126 BGB eingehalten, er also z. B. mit einem Fax gekündigt hat, kann der Arbeitnehmer diese

Nichtigkeit der Kündigung wegen des Formmangels (§ 125 BGB) auch noch nach Ablauf der Dreiwochenfrist geltend machen; denn die Dreiwochenfrist beginnt erst mit dem „Zugang der schriftlichen Kündigung".

Gelingt es dem arbeitslos gewordenen Arbeitnehmer nach dem Hartz IV-Modell einen Ein-Euro-Job zu erhalten, so erfährt er vom Gesetzgeber nur, dass diese Arbeiten „kein Arbeitsverhältnis im Sinne des Arbeitsrechts" begründen (§ 16d SGB II). Allerdings heißt es dort auch: „Die Vorschriften über den Arbeitsschutz und das Bundesurlaubsgesetz sind entsprechend anzuwenden; für Schäden bei der Ausübung ihrer Tätigkeit haften erwerbsfähige Hilfebedürftige nur wie Arbeitnehmerinnen und Arbeitnehmer." Doch wie Arbeitnehmerinnen und Arbeitnehmer haften, hat der Gesetzgeber bisher nicht verraten. Die Rechtsprechung hat ihre bisher durch Umwege gekennzeichnete Haftungserleichterung nur im Verhältnis zum Arbeitgeber, nicht im Verhältnis zu Dritten angewandt.

III. Ersetzung des individualrechtlichen Sozialschutzes durch Kollektivherrschaft

Gesetzestechnisch ist außerdem häufig missglückst, was dem sozialen Ausgleich dienen soll. Als Beispiel sei hier zunächst § 1 Abs. 5 KSchG genannt. Nach dieser Bestimmung gilt bei einer Kündigung auf Grund einer Betriebsänderung nach § 111 BetrVG für die Arbeitnehmer, die in einem Interessenausgleich zwischen Arbeitgeber und Betriebsrat namentlich bezeichnet sind, eine Sonderregelung: Wird ihnen gekündigt, so wird vermutet, dass die Kündigung durch dringende betriebliche Erfordernisse bedingt ist, und ihre soziale Auswahl kann nur auf grobe Fehlerhaftigkeit überprüft werden. Aber die Bestimmung gilt nur bei einer Betriebsänderung nach § 111 BetrVG. Sie greift auch nur ein, wenn in diesem Fall ein Interessenausgleich zwischen Arbeitgeber und Betriebsrat nach § 112 BetrVG zustande gekommen ist. Sie gilt nicht, wenn der Arbeitgeber den Betriebsrat bei einer Betriebsänderung nicht zu beteiligen braucht, also nicht für Unternehmen mit in der Regel nicht mehr als zwanzig wahlberechtigten Arbeitnehmern (§ 111 Satz 1 BetrVG). Bei Tendenzbetrieben besteht keine gesetzliche Beteiligungspflicht hinsichtlich des Interessenausgleichs (§ 118 Abs. 1 Satz 2 BetrVG). Nicht vom Gesetzestext erfasst werden schließlich kirchliche Einrichtungen; denn das Betriebsverfassungsgesetz, und damit § 111 dieses Gesetzes findet keine Anwendung auf Religionsgemeinschaften und ihre karitativen und erzieherischen Einrichtungen (§ 118 Abs. 2 BetrVG). Betroffen ist schließlich der Staat selbst, soweit er als Arbeitgeber in Erscheinung tritt; denn das BetrVG findet keine Anwendung auf Verwaltungen und Betriebe des Bundes, der Länder, der Gemeinden und sonstiger Körperschaften, Anstalten und Stiftungen des öffentlichen Rechts (§ 130 BetrVG). Wie für die Kirchen nicht deren Mitarbeitervertretungsgesetze, so werden hier nicht die Personalvertretungsgesetze berücksichtigt.

Vor allem aber der Hautpteinwand: Die Namensliste mag praktikabel sein, um einen Personalbestand dem gesunkenen Personalbedarf anzupassen. Für den auf der Namensliste benannten Arbeitnehmer ist sie eine Einschränkung seiner Individualrechtsposition; sie ist ein Element der Kollektivherrschaft in der Arbeitsverfassung. Nicht anders geht es dem Leiharbeitnehmer. Für die gewerbsmäßige Arbeitnehmerüberlassung hat der Gesetzgeber als Grundsatz festgelegt, dass der Leiharbeitnehmer vom Verleiher die „Gewährung der im Betrieb des Entleihers für einen vergleichbaren Arbeitnehmer des Entleihers geltenden wesentlichen Arbeitsbedingungen einschließlich des Arbeitsentgelts" verlangen kann (§ 10 Abs. 4 AÜG). Die Erstreckung der Arbeits- und Entgeltbedingungen des Entleiherbetriebs auf den Leiharbeitnehmer folgt nicht mehr aus dessen Arbeitsvertrag mit seinem Arbeitgeber und damit aus einer privatautonomen Gestaltung. Sie ergibt sich vielmehr aus einem Gesetzesbefehl, also einem hoheitlich-heteronomen Akt, der ein hoheitliches Vertragsdiktat darstellt.

Diese individualrechtliche Sicherung ist nach dem Vorbild der Tariföffnungsklauseln in anderen Gesetzesvorschriften tarifdispositiv. Sowohl in § 3 Abs. 1 Nr. 3 als auch in § 9 Nr. 2 AÜG ist festgelegt, dass ein Tarifvertrag abweichende Regelungen zulassen kann, wobei, wie auch sonst festgelegt ist, dass im Geltungsbereich eines solchen Tarifvertrags nicht tarifgebundene Arbeitgeber und Arbeitnehmer die Anwendung der tariflichen Regelungen vereinbaren können. Die gesetzestechnische Gestaltung legt es nahe, eine Parallele zu den sonstigen Bestimmungen des tarifdispositiven Gesetzesrechts zu ziehen Der Schein trügt jedoch; der Unterschied ist grundlegend. Nicht wie sonst bei tarifdispositivem Gesetzesrecht wird für eine bestimmte Regelung eine Abweichung auch zu Lasten des Arbeitnehmers zugelassen, sondern es wird generell ermöglicht, dass durch Tarifvertrag dem Leiharbeitnehmer abweichend von der gesetzlichen Regelung schlechtere als die im Betrieb des Entleihers für einen vergleichbaren Arbeitnehmer des Entleihers geltenden Arbeitsbedingungen einschließlich des Arbeitsentgelts gewährt werden. Bezweckt wird durch diesen Eingriff in die Vertragsrechtsstellung, dass nicht er darüber entscheiden kann, sondern für ihn eine Gewerkschaft durch Abschluss eines Tarifvertrags. Das gilt auch, wenn der Arbeitnehmer ihr nicht angehört. In der Realität ist dies sogar der Regeltatbestand; denn in Verleihunternehmen gibt es kaum organisierte Arbeitnehmer.

IV. Rechtsprechungsänderung zur Tarifpluralität - auf dem Weg in die richtige Richtung

1. Rechtsprechungsänderung zu den Inhaltsnormen eines Tarifvertrags

Die Tarifautonomie als kollektiv ausgeübte Privatautonomie bestätigte der Vierte Senat des BAG durch seine Rechtsprechungsänderung zur Tarifpluralität.[2] Der Fall, der zu entscheiden war, betraf eine Angelegenheit von geringem Gewicht. Es ging um den Aufschlag zum Urlaubsentgelt nach § 47 Abs. 2 BAT für einen Krankenhausarzt, der dem Marburger Bund angehörte. Nach seinem Arbeitsvertrag bestimmte sich das Arbeitsverhältnis nach dem BAT. Den sich aus dem BAT ergebenden Anspruch hatte der Arzt durch E-Mails geltend gemacht, stieß dabei aber auf den Vorbehalt, dass der für den Marburger Bund mit abgeschlossene BAT durch den TVöD ersetzt worden war, nachdem der Marburger Bund gegenüber der Gewerkschaft ver.di die zum Abschluss von Tarifverträgen erteilte Vollmacht widerrufen hatte.

Bei diesem Sachverhalt war es von vornherein klar, dass nicht der TVöD einschlägig sein konnte. Auch über das Günstigkeitsprinzip hätte der BAT durch Bezugnahme bei entsprechender Interpretation als Bestandteil des Arbeitsvertrags Vorrang gehabt. Das muss umso mehr gelten, als es sich um ein Mitglied des Marburger Bundes handelte, der die Tarifgemeinschaft mit der Gewerkschaft ver.di aufgekündigt hatte. Der Vierte Senat verdient Anerkennung, dass er die Besonderheit der Sachverhaltsgestaltung zum Anlass nahm, für die Geltung der Rechtsnormen eines Tarifvertrags, die den Inhalt, den Abschluss und die Beendigung von Arbeitsverhältnissen ordnen, zu bestätigen, was sich unmittelbar aus dem Gesetz, nämlich §§ 3 Abs. 1, 4 Abs. 1 TVG, ergibt. Praktikabilitätserwägungen können es nicht rechtfertigen, die durch das Tarifvertragsgesetz vorgesehene Geltung zu derogieren, um eine Tarifeinheit im Betrieb zu ermöglichen. Die Konsequenzen, die sich daraus ergeben, sind zwar erheblich, aber nicht bereits dadurch zu vermeiden, dass man die Tarifgeltung durch die Tarifeinheit im Betrieb beseitigt.

Mit sorgfältiger, die Breite des Schrifttums einbeziehender Begründung gelangt der Vierte Senat zu dem Ergebnis, dass der für die Mitglieder des Marburger Bundes bis zum 31.12.2005 nach wie vor geltende BAT nicht nach dem sog. Grundsatz der Tarifeinheit durch den am 1.10.2005 in Kraft getretenen TVöD verdrängt wurde. Der Vierte Senat und ihm folgend auch der Zehnte Senat geben damit nicht nur für diesen Fall, sondern generell für die Rechtsnormen eines Tarifvertrags, die den Inhalt, den Abschluss und die Beendigung von Arbeitsverhältnissen ordnen, ihre bisherige Rechtsprechung auf, dass in Fällen der Tarifpluralität nach dem Grundsatz der Tarifeinheit in einem Betrieb nur ein Tarifvertrag Anwendung findet. Diese „Kassation

---

[2]BAG 7.7.2010 AP GG Art. 9 Nr. 140.

kraft besserer Einsicht" (Picker) belegt der Vierte Senat mit der Wiedergabe eines ungewöhnlich breiten Schrifttums, dass seine Rechtsprechung mit einer weitgehenden, beeindruckenden Einmütigkeit abgelehnt hat. Immerhin hat es vor allem in letzterer Zeit nicht an Gegenstimmen gefehlt, die sich für die Aufrechterhaltung einer Tarifeinheit im Betrieb aussprechen.[3]

Die durch das Tarifvertragsgesetz vorgesehene, auf das einzelne Arbeitsverhältnis bezogene Bindung, wie sie sich für die Rechtsnormen eines Tarifvertrages, die den Inhalt, den Abschluss und die Beendigung von Arbeitsverhältnissen ordnen, aus §§ 3 Abs. 1, 4 Abs. 1 TVG ergibt, wird, wie der Senat zutreffend feststellt, nicht dadurch verdrängt, dass für den Betrieb kraft Tarifgebundenheit des Arbeitgebers mehr als ein Tarifvertrag für Arbeitsverhältnisse derselben Art gilt. Für eine Rechtsfortbildung, die unter Verdrängung anderer Tarifverträge die Tarifgeltung im Betrieb auf einen Tarifvertrag nach dem Spezialitätsgrundsatz beschränkt, seien die Voraussetzungen nicht gegeben. Es müsste in der Tat in die gesetzliche Regelung erst eine Regelungslücke geschlagen werden, um zur Schließung dieser Regelungslücke auf das Prinzip der Tarifeinheit nach dem Spezialitätsgrundsatz für den Betrieb zurückgreifen zu können. Der Senat hebt in diesem Zusammenhang hervor, dass die Bindung eines Arbeitsverhältnisses an einen Tarifvertrag nach §§ 3 Abs. 1, 4 Abs. 1 TVG auf „privatautonome Entscheidungen" beruhe, wie überhaupt der Abschluss von Tarifverträgen und die damit bewirkte Normsetzung „kollektiv ausgeübte Privatautonomie" sei. Obwohl das BAG diese Zuordnung in seiner Rechtsprechung aus letzter Zeit immer wieder hervorhebt, liegt darin eine Erkenntnis, die den Rechtsquellencharakter der Tarifnormen relativiert. Zugleich bedeutet sie auch, dass die bisher verbreitete Sicht eines betriebsbezogenen Arbeitsverhältnisses nicht den Grundlagen der Tarifautonomie gerecht wird, für deren Anerkennung Grundlage das vertragsbezogene Arbeitsverhältnis ist. Tarifpluralität ist daher, wie der Vierte Senat feststellt, „im System des Tarifvertragsgesetzes angelegt".

Soweit das BAG darauf hinweist, dass der DGB erst nach Inkrafttreten des Tarifvertragsgesetzes gegründet wurde und damit das Ordnungsprinzip der Gewerkschaften bereits auf die Möglichkeit von Tarifpluralität angelegt gewesen sei, bedarf dieser Hinweis der Ergänzung: Die Gewerkschaften hatten sich in den westlichen Besatzungszonen bereits zu Einheitsgewerkschaften nach dem Industrieverbandsprinzip zusammengeschlossen, um den Grundsatz „ein Betrieb - eine Gewerkschaft" als die der Zeit gemäße Form des Organisationsprinzips zu verwirklichen.[4] Es lag daher nahe, zur Sicherung

---

[3]Vgl. vor allem Buchner, ZfA 2004, 229, 246 f.; Hromadka, GS Heinze 2005, S. 383 f.; Giesen, NZA 2009, 11 f.; Göhner, FS Bauer 2010, S. 351 f.
[4]Vgl. Rosenberg, RdA 1948, 123 f.

der Tarifeinheit das Industrieverbandsprinzip zur Schranke für die Tarifzuständigkeit einer Vereinigung zu erheben.[5] Durchgesetzt hat sich diese Auffassung aber nicht.

Der Senat verschließt nicht seine Augen vor den Gefahren einer Geltung mehrerer Tarifverträge im Betrieb. Die in diesem Zusammenhang geäußerten Befürchtungen rechtfertigen nach seiner Meinung aber nicht die Verdrängung eines geltenden Tarifvertrags im Wege der gesetzesübersteigenden Rechtsfortbildung. Bei den geäußerten Besorgnissen handle es sich um „Rechtsfragen des Arbeitskampfrechts, nicht aber um solche des Tarifrechts zur Auflösung einer möglichen Tarifpluralität".

Rupert Scholz hat bereits in seiner Habilitationsschrift „Koalitionsfreiheit als Verfassungsproblem" vor bald 40 Jahren dargelegt, dass das Grundgesetz keine personal eigenständige oder material eigenwertige Kollektivität kennt.[6] Die Koalitionsfreiheit ist als Individualgrundrecht verfasst, umschließt wegen der Zweckgarantie aber auch die kollektive Koalitionsfreiheit, deren Ausgestaltung die Rechtsordnung als Korrelat erfordert. Ein Kollektivschutz besteht demnach nicht als Kontrastgrundrecht, sondern nur als Folge der Grundrechtsausübung. Daraus zog Rupert Scholz die Konsequenz für die verfassungsrechtliche Beurteilung: Die Koalitionsexistenz sei mit der dauernden Ausübung der individualen Einigungsrechte identisch; das Verfahren der Koalitionseinigung leite sich aus der „summierten Ausübung der individualrechtlichen Vertragsfreiheiten" ab, und das Verfahren des Koalitionskampfes sei „nichts anderes als die summierte Ausübung der individualrechtlichen Wettbewerbsfreiheiten".[7]

Dem Gesetzgeber ist zwar nicht das Recht zur Grenzziehung verwehrt, aber hier kann der Richter nicht an seine Stelle treten. Wörtlich sagt der Senat: „Eine über die Ordnung der Vertragsbeziehungen seiner Mitglieder hinausgehende Ordnungsfunktion des Tarifvertrages, namentlich in Richtung auf eine sinnvolle Ordnung des Arbeitslebens dergestalt, die Arbeitsverhältnisse im Betrieb einheitlich zu regeln, ist durch das Tarifvertragsgesetz rechtlich nicht vorgegeben."

2. Tarifautonomie als kollektive Ausübung individueller Selbstbestimmung

Der Vierte Senat des BAG hat mit seinem Beschluss zur Tarifeinheit eine Grundsatzentscheidung getroffen, die das Tarifwesen auf den richtigen Weg führt, mag es auch mühsam erscheinen, ihn zu gehen. Verdeckt wird dies nur dadurch, dass der Tarifvertrag als Rechtsquelle in Erscheinung tritt. Diese

---

[5] So vor allem Meissinger, Reliefbild des Arbeitsrechts, 1952, S. 63 f.
[6] Scholz, Koalitionsfreiheit als Verfassungsproblem, 1971, S. 133.
[7] Scholz, aaO S. 137.

Sicht ist zum einen historisch bedingt; es ging beim Erlass des Tarifvertragsgesetzes um die Notwendigkeit einer Ersetzung der als Rechtsverordnung zu beurteilenden Tarifordnungen durch den Tarifvertrag. Zum anderen ergibt sie sich aus dem verbreiteten Meinungsstreit über die rechtsdogmatische Einordnung der Tarifgeltung. Der Tarifvertrag wurde deshalb nicht in seiner Besonderheit als kollektiv ausgeübter Abschluss der Arbeitsvertragsparteien wahrgenommen, sondern mutierte unter Loslösung von diesem Geltungsgrund zur Rechtsquelle.

Auf die schiefe Bahn geriet der Gesetzgeber, als er zunächst nur zur Sicherung der Funktionsfähigkeit des Koalitionsverfahrens bei einer Vielzahl zwingender Regelungen zum Schutz des Arbeitnehmers eine Abweichung nicht nur zu dessen Gunsten, sondern auch zu dessen Lasten durch Tarifvertrag gestattete. Mit der Tarifdisponibilität berücksichtigt er, dass das Tarifvertragssystem von einem Verhandlungsgleichgewicht ausgeht, so dass der Interessenausgleich dem Prinzip der Vertragsgerechtigkeit entspricht - das aber nur für eine mitgliedergestützte Verhandlungsmacht. Ein Systembruch trat ein, als der Gesetzgeber dazu überging, nicht nur eine Abweichung von der von ihm getroffenen Regelung zuzulassen, sondern die Regelung selbst den Tarifvertragsparteien auch für Nichtmitglieder übertrug, wobei die gesetzestechnische Gestaltung als Tariföffnungsklausel einen Schleier über die staatliche Mandatierung gelegt hat. Mit der Zuweisung staatlicher Ordnungs- und Schutzaufgaben an die Tarifvertragsparteien hat der Gesetzgeber deren Regelungsbefugnis in der Arbeitsverfassung erweitert; die korporatistische Orientierung hat sie aber von der Quelle entfernt, der sie nach dem Grundgesetz ihre Macht verdanken, nämlich in der verfassungsrechtlichen Verankerung im Individualgrundrecht der Koalitionsfreiheit.[8]

Die These, dass die Tarifnormen auf „kollektiv ausgeübter Privatautonomie" beruhten,[9] kann zu dem Missverständnis einladen, als ginge es primär um eine Privatautonomie der Tarifvertragsparteien, nachdem diese, wie das Bundesarbeitsgericht es formuliert, „ihr Grundrecht aus Art. 9 Abs. 3 GG wahrgenommen und die Regelungen zu bestimmten Arbeits- und Wirtschaftsbedingungen geschaffen haben".[10] Unter diesem Blickwinkel wird nämlich eine originäre Kollektivautonomie begründet. Eduard Picker er-

---

[8]Vgl. auch die Kritik von Buschmann, FS Richardi 2007, S. 93 f.

[9]So BAG (7. Senat) 25.2.1998 E 88, 118 (123) = AP Nr. 11 zu § 1 TVG Tarifverträge: Luftfahrt; 31.7.2002 E 102, 65 (68) = AP Nr. 14 zu § 1 TVG Tarifverträge: Luftfahrt; zur Beurteilung als kollektiv ausgeübte Privatautonomie bereits BAG 14.10.1997 E 87, 1 (4) = AP Nr. 155 zu § 1 TVG Tarifverträge: Metallindustrie; BAG (4. Senat) 30.8.2000 E 95, 277 (283) = AP Nr. 25 zu § 4 TVG Geltungsbereich; differenzierend BAG (6. Senat) 27.5.2004 AP Nr. 5 zu § 1 TVG Gleichbehandlung; aus dem Schrifttum vor allem die Habilitationsschrift von Bayreuther, Tarifautonomie als kollektiv ausgeübte Privatautonomie (2005); weiterhin Dieterich, FS Schaub 1998, S. 117 (121 f.); Schliemann, FS Hanau 1999, S. 577 (585 f.); kritisch zum Gedanken der „kollektiven Privatautonomie" Waltermann, FS 50 Jahre Bundesarbeitsgericht 2004, S. 913 (916 f.).

[10]BAGE 88, 118 (123).

blickt in ihr eine Bedrohung der Privatautonomie.[11] Die Doktrin von der originären Kollektivautonomie, die sich namentlich im Tarifvertragswesen praktisch entfaltet, sei „ausdrücklich oder unausgesprochen auf das Ziel angelegt, die Privatautonomie zu ersetzen".[12]

Für die Tarifautonomie ist die primäre Ordnungsentscheidung des Rechts die individuelle Vertragsfreiheit. Erst sekundär tritt die Koalitionsfreiheit hinzu. Ohne die privatautonome Basis jedes einzelnen Arbeitnehmers zur Begründung und Gestaltung des Arbeitsverhältnisses mit dem Arbeitgeber fehlt der Tarifautonomie die Basis.

V. Tarifeinheit im Betrieb als Rechtsgrundsatz

1. Tarifeinheit im Betrieb als Voraussetzung der Tarifgeltung

Das BAG bezieht seine Ablehnung der Tarifeinheit im Betrieb als Kollisionsregel nur auf Rechtsnormen eines Tarifvertrages, die den Inhalt, den Abschluss und die Beendigung von Arbeitsverhältnissen ordnen. Bei einer Tarifpluralität in diesem Fall besteht keine Regelungslücke im TVG, sondern es können zwei oder mehrere Tarifverträge, die denselben Sachverhalt regeln, wegen der gesetzlichen Regelung der Tarifgebundenheit zur Anwendung kommen. Davon zu unterscheiden ist die Tarifkonkurrenz, wie sie eintreten kann, wenn ein Arbeitnehmer mehreren Gewerkschaften angehört, mit denen für den Arbeitgeber verbindliche Tarifverträge bestehen, oder eine Tarifgeltung durch Allgemeinverbindlicherklärung (§ 5 TVG) oder Rechtsverordnung (§ 7 AEntG) eintritt. Auch bei Rechtsnormen, die den Inhalt, den Abschluss und die Beendigung von Arbeitsverhältnissen ordnen, kann auf das Arbeitsverhältnis nur ein Tarifvertrag angewandt werden. Welcher Tarifvertrag es ist, kann dem TVG nicht entnommen werden. Im ersten Fall muss ein Arbeitnehmer sich zurechnen lassen, dass durch seine mehrfache Gewerkschaftszugehörigkeit das Problem entstanden ist. Handelt es sich dagegen um die Fälle einer Allgemeinverbindlicherklärung oder einer Rechtsverordnung, so entspricht es der Tarifautonomie als kollektiv ausgeübter Privatautonomie dem Tarifvertrag den Vorrang zu geben, dessen Geltung nach § 3 Abs. 1 TVG mitgliedschaftlich legitimiert ist.

Eine weitere Differenzierung ist vorzunehmen, wenn nach der Normart, wie bei Betriebs- und Betriebsverfassungsnormen, für die Tarifgeltung die Tarifgebundenheit des Arbeitgebers genügt (§ 3 Abs. 2 TVG). Die gleiche Problematik besteht bei einer Tarifgeltung der Rechtsnormen über gemeinsame Einrichtungen der Tarifvertragsparteien. Bei ihnen ist es seit jeher ein Problem, dass für ihre Organisation, Beitragserhebung und Leistungsgewährung

---

[11]FS Wiegand 2005, S. 1065 (1072 f.).
[12]Picker, aaO, S.1073.

eine nach der Organisation verschiedene Tarifbindung keinen Anknüpfungspunkt für den einschlägigen Tarifvertrag bilden kann.[13] Soll eine gemeinsame Einrichtung funktionieren, so muss für sie der Grundsatz der Tarifeinheit gelten.

2. Sicherung der Tarifeinheit als Verfahrensgrundsatz des Arbeitskampfrechts

Bei der Streitfrage um die Tarifeinheit im Betrieb geht es mittelbar um ein Arbeitskampfproblem; sie hat dort sogar ihren Mittelpunkt, wenn bei Gewerkschaftskonkurrenz im Betrieb eine Regelung durch Streik erzwungen werden soll.[14] Es geht also primär um die durch die Tariffähigkeit vermittelte Streikbefugnis einer Gewerkschaft. Da die Funktionsfähigkeit des Tarifvertragssystems es nicht zwingend erfordert, den Gewerkschaften eine bestimmte Organisationsform vorzuschreiben, um sie an der Tarifautonomie zu beteiligen, ist es auch nicht geboten, ihnen, solange der Gesetzgeber sich der Wahrnehmung seiner Ordnungsaufgabe enthält, die Streikbefugnis zu versagen. Einer Gewerkschaft kann nicht gegenüber einer konkurrierenden Gewerkschaft die Möglichkeit genommen werden, die Interessen ihrer Mitglieder auf gleicher Ebene wahrzunehmen.

Der Große Senat des BAG hat jedoch bereits im Beschluss vom 29.11.1967 entschieden, dass in Tarifverträgen nicht zwischen den bei der vertragschließenden Gewerkschaft organisierten und anders oder nicht organisierten Arbeitnehmern differenziert werden darf.[15] Zur Begründung verwies der Große Senat auf den Gesichtspunkt der Gleichbehandlung als Ausdruck der sozialen Gerechtigkeit. Ein anderes Verhalten setze den optimalen unternehmerischen Erfolg auf's Spiel. Wenn die Arbeitgeberseite diesen Erfolg mittels Gleichbehandlung der Organisierten und Außenseiter anstreben wolle oder gar anzustreben gezwungen sei, so dürfe sie diesem Ziel nach den Maßstäben der sachgerechten Güterabwägung den Vorrang vor der Rücksichtnahme auf die Belange des Sozialpartners geben. Es sei keinem Arbeitgeber zuzumuten, eine Differenzierung vorzunehmen, durch die er „das allgemeine Gerechtigkeitsempfinden besonders verletzen und in vielen Fällen Gefahr laufen (werde), daß der Betriebsfrieden und der unternehmerische Erfolg Schaden nehmen".[16]

---

[13] Vgl. bereits Bötticher, Die gemeinsamen Einrichtungen der Tarifvertragsparteien, 1966, S. 86 f.

[14] Ausführlich B. Schmidt, Tarifpluralität im System der Arbeitsrechtsordnung, 2011, S. 510 f.; so auch in der Beurteilung Greiner, Rechtsfragen der Koalitions-, Tarif- und Arbeitskampfpluralität, 2010, S. 7, 367; Göhner, FS Bauer 2010, 351 (357 f.); Bayreuther, NZA 2007, 187 (189); Franzen, RdA 2008, 193 (200); Hanau. RdA 2008, 98 (99).

[15] AP GG Art. 9 Nr. 13 für eine sog. Spannenklausel; bestätigt vom Vierten Senat des BAG 23.3.2011 NZA 2011, 920 f.; anders für eine einfache Differenzierungsklausel 18.3.2009 AP TVG § 3 Nr. 41; dazu Richardi, NZA 2010, 417 f.

[16] BAG 29. 11.1967, AP GG Art. 9 Nr. 13, unter Teil III, VII 4 c.

Dieser rechtsethische Grundgedanke hat in § 75 Abs. 1 BetrVG eine Absicherung erfahren, der in Verbindung mit dem Mitbestimmungsrecht des Betriebsrats nach § 87 Abs. 1 Nr. 10 BetrVG bei Fragen der betrieblichen Lohngestaltung die Verteilungsgerechtigkeit als Magna Charta der Betriebsverfassung verankert.[17] Damit ist zwar ein Spannungsverhältnis zur Tarifgeltung nach § 3 Abs. 1 TVG verbunden, der eine Differenzierung nach der Gewerkschaftszugehörigkeit begründet; es kann aber nach dem Prinzip praktischer Konkordanz aufgelöst werden, soweit es um die Festlegung von Verfahrensregeln für den Arbeitskampf geht.

Der Arbeitskampf steht mit der Tarifautonomie in einem Funktionszusammenhang. Seine Zulassung bedeutet jedoch nicht, dass lediglich eine spezifisch koalitionsmäßige Betätigungsfreiheit anerkannt wird, sondern sie gewährt mit der Befugnis zum Arbeitskampf ein Eingriffsrecht.[18] Sie ermöglicht eine organisierte Vertragsstörung nicht nur im Verhältnis der kampfbeteiligten Arbeitgeber und Arbeitnehmer zueinander, sondern bewirkt dadurch mittelbar auch Leistungsstörungen in Arbeitsverhältnissen nichtkampfbeteiligter Arbeitgeber und Arbeitnehmer und darüber hinaus Leistungsstörungen in Schuldverhältnissen außerhalb des Arbeitsrechts. Die Belastung Dritter mit den Folgen eines Arbeitskampfes wird zwar häufig betont, und auch der Große Senat des BAG weist darauf hin, dass Streik und Aussperrung nicht nur die am Arbeitskampf unmittelbar Beteiligten, sondern auch nicht streikende sonstige Dritte sowie die Allgemeinheit vielfach nachhaltig berühren.[19] Es wird dabei aber nicht klargestellt, dass es sich insoweit nicht nur um eine rechtstatsächliche Belastung handelt, sondern auch nach den Grundsätzen des geltenden Rechts Dritte durch einen Arbeitskampf verursachte Schäden zu tragen haben, obwohl sie ihn weder beeinflussen noch in den Genuss eines Vorteils seiner Zulassung gelangen können. Für die arbeitsrechtliche Problematik bleibt deshalb im Allgemeinen unbeachtet, welche Bedeutung der Arbeitskampf für das zivilrechtliche Haftungssystem hat. Seine Zulässigkeit wird rechtsdogmatisch fehlerhaft bestimmt, wenn man Grenzziehungen ausschließlich als Beschränkung der Koalitionsfreiheit interpretiert; es geht hier entscheidend auch um die Problematik, dass durch die Zulassung des Arbeitskampfes der Eingriff in einen fremden Rechtskreis institutionalisiert wird und insoweit einen besonderen Tatbestand im zivilrechtlichen Haftungssystem bildet.[20]

Daraus folgt, dass für die Ausübung der Streikbefugnis Verfahrensgrundsätze gelten, die nicht nur wie das Gebot der ultima ratio das Prinzip der Verhandlung und Einigung für den Tarifvertragsschluss sichern, sondern auch das Interesse der Arbeitgeberseite an der Tarifeinheit wegen des ihr

---

[17]Vgl. Richardi, ZfA 2008, 31 (35 f.).

[18]Vgl. bereits Richardi, ZfA 1985, 101 (114 f.).

[19]BAG 21.4.1971, AP GG Art. 9 Arbeitskampf Nr. 43, unter III A 1 der Gründe.

[20]So bereits Picker, JZ 1979, 285 (293).

auferlegten Gleichheitsgebots schützen. Deshalb lässt sich die These aufstellen, dass bei mehreren Gewerkschaften im Unternehmen der Arbeitgeber verlangen kann, mit allen zu verhandeln, und auch ein Arbeitgeberverband entsprechend einen derartigen Verhandlungsanspruch gegen die in Konkurrenz stehenden Gewerkschaften hat.[21]

3. Beschränkung der Mitbestimmung des Betriebsrats durch den Tarifvorrang

Nach dem Eingangshalbsatz des § 87 Abs. 1 BetrVG hat der Betriebsrat in den dort genannten Angelegenheiten nur mitzubestimmen, soweit eine tarifliche Regelung nicht besteht. Der Tarifvorrang greift ein, soweit der Tarifvertrag die mitbestimmungspflichtige Angelegenheit mit bindender Wirkung für den Arbeitgeber regelt. Nach Ansicht des BAG genügt die Tarifgebundenheit des Arbeitgebers.[22] Nicht jeder Tarifvertrag kann aber auch bei Tarifbindung des Arbeitgebers das Mitbestimmungsrecht des Betriebsrats verdrängen. Man kann deshalb erwägen, dass den Tarifvorrang nur der Tarifvertrag mit einer Gewerkschaft auslöst, die für den Betrieb repräsentativ ist.[23] Damit stellt sich die Frage, ob dies auch für einen Tarifvertrag mit einer Spartengewerkschaft gilt. Es kann nämlich nicht ausgeschlossen werden, dass sie die meisten Mitglieder im Betrieb hat. Es wäre aber mit dem Mitbestimmungsgedanken nicht vereinbar, wenn dadurch möglicherweise für die Mehrheit der Arbeitnehmer im Betrieb das Mitbestimmungsrecht des Betriebsrats verdrängt wird. Bei einer Gewerkschaftspluralität im Betrieb greift deshalb der Tarifvorrang, der das Mitbestimmungsrecht des Betriebsrats verdrängt, nur ein, wenn die Gewerkschaften für die Regelung eine Tarifgemeinschaft bilden. Ist dies nicht der Fall, so hat eine das Mitbestimmungsrecht verdrängende Wirkung bei Tarifpluralität nur der Tarifvertrag, der seine Regelung nicht auf bestimmte Funktionseliten im Betrieb beschränkt. Anderenfalls geht es um eine Schranke der Mitbestimmungsausübung; denn es darf durch sie nicht die Tarifgeltung beeinträchtigt werden.

---

[21] Im Ergebnis wie hier Kamanabrou, ZfA 2008, 241 (270 f.); vgl. auch Franzen, RdA 2008, 193 (200 f.); dazu ausführlich B. Schmidt, Tarifpluralität im System der Arbeitsrechtsordnung, 2011, S. 579 f.

[22] BAG 24.2.1987 AP BetrVG 1972 § 77 Nr. 21.24.11. 1987 und 20.12.1988 AP BetrVG 1972 § 87 Auszahlung Nr. 6 und 9.

[23] So Gamillscheg, Kollektives Arbeitsrecht, Bd. II: Betriebsverfassung, 2008, S. 871; ablehnend B. Schmidt, Tarifpluralität im System der Arbeitsrechtsordnung, 2011, S. 485 f.

VI. Résumé

Im Gewalten teilenden Rechtsstaat fällt das politische Element zur Sicherung der Privatautonomie im Arbeitsleben in die Kompetenz der Gesetzgebung. Der Richter darf nicht an deren Stelle treten. Dass die höchstrichterliche Rechtsprechung eine politische Funktion erfüllt, bedeutet noch keineswegs, dass damit auch eine Kompetenz zur Festlegung des politischen Elements besteht, sondern es geht stets um die Richtigkeit der Rechtserkenntnis. Eine Gesetzgebung, die unter Verzicht auf einen übergeordneten Rechtsrahmen durch eine Vielzahl von Einzelgesetzen punktuell in das Arbeitsleben eingreift, aber weite Bereiche der rechtsgeschäftlich begründeten Ordnung der Arbeitgeber-Arbeitnehmer-Beziehungen, wie die Arbeitnehmerhaftung oder auch die Bedeutung der individuellen Vertragsfreiheit für die kollektivrechtlichen Gestaltungsfaktoren, ungeregelt lässt, stiftet Streit, weil Ratlosigkeit um sich greift. Die in diesem Beitrag genannten Beispiele lassen sich leicht vermehren. Die dreihundertjährige Wiederkehr der Geburt Friedrich des Großen gibt Anlass zur Erinnerung, dass er nach den Worten eines Biographen „in der Rechtspolitik - dieses Mal noch im vorgerückten Alter - einen in die Zukunft weisenden Akzent zu setzen vermochte".[24] Der Auslöser war, wie er berichtet, die Müller-Arnold-Affäre, die jedem Juristen vertraut sein sollte. Wichtig war an ihr letztlich, wie er feststellt, dass „in den Angelegenheiten des Justizwesens ein Neuanfang gemacht wurde, an dessen Ende die Gesetzeskodifikation des Allgemeinen Landrechts für die Preußischen Staaten stand".[25] Uns heute würde schon die Kodifikation des Arbeitsvertragsrechts genügen.

---

[24]Kunisch, Friedrich der Große, 3. Aufl. 2005, S. 293.
[25]Kunisch a.a.O. S. 298 f.

Kapitel IX.

Tarifverträge zur Ordnung von Mindestarbeitsbedingungen: Sicherheit, Kalkulierbarkeit, Entlastung zum Wohl von Arbeitgeber und Arbeitnehmer

Attraktivität der Bindung an Tarifverträge – Risiken einer Flucht aus dem Tarifvertrag durch Austritt aus dem Arbeitgeberverband oder Wechsel in die OT-Mitgliedschaft

Dr. Friedrich-Wilhelm **Lehmann**
Rechtsanwalt, Schliersee und Krefeld

Der geneigte Leser entnimmt schon der Überschrift die Vorahnung, dass ich mich für die Tarifautonomie und für die Herrschaft von Tarifvertragsparteien in Kartellen über die Arbeitsbedingungen der tarifgebundenen Arbeitgeber und Arbeitnehmer ausspreche.

I. Ein deutliches „Ja!" zur Tarifautonomie in der deutschen Tariflandschaft

Die zuweilen von respektablen Kommentatoren erhobenen Forderungen, die Tarifkartelle müssten zerschlagen werden, gehen von dem Grundprinzip des Wettbewerbsrechtes aus, mit dem das deutsche Kartellrecht unter anderem Preisabsprachen verbietet; vor dem Hintergrund der marktwirtschaftlichen Ordnung, deren Eckpfeiler das GWB das UWG, die GewO und das Arbeitsschutzrecht sind, könne sich nicht eine entgegenstehende Ordnung bilden, die mit Tarifkartellen den Wettbewerb in Deutschland beeinflusst. Die Tarifkartelle seien zwar durch das Grundrecht aus Art. 9 Abs. 3 GG und europarechtlich durch Art. 28 der Charta der europäischen Grundrechte (EU-GRCharta) abgesichert und legitimiert. Jedoch werde das Grundrecht der deutschen Verfassung, nach dem für jedermann und alle Berufe das Recht gewährleistet ist, zur Wahrung und Förderung der Arbeits- und Wirtschaftsbedingungen Vereinigungen zu bilden, in der deutschen Tariflandschaft überdehnt. Dies könne die Wettbewerbsfähigkeit deutscher Unternehmen global beeinträchtigen.[1]

Diese Auffassung mag zuweilen zutreffen, wenn man empirische Maßstäbe heranzieht, wie beispielsweise die ebenfalls durch Art. 9 Abs. 3 GG legitimierten Arbeitskämpfe von sozialen Gegenspielern, bei denen aber auch bestritten ist, ob und inwieweit sie auch in die Bereiche der Daseinsvorsorge vordringen dürfen. Die Auffassung mag je nach Standpunkt wiederum nicht zutreffen, wenn man sich darauf besinnt, dass Deutschland nach Art. 20

---

[1] Etwas gelassener Schliemann: „Arbeitgeber und Gewerkschaften in einer veränderten Tariflandschaft", Kapitel I in dieser Schrift; ebenso Hromadka: „Sind die Unternehmen mit dem deutschen Arbeitsrecht national und global wettbewerbsfähig?" mit dem Hinweis, dass das Arbeitsrecht eben nur **ein** Datum in einem Datenkranz ist, Kapitel II in dieser Schrift.

GG ein demokratischer und sozialer Bundesstaat ist, der diesem Grundrecht zur Geltung verhelfen muss, unter anderem auch durch die Aktivität der Koalitionen in dem für deren Betätigung staatsfreien Raum. Es ist nicht auszuschließen, dass es in Zukunft im Tarifrecht noch die eine oder andere Überlegung geben wird, wie die durch Art. 9 Abs. 3 GG und Art. 28 EU-GRCharta legitimierte Bildung von Vereinigungen von anderen Grundrechten der Bürger abzugrenzen ist. Dazu gehört aber auch die Beschäftigung mit der Frage und die Antwort, wie es sich verhält, dass die Tarifkartelle die nicht organisierten Arbeitgeber und Arbeitnehmer in den indirekten Zwang des Mitziehens in der Anwendung der Arbeitsbedingungen bringen, Ein Mitziehen kann freiwillig erfolgt sein, aber auch unfreiwillig. Ein Beispiel der Unfreiwilligkeit steht vor Augen, wenn beispielsweise die öffentliche Hand die Vergabe von Aufträgen an die Privatwirtschaft in den Kriterien der Vergabe von der Tariftreue abhängig macht.[2]

Freiwillig ist jedoch das Mitziehen, wenn wir in den gebräuchlichen Arbeitsverträgen oder deren Muster auf Vertragsklauseln treffen mit einem Verweis auf Tarifverträge, ohne dass der einzelne Arbeitgeber - sei er tarifgebunden oder nicht - sich wesentlich für die Tarifbindung des einzelnen Arbeitnehmers interessiert. Er darf ohnehin nach derzeitigem Rechtsstand den Arbeitnehmer nicht nach der Tarifbindung fragen. Dieses kleine Verbot kann aber in Zukunft im Hinblick auf mögliche, aber für die Anwendung von tariflichen Arbeitsbedingungen bei sich überschneidenden Geltungsbereichen eine erheblich größere Bedeutung erlangen. Aber die freiwillige Bezugnahme von Arbeitgebern mit Tarifbindung oder ohne Tarifbindung auf bestimmte oder jeweils das Unternehmen oder den Betrieb (potenziell) geltende Tarifverträge zeigt das Interesse an der Ordnungswirkung der Tarifverträge innerhalb und außerhalb der Tarifkartelle.

Wettbewerbsrechtliche Probleme wegen der Begleitung der legitimierten Tarifkartelle ohne Tarifbindung sind mir derzeit nicht bekannt, ausgenommen die seit Jahrzehnten wiederholte Forderung von Gewerkschaften, dass die Tarifnormen zwischen den tarifgebundenen und den nicht tarifgebundenen Arbeitnehmern (im Jargon „Trittbrettfahrer") differenzieren. In der Tat gibt es in nicht wenigen Tarifverträgen bereits Differenzierungsklauseln. Manche Tarifvertragsparteien haben bereits mit tariflichen Differenzierungsklauseln reagiert und die Rechtsprechung ist ihnen in einer erstaunlich bereitwilligen Weise weitgehend gefolgt.[3]

Mein eindeutiges „Ja" zur Tarifautonomie schließt die Berücksichtigung der zum Teil gegen die Tarifautonomie und die Kartellbildung gerichteten Bedenken ein. Ich darf dieses weite Feld auf einige Gedanken beschränken

---

[2]vgl. hierzu in dieser Schrift Rohrmann, „Die Renaissance der Tariftreue - welche Entwicklungen gibt es, wohin steuern wir?", Kapitel X.
[3]vgl. hierzu Bepler in dieser Schrift, „Tarifliche Differenzierungsklauseln", Kapitel VI.

Die Ordnung der Arbeitsbedingungen in der deutschen Wirtschaft durch ein staatsfreies Tarifsystem kann für andere europäische Länder ein Vorbild sein. In der Staatsneutralität liegt ein bis heute erstaunlicher Freiheitsgewinn im Rahmen des demokratischen sozialen Rechtsstaates der Bundesrepublik Deutschland.

Allerdings setzt die Befugnis der Tarifvertragsparteien zur kartellmäßigen Festsetzung der Arbeitsbedingungen - eben wegen der Imponderabilien der Würde und der Freiheit des einzelnen - voraus, dass sich die Tarifvertragsparteien ihrer treuhänderischen Verantwortung und ihrer Zuständigkeitsgrenzen gegenüber denjenigen, für die sie Vereinbarungen treffen, strikt bewusst sind.

Das Ausbalancieren der Kräfte, Mächte und Interessen unterhalb der staatlichen Ebene im gesellschaftlichen Raum ist das Geheimnis des Funktionierens der Tarifautonomie in Deutschland.

Eines der Geheimnisse des Funktionierens der Tarifvertragsautonomie innerhalb der sozialen Marktwirtschaft liegt in Folgendem: Die an sich der deutschen Wettbewerbsordnung (GWB) widersprechende Zusammenfassung der Tarifvertragsparteien in organisatorischen Arbeitsrechtskartellen führt dazu, dass die wesentlichen, personenbezogenen tariflichen Arbeitsbedingungen der Arbeitnehmer dem Wettbewerb der Unternehmen - soweit es um einen Wettbewerb bezüglich der Arbeitsbedingungen geht- entzogen werden.

Die Folge der durch das Grundrecht aus Art. 9 Abs. 3 GG legitimierten Wettbewerbsbeschränkung ist, dass sich der Wettbewerb auf den anderen Sektoren der Wirtschaft mit der Beeinflussung dieser anderen Sektoren auf die Marktpreise um so stärker entfalten muss. Beispiele sind Sektoren wie der Rohstoffe, Erzeugung von Produkten, technische Fertigungsverfahren, Dienstleistungen, Marketing, usw. mit gleichzeitiger Blickrichtung auf die stets notwendige Rationalisierung, die menschliches Handeln und Erfindungen zur rationelleren Arbeit seit Bestehen der Menschheit zur Existenzsicherung begleitet haben. Die Rationalisierung mag oft bedauerlicherweise Arbeitnehmer treffen, aber sie darf nicht als eine aus sozialen Gründen notwendige Unterlassung eingefordert werden, jedoch sind die Rahmenbedingungen zu vereinbaren.

Andererseits dürfen wir im Respekt vor dem deutschen Tarifsystem nicht vergessen, dass durch eben dieses System auch Arbeitsplätze vernichtet werden (können).

Jedoch liegt der Kartellbildung der Tarifvertragsparteien ein -zumindest in historischer Sicht - zutiefst humaner Aspekt der Tarifautonomie zugrunde, wie ihn die nach unserer Verfassung geforderte soziale Marktwirtschaft gebietet: Die Arbeitsbedingungen in ihrem wesentlichen Gehalt werden einem Wettbewerb zwischen den Unternehmen „nach unten" schon deshalb entzogen, um die Würde des einzelnen Arbeitnehmers, seine Freiheit im Rahmen der Willensbildung und Willensübereinstimmung und seine Gleichheit in den Entfaltungsmöglichkeiten zu sichern und zu gewährleisten.

II. Verständliche Sorge der Unternehmen um hohe Personalkosten in Deutschland

Manche Unternehmen, die unter einem hohen Kostendruck stehen, suchen eine der Maßnahmen aus dem Bündel betrieblich erforderlicher Maßnahmen zur Kostensenkung in der Flucht aus dem Tarifvertrag. Sie kündigen die Mitgliedschaft in ihrem tarifvertragsschließenden Arbeitgeberverband.

1. Grund der Aufteilung in eine Mitgliedschaft mit oder ohne Tarifbindung

Wenn der Arbeitgeberverband, der sich selbst kostenbewusst im Verhältnis zu den ihn tragenden Mitgliedern verhalten muss und möglichst keine ihn mitfinanzierenden Mitglieder verlieren will, durch seine Satzung sowohl eine Mitgliedschaft mit Tarifbindung (m.T.) als auch eine Mitgliedschaft ohne Tarifbindung (o.T.) ermöglicht, kann das einzelne Mitgliedsunternehmen m.T., das sich von der Tarifbindung befreien will, im gleichen Arbeitgeberverband von der Mitgliedschaft m.T. in die Mitgliedschaft o.T. wechseln.

In der deutschen Tariflandschaft bestehen zum Teil Arbeitgeber-Schwesterverbände, von denen ein Verband für Mitglieder m.T. und der andere für die Mitglieder o.T. offensteht. Die Trennung ist zuweilen auf die Sorge aus den Risiken zurückzuführen, die sich für das Mitglied o.T. ergeben können, wenn die Trennung nicht scharf genug abgegrenzt ist. Wenn die o.T. und m.T. Mitglieder unter einem einzigen Dach eines Arbeitgeberverbandes mit m.T. und o.T. Mitgliedschaft vereint sind - was grundsätzlich tarifrechtlich zulässig ist, ohne dass daraus zugleich eine Tarifbindung für o.T. Mitglieder folgt -, so reicht es dennoch für eine tarifrechtlich ordnungsgemäße Trennung zur Vermeidung der Tarifbindung von o.T. Mitgliedern nicht aus, wenn die Trennung nur in der Satzung geregelt ist, jedoch nicht im verbandlichen Alltag „gelebt wird". So reicht das geduldige Papier der Satzung nicht zur Rechtfertigung der Trennung und Folgenbeseitigung der Mitgliedschaft unter einem Dach mit zwei Gruppen von Mitgliedern aus, wenn beispielsweise Mitglieder o.T. trotz ihres gewollten Ausschlusses aus dem Tarifgeschehen noch immer den Versuch einer irgendwie gearteten effektiven Mitwirkung oder Einmischung vornehmen und sich mit ihrem gewollten Wechsel der Mitgliedschaft nicht zufrieden geben (können) oder der Verband nicht unabhängig ist..

Die Folge kann je nach Einzelfall nolens volens die Tarifbindung sein.

2. Anforderungen der Rechtsprechung an die Trennung von m.T. und o.T. Mitgliedern

Die Rechtsprechung hat im letzten Jahrzehnt diese Formen der m.T. und o.T. Mitgliedschaft tarifrechtlich in geordnete Bahnen gelenkt. Die Aufteilung ist grundsätzlich auch tarifrechtlich möglich.[4]

III. Folgen einer Tarifflucht : hohe Hürden durch Gesetz und Rechtsprechung

Aber hat der Unternehmer, der die Tarifflucht als ein Mittel der Erleichterung von dem Kostendruck betrachtet, zuvor alle Folgen des Austritts aus dem Arbeitgeberverband oder des Wechsels von einer Mitgliedschaft m.T. in eine Mitgliedschaft o.T. bedacht?

Es ist jeweils zu prüfen, welche Auswirkungen sich bei einer Flucht aus dem Tarifvertrag kollektivrechtlich und individualrechtlich für die Gestaltung der Arbeitsbedingungen in Zukunft ergeben.

Das Szenario bei der Prüfung und Bewertung möglicher Folgen stellt sich in rechtlicher Hinsicht - ohne Berücksichtigung der zuweilen sehr unbequemen tarifpolitischen Folgen (Druck der Gewerkschaft auf den Abschluss von Haustarifverträgen) - wie folgt dar:

1. Tarifebene

Die kollektive tarifliche Ebene betrifft insbesondere die tarifrechtlich Nachbindung (§ 3 Abs. 3 TVG) und die nach Wegfall der Nachbindung eintretende Nachwirkung (§ 4 Abs. 5 TVG).

---

[4]vgl. die neueste Entscheidung des BAG v. 19.6.2012 - 1 AZR 775/10 -; EzA Schnelldienst 23.2012 „Arbeitskampf, Wechsel in OT-Mitgliedschaft, Schadensersatz"; Amtlicher Leitsatz: „Wechselt ein Unternehmen innerhalb eines Arbeitsverbands während laufender Tarifverhandlungen wirksam von einer Mitgliedschaft m.T. in eine Mitgliedschaft o.T., kann die Gewerkschaft grundsätzlich nicht mehr zur Durchsetzung ausschließlich verbandsbezogener Tarifforderungen zu einem Warnstreik in diesem Unternehmen aufrufen, wenn sie über den Statuswechsel rechtzeitig vor Beginn der beabsichtigten Arbeitskampfmaßnahme unterrichtet wurde."; zur Trennung von o.T. und m.T. Mitgliedschaft BAG v. 22.4.2009 - 4 AZR 111/08 - „Ausschluß von OT Mitgliedern von Entscheidungen in Tarifangelegenheiten" mit Anmerkung von Melot de Beauregard in AP § 3 TVG; BAG v. 4.8.1993 - 4 AZR 499/92 - NZA 1994, 34 „Tarifbindung nach Verbandsaustritt"; BAG v. 18.7.2006 - 1 ABR 36/05 - BeckRS 2006, 43872 „Tarifzuständigkeit und o.T. Mitgliedschaft" mit Anmerkung von Katrin Haußmann; BAG v. 22.4.2009 - 4 AZR 111/08 - Voraussetzungen für eine Mitgliedschaft ohne Tarifbindung im Arbeitgeberverband; BAG v. 26. 8.2009 - 4 AZR 285/08 - NZA 2010, 230 „Blitzwechsel in eine Gastmitgliedschaft ohne Tarifbindung", „OT Mitgliedschaft setzt wirksame Satzung voraus"; Wilhelm/Dannhorn, „Die »OT-Mitgliedschaft« - neue Tore für die Tarifflucht?", NZA 2006, 466; Plander, „Tarifflucht durch kurzfristig vereinbarten Verbandsaustritt?", NZA 2005, 897.

2. Betriebsverfassungsrechtliche Ebene

Die kollektive betriebsverfassungsrechtliche Ebene betrifft die Mitbestimmung. Die Rechtsprechung überlässt die Beschäftigten nicht dem sich aus dem Gesetz ergebenden Schicksal, dass der Arbeitgeber einfach den Arbeitgeberverband verlässt und meint, er sei die Sorgen dynamischer Tarifverträge los. Vielmehr hat die Rechtsprechung gleichsam übergesetzlich neue Schutzwälle für Betriebsräte und Arbeitnehmer insbesondere zu den Vergütungskomplexen aufgebaut. Arbeitgeber des öffentlichen Dienstes und ihnen nahestehende Arbeitgeber standen plötzlich vor dem Schutzwall, mit dem die Rechtsprechung des ersten und siebenten Senates des BAG eine neue Rechtsinstitution im Betriebsverfassungsrecht mit Auswirkung auf eine gewollte Beschränkung arbeitsvertraglicher Gestaltungsmöglichkeiten kreiert hat. Es garantiert die betriebsverfassungsrechtliche Fortgeltung einer ehemals tariflichen Vergütungsordnung für alle Beschäftigten und trägt mittlerweile den Namen „betrieblich-kollektive Übung". Diese Übung im Kollektivrecht erlaubt dem Arbeitgeber nicht, nach Ablauf eines Tarifvertrages im Zeitraum von dessen Nachwirkung ohne Zustimmung des Betriebsrates oder der Personalvertretung durch einzelvertragliche Vereinbarungen von der bisherigen Übung der „gelebten" Vergütungsstruktur abzuweichen.

Hat der Arbeitgeber den Betriebsrat nicht um Zustimmung gebeten, so hat er nach der Rechtsprechung des BAG die Mitbestimmung nach § 87 Abs. 1 Nr.10 BetrVG bei der Gestaltung oder Veränderung von Entgeltstrukturen missachtet. Abweichungen, die ein Arbeitgeber in der Nachwirkung eines Tarifvertrags (§ 4 Abs. 45 TVG) mit den Beschäftigten oder neu einzustellenden Mitarbeitern vereinbart, gelten als rechtswidrig. Der Betriebsrat kann den Arbeitgeber mit Erfolg auf Unterlassung in Anspruch nehmen. Die Folge rechtswidrigen Handelns oder Unterlassens des Arbeitgebers, der die Rechtsprechung nicht kennt und sich auf die Freiheit vertraglicher Abmachungen nach § 4 Abs. 5 TVG verlässt, kann für den Arbeitgeber eine teure Angelegenheit werden. Der einzelne Beschäftigte, mit dem die Abweichung vereinbart ist, hat das einklagbare Recht, die für ihn jeweils günstigeren Arbeitsbedingungen aus der (nach Auffassung des BAG) als „Betriebsvereinbarung fortgeltenden tariflichen Vergütungsordnung" aus den jeweiligen Verträgen herauszusuchen (Rosinentheorie).

Rechtsgrundlage dieses im Betriebsverfassungsgesetzes nicht zu findenden kuriosen Rechtsinstitutes „betrieblich-kollektive Übung"[5] ist nach Darstellung des BAG nicht etwa eine Metamorphose des Tarifvertrags in eine

---

[5] vgl. in dieser Schrift Reichold: „Die betrieblich-kollektive Übung: ein neues übergesetzliches Rechtsinstitut im Betriebsverfassungsrecht", Kap. VIII in Lehmann: „Deutsche und europäische Tariflandschaft im Wandel"; Jacobs: „Entgeltmitbestimmung beim nicht (mehr) tarifgebundenen Arbeitgeber" in FS Säcker, S. 200 f.; Caspers „Teilnachwirkung des Tarifvertrags durch § 87 Abs. 1 Nr. 10 BetrVG - zur Ablösung tariflicher Vergütungssysteme" in FS Löwisch (Herg) Rieble; Lehmann: „Richterrecht: Perpetuierung gekündigter tariflicher bzw. betrieblicher Vergütungsordnungen", ZTR 2011, S. 523 f.

Betriebsvereinbarung nach dem Modell des Beamens (Stichwort: Raumschiff Enterprise, Kapitän Kirk), sondern eine „betrieblich-kollektive Übung" gemäß dem das Betriebsverfassungsgesetz ergänzenden Richterrechts. Die kollektive Übung soll darin bestehen, dass der Arbeitgeber in der Zeit der Geltung des Tarifvertrags die tarifliche Entgelteordnung im Betrieb angewandt hat.

Das BAG schreibt somit indirekt dem Arbeitgeber in das Stammbuch, dass er jegliche Tarifflucht besser unterlässt, wenn er nicht mit dem Schiff „Betrieb" auf einen kaum sichtbaren und ihm nicht bekannten Eisberg auflaufen will.

Diese Rechtsprechung ist ein Segen für die Tarifvertragsparteien und ein Unglück für den Arbeitgeber, der versucht, sich einem Tarifvertrag zu entziehen, der schon längst nicht mehr für ihn gilt und doch wieder gilt, allerdings nicht als Tarifvertrag, sondern als eine „fortgeltende Betriebsvereinbarung".

Ein Betriebsrat, der die tarifliche Entgelteordnung - aus welchen Gründen auch immer - favorisiert, wird wohl kaum einer Abweichung von einer „Betriebsvereinbarung" zustimmen. Er wird sich freuen, dass eine derartige „Betriebsvereinbarung" seinem Talent zugesprochen wird, obgleich er diese mit dem Arbeitgeber nicht vereinbart und unterzeichnet hat.

Der Arbeitgeber muss die Einigungsstelle nach § 76 BetrVG anrufen, wenn er dieses Konstrukt trotz der Verweigerung der Zustimmung des Betriebsrates durchsetzen will.

Wenn ein Arbeitgeber trotz Kenntnis der Rechtsprechung über die Zementierung einer nicht mehr für ihn und die Beschäftigten geltenden tariflichen Entgelteordnung dem Gedanken einer Tarifflucht durch den Austritt aus dem tarifvertragsschließenden Arbeitgeberverband oder durch den Wechsel von der Mitgliedschaft m.T. in eine Mitgliedschaft o.T. nahe steht, dann ist er sehr, sehr mutig!

Soweit die kollektive Seite der Medaille.

3.   Individualrechtliche Ebene

Hier tun sich in der Regel die größten Schwierigkeiten auf. Die individualrechtliche Wirkung des Austritts aus einem Arbeitgeberverband oder des Wechsels von der m.T. Mitgliedschaft in eine o.T. Mitgliedschaft ist strikt von der kollektivrechtlichen Wirkung zu unterscheiden Dies wird in der Praxis nicht selten übersehen. Das Urteil eines Arbeitsgerichtes kann im Einzelfall, vor allem aber bei Präzedenzfällen hohe Kosten beim Arbeitgeber und viel Glück beim Arbeitnehmer auslösen.

Die individualrechtliche Seite der Medaille betrifft die in der Regel im Arbeitsvertrag enthaltene Zusage des Arbeitgebers an den Beschäftigten, - sei er tarifgebunden oder nicht, - dass der Arbeitgeber einen bestimmten oder den jeweils im Unternehmen oder Betrieb geltenden Tarifvertrag anwendet. Ist nun der Arbeitgeber aus dem Tarifvertrag geflohen, so wird es nach dem Wechsel der Rechtsprechung über die Wirkung von Bezugnahmeklauseln in der Regel dazu kommen, dass der Arbeitgeber arbeitsvertraglich bis zum Ausscheiden des Mitarbeiters aus dem Arbeitsverhältnis an den bisher angewandten Tarifvertrag mit dessen dynamischer Fortentwicklung gebunden bleibt.

Diese nicht gewollte Folge kann sich zum Unglück des Arbeitgebers und zum Glück dess Beschäftigten steigern, falls der Arbeitgeber durch eine Gewerkschaft zum Abschluss eines Haustarifvertrags gezwungen wird oder gar der Arbeitgeber freiwillig einem anderen tarifvertragsschließenden Arbeitgeberverband mit anderen Tarifverträgen beitritt. Denn dann hat ein bei ihm Beschäftigter das große Glück, sich aus den jeweils mehreren für ihn geltenden Tarifverträgen die jeweils für ihn geltenden günstigeren Arbeitsbedingungen aussuchen zu dürfen. Dann gilt der „alte" Tarifvertrag kraft arbeitsvertraglicher Bezugnahme individualrechtlich und der „neue" Tarifvertrag kraft Tarifbindung kollektivrechtlich.

Noch schwerer durchschaubar kann die Situation bei Tarifpluralität, konkret bei dem „muss" zur Anwendung sich überschneidender Geltungsbereiche von Tarifverträgen werden.[6]

4. Hürdenlauf

Der Unternehmer wird auch nicht leicht auf die Alternative eines betrieblichen Bündnisses für Arbeit ausweichen können. Hierzu bedarf es der Beherrschung des Drehwürfel-Tricks (Zauberwürfels des Arbeitsrechts) im deutschen Arbeitsrecht.[7]

4.1.

War der Arbeitgeber tarifgebunden und befindet er sich nach dem Austritt aus dem Arbeitgeberverband oder dem Wechsel in die o.T. Mitgliedschaft in der Nachbindung an den Tarifvertrag (§ 3 Abs. 3 TVG), so ist es ihm verwehrt, in der Zeit der Nachbindung an den Tarifvertrag (§ 3 Abs. 3 TVG) mit den Mitarbeitern abweichende einzelvertragliche Vereinbarungen zu Ungunsten der Mitarbeiter (z.B. über die Abschaffung des Weihnachtsgeldes oder die Absenkung von Zuschlägen oder die Verlängerung der Arbeitszeit) zu vereinbaren. Die Vergütungsstruktur, die ihm wichtig sein wird, darf er ohnehin nicht ohne Mitbestimmung des Betriebsrates verändern, weder mit den organisierten noch den nicht organisierten, nicht tarifgebundenen

---

[6] vgl. in dieser Schrift Schmidt, „Entgeltfindung im tarifpluralen Betrieb", Kapitel III.
[7] vgl. Lehmann: „Betriebliches Bündnis für Arbeit, BB 2010, S. 2821

Beschäftigten. Eine Betriebsvereinbarung wäre wegen der Sperrwirkung des Tarifvertrags im Zeitraum der Nachbindung ohnehin unwirksam (§ 77 Abs. 3 BetrVG).

4.2.

Die grundsätzliche Möglichkeit, die tarifliche Vergütungsordnung in einem tarifgebundenen Betrieb für nicht tarifgebundene Mitarbeiter auszublenden, scheitert im mitbestimmten Betrieb, wenn der Betriebsrat nicht der einzelvertraglichen Abweichung zustimmt[8].

Im sich daran anschließenden Zeitraum der Nachwirkung darf der ehemals tarifgebundene Arbeitgeber weder mit den vormals tarifgebundenen noch mit den nicht tarifgebundenen Arbeitnehmern des Betriebs Abweichungen vom zurückgelassenen Tarifvertrag vereinbaren, soweit es sich um die ehemalige tarifliche Entgeltordnung handelt. Er darf derartige Abweichungen von der Entgeltordnung (Struktur) nur mit Zustimmung des Betriebsrates mit den Mitarbeitern im Nachwirkungszeitraum vereinbaren. Die gesetzliche Regelung § 4 Abs. 5 TVG (Nachwirkung), die abweichende Vereinbarungen im Zeitraum der Nachwirkung erlaubt, existiert in diesem Fall nicht mehr.[9]

4.3.

Ein Bündnis mit dem Betriebsrat in Form einer Betriebsvereinbarung wäre wegen der Sperrwirkung des Tarifvertrages, zumindest aber wegen der Tarifüblichkeit nach § 77 Abs. 3 BetrVG (Garantie der Tarifautonomie durch die Betriebsverfassung) unwirksam. Gegen die Sperrwirkung verstößt jedoch nicht eine Betriebsvereinbarung über die Vergütungsstruktur und die Verteilung der Arbeitszeit.

Fazit: Wenn ein Unternehmer vor dem Scheideweg steht, ob er aus dem tarifschließenden Arbeitgeberverband austritt oder unter dessen Dach die Tarifbindung beendet und in die in der Satzung vorgesehenen Mitgliedschaft ohne Tarifbindung wechselt, wird er sich zwischen Xylla und Charybdis entscheiden müssen. Der Weg ist dornig.

---

[8]BAG v. 18.10.2011 - 1 ABR 25/10 - NZA 2012, 392

[9]Reichold: „Die betrieblich-kollektive Übung: ein neues übergesetzliches Rechtsinstitut im Betriebsverfassungrecht?", Kapitel VIII in dieser Schrift mit starker Kritik an der Rechtsprechung des 1. und 7. Senates des BAG; ebenso kritisch zur Rechtsfolge beim Betriebsübergang Müller-Bonanni/Mehrens: „Ablösung der tariflichen Vergütungsordnung nach Betriebsübergang bei einen nicht tarifgebundenen Erwerber", NZA 2012, 1199 ff.; kritisch auch unter Hinweis auf die Kette der im letzten Jahrzehnt ständig erweiterten Rechtsprechung Lehmann: „Richterrecht: Perpetuierung gekündigter tariflicher bzw. betrieblicher Vergütungsordnungen", ZTR 2011, 523 ff.; gegen die Kritik wendet sich Kreft: „Mitbestimmung bei Entlohnungsgrundsätzen", FS Bepler, S. 317 ff.

Aber der Unternehmer sollte rechtzeitig die Vorteile der Mitgliedschaft in einem tarifvertragsschließenden Arbeitgeberverband in die Waagschale der Entscheidungsfindung werfen.

IV. Vorteile einer Mitgliedschaft mit Tarifbindung m.T.

Aus einer Vielfalt von Vorteilen seien beispielhaft einige herausgegriffen:

- Schutzdach der Gemeinschaft gegenüber dem sozialen Gegenspieler

- Ordnung und Transparenz der Arbeitsbedingungen

- Entlastung des Arbeitgebers durch die Delegation der Verhandlungsführung an den Arbeitgeberband

- Mitwirkung im Vorstand, in der Mitgliederversammlung oder Verhandlungskommission bei internen Beschlüssen über materielle Angebote an die Gewerkschaft, über Tarifabschlüsse, die Tarif- und Verbandspolitik sowie über Maßnahmen zur Abwehr von Arbeitskämpfen,

- Mitarbeit bei der Koordinierung der sozialpolitischen Interessen der Mitglieder im Rahmen des Tarifgeschehens

- Einfluss des Mitglieds auf Kosten der Tarifverträge und des Verbandes

- Entlastung des Mitglieds von eigenen Verhandlungen mit einer Gewerkschaft, einem Betriebsrat oder Gesamtbetriebsrat über wesentliche Arbeitsbedingungen wie die Dauer der Arbeitszeit oder die Vergütungsordnung durch Delegation der Verhandlungen an den Arbeitgeberband

- Verweisung materieller Forderungen des Betriebsrat oder Gesamtbetriebsrates an die zuständige tarifvertragsschließende Organisation (Gewerkschaft)

- die äußere sowie innere Ruhe der Beschäftigten

- Ausgleich der unterschiedlichen Interessenpolaritäten der Tarifvertragsparteien;

- Kartellwirkung des Arbeitgeberverbands gegen wechselseitiges, den Marktpreis der Produkte und Dienstleistungen beeinflussendes „Lohndumping" oder Überbieten in großzügigen Arbeitsbedingungen im Kampf um die Köpfe

Die Vorteile der Tarifbindung spiegeln sich in den etwa 67.000 in Deutschland abgeschlossenen Tarifverträgen wider.[10] Davon sind derzeit 495 Tarifverträge allgemeinverbindlich.

V. Auf noch ein Wort

Nachteile mangelnder Flexibilität von Tarifnormen oder nicht passender Tarifnormen können von den Tarifvertragsparteien jederzeit - auch während der Laufdauer eines Flächentarifvertrages - durch Öffnungsklauseln oder unternehmensspezifisch zugeschnittene Tarifmodule[11] aufgefangen werden, beispielsweise in den Regelungen über Arbeitszeit oder Vergütung.

1. Obgleich es nicht jedem Unternehmen gelingt, der ständig und schnell sich entwickelnden Gesetzgebung und der Rechtsprechung des Bundesarbeitsgerichts in der Komplexität des Arbeits- und Richterrechts zu folgen, sollte die Erkenntnis des Nutzens eines Tarifvertrags oder Tarifwerks nicht wegen eines vielleicht kurzfristigen Vorteils des einzelnen Unternehmens aus dem Blickfeld geraten.

2. Die Besinnung auf die Unterstützung durch die Solidargemeinschaft wird eher die Kosten mittel- und langfristig senken, als der Alleingang, der kurzfristig vielleicht sogar einen vermeintlichen Erfolg bringt.

Der hoch geachtete Wissenschaftler Professor Heinze, seinerzeit Rektor der Universität zu Bonn, hat in Beratungen vor „Schnellschüssen" gewarnt. Er wusste aus der Beratung von Unternehmen, dass nach XY Jahren die Fehler der Vergangenheit, die der Arbeitgeber vormals als Vorteile bewertet hat, als U-Boote wieder auftauchen. Dann kann der Krieg erst losgehen. Er kann im Unternehmen immense Kosten verursachen.

Diese Warnung bewahrheitet sich leider wiederholt in der deutschen Arbeitsrechts- und Tariflandschaft. Wenn der Arbeitgeber wegen der Unübersichtlichkeit und Undurchdringlichkeit des Arbeitsrechts bestimmte durch Richterrecht entwickelte Grundsätze nicht erkannt hat oder nicht erkennen konnte, dann können nach dem Urteil in einem Grundsatzprozess

---

[10]Nach § 5 TVG kann ein Tarifvertrag im Einvernehmen mit den Spitzenorganisationen der Arbeitgeber und der Arbeitnehmer vom Bundesministerium für Arbeit und Soziales für allgemeinverbindlich erklärt werden, er gilt dann für tarifgebundene und nicht tarifgebundene Arbeitgeber und Arbeitnehmer im räumlichen, fachlichen und persönlichen Geltungsbereich des Tarifvertrags. Gemäß § 6 TVG wird beim Bundesminister für Arbeit und Soziales ein Tarifregister geführt, in das der Abschluss, die Änderung und die Aufhebung der Tarifverträge sowie der Beginn und die Beendigung der Allgemeinverbindlichkeit eingetragen werden. Die Mitteilungs- und Übersendungspflicht regelt § 7 TVG.

[11]vgl. Lehmann: „Abweichung der Tarifvertragsparteien vom Flächentarifvertrag durch Öffnungsklauseln und Tarifmodule", S. 27 f. in BetriebsBerater Special Heft 4/2008

nicht unerhebliche Kosten aus Nachforderungen entstehen. Dem für die Arbeitnehmerseite günstigen Ergebnis eines Pilotprozesses folgen in der Regel weitere Mitarbeiter.

3. Die Folge der Zementierung der vom Arbeitgeber verlassenen Tarifnormen in der Nachbindung sowie die Betonierung von nachwirkenden ehemaligen Tarifnormen im Betrieb als „betrieblich-kollektive Übung" kann statt der angestrebten Vorteile dem Arbeitgeber überwiegend Nachteile bringen. Abgesehen von kostenverursachenden möglichen Fehlern aus rechtswidrigen Vereinbarungen, die der Arbeitgeber mit allem guten Willen zunächst nicht erkennt, verlässt er eine Solidargemeinschaft von Arbeitgebern durch den Austritt oder durch den Wechsel in die Mitgliedschaft ohne Tarifbindung. Hierbei verliert er jede Einflussmöglichkeit auf die zukünftige Gestaltung der Tarifnormen, in deren Sog er ohnehin außerhalb des Kartells gerät.

Als Gesamtergebnis meiner Hinweise darf nach Durchdringen des dichten Gestrüpps, in das ich mit der Machete einen schmalen Weg zu hauen versucht habe, im Gedächtnis bleiben:

VI. Fazit

Lassen Sie mich meine Meinung so zusammenfassen:

1. Gesetz und Rechtsprechung wollen offensichtlich der Tarifflucht vorbeugen. Zumindest lässt die Analyse der Rechtsprechung darauf schließen.

2. Der Arbeitnehmer gilt gegenüber dem Arbeitgeber als der in der Regel Unterlegene. Die Rechtsprechung will dies offenbar durch Instrumente ausgleichen, wie beispielsweise „betrieblich-kollektive Übung".

3. Wenn der Arbeitgeber die Tarifbindung verlässt und in einzelvertraglicher Form vom Tarifvertrag abweichende Vereinbarungen mit neu eingestellten Beschäftigten in der Nachwirkung des Tarifvertrages treffen will, so kann der Arbeitgeber zum Unterlegenen werden. Er benötigt die Zustimmung des Betriebsrates. Denn ohne die Zustimmung handelt er rechtswidrig, weil er von einer „betrieblich-kollektiven Übung" (Betriebsvereinbarung) abweicht - so zumindest die Rechtsprechung des BAG.

Kapitel X.

Tariftreue – Neue Landesvergabegesetze und Tariftreueregelungen in Deutschland sowie europäische Perspektiven

Die Renaissance der Tariftreue – Welche Entwicklungen gibt es, wohin steuern wir?

Matthias **Rohrmann**

Rechtsanwalt, Arbeitgeber- und Wirtschaftsverband MoVe e. V. (Agv MoVe), Berlin, Frankfurt am Main

Von den Ursprüngen bis heute und was jetzt für die Praxis relevant ist! - Schwerpunkt: Besonderheiten des öffentlichen Personennahverkehrs (ÖPNV)

I. Einleitung

Das Thema „Tariftreue" hat in den letzten rund 10 Jahren eine erstaunliche, sehr wechselhafte Entwicklung genommen. Nur wenige andere Themen im kollektiven Arbeitsrecht haben eine solche politische und rechtliche Berg- und Talfahrt erlebt. Allein wenn man einige Titel der Aufsätze in der Arbeitsrechtsliteratur Revue passieren lässt, werden die kontroversen Diskussionen zu dem Thema und die sich immer wieder ändernde Ausgangslage deutlich. So wurde zu den Anfängen[1] - ab dem Jahr 2000 - sowohl positiv mit „Europäische Dienstleistungsfreiheit und nationaler Arbeitnehmerschutz"[2] sowie kritisch mit „Tariflohn kraft staatlicher Anordnung?"[3] von der rechtswissenschaftlichen Literatur im Zusammenhang mit der Tariftreue getitelt. Nach „Tariftreue statt Sozialkostenwettbewerb?"[4] folgte dann jedoch „Tariftreue vor dem Aus"[5]. Letzteres war dann auch das nach der sog. „Rüffert-Entscheidung" des Europäischen Gerichtshofs (EuGH)[6] im April 2008 das einige Jahre vorherrschende Bild. Inzwischen hat sich aber eine zunehmende Dynamik entfaltet, die neue Gesetze hervorbringt und die vielseitigen Auswirkungen auf die Praxis mit sich bringt. Es ist daher durchaus be-

---

[1] „Anfänge" bezieht sich auf die Zeit um das Jahr 2000, vor allem mit dem Gesetzgebungsverfahren zu einem Bundestariftreuegesetz. Zuvor gab es einige erste Regelungen auf Landesebene (Berlin, Bayern, Saarland, Sachsen-Anhalt). Die Zahl der Veröffentlichungen zu dem Thema „Tariftreue" erhöht sich mit der Vorlage des Bundestariftreuegesetzes Anfang 2000 schlagartig. Davor findet man den Begriff nur in wenigen vereinzelten Fundstellen gemäß einer Recherche des Autors bei beck-online am 09.10.2012.

[2] Prof. Dr. Dr. hc. Horst Konzen in NZA, 2002, S. 781 f.

[3] Simone Kreilling in NZA 2001, S. 1118 f.

[4] Prof. Däubler in ZIP 2000, S. 681 f.

[5] Prof. Frank Bayreuther, „Tariftreue vor dem Aus - Konsequenzen der Rüffert-Entscheidung des EuGH für die Tariflandschaft" in NZA 2008, S. 626 f.

[6] „Rüffert-Entscheidung" = Urteil des EuGH vom 3. April 2008, Rechtssache C-346/06, Dirk Rüffert gegen Land Niedersachsen; in der Entscheidung hat der EuGH hat Niedersächsische Vergabegesetz für europarechtswidrig befunden, was zu dessen Außerkraftsetzung geführt hat.

rechtigt, aktuell von einer „Renaissance"[7] der Tariftreue, einer Wiederkehr oder Wiederaufblühens des bereits erledigt geglaubten Themas zu sprechen. Heute gibt es faktisch in 10 deutschen Bundesländern - wieder oder neu - die Anwendung von Tariftreueregelungen auf gesetzlicher Grundlage. Am Ende des Jahres 2012, spätestens zu Beginn 2013 werden es voraussichtlich 13 Bundesländer mit entsprechenden angewendeten Landesvergabegesetzen sein[8]. Diesen sowie den sich aktuell im Gesetzgebungsverfahren befindlichen Tariftreuegesetzen und ihren Besonderheiten widmet sich dieser Beitrag mit dem Schwerpunkt auf dem Sektor des öffentlichen Personennahverkehrs (ÖPNV)[9]. Er versucht - außerhalb der rechtsdogmatischen Diskussion[10] - den Verlauf der Tariftreuegesetzgebung in Deutschland darzustellen und daraus resultierende Entwicklungslinien aufzuzeigen. Praktikern möchte er zum besseren Verständnis der Tariftreue die rechtlichen und politischen Grundlagen dieser vermittelt und eine Orientierung zu den Besonderheiten der existierenden sowie zu erwartenden landesgesetzlichen Tariftreuebestimmungen geben.

II. Was bedeutet „Tariftreue"?

Die Idee der Tariftreue ist es, bei der Vergabe öffentlicher Aufträge die Auftragnehmer zu verpflichten, im Bereich der Arbeitsbedingungen für die im Rahmen der Auftragserfüllung eingesetzten Arbeitnehmer bestimmte soziale Mindeststandards einzuhalten. Die konkrete Basis für diese Mindeststandards ist dabei abhängig von den im Zuge der Auftragserfüllung auszuübenden Tätigkeiten und der Branche, in der diese angesiedelt sind. Konkret: Umfasst der öffentliche Auftrag die Erbringung von Verkehrsleistungen im SPNV[11], sind die damit verbundenen Tätigkeiten (Lokführer, Zugbegleiter, Disponenten, ...) in der SPNV-Branche umfasst. Diese Mindeststandards

---

[7]Renaissance = franz. „Wiedergeburt"; klassischerweise als Epochenbegriff für die Wiedererweckung des klassischen Altertums bis Mitte des 16. Jhdts. sowie den kulturellen Zustand der Übergangszeit vom Mittelalter zu Neuzeit bezeichnend; seitdem gebräuchlich für andere geistige und kulturelle Bewegungen, die bewusst an ältere Traditionen anknüpfen (Quelle: Brockhaus)

[8]Welche Bundesländer hierzu gehören zeigt die Übersicht Nr. 1. am Schluss des Textes

[9]Der Autor wiederholt bewusst nicht die in viele Richtungen gehende grundsätzliche rechtliche Auseinandersetzung mit der Tariftreue, sondern konzentriert sich auf die Besonderheiten der existierenden und zu erwartenden landesgesetzlichen Regelungen für die Praxis. Hinsichtlich der rechtlichen Diskussion findet sich die ausführlichste Darstellung und Übersicht im Kommentar zum TVG von Wiedemann, 7. Auflage 2007, Anhang 2 zu § 5 (Thüsing), die allerdings nicht aktuell ist.

[10]Zur Information über die rechtliche Diskussion können allgemein empfohlen werden die Publikation „kompakt" und „argumente" der Bundesvereinigung Deutscher Arbeitgeberverbände (BDA), auch online unter www.bda-online.de, sowie die Publikationen des Wirtschafts- und Sozialwissenschaftlichen Instituts (WSI), ebenfalls online unter www.tariftreue.de.

[11]SPNV = Schienenpersonennahverkehr (z.B. Regionalbahnen oder S-Bahnen)

sind an einen oder mehrere Tarifverträge gebunden, deren Inhalt den Standard, vor allem hinsichtlich des zu zahlenden Entgelts und - zumeist auch - der Arbeitszeit, vorgibt. Der Auftragnehmer, der sich um die Vergabe eines öffentlichen Auftrags bewirbt, für den eine solche Vorgabe von tarifvertraglich definierten Mindeststandards gilt, muss sich also „tariftreu" verhalten. Andernfalls drohen ihm finanzielle Sanktionen oder der Ausschluss vom laufenden oder künftigen Vergabeverfahren. Entgegen eines in der Praxis oft vorhandenen Irrtums, wird dabei jedoch nicht verlangt, das der Auftragnehmer, das Unternehmen als Arbeitgeber, diese Tarifverträge ebenfalls übernehmen muss. Dies wäre schon aufgrund der grundgesetzlich geschützten Tarifautonomie gar nicht zulässig. Es wird durch die Bezugnahme auf einen oder mehrere Tarifverträge vom Landesgesetzgeber oder - in der Praxis meistens der Fall - der ausschreibenden Behörde bzw. dem Zweckverband, ein Mindestniveau definiert, das rechtlich verbindlich und überprüfbar einzuhalten ist. Auf welchem Weg der Auftragnehmer die Einhaltung des Niveaus sicherstellt, ist ihm selbst überlassen. Um ihn rechtlich an die Tariftreue zu binden, wird von ihm bei der Angebotsabgabe die Vorlage einer Tariftreuerklärung verlangt. In dieser verpflichtet sich der Auftragnehmer in seiner Eigenschaft als Arbeitgeber, die Tariftreuevorgaben (die sich aus dem Ausschreibungstext ergeben müssen) einzuhalten. Schon jetzt sei für den Praktiker jedoch darauf hingewiesen, dass die exakten Bedingungen der Tariftreue aufgrund der verschiedenen landesgesetzlichen Regelungen von Bundesland zu Bundesland differieren.

III.   Welches Ziel verfolgt „Tariftreue"?

Unbestritten stützt jedoch die Bindung der verlangten Tariftreueerklärung an einen oder mehrer Tarifverträge die entsprechenden in Bezug genommenen kollektivrechtlichen Vereinbarungen. Das ist auch ein wesentliches Ziel der Tariftreuegesetzgebung, welches von Anfang an große Bedeutung hatte: Die Förderung und Stabilisierung des Tarifvertragssystems in Deutschland. Ohne entsprechende Vorgaben würde nach Ansicht der Befürworter von Tariftreueregelungen die Gefahr bestehen, dass die öffentliche Hand durch ihre Aufträge selbst zu einem weiteren Rückgang des Tarifvertragssystems beiträgt[12]. Bei Annahme ausschließlich des finanziell günstigsten Angebots, könnten nicht-tarifgebundene Unternehmen einseitig bevorzugt werden[13].

---

[12]Vgl. hierzu auch: Thorsten Schulten und Michael Pawicki, „Tariftreueregelungen in Deutschland - Ein aktueller Überblick", in: WSI-Mitteilungen Nr. 4/2008, S. 184

[13]Der Verband Deutscher Verkehrsunternehmen (VDV) hat in verschiedenen Stellungnahmen seiner Landesgruppen und in einem einstimmigen Votum seines Personalausschusses in 2012 zur Tariftreue ebenfalls festgestellt und erklärt, dass das Bekenntnis zur Tariftreue von Unternehmerseite her die Übernahme sozialer Verantwortung und eine Unterstützung bei der Stabilisierung der sozialen Sicherungssysteme bedeutet. Vergleiche hierzu z.B. die Stellungnahme der VDV Landesgruppen Baden-Württemberg vom 13.08.2012 zum geplanten Tariftreuegesetz Baden-Württemberg (www.vdv.de).

Weiterhin würde der öffentliche Auftraggeber bei einer ausschließlich am Preis orientierten Vergabe einen einseitigen Wettbewerb über Lohnkosten fördern[14]. Dieser Aspekt, der Verhinderung von Lohndumping, hat in den letzten Jahren als Ziel vermehrt an Bedeutung gewonnen. Viele Landesgesetzgeber sehen deshalb einen akuten Handlungsbedarf im Bereich der Vergabe öffentlicher Aufträge: „So besteht angesichts der weiterhin zunehmenden Liberalisierungstendenzen auf europäischer Ebene und des verstärkten Einsatzes von Niedriglöhnern aus anderen EU-Staaten, Regelungsbedarf"[15]. Die öffentliche Hand als wirtschaftlich maßgeblicher Auftraggeber in Deutschland, sieht sich in einer politischen Verantwortung, im Rahmen ihres wirtschaftlichen Handelns bestimmte politische und soziale Grundsätze einzuhalten. Dennoch sind unter ökonomischen Aspekten und der Verantwortung im Umgang mit Finanz- und Steuermitteln die Behörden verpflichtet, das günstigste Angebot bei einer öffentlichen Vergabe herauszufinden. Dazu gehören aber auch Punkte wie Qualität, Leistungsfähig- und Zuverlässigkeit des potentiellen Auftragnehmers. Dies ist sicherlich das Spannungsfeld, zwischen Tarifautonomie und dem verantwortlichen Umgang mit den öffentlichen Finanzen einerseits, sowie dem für eine funktionierende Arbeits- und Sozialordnung der Bundesrepublik Deutschland elementaren Tarifvertragssystem sowie sozialpolitischen Aspekten andererseits. In diesem Spannungsfeld bewegt sich das Thema Tariftreue mit seinen unterschiedlichen Zielstellungen, weshalb es immer wieder auch zu den sehr kontroversen Diskussionen kommt. Davon ist auch die bisherige Entwicklung der Tariftreue in Deutschland geprägt.

IV. Eine kurze Geschichte der Tariftreue

Bevor die aktuellen Regelungen betrachtet werden, ist es zu deren Verständnis unerlässlich, zumindest einen Blick auf die Entwicklung der Tariftreuregelungen in Deutschland zu werfen. Die Landesgesetzgeber, welche sich zur Verabschiedung von Tariftreuegesetzen neuer Machart entschieden haben, ziehen sichtbar Konsequenzen aus dieser Entwicklung und haben aus den Erfahrungen und Gerichtsurteilen der vergangenen Jahre gelernt.

---

[14] Dieser Aspekt hat inzwischen auch auf Arbeitgeberseite Einfluss gewonnen. Beispielhaft sei in dem Zusammenhang auf das „Positionspapier zur Tariftreuegesetzgebung" vom 19.09.2011 des Arbeitgeber- und Wirtschaftsverbandes MoVe (Agv MoVe) hingewiesen, welches auf www.agv-move.de abgerufen werden kann.

[15] Zitat aus dem Gesetzentwurf der CDU- und SPD-Landtagsfraktionen des saarländischen Landtags für ein saarländisches Tariftreuegesetz (DS 15/96) vom 23.08.2012.

1. Die Ursprünge Ende der 90ger Jahre und Anfang 2000 - ein Bundestariftreuegesetz?

Was also ist bislang passiert? Ende der 90ger Jahre gab es einige wenige erste Gesetze auf Landesebene[16], deren Regelungen sich fast ausschließlich auf Bauleistungen bezogen. Der Baubereich war somit die ursprüngliche Branche, auf die Tariftreue abzielte. Anlass war die Krise der Bauwirtschaft in den 90ger Jahren und der damit einhergehende Druck auf die Beschäftigung und deren Bedingungen. Der inhaltliche Ursprung ist eine Erklärung dafür, weshalb die Tariftreuebestimmungen lange von den Gegebenheiten der Baubranche geprägt waren. Begonnen hat dann die maßgebliche Entwicklung mit dem Versuch, gestartet Anfang des Jahres 2000, auf Bundesebene ein Gesetz zur tariflichen Entlohnung bei öffentlichen Aufträgen zu verabschieden[17]. Das Bundestariftreuegesetz war ein Projekt der Bundesregierung zur Zeit der Koalition aus SPD und Bündnis90/Die Grünen. Der Versuch scheiterte jedoch im Jahre 2002 an dem Widerstand des Bundesrates, in dem damals die unionsgeführten Länder die Mehrheit hatten. Das ist auch deshalb bemerkenswert, weil das erste Tariftreuegesetz überhaupt vorher in Berlin unter einer großen Koalition von CDU und SPD verabschiedet wurde. Doch die Richtung innerhalb der CDU hatte sich zwischenzeitlich geändert, was seinen Ausdruck in der parallelen Aufhebung von Tariftreuegesetzen unter CDU geführten Landesregierungen fand[18]. Das 2002 am Bundesrat gescheiterte Gesetzgebungsverfahren war bislang der einzige ernstzunehmende Anlauf, auf Bundesebene, ein Tariftreuegesetz zu verabschieden. Als Konsequenz aus dem Scheitern des Bundestariftreuegesetzes haben anschließend - vornehmlich SPD geführte Landesregierungen - die Initiative ergriffen und auf Ebene verschiedener Bundesländer entsprechende Landestariftreuegesetze verabschiedet. So geschehen in Niedersachsen, Bremen und schließlich in Nordrhein-Westfalen[19] im Jahr 2003. Diese Gesetze konzentrierten sich noch auf Bauleistungen und - neu - den öffentlichen Personennahverkehrsbereich (ÖPNV[20]). Für beide Bereiche gab es einheitliche Grundregelungen, die aber aufgrund der Unterschiedlichkeit der beiden Branchen einige Probleme für die Praxis erzeugten. Diese mangelnde sachliche und rechtliche Trennung mag deshalb ein Grund für die praktischen Schwierigkeiten bei der Anwendung von Tariftreueregelungen gewe-

---

[16]Tariftreueregelungen gab es zuvor im Baubereich in Bayern, Saarland, Sachsen-Anhalt und Berlin.

[17]BT-Drucksache 14/7796 und BT-Drucksache 14/8285

[18]Aufhebung des Vergabegesetzes Sachsen-Anhalt (VergabeG LSA) vom 29.6.2001 zum 13.8.2002

[19]Gesetz zur tariflichen Entlohnung bei öffentlichen Aufträgen im Land Nordrhein-Westfalen (Tariftreuegesetz Nordrhein-Westfalen, TariftG NRW) vom 17. Dezember 2002

[20]ÖPNV = Öffentlicher Personennahverkehr (umfasst regionalen und städtischen Schienennahverkehr, also Regional- und S-Bahnen, sowie Straßenbahnen und Busverkehre)

sen sein. So wurde im Tariftreuegesetz für Nordrhein-Westfalen[21] (TariftG NRW) oder dem für Schleswig-Holstein[22] für die Einhaltung der Tariftreue auf die Zahlung gemäß dem „am Ort der Leistungsausführung einschlägigen Lohn- und Gehaltstarif" abgestellt. Dieser mag bei Bauleistungen durch die Baustelle als entsprechender Ort klar auszumachen sein. Im Hinblick auf die praktische Anwendung ist der Begriff des „Orts der Leistungsausführung" für den ÖPNV sehr problematisch. Dieser passte nicht für den flächenbezogenen Personennahverkehr mit Bus- oder Bahnlinien. Zu den Schwierigkeiten in der praktischen Anwendung kam dann 2006 die Übernahme der Landesregierung in NRW durch die CDU. Dies hat dann das TariftG NRW wieder aufgehoben[23], gestützt auch auf eine negative Evaluierung[24]. Eine Revision des Gesetzes war nicht gewollt.

2. Die verfassungsrechtliche Diskussion und der Beschluss des BVerfG (2006)

In der Zeit danach war das Thema Tariftreue vor allem durch die rechtliche Diskussion um die grundsätzliche Zulässigkeit solcher Regelungen geprägt. Eine ganze Reihe von Autoren ging davon aus, dass Tariftreuevorgaben nicht verfassungsgemäß seien[25]. Gerügt wurde vor allem ein Verstoß gegen die durch das Grundgesetz geschützte negative Koalitionsfreiheit, sich als Arbeitgeber also im Ergebnis bewusst nicht an einen Tarifvertrag zu binden. Dieses Damoklesschwert des Verstoßes gegen das Grundgesetz schwebte seit der Jahrtausendwende über jedem Tariftreuegesetz. Konkreter Anlass war ein Vorlagebeschluss des Bundesgerichtshofs (BGH) aus dem Jahr 2000[26]. In diesem hatte der BGH Bedenken gegen die Verfassungsmäßigkeit des Berliner Vergabegesetzes geäußert und das Verfahren gemäß Art. 100 GG dem Bundesverfassungsgericht (BVerfG) zur Entscheidung vorgelegt[27]. Die Diskussion fand ein vorläufiges Ende, als im Jahr 2006 das BVerfG entschied

---

[21] § 2 Abs. 1 TariftG NRW Siehe Fn. 18
[22] § 3 Tariftreuegesetz Schleswig-Holstein vom 07.03.2003
[23] Die Aufhebung des TariftG NRW erfolgte zum 21.11.2006
[24] Thorsten Schulten und Michael Pawicki haben in „Tariftreueregelungen in Deutschland" eine gelungene Zusammenfassung der Evaluierung vorgenommen (WSI Mitteilung 04/2008, Seite 188)
[25] Vgl. u.a. Thomas Lakies in Däubler, TVG, 3. Auflage, TVG Anhang 1 zu § 5 TVG, Rn. 26 f.; Thüsing in Löwisch/Rieble, TVG, 3. Auflage, § 5 TVG Rn. 267 f.; siehe auch Fn. 9
[26] BGH 18.1.2000 - KVR 23/98 - AP GWB § 20 Nr. 1 = NZA 2000, Seite 327
[27] Beleg für die durch die Vorlage durch den BGH ausgelöste Diskussion um die Verfassungsmäßigkeit sind unter anderem folgende Fundstellen: ZIP 2000, 426 m. Anm. Berrisch/Nehl; DB 2000, 465 m. Anm. Hopp; AuR 2000, 271 m. Anm. Schwab; vgl dazu auch Däubler, ZIP 2000, 681, 686 f.; Schwab, NZA 2001, 701, 705 f. Kreiling, NZA 2001, 1118, 1121 f.; Scholz, RdA 2001, 193 f.; Löwisch, DB 2001, 1090, 1091 f.; Seifert, ZfA 2001.1.15 f., Kempen in: FS Däubler, S. 503, 511 f.; Kempen in: Peter/Kempen/Zachert, TVG, S. 51 f.; Quelle: Däubler, TVG, aaO.

und das Berliner Vergabegesetz mit seiner Tariftreueregelung für verfassungsgemäß erklärte[28]. Mit diesem Grundsatzurteil des höchsten deutschen Gerichts ist die Verfassungskonformität der Tariftreue positiv geklärt worden.

Nach der Entscheidung des BVerfG trat die Tariftreuegesetzgebung in eine Phase ein: In einer ganzen Reihe von Bundesländern gab es neue Impulse oder Aktivitäten für Tariftreueregelungen, allerdings basierend auf der bisherigen Form. In Hessen wurde 2007 unter einer CDU geführten Landesregierung ein Hessisches Vergabegesetz[29] mit Geltung für den Baubereich, das Gebäudereinigerhandwerk und das Bewachungsgewerbe verabschiedet. Weitere Länder wollten folgen, wie Rheinland-Pfalz, oder begannen mit einer Revision der bestehenden Landesvergabegesetze. Berlin und Bremen beschließen, die bisherigen Geltungs- und Regelungsbereiche ihrer Gesetze, die sich im Kern auf den Baubereich und wenige Zusatzbranchen konzentrierten, deutlich auszudehnen.

3. Der „Rüffert-Schock" des EuGH und das vermeintliche Ende der Tariftreue (2008)

Die nächste Etappe in der Chronik der Tariftreue ist die sogenannte „Rüffert"-Entscheidung des Europäischen Gerichtshofs (EuGH)[30]. Auf dem Prüfstand war das damalige Niedersächsische Landesvergabegesetz, welches u.a. vorsah, dass Aufträge nur an solche Unternehmen vergeben werden dürfen, die sich schriftlich verpflichteten, ihren Arbeitnehmern mindestens das örtlich tarifvertraglich vorgesehene Entgelt zu zahlen. In der Entscheidung hat der EuGH das Niedersächsische Landesvergabegesetz[31], welches zu dem Zeitpunkt nur noch Tariftreue für den Baubereich enthielt, für europarechtswidrig erklärt. So paradox es für einen Praktiker auch klingen mag: In den Entscheidungsgründen des EuGH liegt der rechtliche Grundstein für die heutigen Tariftreueregelungen. Deshalb sollen die Gründe des EuGH hier in den Grundzügen erläutert werden: Die Tariftreuevorgaben für den Baubereich in dem niedersächsischen Landesvergabegesetz verstießen laut EuGH gegen die für den Bausektor anwendbare Dienstleistungsfreiheit[32], konkretisiert durch die europäische Entsende-Richtlinie (Richtlinie 96/71/EG). Der EuGH hat unter anderem darauf abgestellt, dass der Bau-Tarifvertrag, an

---

[28]BVerfG Beschluss vom 11.7.2006 - 1 BvL 4/00 - BVerfGE 116, 202; abgedruckt in NZA 2007, 42.

[29]Hessisches Vergabegesetz (HVgG) vom 17.12.2007

[30]EuGH vom 03.04.2008, Aktenzeichen C 346/06, NZA 2008, 537 f. oder im Internet unter der Rechtsprechungsseite des EuGH: http://curia.europa.eu/

[31]LVergabeG Niedersachsen vom 02.09.2002, revidiert am 9.12.2005 (ab da nur noch Tariftreue im Bereich von Baudienstleistungen, Streichung des zuvor ebenfalls enthaltenen ÖPNV)

[32]gem. Art. 56 des Vertrags über die Arbeitsweise der europäischen Union - kurz AEUV

den die Vergaberegelung in Niedersachsen angeknüpft hat, keinen Mindest-
lohnsatz enthalte. Weiterhin sei er nicht für allgemein verbindlich erklärt
worden. In der Anknüpfung an einen „einfachen" deutschen Tarifvertrag sah
er dadurch eine unzulässige Behinderung oder Benachteiligung ausländischer
Anbieter, deren Schutz die Dienstleistungsfreiheit gewähre. Eine solche Diskriminierung ausländische Anbieter wertete der EuGH als unzulässig, da
keine Gründe für eine Rechtfertigung vorlägen. Grund: Dadurch, dass die
Regelungen nur für die Vergabe öffentlicher Aufträge anwendbar waren, für
private aber nicht, kam auch kein Arbeitnehmerschutz in Frage. Die Rechtfertigung einer solchen Maßnahme durch das Ziel des Arbeitnehmerschutzes
bestehe nicht, weil kein Sonderschutzbedürfnis für jene Arbeitnehmer, die
im öffentlichen Bausektor arbeiteten, erkennbar sei. Der EuGH verweist mit
dem Urteil faktisch die EU-Mitgliedsstaaten darauf, dass mit einem für alle
Bereiche geltenden Mindestlohn oder eine allgemeinverbindlichen Mindest-
schutzstandard für eine gesamte Branche eine Tariftreueregelung Europa-
rechts konform wäre. Diese beiden Hinweise des EuGH werden im weiteren
Verlauf der Entwicklung der Tariftreue noch eine wichtige Rolle spielen.

Nach der Rüffert-Entscheidung des EuGH, die in der Rechtsliteratur bis
heute heftig umstritten ist[33], trat zunächst so etwas wie eine Schockstarre
in den deutschen Bundesländern auf. Kein Bundesland wollte riskieren, dass
öffentliche, von den Tariftreuegesetzen erfasste Vergaben nun plötzlich alle
rechtswidrig und damit angreifbar oder die Vergabeentscheidung letztlich
nichtig waren. Bayern, Berlin, Hessen, Sachsen und Schleswig-Holstein ver-
zichteten umgehend auf den Gebrauch der Tariftreueregelungen[34]. Durch unterschiedliche Maßnahmen (Verwaltungserlasse, Rundschreiben) wurde die
Anwendung bestehender Tariftreuegesetze untersagt[35]. Tariftreueerklärun-
gen durften von den öffentlichen Auftraggebern nicht mehr eingefordert werden. Viele Akteure in der Politik, in den Rechtswissenschaften, aber auch
bei den Gewerkschaften und auf Arbeitgeberseite sahen darin im Jahr 2008
das endgültige Aus von Tariftreue.

---

[33] Prof. Frank Bayreuther, NZA 2008, S. 626; Kocher, DB, S. 104; Koberski/Schierle, RdA
2008, S. 233; Lakies in Däubler, TVG, aaO, der dem EuGH Fehler in der Suche nach
Rechtfertigungsgründen vorwirft
[34] Prof. Gregor Thüsing hat in Thüsing/Braun, Tarifrecht, 2011, eine umfassende Darstellung im 1. Kapitel Rn. 87 vorgenommen.
[35] Beispielhaft hierfür der Runderlass des Ministeriums für Wirtschaft, Arbeit und Verkehr Niedersachsen vom 11.04.2008 oder der Erlass des Ministeriums für Wissenschaft,
Wirtschaft und Verkehr in Schleswig-Holstein vom 26.5.2008; Berliner Senat RS 1/2008
oder RS oberste bayrische Baubehörde im Bayrischen Staatsministerium des Innern vom
22.4.2008

4. Renaissance der Tariftreue und angepasste rechtliche Rahmenbedingungen (seit 2010)

Die Annahme, dass die Tariftreue 2008 am Ende sei, stellte sich jedoch als falsch heraus. Es hat allerdings eine Zeit gedauert, bis sich eine neue Dynamik entfalten konnte. In den Jahren 2008 und 2009 wurde faktisch aufgrund der „Rüffert-Starre" - trotz in einigen Bundesländern weiter existierender Tariftreuegesetze - keine praktische Anwendung von diesen vorgenommen. Doch seit den Jahren 2010/2011 kann man aufgrund der Verabschiedung neuer oder der Änderung bestehender Gesetze und auch deren Anwendung bei öffentlichen Vergaben von einer Wiedergeburt, einer Renaissance der Tariftreue sprechen. Der Hauptgrund dürfte darin liegen, dass es weiterhin einen breiten politischen Willen gab und gibt, an den mit der Tariftreue verfolgten Prinzipien und Zielen festzuhalten. Bis auf die Liberalen, dürften inzwischen alle demokratischen Parteien als Befürworter von Tariftreueregelungen bezeichnet werden, auch wenn die Tendenz dazu bei den Sozialdemokraten am stärksten sein dürfte. Nach dem Grundsatz, dass das Recht der Politik bzw. dem demokratischen Mehrheitswillen folgen sollte und nicht umgekehrt, wurden nach der EuGH-Entscheidung auf verschiedenen Ebenen die rechtlichen Rahmenbedingungen angepasst. Tariftreue heute stellt sich also in neuem, rechtlichem Gewand dar. Auf nationaler Ebene erfolgte in 2009 eine Novellierung des Gesetzes gegen Wettbewerbsbeschränkungen (GWB)[36]. Darin wurden explizit „soziale Aspekte" und damit Tariftreue als zulässiges, optionales Kriterium für öffentliche Vergaben aufgenommen[37]. Das novellierte GWB bildete dann die rechtliche Basis, mit der auf der Ebene der Bundesländer die Landesgesetzgeber, welche an Tariftreueregelungen festhalten wollten, entweder Novellierungen der bestehenden Gesetze oder gänzlich neue Vergabegesetze verabschieden konnten. In diesen verarbeiteten sie die Hinweise und Lehren aus der Rüffert-Entscheidung des EuGH[38], indem sie sich fortan auf das Entgelt in allgemeinverbindlichen Tarifverträgen nach § 5 Tarifvertragsgesetz (TVG) [39] oder dem Arbeitnehmer-Entsendegesetz (AEntG) beziehen[40], oder auf Mindestentgelte nach dem MiArbG[41] verweisen. Sie koppeln dann diese ohnehin allgemein gültigen

---

[36]Die Änderung des GWB wurde erforderlich aufgrund der lange zuvor verabschiedeten europäischen Vergaberichtlinie (Richtlinie 2004/18/EG); siehe hierzu auch Kapitel V.

[37]§ 97 Abs. 4 GWB

[38]Berg/Platow/Schoof/Unterhinninghofen, Tarifvertraggesetz u. Arbeitskampfrecht, 3. Aufl., Teil 2, Rn. 81: „Bei entsprechenden polit. Willen können die Landes-TariftreueG europarechtsfest ausgestaltet werden"

[39]§ 3 „Tariftreueerklärung" Niedersächsisches Landesvergabegesetz (LVergabeG) vom 15.12.2008

[40]Z.B. das Hamburgische Vergabegesetz (HmbVgG) vom 13.02.2006 (aktuelle Fassung 27.4.2010)

[41]MiArbG = Gesetz über die Festsetzung von Mindestarbeitsbedingungen i.d.F. vom 22.4.2009

Vorgaben mit den weiteren Tariftreuebestimmungen, zum Beispiel speziellen Sanktionen. Daneben greifen sie mit speziellen Regelungen die Besonderheiten des öffentlichen Personennahverkehrssektors auf, für den die EuGH Rechtsprechung nicht direkt übertragen werden kann[42].

V. Die europäische Ebene und übergeordnete Rahmenbedingungen heute

Seit dem Jahr 2004 erhielten die deutschen Tariftreueregelungen eine Legitimation auch von europäischer Ebene. In der Vergaberichtlinie[43] der Europäischen Union ist in Artikel 26 festgelegt, dass ein öffentlicher Auftraggeber zusätzliche Bedingungen für die Ausführung eines Auftrags vorschreiben kann. Voraussetzung dafür ist, dass diese Bedingungen mit dem Gemeinschaftsrecht vereinbar sind[44] und in der Bekanntmachung oder den sogenannten „Verdingungsunterlagen" für eine Ausschreibung angegeben werden. Die Vergaberichtlinie benennt für die Bedingungen für die Ausführung eines öffentlichen Auftrags insbesondere soziale und umweltbezogene Aspekte. Auf diese bezieht sich auch auf nationaler Ebene in Deutschland das novellierte GWB. Das GWB setzt die Vorgaben der Vergaberichtlinien in nationales Recht um. Aufgrund der Rechtsprechung des EuGH kann man allerdings davon ausgehen, dass gerade für öffentliche Aufträge, um die es bei Tariftreue geht, die Vergaberichtlinie selbst unmittelbare Anwendung findet[45]. Damit wäre sie eine unmittelbare Rechtsgrundlage für die nationalen Tariftreueregelungen. Für den Bereich des Öffentlichen Personennahverkehrs (ÖPNV) gibt es zudem noch eine gesonderte Grundlage auf europäischer Ebene. Seit dem Jahr 2007 gibt es die EU-Verordnung Nr. 1370[46], die seit Ende 2009 in Kraft getreten ist. Als EU-Verordnung gilt sie unmittelbar und zwingend für die europäischen Mitgliedsstaaten. Neben eigenen optionalen Regelungen, ermöglicht sie der nationalen Behörde, den Betreiber eines öffentlichen Dienstes im Einklang mit nationalem Recht zu verpflichten, bestimmte Sozialstandards einzuhalten[47]. Damit bildet sie eine direkte recht-

---

[42]Greiner, ZIP 2011, S. 2134 f.; Bayreuther, EuZW 2009, S. 106; Lakies in Däubler, TVG, aaO Rn. 34

[43]Vergaberichtlinie = Richtlinie 2004/18/EG des Europäischen Parlamentes und des Rats vom 31. März 2004 über die Koordinierung der Verfahren zur Vergabe öffentlicher Bauaufträge, Lieferaufträge und Dienstleistungsaufträge

[44]Dieser Punkt war bei der „Rüffert-Entscheidung" genau das Problem, weil er von den Tariftreuegesetzen alter Machart nach Ansicht des EuGH nicht erfüllt wurde. Durch die im Rahmen der Novellierungen bzw. neuen Gesetzen vorgenommenen Änderungen, dürfte heute diese Voraussetzung erfüllt sein.

[45]Dreher in Immenga/Mestmäcker, Wettbewerbsrecht: GWB, Vorbemerkung vor §§ 97 f., Rn. 20-23

[46]VO (EG) 1370/2007 vom 23.10.2007

[47]Artikel 4 Absatz 6 in Verbindung mit dem Erwägungsgrund Nr. 17 der EU-Verordnung 1370/2007

liche Grundlage für nationale Tariftreueregelungen im Bereich des ÖPNV. Es zeigt sich, dass allein auf europäischer Ebene heute verschiedene rechtliche Grundlagen für die deutschen Tariftreueregelungen existieren[48]. Für die konkrete Ausgestaltung der Tariftreuevorgaben in Deutschland bildet - wie bereits erwähnt - das GWB die rechtliche Grundlage, auf welcher die jeweiligen Landesvergabegesetze basieren. Die für die Tariftreue wesentlichen Änderungen wurden mit dem Gesetz zur Modernisierung des Vergabegesetzes vom 20. April 2009 vorgenommen. Nach § 97 Absatz 4 des aktuellen GWB sind öffentliche Aufträge an fachkundige, leistungsfähige sowie gesetzestreue und zuverlässige Unternehmen zu vergeben. Nach der Novelle des GWB[49] für die Tariftreueregelungen besonders relevant ist die Öffnung durch § 97 Absatz 4 GWB für die Möglichkeit der Einbeziehung von auftragsbezogenen sozialen, umweltbezogenen oder innovativen Aspekten in das Vergaberecht. Der Punkt „soziale Aspekte" ist für die Tariftreueregelung bezogen auf Entgelt und Beschäftigungsbedingungen entscheidend. Manche Landesvergabegesetze haben aber neben der Tariftreue auch umweltbezogene oder innovative Aspekte aufgenommen. So zum Beispiel das in diesem Jahr verabschiedete Tariftreue- und Vergabegesetz Nordrhein-Westfalen[50]. Dieses hat auch von der Option der Einführung von Präqualifikationssystemen Gebrauch gemacht, welche durch die Ergänzung des § 97 Absatz 4a des GWB möglich wurde. Danach sind für alle Arten von Aufträgen Präqualifikationssysteme zulässig[51]. Durch diese wird der Aufwand für die Unternehmen, die sich häufiger um öffentliche Aufträge bewerben, erheblich reduziert. Nach einer Präqualifizierung, bei der die Voraussetzungen der Vergabevorgaben einschließlich Tariftreue geprüft werden, müssen sich die Unternehmen anschließend nicht bei jedem einzelnen Verfahren einer Prüfung unterziehen und auch keine gesonderte Erklärung mehr abgeben. Bevor jedoch weiter auf Details solcher Regelungen im Rahmen der Betrachtung aktueller landesgesetzlichen Vorgaben eingegangen wird, folgt zunächst noch eine Darstellung der Sonderrolle und Besonderheiten des ÖPNV. Dieser unterliegt in allen Tariftreuegesetzen, deren Geltungsbereich den ÖPNV umfasst, gesonderten Bedingungen.

---

[48]Der Vollständigkeit halber sei an dieser Stelle erwähnt, dass es durch die ILO Konvention 94 durch die International Labour Organisation (ILO) der Vereinten Nationen auch eine internationale Grundlage für Tariftreue geben könnte. Das wird immer wieder insbesondere auf Seiten der Gewerkschaften und des WSI angegeben. Die ILO Konvention 94 ist jedoch von Deutschland nicht ratifiziert.

[49]Vgl. hierzu Weyand, Vergaberecht, 8. Aktualis. 2012, § 97 GWB, Allgemeine Grundsätze, Rn. 1

[50]TVgG-NRW - Tariftreue- und Vergabegesetz Nordrhein-Westfalen vom 10.01.2012

[51]Weyand, Vergaberecht, aaO., Erläuterung folgt in Kapitel VII.

VI. Die Besonderheiten von Tariftreue im Bereich Öffentlicher Personennahverkehr (ÖPNV)

1. Die europarechtliche Sonderstellung des ÖPNV

Immerhin in 8 der insgesamt 10 Bundesländer mit Tariftreueregelungen gibt es gesonderte Regelungen für den ÖPNV (vgl. dazu Übersicht 2.). Die Sonderrolle des ÖPNV ergibt sich aus verschiedenen Gegebenheiten: Zum einen finden aufgrund des für den ÖPNV geltenden (europarechtskonformen) Konzessionssystems von den europäischen Grundfreiheiten nur die Niederlassungsfreiheit, nicht aber die Dienstleistungsfreiheit Anwendung[52]. Zum anderen enthält der AEUV mit Art. 90 f. AEUV einen gesonderten Verkehrstitel, womit für den Verkehrsbereich nicht unmittelbar die Dienstleistungsfreiheit gemäß Art. 58 Abs. 1 AEUV gilt[53]. Die „Rüffert-Entscheidung" des EuGH hat jedoch sich nur auf den unzulässigen Verstoß gegen die Dienstleistungsfreiheit und die diese konkretisierende Entsenderichtlinie gestützt. Deshalb ist die EuGH Entscheidung nach herrschender Meinung auf den ÖPNV nicht übertragbar[54]. Hinzukommt, dass es seit dem Jahr 2007 für den ÖPNV die gesonderte EU-Verordnung 1370/2007 (VO 1370/2007) gibt, welche unmittelbar und zwingend für alle EU-Mitgliedsstaaten gilt. Die VO 1370/2007 ist seit Ende 2009 in Kraft getreten. Sie enthält zur Berücksichtigung sozialer Bedingungen bei öffentlichen Vergaben im ÖPNV mehrere Optionen. In dem Erwägungsgrund Nr. 17 stellt sie explizit fest, dass gemäß dem Subsidiaritätsprinzip es den zuständigen Behörden freisteht, soziale Kriterien und Qualitätskriterien festzulegen. Beispielhaft werden Mindestarbeitsbedingungen und sich aus Kollektivvereinbarungen ergebenden Verpflichtungen und Vereinbarungen in Bezug auf den Arbeitsplatz und den Sozialschutz genannt. Zur Gewährleistung transparenter und vergleichbarer Wettbewerbsbedingungen zwischen den Betreibern und um das Risiko des Sozialdumpings zu verhindern, sollten die zuständigen Behörden besondere soziale Normen und Dienstleistungsqualitätsnormen vorschreiben können. Viele der bestehenden und neuen Tariftreuegesetze greifen die VO 1370/2007 auf und haben sie direkt in das Landesgesetz übertragen.

---

[52] Greiner, ZIP 2011, S. 2134 f

[53] Bayreuther, EuZW 2009, S. 102, 106 f., Däubler, TVG, Anhang 1 zu § 5, Rn. 34

[54] Hierzu gibt es zahlreiche Gutachten und Stellungnahmen, die fundiert die rechtlichen Gründe aufzeigen. Verwiesen sei hier nur auf Bayreuther, EuZW 2009, S. 102, 106 f.; Greiner, aaO.; Däubler, aaO.; Kempen/Zachert, aaO. jeweils mit weiteren Nachweisen; A.A.: Löwisch/Rieble, TVG, § 5 Rn. 275.

2. Eigene Regelungen für den ÖPNV in Tariftreuegesetzen

Der sich aus den nur für den ÖPNV geltenden europäischen Regelungen ergebende Sonderstellung tragen die Landestariftreugesetze entsprechend Rechnung, indem sie für diese eigene Regeln aufstellen[55]. Die öffentliche Auftragsvergabe im ÖPNV wird deshalb von der Verpflichtung zur Einhaltung
eines oder mehrerer einschlägiger und/ oder repräsentativer Tarifverträge
abhängig gemacht[56]. Zum Grundverständnis dieser Regelungen wesentlich
ist daher der Begriff des „repräsentativen Tarifvertrags"[57]. Bei der Auswahl
der Tarifverträge, an welche dann das Mindestniveau bei Ausschreibungen
geknüpft wird, spielt die Repräsentativität eine entscheidende Rolle. Diese
ist nicht einheitlich oder allgemein gesetzlich definiert. Als Abgrenzungskri-
terium ist daher zunächst die „Einschlägigkeit" zu nennen.

3. Einhaltung eines „einschlägigen" oder „repräsentativen" Ta-
rifvertrags als maßgebliches Kriterium

Ein im Sinne von Tariftreue repräsentativer Tarifvertrag muss immer einschlägig sein. Jedoch ist umgekehrt ein einschlägiger Tarifvertrag nicht automatisch damit auch ein repräsentativer Tarifvertrag. Das ist, zugegeben,
für Praktiker, die naturgemäß fachlich wenig mit der Materie zu tun haben,
zunächst nicht leicht zu durchschauen. Zur Erklärung: Im ersten Schritt
muss die Einschlägigkeit eines Tarifvertrages geprüft werden. Diese Prüfung
nimmt in der Regel bereits vor dem konkreten Fall einer Ausschreibung das
für die Tariftreue zuständige Landesministerium vor. Dabei bedient es sich
zum einen des Landestarifregisters, zum anderen, in vielen Fällen, der Expertise der maßgeblichen Tarifvertragsparteien der ÖPNV-Branche eines Bundeslandes. Dies geschieht durch deren Einbeziehung über einen Beirat (so in
Rheinland-Pfalz oder Bremen) oder beratenden Ausschuss (NRW, vs. auch
Baden-Württemberg). Diese Gremien sind jeweils paritätisch durch Vertreter der maßgeblichen Tarifvertragsparteien - Gewerkschaften wie Arbeitgeberverbände - besetzt. Diese beraten das zuständige Ministerium hinsichtlich
der einschlägigen und repräsentativen Tarifverträge. Diese Vorgehensweise
ist sehr zu begrüßen, stellt sie doch eine besondere Praxisnähe und Berücksichtigung der jeweiligen Tarifvertragslandschaft sicher. Die Einschlägigkeit
bestimmt sich nach dem Geltungsbereich des Tarifvertrages. Der ist in jedem
Tarifvertrag festgelegt. Gilt ein Tarifvertrag, der Regelungen zum Entgelt
oder zur Arbeitszeit enthält, für Beschäftigte im ÖPNV des Bundeslandes,

---

[55]Eine Auflistung dieser Regelungen findet sich in der Übersicht 2.

[56]Ein Tarifvertrag muss zunächst „einschlägig" sein, also von seinem Geltungsbereich her
zur tatsächlichen Anwendung gelangen können, um überhaupt dann auch nach bestimmten Kriterien „repräsentativ" sein zu können. Mehr dazu weiter unten.

[57]Zu den rechtlichen Erwägungen zum Begriff der „Repräsentativität" siehe auch Wiedemann, TVG, a.a.O.

ist der Tarifvertrag einschlägig. Zu der Repräsentativität haben nun die Landesvergabegesetze verschiedene Festlegungen getroffen. Orientiert man sich an den neueren Tariftreuegesetzen, so finden sich Regelungen in dem Landestariftreuegesetz Rheinland-Pfalz (LTTG RLP) und dem ähnlich aufgebauten Tariftreue- und Vergabegesetz Nordrhein-Westfalen (TVgG NRW). In § 4 Absatz 4 des LTTG RLP heißt es: „Bei der Feststellung der Repräsentativität ist vorrangig abzustellen auf: 1. die Zahl der von den jeweils tarifgebundene Arbeitgebern beschäftigten unter den Geltungsbereich des Tarifvertrags fallenden Arbeitnehmerinnen und Arbeitnehmern und 2. die Zahl der jeweils unter den Geltungsbereich des Tarifvertrags fallenden Mitglieder der Gewerkschaft, die den Tarifvertrag geschlossen hat." Ähnlich ist die Ausführung TVgG NRW. Dort heißt es in § 21 Absatz 2: Bei der Feststellung der Repräsentativität eines Tarifvertrages nach Absatz 1 Nummer 1 ist auf die Bedeutung des Tarifvertrages für die Arbeitsbedingungen der Arbeitnehmer abzustellen. Hierbei kann insbesondere auf

a) die Zahl der von den jeweils tarifgebundenen Arbeitgebern beschäftigten unter den Geltungsbereich des Tarifvertrags fallenden Beschäftigten oder

b) die Zahl der jeweils unter den Geltungsbereich des Tarifvertrags fallenden Mitglieder der Gewerkschaft, die den Tarifvertrag geschlossen hat,

Bezug genommen werden. Demnach bestimmt sich die Repräsentativität vor allem nach der Anzahl der Beschäftigten, die unter den Geltungsbereich des für den tarifgebundenen Arbeitgeber geltenden Tarifvertrags fallen. Falls es dabei im Ergebnis dazu kommt, dass zwei unterschiedliche Tarifverträge oder Tarifvertragswerke hinsichtlich der Anzahl der Beschäftigten nahe zusammen liegen sollten, sind beide als repräsentativ einzustufen. In der Praxis des ÖPNV kommen dazu noch weitere, strukturelle Komponenten. Der ÖPNV lässt sich in den Schienenpersonennahverkehr (SPNV) mit den Schienen gebundenen Regional- und den S-Bahnen einerseits und den Öffentlichen Straßenpersonennahverkehr (ÖSPV) unterteilen. Zum ÖSPV gehören vor allem die Stadtbusse und Busse des Regionalverkehrs, aber auch die Straßenbahnen. Aufgrund der strukturellen Unterschiede zwischen beiden Bereichen, SPNV und ÖSPV, empfiehlt sich eine getrennte Betrachtung und Behandlung. Im SPNV gibt es weniger, zumeist bundesweit operierende Anbieter, häufig länderübergreifende Verkehre. Vor allem aber gibt es in der SPNV-Tarifvertragslandschaft seit 2011 ein Novum: Einen für die gesamte SPNV-Branche in Deutschland geltenden „Branchentarifvertrag für den Schienenpersonennahverkehr in Deutschland" (Branchentarifvertrag

SPNV)[58]. Demgegenüber gibt es im ÖSPV eine Vielzahl von Bestellern und Anbietern von Verkehrsleistungen. Hinzukommen große Unterschiede zwischen den Strukturen und Beschäftigungsbedingungen im städtischen und im regionalen/ländlichen Raum. Auch die Tarifvertragslandschaft ist hier zumeist von mehreren Tarifverträgen geprägt, die weniger Beschäftigte umfassen. In der Umsetzung der neueren Tariftreuegesetze wird deshalb diesem Umstand zumeist Rechnung getragen und zwischen SPNV und ÖSPV bei der Festlegung der Tarifverträge unterschieden. Diese werden dann durch eine Verordnung (Beispiel Rheinland-Pfalz) oder in einer von dem für Tariftreue zuständigen Ministerium betreuten Liste bekannt gegeben.

VII. Für wen gilt heute Tariftreue und welche Vorgaben sind zu beachten?

Der Geltungsbereich der Tariftreuegesetze ist unterschiedlich gefasst. Auf der Seite der einen öffentlichen Auftrag Vergebenden sind es zumeist die Landes- und auch kommunalen Behörden oder Zweckverbände.

1. Welche Branchen sind regelmäßig von Tariftreueregelungen umfasst?

Hinsichtlich der Auftragnehmer sind regelmäßig zwei Bereiche zu unterscheiden:

a) Öffentliche Aufträge im Bereich von Branchen nach dem Arbeitnehmerentsendegesetz (AEntG)

b) Öffentliche Aufträge im Bereich der ÖPNV-Branche (es sei denn, ÖPNV ist nicht umfasst, wie derzeit - noch - in Hamburg und in Niedersachsen).

Grundsätzlich gilt für alle - soweit im Landesgesetz enthalten - regelmäßig ein vergabespezifischer Mindestlohn. Er ist entweder unmittelbar geltend oder die „Rückfallebene", falls andere Bedingungen nicht greifen. Bewirbt sich ein Unternehmen um Aufträge nach Nr. 1., gelten für ihn die Bedingungen der im Zuge des AEntG für allgemeinverbindlich erklärten Tarifverträge. Andere soziale Kriterien können je nach Ausgestaltung des Landesvergabegesetzes hinzukommen (z.B. Frauenförderung oder Berücksichtigung des Ausbildungsplatzangebots).

Die vom AEntG zur Zeit umfassten Branchen (Stand: Oktober 2012) sind:

---

[58] BranchenTV SPNV vom 14.02.2011, abgeschlossen zwischen der Gewerkschaft EVG und den sogenannten „G6-Unternehmen" (Abellio, Arriva Deutschland, BeNEX, Hessische Landesbahn, Keolis Deutschland, Veolia Verkehr) und dem Agv MoVe (für die Mitglieder aus dem Bereich des Deutsche Bahn Konzerns) mit Geltung für über 20 weitere Schienenverkehrsunternehmen

- Abfallwirtschaft (einschließlich Straßenreinigung)

- Bauhauptgewerbe,

- Bergbauspezialgesellschaften,

- Berufliche Aus- und Weiterbildung,

- Dachdeckerhandwerk,

- Elektrohandwerk,

- Gebäudereinigerhandwerk

- Gerüstbauerhandwerk

- Maler- und Lackiererhandwerk

- Pflegebranche (Altenpflege und häusliche Krankenpflege)

- Steinmetz- und Steinbildhauerhandwerk

- Wach- und Sicherheitsgewerbe

- Wäschereidienstleistungen im Objektkundengeschäft

Im Bereich des ÖPNV sind alle Betreiber von Schienen- oder Straßenverkehren im Rahmen öffentlicher Aufträge umfasst. Für diese gilt oder gelten in der Regel die Bedingungen nach dem repräsentativen Tarifvertrag bzw. Tarifverträgen (siehe Kapitel VI.).

2. Tariftreue gilt auch für Subunternehmer!

Für die Praxis besonders relevant ist die Tatsache, dass in fast allen Tariftreuegesetzen eine Tariftreueerklärung oder Verpflichtung auch von oder für die Subunternehmer verlangt wird. In vielen Bereichen gibt es einen direkten Auftragnehmer für den öffentlichen Auftrag, an den die Vergabe erfolgt, der dann aber einen oder mehrerer Nachunternehmer mit Teilen der Auftragserfüllung betraut. Entweder weil er die Leistung selber nicht erbringen oder weil er dadurch kostengünstiger den Auftrag erfüllen kann, wegen der größeren örtlichen Nähe oder auch den geringeren Arbeitskosten des Subunternehmers. Dieses Konstrukt der Auftragserfüllung mit Hilfe von Subunternehmen ist in einer Reihe von den von Tariftreueregelungen umfassten Branchen üblich: Vor allem in der Abfallwirtschaft, im Bauhauptgewerbe, im Gebäudereinigerhandwerk, im Wach- und Sicherheitsgewerbe und im Straßen gebundenen ÖPNV (dem ÖSPV mit den Busverkehren). Die Vergabe an Nachunternehmer ist wirtschaftlich sinnvoll und bleibt auch nach den Tariftreueregelungen zulässig. Jedoch müssen dabei vom Auftragnehmer die

Tariftreuevorgaben für die Nachunternehmen beachtet werden. Häufig verpflichtet er sich bereits bei der Angebotsabgabe, auch bei eingesetzten Subunternehmen auf die Einhaltung der Tariftreueregelungen zu achten. Das erscheint auch zur Erfüllung des Gesetzeszweckes, einen sozialen Mindeststandard (auf Basis eines Tarifvertrags) für die zur Erfüllung des öffentlichen Auftrags eingesetzten Beschäftigten sinnvoll und rechtmäßig. Kritisch ist allerdings das Bestreben einiger Gesetzgeber oder Behörden zu sehen, von den Auftragnehmern bereits bei der Angebotsabgabe eine Tariftreueerklärung der potentiellen Subunternehmer selbst vorzulegen. Das ist zum einen in der Praxis innerhalb der kurzen Angebotsabgabefristen schwer zu bewerkstelligen und entbindet ohnehin den eigentlichen Auftragnehmer nicht von dessen Verantwortung hinsichtlich der Tariftreue. Zum anderen liegen teilweise noch Monate oder Jahre bis zur eigentlichen Auftragserfüllung (so insbesondere im Verkehrsbereich), so dass unter Umständen noch gar nicht klar ist, welche Subunternehmer dann eingesetzt werden. Deshalb ist von dieser Verfahrensweise abzuraten. Eine Erklärung des eigentlichen Auftragnehmers für den Einsatz möglicher, späterer Nachunternehmer ist zur Erreichung des Gesetzeszwecks ausreichend und vermeidet unnötigen Zusatzaufwand für die Praxis. Das gilt auch für die Kontrolle der Einhaltung der Tariftreuevorgaben. Zunächst dazu grundsätzlich: Das Thema Kontrollen in dem Bereich ist sehr ernst zu nehmen, damit mangels Kontrollen es nicht faktisch zu einem Unterlaufen der Vorgaben kommt. Ein Mangel der Tariftreueregelungen am Anfang von deren Entstehung war der geringe oder gar nicht erfolgende Aufwand in diesem Bereich. Das Land Nordrhein-Westfalen hat hierzu im Zuge des neuen TVgG NRW eigens eine Prüfbehörde geschaffen. Eine anbetrachts des enormen Auftragsvolumens in dem Bundesland zu begrüßende und gerechtfertigte Maßnahme. Die Erreichung des Gesetzeszweckes hängt erheblich von der Kontrolle der Einhaltung der Tariftreue bei der Auftragsausführung ab. Jedoch kann diese nur eine Aufgabe des Staates und damit der beteiligten Behörden sein. Eine Übertragung der Verantwortung auf die Auftragnehmer, wie das teilweise versucht wird, ist nicht nur rechtlich kritisch zu bewerten, sondern in der Praxis von diesen nur sehr schwer zu erfüllen und schon gar nicht effektiv vorzunehmen. Die Auftragnehmer sind für Kontrollmaßnahmen auch der falsche Adressat. Deshalb sollte diese eine rein staatliche Aufgabe bleiben und Verantwortung an der Stelle nicht delegiert werden. Behördliche Kontrollen erhöhen nicht nur die Effektivität der Regelungen, sie führen zudem in der Praxis auch vermehrten Akzeptanz der Vorgaben und deren Wahrnehmung - auch durch Dritte. Die konkrete Umsetzung der zuvor besprochenen Vorgaben und Themen der Tariftreue in die aktuellen, spezifischen landesgesetzlichen Regelungen zeigt das nachfolgende Kapitel.

VIII. Die aktuellen Tariftreue-/Vergabegesetze nach Bundesländern

Im Folgenden sind die derzeit geltenden und angewendeten Vergabegesetze mit Tariftreueregelungen der einzelnen Bundesländer aufgelistet und in einer kurzen Zusammenfassung ihre Besonderheiten dargestellt. Der Stand der hier besprochenen Gesetze ist der 01. November 2012. Aufgrund der großen Dynamik und Entwicklung des Bereichs empfiehlt der Autor, den jeweils gültigen Gesetzestext im Internet zu recherchieren. Die Fundstellen/ Internetadressen sind in den Fußnoten genannt. Für Praktiker sehr hilfreich: Viele Vergabestellen haben auf Ihren Internetseiten ergänzend zu den Gesetzestexten auch Erläuterungen, Verordnungen, Mustererklärungen, Gerichtsurteile und allgemeine Meldungen eingestellt. Das Land Rheinland-Pfalz, welches extra eine eigene Servicestelle für Fragen der Tariftreue unterhält, hat als ersten Bundesland sogar einen kompletten Handlungsleitfaden, Erklärungsmuster und andere Unterlagen zur Information und Unterstützung der Anwender erstellt. Weitere Bundesländer haben ebenfalls ein umfassendes Informationsangebot oder sind dabei, diesem Beispiel zu folgen. Die Informationen richten sich sowohl an Behörden, Verbände und Auftragnehmer wie auch an die Beschäftigten in Unternehmen, welche öffentlichen Aufträge ausführen. Daneben gibt es auch einige seriöse und wissenschaftlich fundierte übergreifende Darstellungen und Informationssammlungen. Auf der Internetseite des Arbeitgeber- und Wirtschaftsverbandes MoVe (Agv MoVe) werden regelmäßig Meldungen und Übersichten zur Tariftreue die nationale und europäische Ebene betreffend eingestellt[59]. Daneben sind speziell zur Tariftreue im Internet die Veröffentlichungen des Wirtschafts- und Sozialwissenschaftlichen Instituts (WSI)[60] sowie die des Bundesministeriums für Arbeit und Soziales[61] (insbesondere der Leitfaden „Die Berücksichtigung sozialer Belange im Vergaberecht. Hinweise für die kommunale Praxis") als auch des Bundeswirtschaftsministeriums zu empfehlen (weitere Empfehlungen siehe Fußnote[62]). Daneben bieten die Spitzenverbände auf Arbeitgeberseite, wie die Bundesvereinigung Deutscher Arbeitgeberverbände (BDA)[63] oder der Bundesverband der Deutschen Industrie (BDI)[64] sowie das Institut

---

[59] www.agv-move.de

[60] WSI Publikationen von Herrn Dr. Thorsten Schulten im WSI Tarifarchiv

[61] Das BMAS hat den Leitfaden (1/2010) auf seiner Internetseite www.bmas.de publiziert (Artikel Nr. 393)

[62] Unter dem Stichwort „Vergabe" gibt es beim BMWI unter www.bmwi.de einen kompletten Sonderbereich für alle Bereiche. Speziell für den Bereich des ÖPNV gibt es von Herrn Dirk Schlömer, MdL, eine Übersicht zu den Landestariftreuegesetzen unter www.evg-online.org; siehe zu ÖPNV auch von Herrn Karl-Heinz Zimmermann, Geschäftsführer Mobifair unter www.mobifair.eu

[63] www.bda-online.de

[64] www.bdi-online.de

der Deutschen Wirtschaft (IW)[65] zu dem Stichwort „Vergabe" oder „Tariftreue" online Informationen an. Hinzu kommen abschließend die verschiedenen Branchenverbände, z.b. der Arbeitgeber- und Wirtschafsverband der
Bauhauptwirtschaft.

Für die Praktiker vorab noch der Hinweis, dass in allen Tariftreuegesetzen
die Regelung enthalten ist, dass für den Fall, dass die Tariftreueerklärung bei
der Angebotsabgabe fehlt, das Angebot von der Wertung auszuschließen ist!
Eine Möglichkeit, um diesem Fall vorzubeugen und den Verwaltungsaufwand
zu minimieren, ist die Teilnahme an einem Präqualifikationsverfahren[66], sofern das Bundesland dies in Bezug auf die Tariftreue anbiete.

1. Berlin

Berliner Ausschreibungs- und Vergabegesetz (BerlAVG)vom 08. Juli 2010,
aktueller Stand Juli 2012 (geändert durch das erste Änderungsgesetz zum
BerlVG vom 5. Juni 2012)[67]

Der Geltungsbereich des BerlAVG hinsichtlich der Auftragnehmer umfasst allen Branchen des Arbeitnehmerentsendegesetzes (AEntG) sowie den
ÖPNV-Sektor. Die zunächst für erfolgte Erstreckung auf grundsätzlich alle Bereiche, die von öffentlichen Aufträgen betroffen sind, wurde nach
dem Rüffert-Urteil des EuGH zurückgenommen. Es gibt einen Vergabe-
spezifischen Mindestlohn in Höhe von 8,50 EUR pro Stunde. Neben der
Tariftreue gibt es weitere soziale Kriterien, wie Frauenförderung oder Ausbildungsplätze. Das BerlAVG findet für alle öffentlichen Auftraggeber des
Landes Berlin ab einem Auftragswert von 500 EUR Anwendung. Die Tariftreuebestimmungen werden auch auf Subunternehmer ab ebenfalls einem
Auftragswert von 500 EUR erstreckt. Als Sanktion bei Verstößen gegen die
Tariftreuevorgaben gibt es ein abgestuftes System mit weitgehenden Folgen:
Je Verstoß gibt es eine Strafzahlung in Höhe von 1 % des Auftragsvolumens,
bei mehreren Verstößen bis zu 5 % des Auftragswertes. Der Auftragnehmer
haftet auch für die Subunternehmer. Als maximale Sanktion ist die fristlose
Kündigung des Auftrags und ein Ausschluss von öffentlichen Aufträgen bis
zu drei Jahren möglich.

---

[65] www.iwkoeln.de

[66] Präqualifikation ist eine der eigentlichen Auftragsvergabe vorgelagerte und auftragsu-
nabhängige Prüfung der Erfüllung der Tariftreuevorgaben und - im Baubereich - der
Eignungsnachweise basierende auf den in der VOB/A genannten Anforderungen und
Kriterien. An öffentlichen Aufträgen interessierte Unternehmen können ihre Eignung
bei einer Präqualifizierungsstelle (PQ-Stelle) durch Aufnahme in eine allgemein zugäng-
liche Liste (Präqualifizierungsverzeichnis) nachweisen.

[67] Im Internet: www.vergabe.berlin.de

<u>ÖPNV-Sektor:</u> Es gibt eine Tariftreuevorgabe auf Basis eines Entgelttarifvertrages, welchen der öffentliche Auftraggeber nach billigem Ermessen selber auswählen kann. Die Tarifvertragsparteien werden nicht per gesetzlicher Vorgabe in die Auswahl der Tarifverträge einbezogen.

2. Brandenburg

Brandenburgisches Gesetz über Mindestanforderungen für die Vergabe von öffentlichen Aufträgen (Brandenburgisches Vergabegesetz, BbgVergG) vom 21. September 2011[68]

Der Geltungsbereich des BbgVergG umfasst allen Branchen des AEntG sowie den ÖPNV-Sektor. Aufgrund des Rüffert-Urteils gibt es jedoch die Einschränkung, dass das BbgVergG keine Geltung für Unternehmen aus EU-Mitgliedsstaaten hat, wenn auf diese die EU-Entsenderichtlinie Anwendung findet. Es gibt einen Vergabe-spezifischen Mindestlohn in Höhe von 8,00 EUR pro Stunde. Neben der Tariftreue gibt es keine weiteren sozialen Kriterien. Das BbgVergG findet für alle öffentlichen Auftraggeber des Landes ab einem Auftragswert von 3.000 EUR Anwendung. Für Bauaufträge gelten allerdings gestaffelt nach dem Auftragsvolumen (1. Stufe bis 10.000 EUR, 2. Stufe bis 50.000 EUR) Einschränkungen in der Anwendung des BbgVergG. Die Tariftreuebestimmungen gelten auch für Nachunternehmer. Um den Aufwand für Auftragnehmer zu reduzieren, ist ein Präqualifikationsverfahren[69] vorgesehen. Als Sanktion bei Verstößen gegen die Tariftreuevorgaben gibt es ein abgestuftes System mit weitreichenden Folgen: Je Verstoß gibt es eine Strafzahlung in Höhe von 1 % des Auftragsvolumens, bei mehreren Verstößen bis zu 10 % des Auftragswertes. Es gibt für den Fall des Verstoßes gegen die Vorgaben den Vorbehalt zur Auftragsrücknahme/Kündigung und zur Aufnahme in eine Sperrliste.

<u>ÖPNV-Sektor:</u> Es gibt eine Tariftreuevorgabe auf Basis eines einschlägigen und repräsentativen Entgelttarifvertrages. Bei grenzüberschreitenden Verkehren ist das BbgVergG nur anwendbar, wenn es mit den Behörden der anderen beteiligten Bundesländer ein Einvernehmen zur Anwendung der Tariftreueregelungen kommt. Ansonsten findet keine Anwendung des BbgVergG statt. Die Tarifvertragsparteien können im Rahmen eines Beirats in die Auswahl der einschlägigen und repräsentativen Tarifverträge einbezogen werden. Von dieser Option ist allerdings bislang kein Gebrauch gemacht worden, die Tarifvertragsparteien wurden jedoch seitens des Tarifregisters kontaktiert. Positiv zu erwähnen sind die zahlreichen Ausführungshinweise zu dem BbgVergG auf den Internetseiten der Landesvergabestelle.

---

[68]Im Internet: www.vergabe.brandenburg.de
[69]Zur Präqualifikation siehe Erklärung in Fußnote 66

3. Bremen

Bremisches Gesetz zur Sicherung von Tariftreue, Sozialstandards und Wettbewerb bei öffentlicher Auftragsvergabe (Tariftreue- und Vergabegesetz, TtVG)[70] vom 24. November 2009, zuletzt geändert zum 01.09.2012

Der Geltungsbereich des TtVG umfasst allen Branchen des AEntG sowie den ÖPNV-Sektor. Keine Geltung im Bereich des AEntG, wenn der Auftrag für Wirtschaftsteilnehmer aus anderen Mitgliedstaaten der Europäischen Union von Bedeutung ist. Es gibt einen Vergabe-spezifischen Mindestlohn in Höhe von 8,50 EUR pro Stunde. Es wird die Vorlage einer Mindestlohn oder Tariftreueerklärung verlangt. Neben der Tariftreue gibt es eine Reihe weiterer sozialer Kriterien: Frauenförderung, Ausbildung und Beschäftigung Schwerbehinderter. Bei wirtschaftlich gleichwertigen Angeboten erhält demnach derjenige Bieter den Zuschlag, der die Pflicht zur Beschäftigung schwerbehinderter Menschen nach § 71 des Neunten Buches Sozialgesetzbuch erfüllt sowie Ausbildungsplätze bereitstellt, sich an tariflichen Umlageverfahren zur Sicherung der beruflichen Erstausbildung oder an Ausbildungsverbünden beteiligt. Gleiches gilt für Bieter, die die Chancengleichheit von Frauen und Männern im Beruf fördern. Das TtVG enthält eine Klausel zur Mittelstandsförderung. Danach sind bei der Vergabe öffentlicher Aufträge Leistungen, soweit es die wirtschaftlichen und technischen Voraussetzungen zulassen, nach Art und Menge so in Lose zu zerlegen, dass sich Unternehmen der mittelständischen Wirtschaft mit Angeboten beteiligen können. Das TtVG findet für alle öffentlichen Auftraggeber des Landes im ÖPNV ohne Beschränkungen Anwendung. Für die übrigen Bereiche gelten unterschiedliche Mindestbeträge. Die Tariftreuebestimmungen gelten auch für Nachunternehmer. Um den Aufwand für Auftragnehmer zu reduzieren, ist ein Präqualifikationsverfahren vorgesehen. Als Sanktion bei Verstößen gegen die Tariftreuevorgaben gibt es ein abgestuftes System mit weitreichenden Folgen: Je Verstoß gibt es eine Strafzahlung in Höhe von 1 % des Auftragsvolumens, bei mehreren Verstößen bis zu 10 % des Auftragswertes. Es gibt für den Fall des Verstoßes gegen die Vorgaben den Vorbehalt zur fristlosen Kündigung und für Schadensersatzforderungen. Es besteht die Möglichkeit eines Ausschlusses von der Teilnahme an Vergabeverfahren bis zu 2 Jahren. Zur Kontrolle der Einhaltung der Tariftreuevorgaben hat der Senat eine Sonderkommission eingerichtet. ÖPNV-Sektor: Bei mehreren einschlägigen Tarifverträgen entscheidet die Repräsentativität. Maßgeblich ist der Ort der Ausführung. Danach werden öffentliche Aufträge im ÖPNV-Sektor nur an Unternehmen vergeben, die sich bei der Angebotsabgabe schriftlich verpflichten, ihren Beschäftigten bei der Ausführung der Leistungen mindestens das am Ort der Ausführung tarifvertraglich vorgesehene Entgelt, einschließlich der Überstundenzuschläge, zum tarifvertrag-

---

[70]Im Internet: http://bremen.beck.de/ (Gesetzesportal der Freien Hansestadt Bremen)

lich vorgesehenen Zeitpunkt zu bezahlen. In den Ausschreibungsunterlagen ist der maßgebliche Tarifvertrag anzugeben. Gelten am Ort der Leistung mehrere Tarifverträge für dieselbe Leistung, so hat der öffentliche Auftraggeber einen repräsentativen Tarifvertrag zugrunde zu legen, der mit einer tariffähigen Gewerkschaft vereinbart wurde. Haustarifverträge sind hiervon ausgenommen. Für die Bestimmung der Repräsentativität werden in Bremen die maßgeblichen Tarifvertragsparteien über einen Beirat einbezogen. Das Votum des Beirats ist für den Senat zwar nicht bindend, aber eine faktisch maßgeblich für die rechtlich verbindliche Auswahl der repräsentativen Tarifverträge.

4. Hamburg

Hamburgisches Vergabegesetz (HmbVgG)[71] vom 13. Februar 2006 in der Fassung vom 27. April 2010 (in Planung: Hamburger Mindestlohngesetz)

Zunächst ist darauf hinzuweisen, dass in Hamburg durch das „Hamburger Mindestlohngesetz" eine Änderung des HmbVgG geplant ist. Das Gesetzgebungsverfahren war aber zur Zeit der Drucklegung dieses Beitrags noch nicht eröffnet und kein offizieller Entwurf vorhanden. Es ist aber davon auszugehen, dass es künftig in Hamburg auch eine Mindestlohnvorgabe (vs. 8,50 EUR) und weitergehende Tariftreueregelungen als bisher geben wird. Auch dürfte es zu einer Einbeziehung des ÖPNV kommen, der im Moment noch im Geltungsbereich des HmbVgG fehlt. Aufgrund der zu erwartenden Änderungen soll an dieser Stelle auf die bestehende gesetzliche Regelung nur verkürzt eingegangen werden: Momentan gilt das HmbVgG nur für die Branchen nach dem AEntG. Die Tariftreue erstreckt sich auch auf Nachunternehmer. Es gibt für alle Branchen unterschiedliche Schwellenwerte, ab denen das HmbVgG greift. Als Sanktion bei Verstößen gegen die Tariftreuevorgaben gibt es ein abgestuftes System mit weitgehenden Folgen: Je Verstoß gibt es eine Strafzahlung in Höhe von 1 % des Auftragsvolumens, bei mehreren Verstößen bis zu 5 % des Auftragswertes. Der Auftragnehmer haftet auch für die Subunternehmer. Als maximale Sanktion ist die fristlose Kündigung des Auftrags vorgesehen.

ÖPNV-Sektor: Zurzeit keine Geltung des HmbVgG.

5. Mecklenburg-Vorpommern

Gesetz über die Vergabe öffentlicher Aufträge in Mecklenburg-Vorpommern (Vergabegesetz Mecklenburg-Vorpommern - VgG M-V) vom 7. Juli 2011, zuletzt geändert durch Gesetz am 25. Juni 2012 (Hinweis: Die Laufzeit des VgG M-V ist bis zum 31.12.2016 befristet)

---

[71] Im Internet: www.landesrecht.hamburg.de

Der Geltungsbereich des VgG M-V richtet sich nach bundesgesetzlichen Vorgaben: Soweit aufgrund bundesgesetzlicher Bestimmungen ein Unternehmer bereits zur Einhaltung von Mindestarbeitsbedingungen (MiArbG) oder zur Zahlung von Mindestentgelten (AEntG) einschließlich etwaiger Überstundensätze sowie zur Einhaltung sonstiger Mindestsozialstandards wie Dauer des Erholungsurlaubs, Urlaubsentgelt oder zusätzliches Urlaubsgeld, verpflichtet ist, dürfen sonstige Aufträge nur an Unternehmen vergeben werden, die sich bei der Angebotsabgabe zur Einhaltung der jeweiligen Bestimmungen verpflichten (sofern sie nicht bereits aufgrund anderweitiger Regelungen zu einer höheren Entgeltzahlung verpflichtet sind). Das VgG M-V orientiert sich weitgehend an die Vorgaben des GWB. Die Geltung erstreckt sich auch auf den ÖPNV. Es gibt für Aufträge des Landes einen Vergabe-spezifischen Mindestlohn in Höhe von 8,50 EUR pro Stunde. Neben der Tariftreue gibt es keine weiteren sozialen Kriterien. Es gibt eine spezielle Klausel zur Förderung des Mittelstandes. Mittelständische Interessen sind bei der Vergabe öffentlicher Aufträge vornehmlich zu berücksichtigen. Die Tariftreuebestimmungen gelten auch für Nachunternehmer, aber nur im Bereich des ÖPNV. Als Sanktion bei Verstößen gegen die Tariftreuevorgaben gibt es ein abgestuftes System: Je Verstoß gibt es eine Strafzahlung in Höhe von bis zu 5 % des Auftragsvolumens. Bei mehrfachen Verstößen oder grober Fahrlässigkeit ist eine fristlose Kündigung möglich. <u>ÖPNV-Sektor:</u> Es gibt eine Tariftreuevorgabe nach den Grundsätzen der Repräsentativität eines Tarifvertrags. Aufträge im Bereich des Schienenpersonennahverkehrs (SPNV) sowie des sonstigen Öffentlichen Personennahverkehrs (ÖPNV) im Sinne der Verordnung (EG) Nr. 1370/2007 dürfen nur an Unternehmen vergeben werden, die sich bei der Angebotsabgabe verpflichten, ihre bei der vertragsgegenständlichen Ausführung dieser Leistung Beschäftigten mindestens nach den Vorgaben eines für ihre Branche in Mecklenburg-Vorpommern einschlägigen und repräsentativen Tarifvertrages zu entlohnen. Soweit Leistungen auf Nachunternehmer übertragen werden sollen, hat sich der Auftragnehmer auch zu verpflichten, dem Nachunternehmer die für den Auftragnehmer geltenden Pflichten aufzuerlegen und die Beachtung dieser Pflichten durch den Nachunternehmer zu überwachen. Eine entsprechende Erklärung ist vom Bieter bei Angebotsabgabe einzureichen. Ein Tarifvertrag ist nach dem VgG M-M dann repräsentativ, wenn er im Zeitpunkt der Angebotsabgabe im Gebiet des Landes Mecklenburg-Vorpommern angewendet wird und in Mecklenburg-Vorpommern wettbewerblich relevant ist, indem er eine erhebliche Zahl von Beschäftigten in der betreffenden Branche umfasst. Die Landesregierung bestimmt die im Rahmen öffentlicher Vergaben über Personenverkehrsdienste jeweils anzuwendenden repräsentativen Tarifverträge unter Berücksichtigung aller Umstände nach billigem Ermessen. Dazu hat die Landesregierung über das Tarifregister bereits mehrfach in einem nicht formalisierten Verfahren die Verbände der Tarifvertragsparteien der jeweiligen Branche einbezogen.

6. Niedersachsen

Niedersächsisches Landesvergabegesetz (LVergabeG)[72] vom 15. Dezember 2008, zuletzt geändert durch Gesetz vom 19.01.2012

Der Geltungsbereich ist im Moment auf die Bauindustrie beschränkt. Dabei gilt ein Schwellwert von 30.000 EUR, ab dem für alle öffentlichen Auftraggeber das LVergabeG anzuwenden ist. Es gibt keine Mindestlohnregelung. Die Regelungen gelten auch für Nachunternehmer. Eine Tariftreueerklärung braucht nicht abgegeben zu werden, wenn das Unternehmen in die von dem Verein für die Präqualifikation von Bauunternehmen e. V. auf der Internetseite www.pq-verein.de geführte Liste der präqualifizierten Unternehmen eingetragen ist. Fehlt die Tariftreueerklärung bei Angebotsabgabe, so ist das Angebot von der Wertung auszuschließen. Als Sanktionen ist je Verstoß 1 %, bei mehreren Verstößen bis zu 10 % des Auftragswertes vorgesehen. Es gibt zudem die Option der fristlosen Kündigung.

ÖPNV-Sektor: Zur Zeit keine Geltung des LVergabeG.

7. Nordrhein-Westfalen

Gesetz über die Sicherung von Tariftreue und Sozialstandards sowie fairen Wettbewerb bei der Vergabe öffentlicher Aufträge (Tariftreue- und Vergabegesetz Nordrhein-Westfalen - TVgG - NRW[73]) vom 10. Januar 2012

Das TVgG-NRW ist eines der neuesten und modernsten Tariftreuegesetze. Es findet Anwendung auf alle Branchen des AEntG sowie den ÖPNV-Sektor. Das TVgG-NRW umfasst alle öffentlichen Aufträge. Die Tariftreue wird auch auf Nachunternehmer erstreckt. Ebenfalls erfolgt eine Einbeziehung der Leiharbeitnehmer. Es gibt einen Vergabe-spezifischen Mindestlohn von 8,62 EUR. Für die Festlegung des Mindestlohns gibt es eine gesonderte, paritätisch besetzte Kommission unter Einbeziehung der maßgeblichen Tarifvertragsparteien. Bei der Bieterauswahl werden soziale Kriterien, wie auch wirtschaftliche Innovation, Umweltschutz und Energieeffizienz berücksichtigt. Das TVgG-NRW enthält eine Klausel zur Förderung des Mittelstands und sieht ein Präqualifikationsverfahren für Auftragnehmer vor. Die Kontroll- und Sanktionsbestimmungen gelten ab einem Auftragswert von 20.000 EUR. Eine spezielle Regelung zur Frauenförderung greift im Dienstleistungsbereich ab einem Auftragsvolumen von 50.000 EUR, im Baubereich ab 150.000 EUR. Je Verstoß gibt es eine Strafzahlung in Höhe von 1 % des Auftragsvolumens, bei mehreren Verstößen bis zu 10 % des Auftragswertes. Bei grober Fahrlässigkeit ist eine fristlose Vertragskündigung möglich. Es

---

[72]Im Internet: www.nds-voris.de (Niedersächsisches Vorschrifteninformationssystem)
[73]Im Internet: https://recht.nrw.de

kann als weitere Sanktion ein Ausschluss von der Teilnahme an Vergabeverfahren bis zu 3 Jahren vorgenommen werden. Zur Kontrolle der Einhaltung
der Tariftreuevorgaben wurde eine gesonderte Prüfbehörde eingerichtet. Für
das TVgG-NRW ist eine Evaluierung nach 4 Jahren vorgesehen.

ÖPNV-Sektor: Öffentliche Aufträge des öffentlichen Personenverkehrs auf
Straße und Schiene dürfen nur an Unternehmen vergeben werden, die sich
bei Angebotsabgabe schriftlich verpflichten, ihren Beschäftigten (ohne Aus-
zubildende) bei der Ausführung der Leistung mindestens das in Nordrhein-
Westfalen für diese Leistung in einem der einschlägigen und repräsentativen mit einer tariffähigen Gewerkschaft vereinbarten Tarifverträge vorgesehene Entgelt nach den tarifvertraglich festgelegten Modalitäten zu zahlen
und während der Ausführungslaufzeit Änderungen nachzuvollziehen. Bei
länderübergreifenden Vergaben ist eine Einigung anzustreben, ansonsten
ist ein Abweichen von dem TVgG-NRW möglich. Die Optionen der VO
(EG) 1370/2007 wurden in das TVgG-NRW aufgenommen. Das für Arbeit
zuständige Ministerium bestimmt durch Rechtsverordnung, welche Tarifverträge als repräsentativ anzusehen sind. Es erfolgt bei der Festlegung des repräsentativen Tarifvertrags eine Unterscheidung zwischen SPNV (Schienenpersonennahverkehr) und ÖSPV (Öffentlicher Straßenpersonennahverkehr).
Über einen beratenden, paritätisch besetzten Ausschuss erfolgt die Einbeziehung aller maßgeblichen Tarifvertragsparteien im ÖPNV bei der Auswahl
der repräsentativen Tarifverträge. Im Bereich des SPNV hat der beraten-
de Ausschuss zum TVgG-NRW den BranchenTV-SPNV als repräsentativen
Tarifvertrag[74] empfohlen.

8. Rheinland-Pfalz

Landesgesetz zur Gewährleistung von Tariftreue und Mindestentgelt bei
öffentlichen Auftragsvergaben (Landestariftreuegesetz, LTTG RLP[75]) vom
1. Dezember 2010

Das LTTG RLP umfasst alle Branchen im AEntG und den ÖPNV-Sektor. Es
gilt für alle öffentlichen Auftraggeber bei Vergaben innerhalb von Rheinland-
Pfalz ab einem Auftragswert von 20.000 EUR. Die Tariftreueregelungen gelten auch für Subunternehmer und werden auf Leiharbeitnehmer erstreckt.
Es gibt einen Vergabe-spezifischen Mindestlohn (Mindestentgelt) von 8,50
EUR (ab 2013: 8,70 EUR). Für die Festlegung des Mindestentgelts gibt es
eine gesonderte, paritätisch besetzte Mindestlohn-Kommission[76] unter Ein-

---

[74] Einschließlich des in Bezug genommenen Tarifwerks. Für die bei den Unternehmen der
Deutschen Bahn beschäftigten Lokomotivführer gilt der Bundesrahmenlokomotivführer-
Tarifvertrag zwischen der Gewerkschaft Deutscher Lokomotivführer (GDL) und dem
Agv MoVe (BuRa-LfTV Agv MoVe).

[75] Im Internet: www.lsjv.rlp.de (Servicestelle LTTG RLP beim Landesamt für Soziales
Jugend u. Versorgung

[76] Vorbild hierfür sind die „low-pay commissions" in Großbritannien

beziehung der maßgeblichen Tarifvertragsparteien. Diese Kommission hat gerade einen einstimmigen Beschluss[77] gefasst, das Mindestentgelt zum 01. Januar 2013 auf 8,70 EUR zu erhöhen. Die Landesregierung ist diesem Beschluss gefolgt und hat erstmalig eine entsprechende Landesverordnung erlassen[78]. Neben der Tariftreue gibt es die Option der Vorgabe weiterer sozialer, umweltbezogener oder innovativer Aspekte. Diese sind sehr weitgehend. So können als soziale Aspekte in diesem Sinne nach dem LTTG RLP besonders gefördert werden: Die Beschäftigung von Auszubildenden oder von Langzeitarbeitslosen, die Verwendung von Produkten oder die Lieferung von Waren, die im Ausland unter Einhaltung der Kernarbeitsnormen der ILO[79] gewonnen oder hergestellt wurde oder die Sicherstellung der Entgeltgleichheit von Frauen und Männern. Sanktionen: Je Verstoß gibt es eine Strafzahlung in Höhe von 1 % des Auftragsvolumens, bei mehreren Verstößen bis zu 10 % des Auftragswertes. Bei grober Fahrlässigkeit ist eine fristlose Vertragskündigung möglich. Es kann als weitere Sanktion ein Ausschluss von der Teilnahme an Vergabeverfahren von bis zu 3 Jahren vorgenommen werden. Weitere Besonderheit: Beim Landesamt für Soziales Jugend und Versorgung ist seit dem 1. März 2011 eine Servicestelle eingerichtet, die über das Landestarifreuegesetz (LTTG) informiert und die Entgeltregelungen aus den einschlägigen und repräsentativen Tarifverträgen unentgeltlich zur Verfügung stellt.

ÖPNV-Sektor: Es gilt das Prinzip des einschlägigen und repräsentativen Tarifvertrags. Die Optionen der VO (EG) 1370/2007 wurden in das LTTG RLP aufgenommen. Sachgerecht wird innerhalb des ÖPNV zwischen Schiene (SPNV) und Straße (ÖSPV) unterschieden. Für beide Bereiche gilt: Es muss das nach dem repräsentativen Tarifvertrag vorgesehene Entgelt nach den tarifvertraglich festgelegten Modalitäten gezahlt werden und die während der Ausführungslaufzeit des Verkehrsvertrages vorgenommenen Änderungen (z.B. Erhöhung des Entgelts durch eine Entgeltrunde) an diesem Tarifvertrag nachvollzogen werden. Die Regelung gilt auch für öffentliche Aufträge im freigestellten Schülerverkehr. Bei grenzüberschreitenden Vergaben kann von der Vorgabe der Tariftreue abgewichen oder auf diese verzichtet werden. Die Ermittlung der einschlägigen und repräsentativen Tarifverträge erfolgt über einen paritätisch besetzten Beirat, in dem alle Tarifvertragsparteien vertreten sind. Für den Bereich der Schiene hat der Beirat den BranchenTV-

---

[77] Beschluss der Mindestentgelt-Kommission Rheinland-Pfalz vom 25. September 2012

[78] Erste Landesverordnung zur Festsetzung des Mindestentgelts nach § 3 Absatz 2 Satz 3 des Landestarifreuegesetzes (Stand: 28. September 2012)

[79] Internationale Arbeitsorganisation bei den Vereinten Nationen (International Labor Law Organisation = ILO)

SPNV[80] einstimmig als repräsentativen Tarifvertrag ausgewählt. In einer Landesverordnung, die laufend aktualisiert wird, sind die repräsentativen Tarifverträge für den ÖPNV veröffentlicht.

Rheinland-Pfalz stand im Jahr 2010 am Anfang einer Reihe von Bundesländern, die sich zur Verabschiedung neuer, moderner Tariftreuegesetze auf den Weg gemacht hatten oder bestehende Regelungen novellieren wollten. Der Prozess zum LTTG RLP hat insgesamt, bedingt durch den zwischenzeitlichen Stopp durch die Rüffert-Entscheidung, zwar einige Zeit gebraucht. Am Ende steht mit dem LTTG RLP aber ein Tariftreuegesetz, welches Vorbildcharakter für eine Reihe von anderen Bundesländern hat, die danach ebenfalls Gesetzgebungsverfahren für neue oder novellierte Tariftreueregelungen eingeleitet haben. Bislang einmalig ist die Einrichtung einer Servicestelle zum Tariftreuegesetz, welche nicht nur Auftraggeber wie Auftragnehmer berät, sondern auch die Akzeptanz von Tariftreue insgesamt erhöhen möchte.

9. Saarland

Gesetz über die Sicherung von Sozialstandards, Tariftreue und Mindestlöhnen bei der Vergabe öffentlicher Aufträge im Saarland (Saarländisches Tariftreuegesetz, STTG)[81] Hinweis: Laufendes Gesetzgebungsverfahren, derzeitige Entwurfs-Fassung STTG vom 23.08.2012

Bisher: Gesetz über die Vergabe öffentlicher Aufträge und zur Sicherung von Sozialstandards und Tariftreue im Saarland (Saarländisches Vergabe- und Tariftreuegesetz) vom 15. September 2010 (Hinweis: Das Gesetz sollte 2020 außer Kraft treten, wird jetzt aber durch das STTG abgelöst werden)

Im Saarland ist gerade das Gesetzgebungsverfahren zur Verabschiedung eines neuen Tariftreuegesetzes am Laufen. Nachdem die erste Lesung im August 2012 erfolgte, ist noch im Jahr 2012 mit einer Verabschiedung des STTG zu rechnen. Vorbehaltlich der endgültigen Fassung sollen hier kurz einige Punkte aus dem aktuellen Gesetzentwurf dargestellt werden. Auf eine Darstellung des bisherigen Saarländischen Vergabe- und Tariftreugesetz wird aufgrund dessen zu erwartenden Aufhebung verzichtet.

Der Anwendungsbereich des STTG wird die Vergabe von Aufträgen über Bau-, Liefer- und Dienstleistungen durch öffentliche Auftraggeber im Sinne des § 98 des GWB und die ÖPNV-Branche umfassen. Das STTG wird ab einem geschätzten Auftragswert (Schwellenwert) von 25.000 EUR gelten. Es

---

[80]BranchenTV SPNV zwischen EVG und G 6-Unternehmen sowie dem Agv MoVe. Wie in NRW einschließlich des in Bezug genommenen Tarifwerks. Für die bei den Unternehmen der Deutschen Bahn beschäftigten Lokomotivführer gilt der BuRa-LfTV Agv MoVe mit GDL.

[81]Im Internet: www.saarland.de oder http://web43.d2-1066.ncsrv.de (Amtsblatt des Saarlands)

wird einen Vergabe-spezifischen Mindestlohn von 8,50 EUR vorsehen (ohne Einbeziehung der Vergütung Auszubildender). Für Leiharbeitnehmer ist eine gesonderte Regelung vorgesehen. Die Tariftreueverpflichtung wird auch auf Nachunternehmer erstreckt werden. Öffentliche Auftraggeber sollen im Rahmen von Liefer-, Bau- und Dienstleistungsaufträgen dafür Sorge tragen, dass bei der Herstellung, Verwendung und Entsorgung von Gütern sowie durch die Ausführung der Leistung bewirkte negative Umweltauswirkungen gering gehalten werden. Die Sanktionen werden im Rahmen anderer Tariftreuegesetze erfolgen. Die Laufzeit des STTG soll auf den 31.12.2020 beschränkt werden.

ÖPNV-Sektor: Es gilt (bislang) voraussichtlich das Prinzip des einschlägigen Tarifvertrags. Aufträge über Leistungen oder Genehmigungen im öffentlichen Personennahverkehr dürfen demnach nur an Auftragnehmer vergeben werden, die sich bei der Angebotsabgabe oder im Antrag auf Erteilung einer Genehmigung schriftlich verpflichten, ihren Arbeitnehmerinnen und Arbeitnehmern bei der Ausführung dieser Leistungen mindestens das Entgelt nach den tarifvertraglich festgelegten Modalitäten zu zahlen, das in einem im Saarland für diesen Bereich geltenden Tarifvertrag vorgesehen ist. Des Weiteren ist die Einhaltung der sonstigen tarifvertraglichen Regelungen, insbesondere zum Urlaubsgeld, zu vermögenswirksamen Leistungen, Zuschlagsregelungen und Arbeitgeberleistungen zur Altersvorsorge zu gewährleisten und während der Ausführungslaufzeit sind Änderungen nachzuvollziehen. Die Optionen der VO (EG) 1370/2007 sollen in das STTG aufgenommen werden. Eine Einbeziehung der Tarifvertragsparteien in die Ermittlung der einschlägigen Tarifverträge ist bislang nicht vorgesehen.

10. Thüringen

Thüringer Gesetz über die Vergabe öffentlicher Aufträge (Thüringer Vergabegesetz, ThürVgG)[82] vom 18. April 2011

Der Geltungsbereich des ThürVgG umfasst alle Branchen des AEntG und die ÖPNV-Branche. Das ThürVgG gilt für alle öffentlichen Aufträge. Bei Aufträgen im Baubereich gilt ein Schwellenwert von 50.000 EUR, bei Liefer- und Dienstleistungsaufträgen ab 20.000 EUR. Neben der Tariftreue gibt es die Option der Einbeziehung weiterer Aspekte: Förderung der Chancengleichheit von Frauen und Männern, Förderung der beruflichen Erstausbildung sowie weitere ökologische und soziale Belange. Die Tariftreuevorgaben werden auch auf Nachunternehmer erstreckt. Es gibt keine Regelungen zu einem Mindestlohn. Es ist eine Regelung zur Förderung des Mittelstandes enthalten: Die Auftraggeber sind verpflichtet, kleine und mittlere Unternehmen (KMU) bei beschränkten Ausschreibungen und Freihändigen Vergaben

---

[82] Im Internet: www.thueringen.de unter dem Stichwort „Vergabegesetz"

in angemessenem Umfang zur Angebotsabgabe aufzufordern. Das Vergabe-verfahren ist, soweit nach Art und Umfang der anzubietenden Leistungen möglich, so zu wählen und die Verdingungsunterlagen so zu gestalten, dass kleine und mittlere Unternehmen am Wettbewerb teilnehmen und beim Zu-schlag berücksichtigt werden können. Als Sanktionen bei Nichteinhaltung der Tariftreuevorgaben sind vorgesehen: Je Verstoß gibt es eine Strafzah-lung in Höhe von 1 % des Auftragsvolumens, bei mehreren Verstößen bis zu 5 % des Auftragswertes. Eine fristlose Vertragskündigung ist bei Verstößen möglich wie auch ein Ausschluss von der Teilnahme an Vergabeverfahren von bis zu 3 Jahren. Nach 5 Jahren ist eine Evaluierung des ThürVgG vor-gesehen.

ÖPNV-Sektor: Die Vorgabe des einzuhaltenden Tariftreueniveaus auf Basis eines Tarifvertrages erfolgt durch den jeweiligen öffentlichen Auftraggeber. Es gibt keine Vorgaben zur Einschlägigkeit oder Repräsentativität. Bei der Auswahl der Tarifverträge wird auf das Prinzip des Orts der Leistungser-bringung abgestellt: Öffentliche Aufträge für Dienstleistungen im Bereich des ÖPNV dürfen demnach nur an Unternehmen vergeben werden, die sich bei der Angebotsabgabe schriftlich verpflichtet haben, ihren Arbeitnehmern bei der Ausführung der Leistung mindestens den am Ort der Leistungser-bringung für das jeweilige Gewerbe geltenden Lohn- und Gehaltstarif zu zahlen. Das für das öffentliche Auftragswesen zuständige Ministerium gibt im Einvernehmen mit dem für Tarifrecht zuständigen Ministerium und dem für das Verkehrswesen zuständigen Ministerium die geltenden Lohn und Ge-haltstarife im Thüringer Staatsanzeiger bekannt. Der öffentliche Auftragge-ber kann auf die Veröffentlichung der anzuwendenden Tarifentgelte in der Bekanntmachung oder in den Ausschreibungsunterlagen hinweisen. Es er-folgt keine Einbeziehung der Tarifvertragsparteien bei der Ermittlung des vorgegebenen Tarifvertrags.

IX. Fazit und Ausblick: Wohin geht die Entwicklung der Ta-riftreue?

Die Dynamik der neuen Tariftreuegesetze setzt sich fort, wie sich allein an-hand folgender laufender Gesetzgebungsverfahren zeigen lässt:

1. Baden-Württemberg

Tariftreuegesetz für Baden-Württemberg (Landestariftreuegesetz, LTTG[83]), Regierungsentwurf vom 18.04.2012 Das Gesetzgebungsverfahren für das LTTG Baden-Württemberg ist schon weit fortgeschritten. Mit einer Verab-schiedung des LTTG darf entweder noch Ende 2012, spätestens zu Beginn

---

[83] Im Internet: www.landtag-bw.de unter dem Stichwort „Landestariftreuegesetz"

des Jahres 2013 gerechnet werden. Es wäre das erste Tariftreuegesetz in Baden-Württemberg. Der Gesetzentwurf zeigt die Orientierung des Landesgesetzgebers an die Regelungen in Rheinland-Pfalz und Nordrhein-Westfalen unter der Einbringung eigener Akzente. Das LTTG wird sich vs. auf alle Branchen nach dem AEntG und den ÖPNV-Sektor beziehen. Erfreulich aus Sicht der Tarifvertragsparteien ist deren geplante Einbindung in die Auswahl des repräsentativen Tarifvertrags.

2. Sachsen-Anhalt

Gesetzentwurf der Fraktionen CDU und SPD für ein Gesetz zur Verabschiedung eines Vergabegesetzes und Aufhebung von Teilen des Mittelstandsförderungsgesetzes (Landesvergabegesetz, LVG LSA[84]) vom 8.12.2011, Drucksache 6/644 Hier hat im März 2012 die Anhörung im Landtag von Sachsen-Anhalt stattgefunden. Im Juni 2012 hat sich der Finanzausschuss mit dem Entwurf des LVG LSA befasst. Das Gesetzgebungsverfahren ist weiter im Gang und es kann mit einer Verabschiedung Ende 2012 oder Anfang 2013 gerechnet werden. Der Fraktionsentwurf des LVG LSA sieht eine Geltung für alle Branchen des AEntG und der ÖPNV-Branche vor. Für letztere soll eine Tariftreuevorgabe nach dem Prinzip der Repräsentativität erfolgen. Ein Vergabespezifischer Mindestlohn ist im Entwurf des LVG LSA nicht vorgesehen.

3. Schleswig-Holstein

Entwurf eines Gesetzes über die Sicherung von Tariftreue und Sozialstandards sowie fairen Wettbewerb bei der Vergabe öffentlicher Aufträge (Tariftreue- und Vergabegesetz Schleswig-Holstein - TTG)[85] In Schleswig-Holstein steht die Entwicklung für das TTG noch am Anfang. Mit einer Einleitung des Gesetzgebungsverfahrens ist bis zum Ende des Jahres 2012 zu rechnen, eine Verabschiedung des TTG in 2013 sehr wahrscheinlich.

4. Hat Tariftreue eine Zukunft?

Die Frage nach der Zukunft der Tariftreue stellt sich zu Recht, betrachtet man die wechselvolle Geschichte und die Tatsache, dass Tariftreueregelungen mehrfach schon „am Ende waren" und wieder abgeschafft wurden. Obige Darstellung der laufenden oder zu erwartenden Gesetzgebungsverfahren zeigen jedoch, dass man die Prognose stellen kann, dass es Ende des Jahres 2013 in 13 der 16 deutschen Bundesländer aktuelle, angewendete Tariftreueregelungen geben wird. Mit einer baldigen Aufhebung dieser ist nicht zu rechnen.

---

[84] Im Internet: www.landtag.sachsen-anhalt.de
[85] Im Internet: www.landtag.ltsh.de

Ob sich die anderen 3 verbleibenden Bundesländer diesem Trend dauerhaft werden verschließen können und wollen, wird sich zeigen. In Hessen gab es bereits - unter der CDU geführten Landesregierung - ein Tariftreuegesetz, dass vor allem aufgrund der im Nachgang zu der Rüffert-Entscheidung bestehenden Rechtsunsicherheiten aufgehoben wurde. Die Bedenken, die es unbestritten in Teilen der Wirtschaft und Verbänden gegen diese Entwicklung gibt, sind auf jeden Fall Ernst zu nehmen. An manchen der bestehenden Regelungen gibt es berechtigte Kritikpunkte. Die Landesgesetzgeber und Auftraggeber, die Tariftreue anwenden, sind deshalb gut beraten, wenn sie transparent verfahren und Anregungen von Seiten der Auftragnehmer und Tarifvertragsparteien aufnehmen. Die aktuellen Beispiele zeigen, dass dies vielfach der Fall ist. Die neuen Tariftreuegesetze verstehen es zum einen, mit den rechtlichen Schwierigkeiten der Vergangenheit und Erfahrungswerten umzugehen und finden auf diese Antworten. Die Regelungen darf man in der Mehrzahl deshalb als mit hoher Wahrscheinlichkeit europarechtskonform bezeichnen. Für Deutschland hat das Bundesverfassungsgericht bereits positiv entschieden. Zum anderen gehen die Tariftreue-Gesetze aber auch vermehrt auf die Belange der Praxis ein. Das zeigt sich sowohl an der vielfachen Einbeziehung der Tarifvertragsparteien, was für eine größere Praxisnähe sorgt, aber auch an verschiedenen Innovationen. Dazu gehört die Möglichkeit zur Präqualifikation, wie z.b. in NRW, Berlin oder Bremen, orientiert an dem Beispiel in der Bauwirtschaft. Diese reduziert den Aufwand für die betroffenen Unternehmen, die dann nicht mehr für jedes Gebot eine Tariftreueerklärung und ggf. Einzelprüfung durchlaufen müssen. Dazu gehört aber auch das Serviceangebot, welches entweder über die zuständigen Ministerien oder Tarifregister im Internet eingerichtet bzw. ausgebaut wurde. Dies reicht bis hin zu Servicestellen wie in Rheinland-Pfalz, ebenso wie die Prüfstelle in NRW, welche vermehrt die Einhaltung der Tariftreuvorgaben kontrollieren kann. Der Gesetzgeber, der hier Verantwortung für die Anwendungspraxis und für mehr Effizienz sowie die Verbesserung der Umsetzung der Tariftreuevorgaben übernimmt, handelt im Sinne aller Beteiligten und letztlich der Beschäftigten und Bürger. Es gibt weitere Gründe, aufgrund derer man hinsichtlich der Tariftreue von einem nachhaltigen Trend sprechen kann. Diese Entwicklung geht einher mit einer allgemeinen gesteigerten Berücksichtigung von sozialen Belangen und Aspekten in der Politik und der Wirtschaft. Anfang 2011 hat die Europäische Kommission die Informationsschrift „Sozialorientierte Beschaffung - Ein Leitfaden für die Berücksichtigung sozialer Belange im öffentlichen Beschaffungswesen" veröffentlicht. Der Leitfaden definiert das sozialverantwortliche öffentliche Beschaffungswesen und greift Themen wie zum Beispiel Bedarfsfeststellung und -planung sowie Festlegung der Anforderungen des Auftrages jeweils vor dem Hintergrund der Berücksichtigung von Sozialkriterien bei der öffentlichen Auftragsvergabe auf. Er macht den gestiegenen Stellenwert von sozialen Aspekten deutlich, wie sie die Tariftreue einbezieht. Speziell für die ÖPNV-Branche zeigt die VO

1370/2007, dass eine weitere Liberalisierung und Öffnung des Verkehrsmarktes nur unter vermehrter Einbeziehung sozialer Bedingungen und Belange der Beschäftigten öffentliche Akzeptanz finden wird. Nur so kann sie letztlich auch erfolgreich sein. Die ÖPNV-Branche zeigt zudem, dass sich Tariftreue in der Tat positiv in Bezug auf das Tarifvertragssystem auswirkt: Hier hat die Tariftreue mit dazu beigetragen, Anreize für den erstmaligen Abschluss eines Branchentarifvertrages für den SPNV zu setzen. In den Unternehmen allgemein findet zur Zeit mit der Wahrnehmung einer „Corporate Social Responsibilty (CSR)" und der Bemühung um mehr oder bessere Nachhaltigkeit eine Entwicklung statt, die ebenfalls zu dem Zweck und den Zielen der Tariftreue passt. Als Vision kann „Tariftreue" für ein Unternehmen vielleicht auch ein zukünftiges wichtiges Merkmal für das Arbeitgeber-Image sein, um in dem zunehmend umkämpften Arbeitsmarkt qualifizierte Fachkräfte zu finden und zu binden. Ein wichtiger Faktor bei der Auftragserlangung ist sie schon heute. Insgesamt betrachtet gibt es überzeugende Gründe, die Frage nach der Zukunft der Tariftreue positiv zu beantworten.

Übersicht 1:

Bundesländer mit angewendeten gesetzlichen Tariftreue-Regelungen:

➢	Berlin	Berliner Ausschreibungs- und Vergabegesetz (BerlAVG) vom 08.07.2010
		(letzte Änderung: 05.06.2012)
➢	Brandenburg	Brandenburgisches Vergabegesetz (BbgVergG) vom 21.09.2011
		(letzte Änderung: keine, seit 01.01.2012 in Kraft)
➢	Bremen	Tariftreue- und Vergabegesetz Bremen (TtVG Bremen(vom 24.11.2009
		(letzte Änderung: 01.09.2012)
➢	Hamburg	Hamburgisches Vergabegesetz (HmbVgG) vom 13.02.2006
,		(letzte Änderung: 27.04.2019, momentan aber laufende Novellierung)
➢	Mecklenburg-Vorpommern	Vergabegesetz Mecklenburg-Vorpommern (VgG M-V) vom 7.07.2011
		(letzte Änderung: 25.06.2012)
➢	Niedersachsen	Niedersächsisches Landesvergabegesetz (LVergabeG) vom 15.12.2008
		(letzte Änderung: 19.01.2012 - Geltung begrenzt bis 31.12.2013)
➢	Nordrhein-Westfalen	Tariftreue- und Vergabegesetz Nordrhein-Westfalen (TVgG-NRW) vom 10.01.2012 (letzte Änderung: keine, 10.01.2012 ist aktueller Stand)
➢	Rheinland-Pfalz	Landestariftreuegesetz (LTTG RLP -) vom 1.12.2010
		(letzte Änderung: keine, 01.12.2010 ist aktueller Stand)
➢	Saarland	Saarländisches Tariftreuegesetz (STTG) vom XX:XX.2012
		(noch laufendes Gesetzgebungsverfahren – Verabschiedung vs. noch 2012)
		bisher: Saarländisches Vergabe- und Tariftreuegesetz vom 15.09.2010
➢	Thüringen	Thüringer Vergabegesetz (ThürVgG) vom 18.04.2011

Stand: November 2012

Hinweis: Eine aktuelle Fassung der Übersicht mit weiteren Links findet sich unter *www.agv-move.de*

© *M.Rohrmann*

Übersicht 2:

Bundesländer mit Tariftreue-Regelungen im Öffentlichen Personennahverkehr (ÖPNV):

➢ Berlin	§ 1 Absatz 3 BerlAVG
➢ Brandenburg	§ 3 Absatz 3 BbgVergG
➢ Bremen	§ 2 Absatz 2, § 10 Absatz 1 TtVG Bremen
➢ Mecklenburg-Vorpommern	§ 9 Absatz 1 VgG m-V
➢ Nordrhein-Westfalen	§ 2 Absatz 2, § 4 Absatz 2, § 5, § 21 TVgG-NRW
➢ Rheinland-Pfalz	§ 4 Absatz 3 und 4 LTTG RLP
➢ Saarland	§ 1 Absatz 2, § 3 Absatz 2 STTG
➢ Thüringen	§ 10 Absatz 2 ThürVgG

Stand: November 2012

Hinweis: Eine aktuelle Fassung der Übersicht mit weiteren Links findet sich unter *www.agv-move.de*

© M.Rohrmann

Übersicht 3:

Bundesländer, die neue Tariftreue-Regelungen (einschl. ÖPNV) planen:

➢ Baden-Württemberg	Landestariftreuegesetz (LTTG),
	Gesetzentwurf derzeit mit Stand 18.04.2012
➢ Sachsen-Anhalt	Landesvergabegesetz (LVG LSA),
	Gesetzentwurf derzeit mit Stand 08.12.2011
➢ Schleswig-Holstein	Tariftreue- und Vergabegesetz Schleswig-Holstein (TTG)
	Gesetzentwurf derzeit mit Stand 12.09.2012
➢ Hamburg	Gesetz über den Mindestlohn in der Freien und Hansestadt Hamburg
	(Hamburger Mindestlohngesetz) und zur Änderung des
	Hamburgischen Vergabegesetzes
	(bislang noch kein offizieller Gesetzentwurf vorliegend)

Stand: November 2012

© M.Rohrmann

Kapitel XI.

Der Blick über den deutschen Zaun – Unternehmensexpansion ins Ausland

Arbeits- und sozialrechtliche Fragestellungen in der EU (auch) vor dem Hintergrund der EU-Osterweiterung sowie zur Fortentwicklung der Tarifautonomie in Europa

Professor Dr. Frank **Bayreuther**
Universität Passau

I. Ausgangslage

Zum 1.5.2011 sind sämtliche Beschränkungen für Angehörige der EU-8-Staaten Mittel- und Osteuropas im Hinblick auf deren Arbeitnehmerfreizügigkeit weggefallen. Mit dem 31.12.2013 werden auch die bislang noch gegenüber Bulgarien und Rumänien fortbestehenden Beschränkungen auslaufen. Die bisherigen Erfahrungen zeigen allerdings, dass es nicht zu signifikanten Wanderungsbewegungen nach Deutschland gekommen ist. Allenfalls hat die Gesamtzahl legaler Beschäftigung in Deutschland in einschlägigen Wirtschaftsbereichen (z.B. häusliche Pflege) zugenommen.[1]

Mehr Bedeutung könnte dagegen haben, dass die gegenüber den EU-8 bzw. 10-Ländern fortgeführten Beschränkungen der Dienstleistungsfreiheit aufgehoben werden. Solche bestanden vor allem für das Baugewerbe und für verwandte Wirtschaftszweige. Gerade in diesen Branchen steht zu erwarten, dass Anbieter aus „Niedriglohnländern" ihre Leistungen in Deutschland zu außerordentlich günstigen Konditionen anbieten werden. Vor allem aber die Leiharbeit aus den MOE-Ländern könnte an Fahrt gewinnen. Die Entsendung von Arbeitnehmern im Rahmen einer Arbeitnehmerüberlassung unterliegt nämlich nicht nur etwaigen Beschränkungen der Dienstleistungsfreiheit (die, abgesehen von der Baubranche bereits mit dem Beitritt der EU-10-Länder aufgehoben waren), sondern gleichermaßen auch solchen der Arbeitnehmerfreizügigkeit. Das heißt: Mit der vollständigen Marktöffnung wird eine Arbeitnehmerüberlassung aus den MOE-Staaten möglich.

II. Einstellung von Arbeitnehmern aus MOE-Staaten

Die Besorgnis, dass inländische Unternehmen Arbeitnehmer aus den Beitrittsländern zu Dumpinglöhnen anstellen könnten, erweist sich - rechtlich gesehen und auf die legal Beschäftigen bezogen - allerdings als unbegründet. Auf derartige Arbeitsverhältnisse findet nämlich ausnahmslos

---

[1] S. etwa IAB, Stellungnahme in der Anhörung des Deutschen Bundestags am 4.4.2011, S. 6 f. online abrufbar unter http://doku.iab.de/stellungnahme/2011/sn0411.pdf, sowie: BT-Ausschussdrs. 17 (11) 477.

deutsches Arbeits- und Sozialrecht Anwendung: Art. 8 Abs. 2 Rom-I-VO, Art. 11 VO 883/2004.[2] Bedeutung erlangt dabei vor allem, dass nach Art. 45 Abs. 2 AEUV und Art. 7 der „Wanderarbeitnehmerverordnung" (492/2011[3], früher 1612/68[4]) eine Ungleichbehandlung eines Arbeitnehmers eines Mitgliedstaats alleine aufgrund seiner Staatsangehörigkeit hinsichtlich seiner Beschäftigungs- und Arbeitsbedingungen, insbesondere im Hinblick auf Entlohnung und Kündigung, verboten ist. Beide Bestimmungen haben unmittelbare Drittwirkung, so dass sich der Beschäftigte gegenüber seinem Arbeitgeber direkt auf sie berufen kann. Widersprechende Abreden sind nichtig, es findet eine Anpassung nach oben statt.[5]

III. Entsenderecht von Arbeitnehmern durch MOE-Unternehmen (ohne Leiharbeit)

1. Entsendung

Eine Entsendung im Sinne dieses Abschnitts liegt immer dann vor, wenn ein Arbeitgeber einen Arbeitnehmer zur Ausführung seiner Arbeitsleistung in einen anderen Mitgliedstaat entsendet. Inhaber des arbeitgeberseitigen Direktionsrechts bleibt indes alleine der Heimatarbeitgeber (vgl. auch Art. 2 Abs. 3 lit. a u. b EntsendeRiL). Der Arbeitnehmer nimmt seine Aufgaben in dieser Zeit also alleine unter der Aufsicht und Leitung des entsendenden Unternehmens wahr.[6] Typisch dafür ist der Fall, dass sich ein ausländischer Dienstleistungserbringer, etwa ein Bauunternehmer, erfolgreich um einen Auftrag im Inland beworben hat und eigene Mitarbeiter mit der Herstellung des geschuldeten Werkes vor Ort betraut. Die fraglichen Arbeitnehmer verlangen also keinen Zutritt zum Arbeitsmarkt des Zielstaats, weshalb sie sich europarechtlich im Hinblick auf die Entsendung nicht auf die Arbeitnehmerfreizügigkeit der Art. 45 f. AEUV berufen können; indes gelangt ihr Arbeitgeber in den Genuss der Garantien aus Art. 56 f. AEUV (Dienstleistungsfreiheit).[7]

---

[2]VO 883/2004 vom 29.4.2004, Abl. L 166/1 (Koordinierung der Systeme der sozialen Sicherheit).

[3]VO 492/2011 vom 5.4.2011, Abl. L 141/1 (Freizügigkeit der Arbeitnehmer in der Union).

[4]VO 1612/68 vom 15.10.1968, Abl. L 257/2 (Freizügigkeit der Arbeitnehmer in der Gemeinschaft).

[5]Brechmann, in: Calliess/Ruffert, EUV/AEUV (4. Aufl. 2011), Art. 45 AEUV Rn. 52 f.

[6]EuGH, 10.2.2011 - Rs. C-307/09 bis Rs. C-309/09 Vicopolus, NZA 2011, 283.

[7]EuGH, 25.10.2001 - RS. C-49/98 u.a. Finalarte, BB 2001, 2648 = NZA 2001, 1377.

2. Anwendbares Recht

2.1. IPR, Arbeitsrecht

In arbeitsrechtlicher Hinsicht gilt, dass durch eine vorübergehende Entsendung das auf den Arbeitsvertrag anzuwendende Recht nicht wechselt (Art. 8 Abs. 2 S. 2 Rom-I-VO[8]). Allgemein angenommen, dass eine Entsendung, die nicht (lang) andauernd bzw. endgültig ist, als „vorübergehend" gilt, erweist sich dieser Begriff als fließend.[9] Entscheidend ist der Wille beider Vertragsparteien, wonach der Arbeitnehmer wieder in sein Heimatland zurückkehren soll. Fixe Höchstdauern von Entsendezeiträumen sind zwar hin und wieder diskutiert worden, in der Rom I-VO aber nicht vorgesehen, vielmehr legt Erwägungsgrund 36 S. 1 Rom-I-VO sogar ausdrücklich fest, dass die Erbringung der Arbeitsleistung in einem anderen Staat als vorübergehend gilt, soweit von dem Arbeitnehmer erwartet wird, dass er nach seinem Arbeitseinsatz im Ausland seine Arbeit im Herkunftsstaat wieder aufnimmt. Letztlich kommt es darauf aber kaum an. Denn selbst dann, wenn man sich für die Festlegung etwaiger Höchstfristen aussprechen würde, würden die meisten Entsendungen diese auch dann nicht erreichen, wenn die einschlägigen Fristen eher kurz bemessen wären.

2.2. Sozialrecht

Bedeutender als das internationale Arbeitsprivatrecht dürfte sich für die Praxis ohnehin das internationale Sozialrecht erweisen. Denn selbst wenn das Arbeitsverhältnis nach Art. 19 Nr. 2a EuGVVO (VO 44/2001[10]) in den Spruchbereich der deutschen Arbeitsgerichte fallen und dem deutschen Recht unterliegen würde, bliebe dies nicht selten bedeutungslos, weil entsandte Arbeitnehmer von der Möglichkeit, etwaige Ansprüche einzuklagen, keinen Gebrauch machen oder sogar häufig davon gar nichts wissen.

Ganz anders verhalten sich die Dinge dagegen im Sozialversicherungsrecht. Denn dieses wird durch Behörden durchgesetzt, die ein besonderes Interesse an der Rekrutierung möglichst vieler Beitragszahler haben. Daher ist es in vielen Fällen so, dass der Arbeitnehmer spätestens dann aus Deutschland abgezogen wird, sobald das Arbeitsverhältnis dem deutschen Sozialrecht unterliegen würde. Zur Anwendung gelangen insoweit vor allem Art. 12 der VO

---

[8]VO 593/2008 vom 17.6.2008, Abl. L 177/6 (auf vertragliche Schuldverhältnisse anzuwendendes Recht).

[9]Magnus, in: Staudinger, Neubearbeitung 2011, Art. 8 Rom I-VO Rn. 107 f.; Martiny, in: Münchener Kommentar, 5. Aufl. 2010, Bd. 10, Art. 8 Rom I-VO Rn. 56 f., Schlachter, in: Erfurter Kommentar, 12. Aufl. 2012, Art. 9 Rom I-VO Rn. 14; Deinert, RdA 2009, 144, 146; Franzen, AR-Blattei S. 920, Rn. 56 f.

[10]VO 44/2001 vom 22.12.2000, Abl. L 12/1 (gerichtliche Zuständigkeit und Anerkennung und Vollstreckung in Zivil- und Handelssachen).

zur Koordinierung der Systeme der sozialen Sicherheit (883/2004),[11] sowie Art. 14 der zu ihrer Durchführung erlassenen Verordnung 987/2009[12] (vormals: VO 1408/71[13]). Einzelheiten sind in Abschnitt III. dargestellt.

3. Zwingende Mindestarbeitsbedingungen

3.1. Zwingende Mindestarbeitsbedingungen und ihre Erstreckung auf ausländische Diensterbringer

Auch wenn das Arbeitsverhältnis weiterhin dem Heimatrecht unterliegt, hat der entsendende Arbeitgeber die nach §§ 2, 3, 7 und 8 AEntG zwingenden Mindestarbeitsbedingungen einzuhalten. Diese stellen Eingriffsnormen dar und durchbrechen daher das auf das Arbeitsverhältnis kraft objektiver Anknüpfung und/oder Parteivereinbarung anzuwendende Recht: Art. 9 Rom-I-VO, Erwägungsgrund 34 Rom-I-VO, Art. 3 Abs. 1 Entsenderichtlinie 96/71/EG.[14] Als besonders bedeutend erweisen sich dabei die über das Rechtsverordnungsverfahren nach § 7 AEntG für zwingend erklärten Mindestlohntarifverträge, aber auch das Sozialkasseverfahren der Bauwirtschaft (§§ 3, 5 Nr. 3, 7 und 8 AEntG, 5 TVG). Entsandte Arbeitnehmer können ihnen nach dem AEntG zuerkannte individuelle Ansprüche vor deutschen Gerichten verfolgen: § 15 AEntG, Art. 67 EuGVVO iVm. Art. 6 Entsende-RiL.

Europarechtliche Bedenken an der Zulässigkeit der Erstreckung inländischer Mindestlöhne ergeben sich nach den Urteilen des EuGH in Sachen Finalarte, Portugaia und Wolff & Müller nicht mehr.[15] Allerdings könnte mit den Entscheidungen des EuGH in Sachen Laval, Rüffert und Kommission vs. Luxemburg[16] unklar geworden sein, inwieweit nationale Lohnvorgaben ausdifferenzierte Mindestlöhne vorgeben dürfen. Das deutsche Recht schreibt zwar - anders als der AEntG-Gesetzgeber dies 1996 und 1998 für möglich gehalten hatte[17] - keine ganzen Tarifgitter verbindlich vor, differenziert indes nach Branchen, Regionen (Ost/West) und zwei Qualifikationsstufen. Wenngleich

---

[11]VO 883/2004 vom 29.4.2004, Abl. L 166/1 (Koordinierung der Systeme der sozialen Sicherheit).

[12]VO 987/2009 vom 16.9.2009, Abl. L 284/1 („AusführungsVO" zu VO 883/2004 [Fn. 2]).

[13]Das war die VO 1408/71 vom 14.6.1971, Abl. L 149/1 (Anwendung der Systeme der sozialen Sicherheit), die für die berühmten „Paletta-Fälle" maßgeblich war.

[14]RL 96/71 vom 16.12.1996, Abl. L 18/1 (Entsendung von Arbeitnehmern im Rahmen der Erbringung von Dienstleistungen).

[15]EuGH, 25.10.2001 - Rs. C-49/98 u.a. Finalarte, BB 2001, 2648 = NZA 2001, 1377; EuGH, 24.01.2002 - Rs. C-164/99 Portugaia, BB 2002, 624 = NZA 2002, 207; EuGH, 12.10.2004 - Rs. C-60/03 Wolff & Müller, RIW 2005, 622 = NZA 2004, 1211.

[16]EuGH, 19.6.2008 - Rs. C-319/06 Kommission/Luxemburg, NZA 2008, 865; EuGH, 3.4.2008 - Rs. C-346/08 Rüffert, RIW 2008, 298 = NZA 2008, 537; EuGH, 18.12.2007 - Rs. C-341/05 Laval, RIW 2008, 80 = NZA 2008, 159, Rn. 77 f.

[17]BT-Drucksache 14/45, S. 25; Hanau, in: Erfurter Kommentar, 2. Aufl. 2001, § 1 AEntG Rn. 5 u. 10.

sich diese Ausdifferenzierung keinesfalls mit der Erstreckung vollständiger Tarifgitter gleichsetzen lässt, sollten die Tarifpartner sich aus meiner Sicht auf europäischer Ebene darum bemühen, in der Entsenderichtlinie festzuschreiben, dass wenigstens grobschlächtige Spreizungen des Mindestlohns möglich sind. Dies wäre nach meinem Dafürhalten auch primärrechtskonform.

Dagegen scheitert die Idee, die vom BAG aufgestellte 2/3-Sittenwidrigkeitsgrenze[18] auf ausländische Diensterbringer anzuwenden. Das ließe sich rechtstechnisch nicht durchführen, wäre aber auch aus europarechtlichen Gründen unmöglich.[19] Die 2/3-Sittenwidrigkeitsgrenze entstammt der Rechtsprechung, ist also keine „Rechts- und Verwaltungsvorschrift" iSd. § 2 Nr. 1 AEntG bzw. Art. 3 I lit. c EntsendeRiL. Es kommt hinzu, dass das BAG nur ein „relatives" und überdies stark fallabhängiges Mindestlohnniveau vorgibt. Sie lässt sich sinnvollerweise auch nicht als Eingriffsnorm iSd. Art. 9 I Rom-I-VO qualifizieren, weil eine derartige Erstreckung mangels Gerichtsstand des ausländischen Diensterbringers im Inland fruchtlos bliebe. Schließlich spricht aus europarechtlicher Sicht (Laval, Rüffert[20]) viel dagegen, EU-Ausländer in die BAG-Rechtsprechung einzubeziehen, weil derart nicht ein Mindestlohn, sondern ganze Tarifgitter, wenn vielleicht auch nur im Umfang von 66 %, verbindlich gemacht würden.

3.2. Ausgewählte Probleme der Durchsetzung von Mindestlöhnen

3.2.1. Generalunternehmer- und Auftraggeberhaftung

Unternehmer aus den MOE-Staaten, die Arbeitnehmer in eine Branche entsenden, die in den Geltungsbereich des AEntG fällt, haben die jeweils einschlägigen Mindestarbeitsbedingungen einzuhalten (§§ 2, 3, 7 und 8 AEntG, Art. 9 u. Erwgr. 34 Rom-I-VO).[21]

Nach Ansicht des BAG gibt § 14 AEntG allerdings keine echte Auftraggeberhaftung vor, sondern nimmt nur den Generalunternehmer in die Pflicht. Alleine dieser haftet für die Lohnforderungen der Arbeitnehmer seiner Nachun-

---

[18]BAG, 27.06.2012 - 5 AZR 496/11, BeckRS 2012, 73027; BAG, 16.05.2012 - 5 AZR 268/11, NZA 2012, 974 = BB 2012, 2375; BAG, 22.4.2009, 5 AZR 436/08, NZA 2009, 837 = BB 2009, 1013.

[19]S. Bayreuther, NZA 2010, 1157; Franzen, ZESAR 2011, 101, 104; a.A.: Schlachter, in: Erfurter Kommentar (Fn. 9), § 2 AEntG Rn. 2; Thüsing, in: Thüsing, AEntG, 1. Aufl. 2010, § 2 Rn. 7; Lakies, in: Däubler TVG, 2. Aufl. 2006, § 7 AEntG Rn. 9; HWK/Tillmanns, 5. Aufl. 2012, § 2 AEntG Rn. 5.

[20]EuGH, 3.4.2008 - Rs. C-346/08 Rüffert, RIW 2008, 298 = NZA 2008, 537; EuGH, 18.12.2007 - Rs. C-341/05 Laval, RIW 2008, 80 = NZA 2008, 159, Rn. 77 f.

[21]Gleiches gilt theoretisch für Mindestlöhne nach dem MiArbG (§§ 8 I, 4 III MiArbG, 2 Nr. 1 AEntG).

ternehmer.[22] Dagegen fallen „gewöhnliche" Auftraggeber, die lediglich einen einschlägigen Auftrag an ein anderes Unternehmen vergeben, nicht in den Geltungsbereich des § 14 AEntG.

Dem Wortlaut des § 14 AEntG lässt sich eine derartige Einschränkung allerdings nicht entnehmen und vor allem die Gesetzesbegründung spricht eher für eine weite Auslegung der Regelung.[23] Dort heißt es, dass „alle Bauaufträge" erfasst (sind), die ein „Unternehmer im Rahmen (seiner) Geschäftstätigkeit" in Auftrag gibt, sowie dass ein „Auftraggeber von Dienst- oder Werkleistungen, insbesondere ein sogenannter Generalunternehmer" in Haftung genommen werden soll.[24] Da also nicht ausgeschlossen werden kann, dass „einfache" Auftraggeber eben doch in Anspruch genommen werden, sollten Unternehmer bei der Beschäftigung von Anbietern aus den MOE-Staaten darauf drängen, dass diese die in § 14 AEntG aufgeführten Zahlungspflichten auch tatsächlich erfüllen. Für das BAG spricht allerdings, dass die sozialrechtliche Auftraggeberhaftung (§ 28e Abs. 3a SGB IV) - die ohnehin nur für das Baugewerbe greift - ebenfalls eine reine Nachunternehmerhaftung vorsieht.

Darüber hinaus wird eine Ausweitung des § 14 AEntG zu einer echten Auftraggeberhaftung politisch diskutiert. Insoweit muss man freilich sehr vorsichtig sein. Sicher: Eine Auftraggeberhaftung erweist sich zwar als probates Mittel zur Durchsetzung von Mindestlöhnen, weil sie Unternehmen davon abhält, mit zweifelhaften Anbietern zusammenzuarbeiten, und sie motiviert, deren Zuverlässigkeit sorgfältig zu prüfen. Umgekehrt erscheint die Besorgnis von Unternehmen aber alles andere als unbegründet, dass sie durch eine derartige Regelung übermäßigen Prüfpflichten und nicht kalkulierbaren Haftungsrisiken ausgesetzt sein könnten. Es wäre bedenklich, wenn ein Unternehmen bei der Vergabe jedes noch so kleinen Auftrags stets damit rechnen müsste, am Ende von den Beschäftigten des Diensterbringers auf die Zahlung einer etwaigen „Mindestlohndifferenz" in Anspruch genommen zu werden. Daher müsste eine Auftraggeberhaftung in jedem Fall auf bedeutende Aufträge beschränkt bleiben. Auch müsste die Haftungspflicht entfallen, wenn der Entleiher nachweist, dass er den Verleiher sorgfältig ausgewählt und zumutbare Prüf- und Überwachungsmaßnahmen dafür getroffen hat, dass dieser seiner Mindestlohnverpflichtung nachkommt (vgl. etwa § 28e Abs. 3b SGB IV). So wäre er etwa in Fällen, in denen er durch den Verleiher getäuscht wurde, nicht haftbar. Wohl wäre es sogar empfehlens-

---

[22] BAG, 28.3.2007 - 10 AZR 76/06, NZA 2007, 613; BAG, 6.11.2002 - 5 AZR 617/01, BB 2003, 633 = NZA 2003, 490.

[23] Lakies, in: Däubler TVG (Fn.19), Anh. 2 zu § 5, § 1a AEntG 1998 Rn. 9; Hold, in: Koberski/Asshoff, AEntG, 2. Aufl. 2002, § 1a AEntG 1998 Rn. 11; Hanau, in: Erfurter Kommentar (Fn. 17), 2. Aufl. 2002, § 1a AEntG 1998 Rn. 2; Dörfler, Nettolohnhaftung nach AEntG, 2002, S. 22.

[24] BT-Drucksache 14/45, S. 26; BT-Drucksache 542/08, S. 19.

wert, wenn die Haftung nur greifen würde, wenn sich dem Auftraggeber aufdrängen musste, dass das beauftragte Unternehmen seinen Verpflichtungen nicht nachkommen wird (etwa: unerklärlich kostengünstiges Angebot).

3.2.2. Reaktionen von Konkurrenten

Unterschreiten Anbieter Mindestlöhne nach dem AEntG, können sie durch Konkurrenten nach §§ 8 und 4 Nr. 11 UWG auf Unterlassung in Anspruch genommen werden. Die gegenteilige Rechtsprechung des BGH[25] ist seit der UWG-Novelle 2004 überholt.[26] Gegebenenfalls mögen Konkurrenten sich die Frage beantworten, inwieweit sie in einer derartigen Angelegenheit auf die Zollverwaltung (§§ 16 f. AEntG, 11 f. MiArbG) „zugehen" wollen.

IV. Sonderprobleme der Leiharbeit

Gravierende Auswirkungen könnte die vollständige Herstellung der Arbeitnehmerfreizügigkeit bei der Überlassung von Arbeitnehmern aus den MOE-Staaten nach Deutschland haben. Diese war, von einzelnen Ausnahmen abgesehen, bislang nicht möglich (vgl. §§ 284 SGB III, 39 AufenthaltsG, 6 I Nr. 2 ArGV). Die Arbeitnehmerüberlassung unterlag nicht nur Beschränkungen des freien Dienstleistungsverkehrs in der Union, sondern vielmehr auch solchen der Arbeitnehmerfreizügigkeit (vgl. I.). Bei der Arbeitnehmerüberlassung handelt es sich nämlich um eine Dienstleistung mit besonderem Charakter, die dadurch gekennzeichnet ist, dass sie dem Arbeitsmarkt des Aufnahmemitgliedstaats Arbeitnehmer zuführt. Daher muss sich der Inlandsmarkt mit dem Wegfall sämtlicher Beschränkungen der Arbeitnehmerfreizügigkeit auch für mittel- und osteuropäische Überlassungsunternehmen öffnen.

1. Anwendbares Sozialrecht

Bereits unter Ziffer 2.2. wurde darauf hingewiesen, dass in der Praxis dem internationalen Sozialrecht die im Vergleich zum internationalen Arbeitsprivatrecht bedeutendere Rolle zukommt. Das gilt insbesondere für die Arbeitnehmerüberlassung. Wenn Verleiher aus den MOE-Staaten ihre Dienste günstiger anbieten können als inländische Arbeitgeber, dann nicht zuletzt deshalb, weil sie die Lohnnebenkosten auf der Grundlage der Sozialversicherungsbeiträge in ihrem Heimatstaat kalkulieren können. Ihnen geht daher in dem Moment, wo auf die Arbeitsbeziehung inländisches Sozialrecht

---

[25]BGH, 3.12.1992 - I ZR 276/90, BGHZ 120, 320 = BB 1993, 1612; BGH, 11.5.2000 - I ZR 28/98, BGHZ 144, 255 = NJW 2000, 3351.

[26]Köhler, in: Köhler/Bornkamm, 28. Aufl. 2010, § 4 UWG, Rn. 11.38; Ohly, in: Piper/Ohly/Sosnitza, 5. Aufl. 2010, § 4 UWG, Rn. 11/17; Aulmann, BB 2007, 826.

Anwendung findet, ein entscheidender Wettbewerbsvorteil verloren. Hinzu kommt erneut, dass es außerordentlich unwahrscheinlich erscheint, dass aus den MOE-Staaten nach Deutschland überlassene Arbeitnehmer ihnen zustehende inländische zivilrechtliche Ansprüche jemals gegen ihren Arbeitgeber verfolgen werden. Ganz anders sieht dies aber eben im Sozialrecht aus, das durch Behörden durchgesetzt wird, die ein besonderes Interesse an der Gewinnung möglichst vieler Beitragszahler haben, die Rechtslage genau kennen und über eine hinreichende organisatorische Ausstattung zur Durchsetzung etwaiger Ansprüche verfügen. Daher wird es in vielen Fällen so sein, dass nicht das Arbeits-, sondern das Sozialrecht darüber entscheidet, ob, in welchem Umfang und wie lange ein ausländischer Leiharbeitnehmer in Deutschland eingesetzt werden wird.

Im Einzelnen gilt:

Nach Art. 12 VO 883/2004 unterliegt das Beschäftigungsverhältnis weiterhin der Sozialversicherung des Heimatlands, soweit die voraussichtliche Dauer dieser Arbeit vierundzwanzig Monate nicht überschreitet und der Arbeitnehmer unmittelbar vor Beginn seiner Beschäftigung bereits den Rechtsvorschriften des Heimatstaats unterfiel. Dabei schadet es nicht, wenn der Arbeitnehmer alleine im Hinblick auf die Entsendung eingestellt wird (Art. 14 I VO 987/2009[27]), weil es ausreicht, wenn die Sozialversicherungspflicht anderweitig, beispielsweise durch eine Vorbeschäftigung bei einem anderen Arbeitgeber, begründet wurde.[28]

Doch gibt es zwei überaus wichtige Einschränkungen. Nach Art. 12 I VO 883/2004 wechselt das Beschäftigungsverhältnis zum deutschen Recht, wenn der Arbeitnehmer länger als 24 Monate im Inland beschäftigt ist oder aber - für die Praxis entscheidend - wenn er einen Arbeitnehmer ablösen soll, dessen Entsendezeit abgelaufen ist.[29] Sozialversicherungsrechtlich gesehen stößt die „kettenweise" Überlassung von Arbeitnehmern auf ein- und dieselbe Stelle daher durchaus an Grenzen. Noch weitaus wichtiger erscheint, dass den Parteien „ihr" Sozialversicherungsrecht nur dann erhalten bleibt, wenn der Verleiher im Heimatstaat nicht nur Verwaltungstätigkeiten, sondern auch andere nennenswerte Tätigkeiten erbringt (Art. 14 II VO 987/2009).[30] Reine „Auslandsverleihunternehmen" werden also im Regelfall dem deutschen Sozialversicherungsrecht unterfallen. Allerdings könnte es dazu kommen, dass

---

[27]VO 987/2009 vom 16.9.2009, Abl. L 284/1 („AusführungsVO" zu VO 883/2004 [Fn. 2]).

[28]Charissé, DB 2010, 1348.

[29]Voraussetzung wird freilich sein, dass nicht alleine die von den Parteien anvisierte Entsendezeit abgelaufen ist, sondern dass der abzulösende Arbeitnehmer insoweit auch die 24-monatige Höchstüberlassungsdauer ausgeschöpft hat.

[30]So bereits: EuGH, 10.2.2000 - Rs. C-202/97 Fitzwilliam, EUGHE 2000, I-883 = NZA-RR 2000, 201; EuGH, 9.11.2000 - Rs. C-404/98 Plum, EUGHE 2000, I-9379 = AP Nr. 9 zu EWG-Verordnung 1408/71.

sich der eine oder andere Anbieter mit einer für die Behörden des Empfangs-
staats verbindlichen A1-Bescheinigung zu behelfen sucht (s. Art. 5 I u. 19
VO 987/2009).

Dessen ungeachtet sollten sich potentielle Entleiher die Haftungsrisiken
(§ 28e II S. 1 SGB IV!) deutlich vor Augen führen, die ihnen drohen, wenn
sich herausstellt, dass die in ihrem Unternehmen eingesetzten Arbeitnehmer
in Deutschland nachzuversichern sind.

2. IPR, Arbeitsrecht

2.1. Anwendbares Recht

Nach Art. 8 II Rom-I-VO unterliegt ein Arbeitsvertrag dem Recht des Staates, in dem der Arbeitnehmer gewöhnlich seine Arbeitsleistung erbringt. Dabei wechselt der Staat, in dem die Arbeit gewöhnlich verrichtet wird, nicht,
nur weil der Arbeitnehmer seine Arbeit vorübergehend in einem anderen
Staat verrichtet (Art. 8 II S. 2 Rom-I-VO).

Daraus wird häufig hergeleitet, dass auf den Leiharbeitsvertrag in aller Regel das Heimatrecht der Vertragsparteien Anwendung findet bzw. über einen
Zugriff auf die Ausweichklausel des Art. 8 IV Rom-I-VO zur Anwendung gebracht wird.[31] Doch ist insoweit zu beachten, dass der grenzüberschreitenden Leiharbeit bislang kein überragender Stellenwert zukam und es offenbar
keine nennenswerte Zahl von Anbietern gab, deren Geschäft alleine darin
besteht, Arbeitnehmer ins Ausland zu verleihen. Genau dazu könnte es aber
nach Öffnung des deutschen Arbeitsmarkts kommen.

Ist der Arbeitsvertrag aber so gestaltet, dass der Arbeitnehmer in seinem
Heimatstaat gar nicht oder allenfalls nur in einem untergeordneten Maß für
den Verleiher tätig ist, ist nichts dafür ersichtlich, dass die vertraglich ge-
schuldete Arbeitsleistung „gewöhnlich" dort verrichtet wird. Zwar steht der
Annahme eines „gewöhnlichen" Arbeitsorts im Heimatland nicht entgegen,
dass der Arbeitnehmer seine Arbeit erstmalig im Empfangsstaat aufnimmt.
Erforderlich ist aber in jedem Fall, dass vor der Entsendung wenigstens beabsichtigt ist, dass der Arbeitnehmer nach Abschluss seiner Tätigkeit im
Empfangsland wieder in den Heimatstaat zurückkehrt und dort seine Arbeitsleistung für den Arbeitgeber fortsetzt.

Fehlt es daran, spricht insgesamt viel für die Anwendung des deutschen Arbeitsrechts.[32] Selbst mit einem extensiven Gebrauch der Ausweichklausel
(Art. 8 IV Rom-I VO) lässt sich hier ein „Heimwärtsstreben" des Vertrags

---

[31]Rieder von Paar, in: Schüren, AÜG, 4. Aufl. 2010, Einl. Rn. 665; Thüsing, in: Thüsing,
   AÜG, 2. Aufl. 2008, Einf. Rn. 55; Martiny, in: Münchener Kommentar (Fn. 9), Art. 8
   Rom-I-VO Rn. 62; Franzen, AR-Blattei S. 920, Rn. 212.
[32]Birk, RabelsZ, 1982, 396; in der Tendenz ebenfalls nicht ablehnend: Junker, IntArbR im
   Konzern, 1. Aufl. 1992, S. 227.

wohl kaum mehr bewerkstelligen und im Gesamtsaldo auch dann nicht, wenn die Vertragsparteien ihren Vertrag per Rechtswahl ausdrücklich dem Arbeitsrecht des Heimatstaats unterstellen (Art. 8 I Rom-I VO). Dabei lässt sich eine Anknüpfung an das deutsche Recht schließlich auch mit einem Verweis auf die Rechtsprechung des EuGH in Sachen Rutten und insbesondere Pugliese[33] stützen. Danach ist im europäischen Prozessrecht (Art. 19 Nr. 2a EuGVVO) bei der Feststellung des gewöhnlichen Arbeitsorts danach zu fragen, wo der Arbeitnehmer unter Berücksichtigung aller Umstände des Einzelfalls den wesentlichen Teil seiner Verpflichtungen gegenüber seinem Arbeitgeber tatsächlich erfüllt hat.

Erst recht muss es aber zu einer Anknüpfung an das deutsche Recht kommen, wenn der Arbeitnehmer im Inland nur bei einem einzigen Entleiher eingesetzt wird, das Arbeitsverhältnis auf den Zeitraum der Auslandsüberlassung beschränkt bleiben soll oder (und) die wirtschaftlichen Aktivitäten des Verleihunternehmens mehr oder weniger alleine auf den deutschen Markt abzielen, zumal sich bei der zuletzt genannten Fallgestaltung eine Parallele zum anwendbaren Sozialrecht (Art. 14 II VO 987/2009, s. ausf. zuvor: IV.1.) geradezu aufdrängt.

Entsprechend ist jedenfalls in diesen Fällen die internationale Zuständigkeit deutscher Arbeitsgerichte begründet (Art. 19 Nr. 2a EuGVVO) und zwar jeweils desjenigen, in dessen Bezirk die Arbeitsleistung verrichtet wird: §§ 29 ZPO, 48 Abs. 1a ArbGG.

Natürlich liegt auf der Hand, dass eine derartige Anknüpfung eine gewisse Sprengkraft in sich birgt, insbesondere dann, wenn das jeweilige Heimatrecht zwanglos eine Synchronisation von Leiharbeitsvertrag und Überlassung ermöglichen würde, die das deutsche Kündigungs- und Befristungsrecht so nicht zulässt. Die tatsächlichen Auswirkungen einer derartigen Anknüpfung dürften sich jedoch in Grenzen halten. Prozessrechtlich blieben neben den deutschen Gerichten weiterhin die Gerichte des Heimatstaats für Klagen des Leiharbeitnehmers zuständig (Art. 19 Nr. 1 EuGVVO). Da außerordentlich wahrscheinlich ist, dass der Arbeitnehmer, wenn überhaupt, vor diesen klagen wird, bleibt abzuwarten, ob diese dann tatsächlich bereit sind, deutsches Arbeitsrecht anzuwenden.

2.2. Mindestlöhne

2.2.1. Mindestlohnverordnungen nach dem AÜG

Die Mindestlöhne der Leiharbeit (§ 3a AÜG) stellen ein unverzichtbares Instrumentarium dar, um schroffe Verwerfungen auf dem inländischen Arbeitsmarkt zu vermeiden. Mindestlohnverordnungen nach dem AÜG enthal-

---

[33] Insb. EuGH, 10.4.2003 - Rs. C-437/00 Pugliese, RIW 2003, 619 = NZA 2003, 711; EuGH, 9.1.1997 - Rs. C-383/95 Rutten, RIW 1997, 231 = NZA 1997, 225.

ten eine direkte Lohnvorgabe, die auf keinen Tarifvertrag, sondern lediglich einen „Lohnvorschlag" der Tarifpartner zurückgeht. Internationalrechtlich sind sie daher nach § 2 Abs. 1 Nr. 1 AEntG verbindlich. Beide Verordnungen sind Eingriffsnormen iSd. Art. 9 Rom-I-VO und daher auch von ausländischen Anbietern zu beachten, vgl. auch Erwgr. 34 Rom-I-VO.

2.2.2. Entleiherbranchenbezogener Mindestlohn nach AEntG

Fällt der Entleihbetrieb in den Anwendungsbereich eines Mindestlohntarifvertrags nach dem AEntG, hat der Arbeitnehmer Anspruch auf den dort vorgesehenen Mindestlohn: § 8 Abs. 3 AEntG. Nach (zutreffender) Ansicht des BAG reicht es aber nicht aus, dass der Arbeitnehmer in einem Entleihbetrieb mit einem anderen fachlichen Zuschnitt lediglich mit einschlägigen Tätigkeiten beauftragt wird.

2.2.3. Bürgenrisiken des Entleihers

a) Das AÜG sieht keine Haftung des Entleihers vor, weder was den Mindestlohn nach § 3a AÜG noch was das equal-pay-Entgelt nach §§ 9 Nr. 2, 10 Abs. 4 AÜG betrifft.

b) Eine Haftung des Entleihers für den verleihrechtlichen Mindestlohn ergibt sich nicht aus § 14 AEntG. Der Mindestlohn nach dem AÜG ist in § 8 AEntG nicht genannt. Überdies erkennt das BAG in § 14 AEntG eben eine reine Generalunternehmerhaftung (vgl. 3.2.1.).

c) Selbst wenn § 8 Abs. 3 AEntG eingreifen sollte, scheidet eine Bürgenhaftung des Entleihers für Mindestlohnansprüche nach § 14 AEntG aus, weil der Entleiher nicht Generalunternehmer des Verleihers ist (vgl. 3.2.1.).

d) Unterliegt das Arbeitsverhältnis ausländischem Recht und sieht dies eine Bürgenhaftung des Entleihers vor (beispielsweise auf das equal-pay-Entgelt), bleibt das für den inländischen Entleiher bedeutungslos.

e) Zur sozialrechtlichen Bürgenhaftung: s. § 28e II S. 1 SGB (vgl. 1.).

2.3. Equal-pay

2.3.1. Equal-pay als zwingendes Eingriffsrecht

Der Gleichbehandlungsgrundsatz der §§ 3 Abs. 1 Nr. 3, 9 Nr. 3 AÜG ist eine Eingriffsnorm: § 2 Nr. 4 AEntG bzw. Art. 1 Abs. 3 lit. c EntsendeRiL iVm. Art. 9 u. Erwgr. 34 Rom-I-VO. Er ist von ausländischen Verleihern also auch dann zu beachten, wenn das Arbeitsverhältnis auch für den Zeitraum der Überlassung nach Deutschland weiterhin deren Heimatrecht unterliegen sollte.

Das wird allerdings mit dem Argument bestritten, § 2 Nr. 4 AEntG betreffe nur die „Bedingungen" für eine Überlassung, nicht aber den Inhalt der Rechtsbeziehung zwischen Arbeitnehmer und Verleiher.[34] Doch interpretiert diese Ansicht den Wortlaut des § 2 Nr. 4 AEntG zu eng. Und auch erschiene es widersprüchlich, dass dem Verleiher nach § 3 I Nr. 3 AÜG die Überlassung von Arbeitnehmern nach Deutschland versagt werden müsste, wenn er sich nicht zur Gleichbehandlung verpflichtet (vgl. 3.), der Arbeitnehmer ihn aber nicht auf Zahlung des jeweiligen Lohns in Anspruch nehmen könnte.

Würde man die §§ 9 Nr. 2, 10 IV AÜG nicht unter § 2 Nr. 4 AEntG einbeziehen, wären die Folgen gravierend: Der Arbeitnehmer hätte keine effektive Möglichkeit, um seinen Verleiher auf Gewährung der Lohndifferenz zum Entleiherniveau zu verklagen. Das gilt selbst dann, wenn man das Gleichbehandlungsgebot als Eingriffsnorm iSd. Art. 9 Rom-I-VO qualifizieren würde. Ohne § 15 AEntG bestünde nämlich im Inland schlicht kein Gerichtsstand. Vielmehr wäre nach Art. 19 Nr. 1 u. 2a EuGVVO alleine die Zuständigkeit der Heimatgerichte des Arbeitnehmers begründet, jedenfalls dann, wenn man den gewöhnlichen Arbeitsort des Arbeitnehmers im Heimatstaat liegen sieht.

Die Gerichte des Heimatstaats könnten nämlich alleine ihre eigenen Eingriffsnormen anwenden, es sei denn, sie würden den deutschen Gleichbehandlungsgrundsatz als fremde Eingriffsnorm qualifizieren und über Art. 9 III Rom-I-VO anwenden. Ausgeschlossen ist das nicht, weil sich den §§ 3 I Nr. 3, 9 Nr. 3 AÜG durchaus die Aussage entnehmen ließe, dass in Deutschland Leiharbeit, die nicht nach dem Gleichbehandlungsgrundsatz entlohnt wird, unrechtmäßig erbracht wird. Doch werden sich ausländische Gerichte kaum auf einer derart brüchigen Grundlage auf das glatte Parkett des deutschen Überlassungsrechts begeben. Und erschwerend kommt hinzu, dass ohne einen Zugriff auf das AEntG die Zollbehörden die Einhaltung der Gleichbehandlungspflicht nicht kontrollieren könnten und entsprechende Anbieter auch nicht von öffentlichen Vergabeverfahren ausgeschlossen werden dürften.

2.3.2. Abweichung auf Grund „heimischer" Tarifverträge

Die hier vertretene Erstreckung des equal-pay-Grundsatzes auf ausländische Anbieter über § 2 Nr. 4 AEntG erweist sich aus europarechtlicher Sicht allerdings als nicht völlig unbedenklich. So mag man bereits monieren, dass EU-Ausländer derart in ihrer Dienstleistungsfreiheit beschränkt werden, obwohl die Gleichbehandlungspflicht im Inland faktisch nicht respektiert wird. So gesehen drängt sich die Parallele zu den vom EuGH verworfenen Tariftreueverpflichtungen[35] auf: Was nicht allen Marktteilnehmern gleichermaßen

---

[34]Rieder von Paar, in: Schüren, AÜG (Fn. 31), Einl. Rn. 683.
[35]EuGH, 3.4.2008 - Rs. C-346/06 Rüffert, RIW 2008, 298 = NZA 2008, 537.

auferlegt ist, kann auch nicht im Interesse der Allgemeinheit sein und daher nicht als Rechtfertigung einer Beschränkung der Dienstleistungsfreiheit herhalten.

Während man diese Bedenken letztlich aber vielleicht noch Beiseite schieben kann, erscheint wirklich problematisch, dass der Gleichbehandlungsgrundsatz jedenfalls dann europarechtswidrig wäre, wenn nur inländische, nicht aber ausländische Anbieter einem Tarifvertrag „beitreten" könnten, der ihnen einen Dispens hiervon gewährt.[36] Nun ist zu der sich im Entsenderecht ergebenden Parallelproblematik immer wieder vertreten worden, dass ausländische Anbieter sich ja einem einschlägigen inländischen Tarifvertrag unterwerfen könnten und dass dies zur Wahrung der Dienstleistungsfreiheit ausreichend wäre.[37] Doch erscheint bereits die Grundprämisse, dass ausländische Anbieter in den Geltungsbereich eines deutschen Tarifvertrags gelangen könnten, unter Zugrundelegung der Prämisse, dass das Leiharbeitsverhältnis während der Entsendung weiterhin dem Heimatrecht der Vertragsparteien unterliegt, ungesichert.[38] Man wird also um eine Anerkennung von Heimattarifverträgen des Verleihers letztlich nicht herumkommen.[39]

Das freilich wäre wenig erfreulich. Der ausländische Tarifvertrag dürfte nämlich - wie inländische Tarifverträge auch - nur einer Rechtskontrolle unterzogen werden. Es darf also nur geprüft werden, ob er von seiner rechtlichen Wirkung her gesehen einem deutschen Tarifvertrag gleichwertig ist und damit, ob die tarifschließenden Parteien tariffähig sind und das jeweilige Heimatrecht sicherstellt, dass der Tarifvertrag bei beiderseitiger Tarifgebundenheit unmittelbar und zwingend auf das Arbeitsverhältnis einwirkt (was festzustellen schon schwierig genug ist).

Dagegen darf es keine Inhaltskontrolle des ausländischen Tarifvertrags geben. Folglich wären auch regelrechte „Niedriglohntarifverträge" anzuerkennen, es sei denn, der Tarifvertrag wäre gleich gänzlich sittenwidrig, was jedoch selten der Fall sein dürfte. Die Hürden für ein Sittenwidrigkeitsverdikt von Tarifverträgen liegen bekanntlich außerordentlich hoch,[40] wobei noch dazu kommt, dass hier nicht auf die wirtschaftlichen Gegebenheiten vor Ort, sondern auf die des Heimatstaats abzustellen wäre. Wohl wird man

---

[36] EuGH, 25.10.2001 - Rs. C-276/99 Deutschland/Kommission, EUGHE 2001, I-8055 = BayVBl 2002, 140; EuGH 24.1.2002 - Rs. C 164/99 Portugaia, BB 2002, 624 = NZA 2002, 207.

[37] So z.B. Klebeck/Weninger, SAE 2009, 159; Klebeck, NZA 2008, 446; Rieble/Lessner, ZfA 2002, 29, 67; Junker/Wichmann, NZA 1996, 505.

[38] Dies lehnt ab: BAG, 20.8.2003 - 5 AZR 362/02, AP Nr. 245 zu § 620 BGB Befristeter Arbeitsvertrag; BAG, 9.7.2003 - 10 AZR 593/02, BB 2004, 1337 = AP Nr. 261 zu § 1 TVG Tarifverträge: Bau; BAG, 25.6.2002 - 9 AZR 405/00, BAGE 101, 357 = NZA 2003, 275.

[39] Ebenso: Pelzner, in: Thüsing, AÜG (Fn. 31), § 3 Rn. 87; Ulber, AÜG, 2. Aufl. 2002, Einl. F Rn. 56; Hanau, Rechtsgutachten zur Einbeziehung der Zeitarbeit in das AEntG, 1. Aufl. 2006, S. 16.

[40] BAG, 24.3.2004 - 5 AZR 303/03 „Hungerlöhne", BB 2004, 1909 = NZA 2004, 971.

im Hinblick auf Art. 56 AEUV einem ausländischen Tarifvertrag noch nicht einmal dann die Anerkennung versagen können, wenn er alleine für die Entsendung von Arbeitnehmern ins Ausland geschaffen wurde und zwar selbst dann nicht, wenn im Heimatstaat ein Abweichen von einem dort bestehenden equal-pay-Zwang nicht möglich wäre.

Anders liegen die Dinge allerdings, soweit man jedenfalls reine „Entsendearbeitsverhältnisse" deutschem Recht unterwirft (vgl. 1. u. 2.1.). Geht man nämlich davon aus, dass das Tarifvertragsstatut dem Arbeitsvertragsstatut folgt,[41] könnte ein ausländischer Tarifvertrag das fragliche Arbeitsverhältnis von vorneherein nicht mehr beeinflussen. Der ausländische Anbieter kann sich dem Gleichbehandlungsgebot immer - aber auch nur noch dann - entziehen, wenn er sich einem inländischen Tarifvertrag unterwirft. Europarechtlich erschiene das hinnehmbar, weil - wie gerade das europäische Sozialrecht zeigt (vgl. 1.) - es ein Anbieter, der Dienste zielgerichtet und ausschließlich in anderen Staaten anbietet, hinnehmen muss, wenn er im Zielland wie ein Inländer behandelt wird.

2.3.3. Equal-pay-Grundsatz nach Heimatrecht

Wenig Beachtung hat bislang gefunden, welche Auswirkungen es auf das Leiharbeitsverhältnis hat, wenn auch das Heimatrecht des Überlassers einen Gleichbehandlungszwang kennt. Geht man davon aus, dass der Vertrag auch während der Überlassung nach Deutschland dem Heimatrecht des Überlassers unterliegt, wäre der Verleiher nicht nur nach dem AÜG, sondern konkurrierend dazu auch nach seinem Heimatrecht zur Gleichbehandlung seiner Arbeitnehmer mit den Beschäftigten des Entleiherbetriebs gezwungen. Denn es liegt auf der Hand, dass der Betrieb, in dem der Arbeitnehmer eingesetzt wird, seine Qualität als „Entleihbetrieb" ja nicht etwa dadurch verlieren kann, dass er in einem anderen Staat liegt. Ermöglicht darüber hinaus das Heimatrecht keine Möglichkeit, vom equal-pay-Grundsatz abzuweichen (so etwa: § 10 I S. 3 österr. AÜG), wäre der Verleiher sogar ohne Wenn und Aber zur Gleichbehandlung gezwungen und zwar ganz gleich, wie man auch immer zur Erstreckung des deutschen Gleichbehandlungsgrundsatzes auf Ausländer steht. Dass einschlägige Lohnansprüche nicht unter die Regelungen der §§ 2 Nr. 4, 15 AÜG fallen und daher vor den Gerichten des Heimatstaats einzuklagen sind, versteht sich (Art. 19 Nr. 1 u. 2a EuGVVO).

---

[41] So das BAG, 20.8.2003 - 5 AZR 362/02, AP Nr. 245 zu § 620 BGB Befristeter Arbeitsvertrag.

3. Öffentliches Recht: Überlassungserlaubnis

Verleiher, die Arbeitnehmer ins Inland überlassen wollen, bedürfen dazu nicht nur der Erlaubnis nach ihrem Heimatrecht, sondern auch einer solchen nach dem AÜG (Territorialitätsprinzip).[42] Jedenfalls wenn es an der Erlaubnis nach deutschem Recht fehlt, wird - zumindest für den Zeitraum der Überlassung - ein Arbeitsverhältnis zwischen Arbeitnehmer und Entleiher nach §§ 9 Nr. 1, 10 AÜG fingiert. Überdies handelt der Entleiher ordnungswidrig (§ 16 Abs. 1 Nr. 1a AÜG). Nicht mehr einschlägig nach dem Wegfall der Freizügigkeitsbeschränkungen ist dagegen der Straftatbestand des § 15 AÜG.

V. Ein Ausblick: Zur Fortentwicklung der Tarifautonomie in Europa

1. Zunehmende Bedeutung der EMRK und des EGMR

Abgesehen von der Heinisch-Entscheidung haben die zunehmenden Aktivitäten des EGMR im Arbeitsrecht bislang nahezu keine Aufmerksamkeit erfahren. Zu Unrecht: Der EGMR hat in mehreren Entscheidungen jüngeren Datums[43] Art. 11 EMRK - wenngleich bislang nur für die Arbeitnehmerseite - zu einem weit gefassten Koalitions- und Streikgrundrecht ausgebaut und so weit an den Gehalt des Art. 9 Abs. 3 GG angeglichen. Danach steht Arbeitnehmern das Recht zu, ihre „wirtschaftlichen Interessen durch Tarifverträge zu schützen". Entsprechend fordert der EGMR, dass der Staat ihnen die Gründung von Gewerkschaften und diesen Tarifverhandlungen sowie den Abschluss von Tarifverträgen erlauben und ermöglichen muss.

Damit steht Koalitionen neben dem BAG und dem BVerfG nun noch ein weiterer „Ansprechpartner" zur Verfügung.

Mögliche Konsequenzen lassen sich zum einen am Streikrecht für Beamte aufzeigen. Nach Ansicht des EGMR widerspricht es Art. 11 EMRK, wenn Angehörige des öffentlichen Dienstes keine Tarifverhandlungen mit ihrem Arbeitgeber führen dürfen. Ausnahmen davon seien eng zu fassen und im öffentlichen Dienst auf solche Beschäftigte zu beschränken, die im Namen des Staates Hoheitsgewalt ausüben. Daraufhin hat das VerwG Kassel einen Streik von beamteten Lehrkräften für rechtmäßig befunden.[44] Das Streikverbot sei auf Beamte zu beschränken, die Hoheitsgewalt im engeren Sinn

---

[42]Rieder von Paar, in: Schüren, AÜG (Fn. 31), Einl. Rn. 645 f.; Thüsing, in: Thüsing, AÜG (Fn. 31), Einf. Rn. 45 f.

[43]EGMR, 31.1.2012, Beschwerde 2330/09, Sindicatul Pastorul cel Bun v. Rumänien; EGMR, 12.11.2008 - 34503/97 Demir u. Baykara/Türkei, NZA 2010, 1425; EGMR, 21.4.2009, 68959/01 Enerji Yapi-Yol Sen/Türkei, NZA 2010, 1423.

[44]VerwG Kassel, 27.7.2011 - 28 K 574/10, BeckRS 2011, 53790 = ArbuR 2011, 375.

ausüben, wie etwa auf Mitglieder der Streitkräfte, der Polizei, der Staatsverwaltung oder der Justiz, während etwa Lehrer, Professoren, Ärzte oder Angehörige der Feuerwehr streikberechtigt sein sollen.

Das ist freilich alles andere als zwingend: Der EGMR lässt nämlich durchaus eine Einschränkung der Tarifautonomie und des Streikrechts für Bereiche zu, in denen Hoheitsgewalt ausgeübt wird. Auch genießt die EMRK nur den Rang einfachen Rechts[45] und kann daher die in Art. 33 Abs. 5 GG verfassungsrechtlich abgesicherten Grundsätze des Berufsbeamtentums nicht einfach überspielen. Genau aus diesen wird aber insbesondere hergeleitet, dass für Beamte keine Tarifautonomie besteht, weil das Beamtenverhältnis öffentlich-rechtlich ausgestaltet ist und die Arbeitsbedingungen einseitig durch Gesetz und/oder Verordnung geregelt werden. Deshalb kann ein Streik von Beamten nicht tarifbezogen sein und schon deshalb gilt er als unzulässig. Die Verpflichtungen des Beamten gegenüber der Allgemeinheit (vgl. §§ 52, 54 BBG, 35, 36 BRRG) kommen hinzu.

Nach einer Ansicht bleibt es beim generellen Streikverbot für Beamte und zwar völlig unabhängig davon, welche konkrete Funktion der einzelne Beamte ausübt. Entscheidend ist alleine der Status als Beamter.[46]

Zum anderen lohnt an dieser Stelle ein Blick auf das bislang angenommene Verbot von Arbeitskämpfen im kirchlichen Dienst („dritter Weg"). Arbeitskämpfe in kirchlichen Einrichtungen wurden bislang mit Rücksicht auf das Selbstbestimmungsrecht von Religionsgemeinschaften (Art. 140 GG iVm. 137 Abs. 3 S. 1 WRV) für unzulässig gehalten.[47] Denn nach dem kirchlichen Selbstverständnis fehlt es im kirchlichen Dienstverhältnis an dem das Arbeitsleben kennzeichnenden antagonistischen Interessenkonflikt zwischen Arbeitgeber und Arbeitnehmer. Nach überwiegender Ansicht erfasst die Koalitionsfreiheit zwar im Grundsatz auch kirchliche Arbeitnehmer, doch sind die Koalitionen in ihrem Handeln und Wirken an die vom kirchlichen Selbstverständnis her gebotenen Gestaltungen der kirchlichen Dienstverfassung gebunden. Deshalb wählen viele kirchliche Einrichtungen einen eigenen Weg der kollektiven Konfliktlösung über aus Arbeitnehmern und Arbeitgebern paritätisch zusammengesetzte Kommissionen (sog. Dritter Weg), die „Dienstvertragsordnungen" erlassen.

Schon in zahlreichen Urteilen zum kirchlichen Individualarbeitsrecht hatte der EGMR zwar die tragenden Grundsätze des deutschen Kirchenarbeitsrechts bestätigt, das Selbstbestimmungsrecht der Kirchen allerdings im Ver-

---

[45]BVerfG, 14.10.2004 - 2 BvR 1481/04, NJW 2004, 3407.

[46]OVG Nordrhein-Westfalen, 7.3.2012 - 3d A 317/11.O, NVwZ 2012, 890.

[47]S. nur: BVerfG, 17.2.1981 - 2 BvR 384/78, AP Nr. 9 zu Art. 140 GG, wobei zu konzidieren ist, dass diese Entscheidung stark durch die Kernbereichsformel geprägt ist. Richardi, in: Münchener Handbuch zum Arbeitsrecht, 3. Aufl. 2009, Bd. 2, § 329 Rn. 14 m. umf. Nachw. in Fn. 20; differenzierend: Schmidt, in: Erfurter Kommentar, (Fn. 9), Art. 4 GG Rn. 55; Schubert, RdA 2011, 270, 275, beide auch m. Nachw. zur Gegenansicht.

gleich zur bisherigen nationalen Rechtslage enger gefasst.[48] Nunmehr hat der EGMR in einer (nicht rechtskräftigen) Kammerentscheidung gerügt, dass der rumänische Staat einer von einer Gruppe von Priestern und Arbeitnehmern der orthodoxen Kirche gegründeten Gewerkschaft die Anerkennung versagt hatte, nachdem der Erzbischof die dafür erforderliche Zustimmung nicht erteilt hatte.[49] Der EGMR sah die damit verbundene Einschränkung der Koalitionsfreiheit der Gewerkschaftsmitglieder als nicht gerechtfertigt an. Daher lässt sich derzeit nicht sicher prognostizieren, ob Arbeitskämpfe im kirchlichen Bereich auch in Zukunft noch als unzulässig beurteilt werden können oder ob nicht zumindest für einige Bereiche Ausnahmen zu machen sind.[50] Das letzte Wort werden hier jedenfalls das BVerfG oder eben auch der EGMR haben.

Das zeigt, dass die hergebrachten Lehren zu Art. 9 Abs. 3 GG zwar keineswegs überholt, indes nicht mehr immer das „letzte Wort" sind, wenn es um den Umfang und etwaige Grenzen der Tarifautonomie geht. Bedeutung könnte das bereits recht rasch erlangen, was das Streikrecht für Arbeitnehmer der Kirchen angeht. Die weitere Entwicklung an dieser Stelle bleibt also mit großer Spannung abzuwarten.

2.   Der EuGH und das Koalitionsgrundrecht

Die Urteile des EuGH in Sachen Viking Line und Laval[51] haben viel Unruhe und Aufregung in die Diskussion über Grenzen und Reichweite der Tarifautonomie gebracht. In der Tat: Der EuGH wägt hier die jeweils im Raum stehenden Grundfreiheiten der angegriffenen Arbeitgeber (Niederlassungsfreiheit nach Art. 49 AEUV [Viking], Dienstleistungsfreiheit nach Art. 56 AEUV [Laval]) gegen die Arbeitskampffreiheit der streikenden Arbeitnehmer und ihrer Gewerkschaften (Art. 28 EGC, richterrechtliche Grundsätze des EuGH, gemeinsame Verfassungstraditionen der Mitgliedstaaten) ab.

Mit anderen Worten: Zwischen den kollidierenden Rechtspositionen ist eine Art praktische Konkordanz herzustellen. Dazu greift der EuGH auf die Gebhard-Formel zurück, wonach eine Beschränkung der Niederlassungsbzw. Dienstleistungsfreiheit durch zwingende Erfordernisse des Allgemeininteresses gerechtfertigt sein kann, zu denen auch der Arbeitnehmerschutz gehört. Daraus leitet der EuGH ab, dass ein Arbeitskampf Unternehmen dann im Gebrauch ihrer Grundfreiheiten einschränken darf, soweit der Streik

---

[48]Das bekannteste davon dürfte sein: EGMR, 23.9.2010 - 1620/03 Schüth/Deutschland, NZA 2011, 279.

[49]EGMR, 31.1.2012, Beschwerde 2330/09, Sindicatul Pastorul cel Bun v. Rumänien.

[50]So: LAG Hamburg, 23.3.2011 - 2 S. 83/10, nicht rechtskräftig, Revision beim BAG: 1 AZR 611/11.

[51]EuGH, 11.12.2007 - Rs. C-438/05 Viking Line, RIW 2008, 75 = NZA 2008, 124; EuGH, 18.12.2007 - Rs. C-341/05 Laval, RIW 2008, 80 = NZA 2008, 159, Rn. 77 f.

tatsächlich dem Schutz berechtigter Arbeitnehmerbelange dient und er nicht unverhältnismäßig ist. Die Prüfung im Einzelnen überlässt der EuGH zwar den nationalen Gerichten. Doch weist er in der Rechtssache Viking darauf hin, dass der Arbeitskampf teilweise unverhältnismäßig gewesen wäre, weil die kampfführenden Gewerkschaften auch über andere, die Niederlassungsfreiheit weniger beschränkende Mittel verfügt hätten, um die Arbeitsbedingungen ihrer Mitglieder abzusichern (das wiederum ist einigen Besonderheiten des Sachverhalts geschuldet, auf die hier nicht näher eingegangen werden kann). Das schwedische Entsenderecht hielt der EuGH im Fall Laval sogar für insgesamt überschießend, weil es zulässt, dass ausländische Unternehmen gezwungen werden können, ihren Arbeitnehmern während der Entsendung Arbeits- und Beschäftigungsbedingungen zu gewährleisten, die weit über das nach der Entsenderichtlinie zwingende Maß hinausgehen.

Die Literatur ist diesen Entscheidungen mit teilweise massiver Kritik begegnet. Dem EuGH wurde vorgeworfen, dass er sich alleine von wirtschaftlichen Erwägungen habe leiten lassen und die wirtschaftlichen Grundfreiheiten der Unternehmen über die sozialen Interessen ihrer Belegschaften und deren Streikrecht gestellt habe. Dabei schlugen die Wogen so hoch, dass die Kommission mittlerweile den Erlass einer Verordnung plant, mit der betont werden soll, dass es zwischen der Ausübung des Grundrechts auf Durchführung kollektiver Maßnahmen und der im AEUV verankerten Niederlassungs- und Dienstleistungsfreiheit keinen inkohärenten Konflikt gebe.[52] Keine der einzelnen Rechtspositionen habe Vorrang vor der anderen. Vielmehr könne es lediglich zu Situationen kommen, in denen die Wahrnehmung des Rechts auf Durchführung kollektiver Maßnahmen in einen verhältnismäßigen Einklang mit der Ausübung der Freiheiten gebracht werden müsse. In der Retrospektive erscheint die Aufregung, mit der die Entscheidungen aufgenommen worden sind und deren Begleiterscheinungen (wie etwa die zahlreichen Kongresse, Tagungen und Forschungsprojekte) indes fast ein wenig übertrieben. Bei nüchterner Betrachtung zeigt sich nämlich, dass die Vorgaben des EuGH in weiten Teilen den Voraussetzungen entsprechen, die das deutsche Recht an die Rechtmäßigkeit eines Arbeitskampfs richtet. Denn auch in Deutschland steht der Arbeitskampf unter dem Vorbehalt der Verhältnismäßigkeit, jedenfalls der im engeren Sinn. Auch im Inland ist zwischen dem Streikrecht und den verfassungsrechtlich geschützten Rechtspositionen des unmittelbaren Kampfgegners bzw. Dritter, die durch den Arbeitskampf betroffen sind, abzuwägen. Dass es dabei auf keine Konkordanzprüfung mit den „Grundfreiheiten" der angegriffenen Arbeitgeber ankommt, liegt lediglich daran, dass die Union kein in sich geschlossener Nationalstaat mit einem tradierten Grundrechtskatalog ist. Wenn es in den nationalen Rechtsordnungen kei-

---

[52]Vorschlag für eine „Verordnung des Rates über die Ausübung des Rechts auf Durchführung kollektiver Maßnahmen im Kontext der Niederlassungs- und der Dienstleistungsfreiheit (allgemein auch „Monti-II-Verordnung" genannt), KOM (2012) 130/3.

ne spezielle „Niederlassungsfreiheit" gibt, dann einfach deshalb, weil man diese als ganz selbstverständlich innerhalb der unternehmerischen Entscheidungsfreiheit (Art. 12 und 14 GG) verortet. Ein Unterschied zur deutschen Rechtslage ergibt sich allenfalls insoweit, als der EuGH, anders als das BAG, den Gewerkschaften bei der Formulierung ihrer Arbeitskampfziele und bei der Wahl der Kampfmittel keine Einschätzungs- und Gestaltungsprärogative zuzuerkennen scheint. Möglicherweise wollte der EuGH sogar ohnehin nur ausschließen, dass die Mitgliedstaaten es den nationalen Gewerkschaften gestatten, für die Wiedererrichtung von Handelsschranken zu streiken, die sie selbst nach dem AEUV gerade nicht mehr errichten dürften. Dabei deckt sich die Forderung des EuGH, wonach ein einschlägiger Arbeitskampf den Schutz von Arbeitnehmern zum Ziel haben muss, weithin mit dem in Deutschland vorherrschenden Grundsatz, wonach solche nur um Tarifverträge bzw. um tariflich regelbare Streikziele geführt werden. Wahrscheinlich geht der EuGH letztlich sogar zu Gunsten der Gewerkschaften über die Rechtslage hinaus, wie sie im Inland besteht, jedenfalls über diejenige, die vor den Entscheidungen des BAG zum Streik auf Abschluss eines Sozialplantarifvertrags, zum Unterstützungsstreik und zum flashmob[53] bestand, denn sowohl in Viking als auch in Laval ging es um Arbeitskämpfe, die direkt gegen eine unternehmerische Grundlagenentscheidung des Arbeitgebers gerichtet waren. Im Fall Laval rief die streikführende Gewerkschaft sogar zu einem Sympathiearbeitskampf in Form von Betriebsblockaden auf.

3. Der EuGH und die Einschätzungs- und Gestaltungsprärogative der Tarifpartner

In nicht wenigen Entscheidungen hat der EuGH die Vereinbarkeit von Tarifnormen mit dem Europarecht geprüft, ohne dass er dabei dem Normsetzungsrecht der Tarifpartner Gewicht eingeräumt hätte.[54] Das aber ist einerseits nichts Neues, vielmehr war er im Anwendungsbereich des Art. 157 AEUV (vormals: Art. 141 EGV, davor: 119 EWGV) schon immer so verfahren und andererseits würden auch die nationalen Gerichte eine Tarifregelung, die mit geltendem Recht unvereinbar ist, schlicht für nichtig erklären.

Erfreulich ist aber, dass der EuGH dort, wo das europäische Recht auslegungsoffen ist oder Ausgestaltungsspielräume bietet, die Einschätzungsprärogative und den Gestaltungsspielraum der Tarifpartner neuerdings nicht

---

[53]BAG, 24.4.2007 - 1 AZR 252/06, BB 2007, 2235 = NZA 2007, 987 (Sozialplantarifvertrag); BAG, 19.6.2007 - 1 AZR 396/06, NZA 2007, 1055 (Unterstützungsstreik); BAG, 22.9.2009 - 1 AZR 972/08, BB 2010, 379 = NZA 2009, 1347 (flashmob).

[54]EuGH, 8.9.2011 - Rs. C-297/10 Hennigs, RIW 2011, 873 = NZA 2011, 1100. In der Tendenz auch: EuGH, 12.10.2010 - Rs. C-45/09 Rosenbladt, RIW 2010, 805 = NZA 2010, 1167; EuGH, 16.10.2007 - Rs. C-411/05 Palacios, RIW 2007, 941 = NZA 2007, 1219.

nur ausdrücklich anerkennt, sondern inhaltlich auch respektiert.[55] So hat der EuGH jüngst ausdrücklich ausgesprochen, dass sich Tarifverträge von einseitig im Gesetzes- oder Verordnungsweg von den Mitgliedstaaten erlassenen Maßnahmen dadurch unterscheiden, dass die Tarifpartner einen Ausgleich zwischen ihren jeweiligen Interessen schaffen. Deshalb seien das Kollektivgrundrecht und die betroffenen Grundfreiheiten bzw. -rechte der Charta in einen verhältnismäßigen Einklang miteinander zu bringen. Daraus folgerte er im konkreten Fall, dass die Tarifpartner berechtigt sind, eine altersdiskriminierende Entgeltregelung durch ein diskriminierungsfreies Vergütungssystem zu ersetzen und dabei Übergangsregelungen schaffen zu können, die die diskriminierenden Wirkungen fortbestehen lassen, um Einkommensverluste zu vermeiden.[56]

Sorge sollte den Tarifpartnern allerdings die Entscheidung des EuGH in Sachen Kommission gegen Deutschland bereiten.[57] Danach dürfen Rahmenverträge über die betriebliche Altersvorsorge von Beschäftigten in Kommunen und kommunalen Betrieben („Riester-Rente") nicht einfach in Tarifverträgen vergeben werden, sondern müssen europaweit ausgeschrieben werden. Das erscheint kaum überzeugend, geht es dabei doch alleine um Gelder von Beschäftigten. Vor allem aber erstaunt, dass der EuGH die Tarifpartner zwingt, die Unionsvorschriften über den Schutz der Freiheiten der Niederlassung und des Dienstleistungsverkehrs im öffentlichen Auftragswesen im Rahmen eines Tarifvertrags zu beachten, soweit dieser öffentliche „Auftraggeber" betrifft. Für die betriebliche Altersversorgung öffentlicher Arbeitgeber ist das kein gutes Zeichen. Aber auch für private Arbeitgeber könnte sich diese Entwicklung als bedenklich erweisen, nämlich dann, wenn man aus dem Urteil schließen würde, dass Tarifverträge über eine betriebliche Zusatzversorgung dem Kartellverbot[58] des Art. 101 AEUV unterliegen könnten (m.E. spricht das Urteil[59] aber ganz klar gegen diesen Rückschluss). Immerhin scheint der EuGH in seiner jüngsten Rechtsprechung den Tarifpartnern insoweit wieder mehr Gestaltungsmacht zubilligen zu wollen.[60]

---

[55] EuGH, 8.9.2011 - Rs. C-297/10 Hennigs, RIW 2011, 873 = NZA 2011, 1100.

[56] EuGH, 8.9.2011 - Rs. C-297/10 Hennigs, RIW 2011, 873 = NZA 2011, 1100.

[57] EuGH, 15.7.2010 - Rs. C-271/08, NZA 2011, 564 (Kommission/Deutschland).

[58] Die Debatte um eine etwaige Einschränkung tariflicher Regelungsmacht durch das Kartellverbot greifen daher jüngst wieder auf: Wolf/Mohr, JZ 2011, 1091, Giesen, ZfA 2012, 143, 154 f.; Rieble, in: Giesen/Junker/Rieble, Zukunft der Leiharbeit, 1. Aufl. 2009, S. 65, 81; ders., in: dies., Kartellrecht und Arbeitsmarkt, 1. Aufl. 2010, 103, insb. 120 f. Gegen eine Beschränkung der koalitionären Rechtsetzung durch § 1 GWB oder Art. 101 AEUV, zuletzt zutreffend: Krause, Tarifverträge Leiharbeit, 2012, S. 42 f., 66 f.

[59] Vgl. EuGH, Fn. 57, Rz. 45 u. EuGH, 21.9.1999 - Rs. C-67/97 Albany, AP Nr. 1 zu Art. 85 EG-Vertrag.

[60] EuGH, 3.3.2011 - C-437/09 AG2R Prévoyance, BeckEuRS 2011, 571457.

Möglichkeiten und Grenzen bei globaler Expansion und Investition im Blick auf ausländische Arbeitnehmer und deren Vertreter: Spannungsfelder zwischen unternehmerischen Freiheiten und sozialen Grundrechten in der EU - im globalen Raum durch neue Dynamik global aufgestellter Gewerkschaften

Renate **Hornung-Draus**
Geschäftsführerin Bundesvereinigung der Deutschen Arbeitgeberverbände BDA und Leiterin der Abteilung Europäische Union und Internationale Sozialpolitik, Berlin

Globalisierung und Arbeitsbeziehungen: Herausforderungen für Unternehmen auf europäischer und internationaler Ebene [*]

I. EU-Binnenmarkt und Globalisierung: Auswirkungen auf Personalpolitik und Arbeitsbeziehungen in den Unternehmen

Der Ausbau des europäischen Binnenmarktes sowie die unter dem Begriff der Globalisierung zusammengefassten technologischen, politischen und wirtschaftlichen Entwicklungen der letzten 20 Jahre haben für die Unternehmen dazu geführt, dass

• der grenzüberschreitende Handel und der Aufbau entsprechenden Vertriebsstrukturen zunehmend europaweit bzw. global ausgerichtet wurde. Auf der internationalen Ebene erstreckte sich die Wirtschaftstätigkeit zunehmend auf Länder, die in den vorherigen Dekaden kaum am Welthandel teilgenommen hatten - man denke etwa an China, Vietnam, Indien, Bangladesch oder die Länder der ehemaligen UdSSR;

• die Erbringung von Dienstleistungen mit entsprechender Entsendung von Personal zunehmend grenzüberschreitend erfolgte;

• Unternehmen zunehmend über Ländergrenzen hinweg international organisiert wurden - in den globalen Unternehmen ersetzten zunehmend globale Matrix-Strukturen die bis dahin üblichen Länder-Strukturen

---

[*]Der Beitrag basiert teilweise auf dem Vortrag der Verfasserin: im Spannungsfeld zwischen Standortwettbewerb und gesetzlicher Regulierung, in: Hans Paul Frey, „Bewahren, Verändern, Gestalten: Tarifpolitik in Zeiten der Globalisierung", Festschrift für Wolfgang Goos, Heidelberg, 2009

- die aufgrund des Kostendrucks zum Trend gewordene Outsourcing-Praxis immer längere und immer internationaler ausgerichtete Zulieferketten der Unternehmen hervorbrachte.

Diese Veränderung der Unternehmensstrukturen hat tiefgreifende Konsequenzen für die Personalarbeit und die Arbeitsbeziehungen der grenzüberschreitend tätigen oder global aufgestellten Unternehmen:

- die Internationalisierung der Wirtschaftstätigkeit und damit einhergehende grenzüberschreitende Entsendung von Arbeitnehmern führt dazu, dass Unternehmen in ihrer Personalarbeit intensiver als früher mit sehr unterschiedlichen Systemen des Arbeits- und Sozialrechts sowie der industriellen Beziehungen der jeweiligen Zielländer; unmittelbar konfrontiert sind.

- die Internationalisierung der Produktionsarchitektur erlaubt es den Unternehmen, Standortvorteile aufgrund der unterschiedlichen nationalen arbeits- und sozialrechtlichen Rahmenbedingungen, die ihren Ausdruck in unterschiedlichen Arbeitskosten finden, durch Produktionsverlagerungen gezielt zu nutzen. Dementsprechend müssen in den Unternehmen mehrere nationale Rechtssysteme angewandt werden;

- in global aufgestellten Unternehmen werden analog zur weltweiten Standardisierung von Produktionsprozessen auch Personalprozesse zunehmend weltweit standardisiert um Kosten einzusparen: Rekrutierung, Personalentwicklung, Fortbildung z.T. sogar Lohn- und Gehaltsabrechnung, etc.

- die Fach- und Führungskräfte der global aufgestellten Unternehmen werden zunehmend über Ländergrenzen hinweg permanent mobil eingesetzt. Dies führt zur Notwendigkeit eines Schnittstellenmanagements zwischen einer wachsenden Anzahl von nationalen arbeits- und sozialrechtlichen Rahmenbedingungen, die in den Unternehmen simultan angewendet werden;

- in den global aufgestellten Unternehmen verlaufen die unternehmensinternen hierarchischen Strukturen und Berichtssträge zunehmend über Ländergrenzen hinweg.

II. Herausforderungen durch den EU-Binnenmarkt

Im Rahmen dieser Entwicklung kommt der Europäischen Union eine besondere Bedeutung zu. Mit der Europäischen Einheitlichen Akte (EEA) aus dem Jahr 1987 wurde das Projekt der Vollendung des Europäischen Binnenmarktes mit seinen vier Grundfreiheiten (Dienstleistungsfreiheit, Niederlassungsfreiheit, Freizügigkeit der Arbeitnehmer, freier Güterverkehr) vorangetrieben. Die schrittweise Beseitigung von Hindernissen für die Ausübung dieser Grundfreiheiten hat insbesondere seit Beginn der 1990er Jahre zu einer beispiellosen Intensivierung der grenzüberschreitenden Wirtschaftstätigkeit von Unternehmen aller Größenordnungen im europäischen Binnenmarkt geführt. Über den grenzüberschreitenden Güterverkehr hinaus gewinnen die grenzüberschreitende Erbringung von Dienstleistungen und die grenzüberschreitende Standortwahl im Rahmen der Niederlassungsfreiheit auch für kleinere Unternehmen zunehmend an Bedeutung innerhalb der EU. Die Intensivierung der grenzüberschreitenden Wirtschaftstätigkeit im europäischen Binnenmarkt findet bei gleichzeitig wachsender Anzahl der EU-Mitgliedstaaten aufgrund von EU-Erweiterungen sowie, damit verbunden, wachsender Heterogenität der wirtschaftlichen Lage der jeweiligen EU- Mitgliedstaaten statt. Das Zusammentreffen dieser beiden Faktoren bringt für die Personalpolitik und die Arbeitsbeziehungen der Unternehmen in der EU eine Reihe großer Herausforderungen:

1. Wachsende Heterogenität der EU-Mitgliedstaaten

Das Konzept der Europäischen Integration über die wirtschaftliche Integration, das heißt über die Schaffung eines Binnenmarktes, wurde in den 50er Jahren des vergangenen Jahrhunderts auf der Grundlage der Sechser-Gemeinschaft der EG-Gründungsmitglieder entwickelt. Diese sechs Gründungsstaaten der damaligen Europäischen Gemeinschaften (Deutschland, Frankreich, Italien und die Benelux-Staaten) waren dadurch gekennzeichnet, dass ihr wirtschaftlicher Entwicklungsstand und folglich auch die Arbeitskosten in diesen Ländern relativ nahe beieinander lagen. Diese Situation war die Grundlage dafür, dass die vorhandenen Unterschiede in den sozialen und arbeitsrechtlichen Systemen und Traditionen der Mitgliedstaaten keine Wettbewerbsverzerrungen im angestrebten Binnenmarkt befürchten ließen. Folgerichtig enthielten die Römischen Verträge überhaupt keine Regelungskompetenz zur Vereinheitlichung sozialpolitischer Regulierungen auf europäischer Ebene. Diese Situation hat sich mit den sukzessiven Erweiterungen der Europäischen Gemeinschaft zunehmend geändert: Mit Ausnahme der Erweiterung um Österreich, Schweden und Finnland im Jahr 1995 hat jeder Erweiterungsschritt der EG (später EU) zu einer wachsenden Heterogenität des wirtschaftlichen Entwicklungsstandes und folglich zu Disparität der Arbeitskosten unter den Mitgliedstaaten der EU, die am Binnenmarkt partizipieren, geführt. Bereits die mit der Erweiterung um Griechenland (1981) sowie Spanien und Portugal (1986) entstandene Heterogenität schlug sich auf europäischer Ebene dadurch nieder, dass mit der Einheitlichen Europäischen Akte im Jahr 1987 erstmals eine soziale Regulierungskompetenz der EG zur Setzung von Mindeststandards im Arbeitsschutz festgeschrieben wurde. Ziel der Einführung dieses neuen Artikel 118a in den EG-Vertrag war es, im Binnenmarkt der damaligen Zwölfer-Gemeinschaft einen Sockel an Mindeststandards im Arbeitsschutz aufzubauen, die dem Wettbewerb im Binnenmarkt entzogen würden, um Wettbewerb auf Kosten der Gesundheit der Arbeitnehmer zu unterbinden. Dieses Ziel wurde durch eine Vielzahl von Richtlinien zur Sicherheit und zum Gesundheitsschutz der Arbeitnehmer, die auf der Grundlage des Art. 118a EGV erlassen wurden, umgesetzt. Die sozialpolitische Regulierungskompetenz der EG wurde mit dem Maastrichter Vertrag, der 1993 in Kraft trat, erheblich ausgeweitet und umfasst seither die Festlegung von Mindeststandards in weiten Bereichen der Arbeitsbedingungen und des Arbeitsrechts. Mit den Erweiterungen der EU um die Mittel- und Osteuropäischen Staaten in den Jahren 2004 und 2007 sind die Unterschiede in der wirtschaftlichen Entwicklung und den Arbeitskosten zwischen den EU-Mitgliedstaaten so groß geworden, dass sie sich zu einem erheblichen Wettbewerbsfaktor für die Unternehmen entwickelt haben: Im Rahmen der Dienstleistungsfreiheit verlagern Dienstleistungserbringer aus EU-Mitgliedsstaaten aufgrund niedrigerer Arbeitskosten, Erleichterungen im Arbeits- und Sozialrecht sowie vorteilhafterer Arbeitsbedingungen ihre Standorte entsprechend. Die grenzüberschreitende Erbringung von Dienstleistungen und Gründung von Unternehmensstandorten im europäischen Binnenmarkt ist ausdrücklich gewünscht, entspricht sie doch dem Ziel der Schaffung eines einheitlichen europäischen Marktes. Die bisherigen Erweiterungen der 1970er und 1980er Jahre (insbesondere Irland, Griechenland, Spanien, Portugal) haben gezeigt, dass die Integration dieser Länder in den Binnenmarkt zu einem deutlichen Aufholeffekt im Hinblick auf ihren wirtschaftlichen Entwicklungsstand geführt hat, was auch eine Annäherung der Arbeitskosten an die alten EU- Mitgliedstaaten zur Folge hatte. Eine ähnliche Entwicklung zeichnet sich auch schon für die 12 neuen Mitgliedstaaten aus den letzten beiden Erweiterungsrunden von 2004[1] und 2007[2] ab, allerdings wird der Weg, der noch zurückzulegen ist, aufgrund der erheblich größeren Unterschiede im Vergleich zu den vorausgegangenen Erweiterungsrunden schwieriger werden. Und er wird durch die Krise, die die Eurozone erneut fest im Würgegriff hat, auch für die Nicht-Euro-Länder weiter erschwert.

2. Unterschiede in den nationalen Traditionen der Sozialpolitik und industriellen Beziehungen

Die aus der Intensivierung des Binnenmarktes und wachsenden wirtschaftlichen Heterogenität der Mitgliedstaaten erwachsenden sozialpolitischen Herausforderungen der EU sind umso größer, als die nationalen Systeme der Sozialpolitik und der Industriellen Beziehungen auf sehr unterschiedlichen und

---

[1]Erweiterung um Ungarn, Tschechische Republik, Polen, Slowakei, Slowenien, Estland, Lettland, Litauen, Malta und Zypern
[2]Erweiterung um Rumänien und Bulgarien

gesellschaftlich verwurzelten Traditionen basieren. Unterschiedliche Trennlinien zwischen gesetzlicher, kollektivvertraglicher und individueller Regulierung verlaufen zum einen bei den Systemen der sozialen Sicherung
von Arbeitnehmern, die erhebliche Bedeutung für die Arbeitskosten und
die grenzüberschreitende Mobilität der Arbeitnehmer haben. So werden in
Deutschland sowohl die Arbeitslosenversicherung, als auch die Kranken- und
die Rentenversicherung Sozialpartnern verwaltet und durch an den Arbeitslohn gekoppelte Beiträge finanziert, die unmittelbar in die Arbeitskosten
einfließen. In anderen EU- Mitgliedstaten sind hingegen die Sozialversiche-
rungssysteme z.t. vom Arbeitsverhältnis abgekoppelt und werden über die
Steuern finanziert, mit der Folge, dass sie nicht unmittelbar in die Arbeitskosten einfließen, etwa das steuerfinanzierte staatliche Gesundheitssystem in
Großbritannien oder steuerfinanzierte Grundrentensysteme, die durch individuelle Altersvorsorge ergänzt werden, in einer Reihe von Mitgliedstaaten.
Zum anderen verlaufen auch die Trennlinien zwischen gesetzlichen, kollektiv-
vertraglichen und individualvertraglichen Regelungen der Arbeitsbedingungen in den Mitgliedstaaten der EU sehr unterschiedlich. In der Festlegung
von Arbeitsbedingungen setzen Gesetze den Kollektivverträgen und individuell vereinbarten Verträgen enge Grenzen und die Politik interveniert
aktiv in die Tarifverhandlungen. Umgekehrt sind in Großbritannien Indivi-
dualverträge im Bereich des Arbeitslebens vorherrschend. Gesetzliche und
kollektivvertragliche Regelungen spielen eine untergeordnete Rolle. Kollektivverträge werden ohnehin erst durch ihre Integration in einen individuellen
Arbeitsvertrag rechtsverbindlich. In den skandinavischen Ländern wiederum
dominieren Sozialpartnervereinbarungen: in Dänemark etwa dienen sie der
Regulierung von Arbeitsbedingungen und sozialer Sicherung der Arbeitnehmer. Die postkommunistischen Transformationsländer unter den neuen Mitgliedstaaten sind geprägt durch einen extremen Individualismus einerseits,
der jedoch einhergeht mit einer starken Neigung zur staatlichen Intervention
bzw. gesetzlichen Regulierung, und einer sehr schwach ausgeprägten Rolle
der Sozialpartner, die entsprechend dem ILO-Ansatz überwiegend tripartit
ausgerichtet ist. Bei den Kollektivverträgen gibt es erhebliche Unterschiede
zwischen den Mitgliedstaaten im Hinblick auf deren Verbreitung, rechtlichen
Status und ihre tatsächliche Bedeutung für die Festlegung und Durchsetzung
von Deutschland und Skandinavien bis hin zur Gesetzeskraft mit z.T. straf-
rechtlichen Sanktionen, z. B. in Belgien, Frankreich und Spanien[3].

---

[3]Vgl. R. Hornung-Draus, Zur Diskussion über einen EU-Rahmen für transnationale Kollektivverhandlungen, EuroAS 2006, S. 142-146

3. Spannungsfeld Dienstleistungsfreiheit - soziale Grundrechte bei Entsendungen im Binnenmarkt

Die im europäischen Binnenmarkt geförderte Entwicklung der grenzüberschreitenden Dienstleistungen hat vor diesem Hintergrund zu Herausforderungen geführt, die durch den Gesetzgeber alleine nicht zu lösen sind, weil sie die tarifvertraglichen Traditionen der Mitgliedstaaten unmittelbar berühren. Dazu hat der Europäische Gerichtshof am 18. Dezember 2007 im Fall Laval sein Urteil gesprochen[4].

Das lettische Dienstleistungsunternehmen hatte einen Auftrag in Schweden erhalten und wollte diesen mit seinen nach lettischem Tarifvertrag bezahlten, nach Schweden entsandten lettischen Arbeitnehmern durchführen. Die schwedischen Gewerkschaften wiederum beriefen sich auf ihr in Schweden unbestrittenes Streikrecht und setzten Arbeitskampfmaßnahmen ein, um den Abschluss eines Lohntarifvertrags des lettischen Dienstleistungserbringers mit der schwedischen Gewerkschaft zu erzwingen. Die im Anschluss an dieses und eine Reihe weiterer Urteile des EuGH zur Balance zwischen Dienstleistungsfreiheit und sozialen Grundrechten[5] entstandene politische Diskussion auf europäischer Ebene wird sehr kontrovers geführt. Auf Gewerkschaftsseite und in der sozialistischen Fraktion des Europäischen Parlaments werden Forderungen nach einer Ausweitung und Verschärfung der Entsende-Richtlinie aus dem Jahr 2006 (96/71/EG) erhoben. Ein solcher Ansatz verkennt jedoch die Komplexität der tarifrechtlichen Situation in den Mitgliedstaaten und läuft in der Praxis auf gravierende Eingriffe in die nationalen Systeme der industriellen Beziehungen und zudem auf eine drastische Beschneidung der Dienstleistungsfreiheit der Unternehmen hinaus, die insbesondere zu Lasten der neuen Mitgliedstaaten mit ihrem schwächeren wirtschaftlichen Entwicklungsstand und entsprechend niedrigeren Arbeitskosten geht. Nun wird gerade in diesen Tagen von der EU-Kommission eine Rechtsetzungsinitiative vorbereitet, mit der die Forderungen der Gewerkschaften nach Stärkung der sozialen Grundrechte gegenüber den wirtschaftlichen Freiheiten des Binnenmarktes erfüllt werden soll. Geplant wird, in Anknüpfung an die Monti I-Verordnung des Jahres 1998 (EC2679/98) eine Verordnung vorzuschlagen, mit der eine widerlegbare Vermutung geschaffen wird, dass Streiks in Zusammenhang mit der Ausübung von Grundfreiheiten, rechtmäßig sind. Für den Fall eines Rechtsstreits, der durch einen solchen Streik ausgelöst wird, sollen die nationalen Gerichte zuständig sein. Die Rechtsgrundlage für die Verordnung soll Art. 352 AEUV sein, was besonders problematisch ist: Art. 352 AEUV, der auch als Flexibilitätsklausel bezeichnet wird, ist als Rechtsgrundlage nur dann möglich, wenn die EU in-

---

[4]EuGH, Az C-341/05

[5]EuGH-Urteil zum Niedersächsischen Landesvergabegesetz (Rüffert), 3. April 2008, Az C-346/06; EuGH-Urteil zum Fall Kommission gegen Luxemburg, 21. Oktober 2004, Az C-445/03

nerhalb der in den Verträgen festgelegten Politikbereiche tätig wird. Das in dem Verordnungsentwurf geregelte Streikrecht wird aber von Art. 153 Abs. 5 AEUV explizit von der Rechtsetzungsbefugnis der EU ausgeschlossen. Damit wird aber nach meiner Einschätzung Art. 352 AEUV von den Verfassern des Verordnungsentwurfs als Umgehung dieses expliziten Ausschlusses der Rechtsetzungsbefugnis genutzt[6]. Mit einem weiteren Text will die EU-Kommission die Entsenderichtlinie ergänzen. Ziel des geplanten Entwurfes einer Ergänzungsrichtlinie ist es dabei, die Durchsetzung der Entsenderichtlinie in der Praxis zu verbessern. Die Kommission will dazu verschiedene Instrumente vorschlagen:

• Einführung einer EU-weiten Generalunternehmerhaftung. Diese Haftung soll sich nicht nur auf die direkte Beziehung zwischen Hauptunternehmer und Nachunternehmer beziehen sondern auch die Haftung der gesamten Unternehmerkette umfassen.

• Stärkung der Rechte entsandter Arbeitnehmer bei Rechtsstreitigkeiten im Gastland, inkl. Einführung eines Verbandsklagerechts für Gewerkschaften.

• Verbesserter Zugang zu Informationen.

• Verbesserung der Kooperation zwischen den Behörden in den Mitgliedstaaten.

4. Spannungsfeld Niederlassungsfreiheit und soziale Grundrechte bei der Standortwahl im Binnenmarkt

Die grenzüberschreitende Standortpolitik im Rahmen der Niederlassungsfreiheit der Unternehmen im Binnenmarkt hat in mehrerlei Hinsicht Herausforderungen für Personalpolitik und Arbeitsbeziehungen gebracht. Zum einen wurde mit der Richtlinie über Europäische Betriebsräte aus dem Jahr 1994 für grenzüberschreitend aufgestellte Unternehmen die Verpflichtung geschaffen, auf Antrag der Arbeitnehmer eine Vereinbarung über die grenzüberschreitende Information und Konsultation in Form eines Europäischen Betriebsrats oder eines dezentralen Verfahrens auszuhandeln. Damit haben diese Unternehmen zusätzlich zu den jeweiligen nationalen Gremien der betrieblichen Information und Konsultation auch ein transnational zusammengesetztes europäisches Gremium der Information und Konsultation zu berücksichtigen, das über grenzüberschreitende Veränderungen und Standortverlagerungen informiert und konsultiert werden muss. Die Gründung einer Europäischen Aktiengesellschaft nach dem SE-Statut

---

[6]Zum Zeitpunkt der Drucklegung hat die EU-Kommission den bereits vorgelegten Verordnungsentwurf aufgrund der o.g. Kritik daran offiziell zurückgezogen. Dies ist im Bereich der Sozialpolitik auf EU-Ebene ein einmaliger Vorgang.

ist ebenfalls mit der Verpflichtung verbunden, eine grenzüberschreitende europäische Vereinbarung zur Mitwirkung bzw. Information und Konsultation der Arbeitnehmer zu verhandeln. Die unterschiedlichen Ausprägungen des nationalen Arbeitskampfrechts schlagen ebenfalls auf die europäische Ebene durch, und beeinträchtigen die grenzüberschreitenden Standortentscheidungen, die Unternehmen im Rahmen der ihnen gewährten Niederlassungsfreiheit im Binnenmarkt treffen. Anders als in Deutschland, wo grundlegende Fragen des Bestands, der Verlagerung oder der Schließung des Betriebes der unternehmerischen Entscheidungsfreiheit zugeordnet und dem Arbeitskampf entzogen werden, erstreckt sich das Streikrecht in anderen Ländern auch auf derartige grundlegende unternehmerische Entscheidungen der Arbeitgeber und z.T. sogar auf politische Sachverhalte (politische Streiks). Die Ausübung des Streikrechts, auch zu Lasten der Niederlassungsfreiheit im Binnenmarkt, wird vom Europäischen Gerichtshof nicht grundsätzlich in Frage gestellt, wie sein Urteil vom 11. Dezember 2007 im Fall Viking verdeutlicht[7]. Die Intensivierung des Binnenmarktes hat schließlich die Forderung von Seiten einiger Akademiker und einiger Branchengewerkschaften hervorgebracht, einen europäischen Rechtsrahmen für transnationale Kollektivverhandlungen zu schaffen[8]. Die Europäische Kommission hat mit diesem Gedanken durchaus geliebäugelt und eigens eine Expertengruppe zu TCA („Transnational Company Agreements") eingesetzt, die ausloten sollte, wie ein solcher optionaler Rechtsrahmen aussehen könnte. Im Ergebnis haben sich jedoch unsere Bedenken hinsichtlich der Realisierbarkeit dieser Vorstellung durchgesetzt, so dass die Kommission sich zunächst damit zufrieden gibt, eine Datenbank mit Informationen zu TCA einzurichten. Damit ist zwar eine Schlacht gewonnen, aber noch nicht der Krieg. Angesichts der mit der Krise einhergehenden Umstrukturierungsprozesse haben nämlich die europäischen Gewerkschaften anlässlich ihres Athener Kongresses im Mai 2011 ihre Forderungen nach einem Streikrecht für transnationale Vorgänge und neuer aus den USA kommender Instrumente wie Kampagnen, Mobilisierungen, Zusammenarbeit mit den NGOs bedienen werden, um ihren Forderungen Nachdruck zu verleihen.[9] Wir müssen vor diesem Hintergrund also davon ausgehen, dass die Forderungen nach einem Rechtsrahmen für transnationale Kollektivvereinbarungen einschließlich transnationaler Arbeitskampfinstrumente von Seiten der europäischen Gewerkschaftsbünde weiter vorgebracht werden wird.

---

[7] EuGH, Az C-438/05
[8] vgl. hierzu ausführlich R. Hornung-Draus, Zur Diskussion über einen EU- Rahmen für transnationale Kollektivverhandlungen, EuroAS 2006, S. 142-146
[9] 19. Mai 2011

**5. Spannungsfeld Vereinheitlichung der Personalprozesse vs.
Ausnutzung von Standortvorteilen in EU-weit aufgestellten
Unternehmen**

Die Intensivierung der grenzüberschreitenden Wirtschaftstätigkeit und die
bereits oben genannte Entwicklung hin zu standardisierten Personalprozes-
sen in global aufgestellten Unternehmen führt zwangsläufig auch zu der Frage, ob bzw. inwieweit eine europaweite Vereinheitlichung der Regulierung im
sozialpolitischen Bereich Personalprozesse vereinfachen und Kosten senken
kann. Viele Unternehmen klagen zudem über den erheblichen Aufwand, der
durch die Vielzahl und Unterschiedlichkeit der nationalen Informations- und
Konsultationsgremien, zu denen in vielen Fällen zusätzlich der Europäische
Betriebsrat hinzukommt, hervorgerufen wird. Aus dieser Perspektive ist die
Sympathie einiger Vertreter großer Unternehmen für eine Harmonisierung
des Arbeits- und Sozialrechts auf EU-Ebene nachvollziehbar. Bei derartigen
Überlegungen wird jedoch verkannt, dass

• die EU in diesem Bereich nur die Kompetenz hat, Mindeststandards zu
setzen, mit der Folge dass die angestrebte Vereinheitlichung der nationalen
Rahmenbedingungen oder gar die Abschaffung nationaler Regelungen zu
Gunsten einer europäischen Regelung gerade nicht erreicht werden kann;

• sogar wenn eine europaweite Harmonisierung des Arbeitsrechts rechtlich
möglich gemacht würde, diese politisch um den Preis einer Kumulation der
in den verschiedenen Rechtsordnungen der Mitgliedstaaten vorhandenen re-
striktivsten Regelungen erkauft und ein aus Unternehmenssicht absolut un-
tragbares Monstrum von Europäischem Arbeitsrecht hervorbringen würde;

• die Traditionen und Spielregeln der industriellen Beziehungen in den EU-
Mitgliedstaaten so unterschiedlich sind, dass sie nicht in einen europäischen
Rechtsrahmen für transnationale Kollektivverträge zusammengefasst wer-
den können;

• die derzeit geübte Ausnutzung von speziellen Standortvorteilen für die
Unternehmen nicht mehr möglich wäre.

• Die Ergebnisse der Diskussion des von der EU-Kommission im Jahr 2006
vorgelegten Grünbuchs zum Arbeitsrecht in der EU bestätigen deutlich, dass
die europäische Integration im sozialpolitischen Bereich einen Zustand erreicht hat, in dem die rechtsverbindliche Festlegung von europäischen Mindeststandards und arbeitsrechtlichen Vorschriften eine Dichte aufweist, die
einerseits in Überregulierung zu münden droht und andererseits die gewachsenen Systeme der Sozialpartnerbeziehungen zunehmend beeinträchtigt. Die
europäische Sozialpolitik bedarf daher nach meiner Überzeugung nicht weiterer europäischer Richtlinien und verbindlicher Rechtsrahmen.

- Die sozialpolitischen Herausforderungen des Binnenmarktes in einer immer größer und heterogener werdenden Europäischen Union können nur dann erfolgreich bewältigt werden und zu der mit dem EG-Vertrag angestrebten Verbesserung der Lebens- und Arbeitsbedingungen (Artikel 136 EGV) führen, wenn die europäische Sozialpolitik die Bedürfnisse der Unternehmen und Arbeitnehmer sowie deren jeweils unterschiedliche nationale soziale Traditionen angemessen berücksichtigt und integriert.

- Der Europäische Soziale Dialog ist als Ordnungsrahmen, der diese Brücke zwischen den unterschiedlichen sozialen Traditionen in den Mitgliedstaaten und dem europäischen Binnenmarkt schlägt, eine wesentliche Grundlage für die erfolgreiche Bewältigung der sozialpolitischen Herausforderungen und der weiteren Integration der EU[10].

III. Herausforderungen durch globale Entwicklungen

1. Neue Dynamik der globalen Gewerkschafts- und NGO-Aktivitäten

Das in den 80er und 90er Jahren beobachtete Phänomen, dass die Gewerkschaften anders als Unternehmen, die sich global aufstellten, weitgehend in ihren nationalen Strukturen verhaftet blieben, ist dabei, sich grundlegend zu ändern. Der langfristige Mitgliederschwund in den traditionellen Sektoren und die Schwierigkeit, Mitglieder in den neuen aufstrebenden Branchen zu akquirieren, hat die Gewerkschaften zu einer Internationalisierung ihrer Strategien bewogen. Die Änderung ist besonders deutlich bei den US-Amerikanischen Gewerkschaften zu erkennen: Bis vor kurzer Zeit noch waren sie in den Strukturen der internationalen Gewerkschaftsbünde fast gänzlich abwesend und sehr protektionistisch auf ihre nationalen Belange fokussiert. Nun haben sie offenbar erkannt, dass sie bei global aufgestellten Unternehmen die internationalen Gewerkschaftsstrukturen nutzen können, um ihre nationalen organisationspolitischen Ziele durchzusetzen. Sie haben nun begonnen, sich aktiv in den internationalen Gewerkschaftsstrukturen zu engagieren; sei es im ITUC, im ETUC oder in Europäischen Branchengewerkschaften.

---

[10] zum Sozialen Dialog ausführlich vgl. R. Hornung-Draus: ler Dialog als Ordnungsrahmen im Spannungsfeld zwischen Standortwettbewerb und gesetzlicher Regulierung, in: Hans Paul Frey, Bewahren, Verändern, Gestalten Tarifpolitik in Zeiten der Globalisierung, Festschrift für Wolfgang Goos, Heidelberg, 2009

2. Neue Methoden der Druckausübung und des Arbeitskampfes

Diese neue Orientierung der Gewerkschaften wird im Athener Manifest des
Europäischen Gewerkschaftsbundes explizit angesprochen: „The ETUC will
maximise the use of the range of means available to the ETUC to improve the
impact of the trade union agenda at European level, i.e. using campaigns and
mobilisations, the EU institutions, employers and the social dialogue, allies
in civil society, the Tripartite Social Summit, and EU external relations."
Deutsche Unternehmen, bei denen die Gewerkschaften in den Aufsichtsräten
sitzen und auch über die Betriebsräte einen großen Einfluss haben, sind dabei
besonders beliebte Angriffsziele. Sie werden konfrontiert mit

- der Forderung, sogenannte IFA („International Framework Agreements")
mit den Global Union Federations abzuschließen typischerweise sollen diese
IFA-Klauseln zur weltweiten Anerkennung der nationalen Mitgliederorgani-
sationen der unterzeichnenden Global Union Federations enthalten;

- pressewirksame Kampagnen („corporate campaigns") unter Nutzung des
Internets und der neuen Medien - oft in Zusammenarbeit mit NGO - über
angebliche ausbeuterische Arbeitsbedingungen oder Menschenrechtsverlet-
zungen in ihren Betrieben oder in der Zulieferkette; Beschwerden bei den
National Contact Points (NCP) der OECD über angebliche Verletzung der
Grundsätze der OECD-Leitsätze für multinationale Unternehmen

- Beschwerden bei der ILO über Verletzung der Prinzipien der Kernarbeitsnormen (Kinderarbeit, Zwangsarbeit, Diskriminierung etc.) in den Betrieben
oder in der Zulieferkette; Beschwerden bei Ratingagenturen über das Unternehmen Druckausübung auf wichtige institutionelle Kunden und Kundenun-
ternehmen und Zulieferer des angegriffenen Unternehmens, dem Unternehmen nichts mehr abzukaufen, bzw. nichts mehr zu liefern Boykottaufrufe für
die Produkte der angegriffenen Unternehmen Beschwerden und Druck auf
Lokalpolitiker an den Standorten des angegriffenen Unternehmens-Aktionen,
Massen-E-Mails an die Vorstandsvorsitzenden etc.

Wesentliches Merkmal dieser Aktionen ist, dass es den Gewerkschaften nicht
wirklich darum geht, Missstände abzustellen oft erweisen sich die vorge-
brachten Vorwürfe als haltlos oder übertrieben -, sondern dass die gewerkschaftliche Anerkennung und Mitgliederakquise im Vordergrund steht. Gerade für die deutschen, sozialpartnerschaftlich denkenden und handelnden
Unternehmen stellen diese neuen Techniken eine große Herausforderung dar:
Das oben beschriebene Verhalten der Gewerkschaften widerspricht diametral der Tradition auf Vertrauen basierender partnerschaftlicher Beziehungen zwischen Arbeitgebern und Gewerkschaften. Es ist auch nicht kompa-
tibel mit einem Rechtssystem, in dem Gewerkschaften Zugang zu sensiblen
Informationen und großen Einfluss auf wirtschaftliche Entscheidungen des

Unternehmens haben. Auch wenn die in derartigen öffentlichen Kampagnen gemachten Vorwürfe in der Sache oft haltlos, übertrieben oder schon längst überholt sind, bewirken sie bei den Unternehmen einen erheblichen Image- und Reputationsschaden, der mit sehr hohem Aufwand repariert werden muss.

IV. Ausblick

Die deutschen Unternehmen müssen sich auf diese neuen Kampftechniken der Gewerkschaften einstellen. Die Tatsache, dass sowohl auf europäischer als auch auf globaler Ebene die wichtigsten Industriegewerkschaftsverbände (Metall, Chemie, Textil u. a.) gerade jetzt dabei sind zu fusionieren, um ihre Organisationsstärke und Schlagkraft zu erhöhen, zeigt, dass diese Entwicklung ein auf Dauer angelegter Trend ist, der bleiben wird, solange die Unternehmen ihre eigenen Organisationen und ihre Zulieferketten grenzüberschreitend global aufgestellt haben. Wie können sich Unternehmen darauf einstellen?

a) Ernsthaft unter Einbeziehung auch der Rechtsabteilungen, Personalabteilungen und Compliance-Beauftragten, um mögliche Angriffsflächen für Corporate Campaigns zu minimieren. Die BDA hat diesen Aspekt in ihrer CSR-Arbeit für ihre Mitglieder von Anfang an in den Mittelpunkt gestellt und in ihrem CSR-Arbeitskreis vertieft bearbeitet.

b) Die politischen Bestrebungen auf EU- und internationaler Ebene rechtsverbindliche Standards für CSR-Inhalte und CSR-Berichterstattung durch Unternehmen vorzugeben, muss entgegengetreten werden, da durch derartige Regulierungen unkalkulierbare zusätzliche Angriffsflächen geschaffen werden, die für Corporate Campaigns genutzt werden können. Bereits die seit über 30 Jahren bestehenden OECD-Leitsätze für multinationale Unternehmen schaffen erhebliche Probleme in dieser Hinsicht, weil sie von den Gewerkschaften und z.T. NGOs gezielt für organisationspolitisch motivierte Druckausübung auf Unternehmen genutzt hinzugekommen, das für Kampagnen missbraucht werden kann. Aus genau diesem Grund setzt sich die BDA gemeinsam mit ihren Spitzenorganisationen BUSINESSEUROPE, IOE und BIAC auf europäischer und internationaler Ebene gegen weitere Regulierung und verpflichtende Berichterstattung ein und engagierte sich aktiv etwa bei der Überarbeitung der OECD-Leitsätze in 2011, bei der Ausarbeitung des o. g. - Menschenrechtsrat der Vereinten Nationen verabschiedet wurde, und last not least, bei der quälend langen Ausarbeitung der IS. 26000. Alle diese Instrumente erhalten im Lichte der neuen Nutzung durch die internationalen Gewerkschaften und NGOs eine viel größere Bedeutung für die Unternehmen, als dies in den vergangenen Jahrzehnten der Fall war.

c) Die Unternehmen und Verbände müssen sich auf diese neuen Strategien und Taktiken der Gewerkschaften auch dadurch vorbereiten, dass sie darauf basierend ihre eigenen Strategien entwickeln. Die BDA organisiert diesen Erfahrungsaustausch durch ihren Arbeitskreis CSR, zu dem seit letztem Jahr auch ein Erfahrungsaustausch hinzugekommen ist, wie er von der BDA sowie der IOE in Genf eingerichtet wurde und Mitgliedsunternehmen der BDA offensteht.

d) Last not least, wird der Import dieser aus den USA stammenden konflikt-basierten Instrumente des Global Corporate Campaigning auch die deut-schen Arbeitsbeziehungen nicht unverändert lassen. Hier begebe ich mich natürlich in den Bereich der Spekulationen. Aber ich befürchte, dass im Zusammenspiel mit den aus Südeuropa stammenden Ansätzen des Political Campaigning, die über den Binnenmarkt schon jetzt auch auf die deutschen Unternehmen Auswirkungen haben, - der in der deutschen (und skandina-vischen) Tradition gewachsene Ansatz der partnerschaftlichen und vertrau-ensbasierten Arbeitsbeziehungen unter erheblichen Druck kommen könnte.

Noch ist dieses nicht der Fall. Aber ich meine, dieser Gefahr muss schon jetzt von allen Akteuren Unternehmen, Verbänden, Politikern entgegengewirkt werden, um Schaden von der deutschen Wirtschaft abzuwenden.

Strategien und Handlungsfelder für Unternehmen – Einbeziehung relevanter Organisationen, Interessensgruppen und Institutionen im Zuge von Investitionen in Europa und weltweit

Andreas **Heß**

Andreas Heß, Managing Partner, HLS Global Business Service GmbH, Schliersee und Frankfurt

I. Tarifpluralität und Globalisierung der Arbeit

Die Wirtschaft ist globalisiert! Das wird besonders deutlich in der Automobilindustrie, aber auch im Verkehrssektor. Dienstleistungen sind global vernetzt und werden gerade deswegen auf Kunden- und Verbraucherebene verstärkt in Anspruch genommen. Die Wirtschafts- und Finanzwelt hat sich mittlerweile europa- und weltübergreifend organisiert. Sicherlich betrachtet ein Teil der Gesellschaft und der Politik mehr oder weniger kritisch so manche Aktivität von Banken und Versicherungen. Es kommt politische Kritik auf. Der alte Konflikt zwischen Kapital und Arbeit kehrt zurück.[1] Die Politik ist daher gefordert. Sie soll mitwirken, Ungerechtigkeiten weltweit zu mildern. Aktuell schaffen die EU-Kommission und das Europäische Parlament jedenfalls auf deren Ebene verbesserte Rahmenbedingungen.

Im Brennpunkt von Kritik stehen aber auch hier und da international tätige deutsche Unternehmen, die in der Logistik-Branche, einschließlich einzelner Unternehmen mit Kurier-, Express- und Paketdiensten, aber auch andere Logistik-Unternehmen, tätig sind. Gerade in diesem, in den letzten Jahrzehnten noch bedeutender gewordenen Wirtschaftszweig hat sich ein sehr international ausgerichtetes und aufstrebendes Geschäft entwickelt. Weltweit operierende Unternehmen in der Branche nutzen auf den Märkten erfolgreich ihre Chancen. Dabei geraten Arbeits- und Sozialbedingungen durch internationalen Konkurrenzdruck immer stärker in den Fokus. In der Folge gibt es zu diesem Thema regional, aber auch überregional, einen vermehrten Handlungsbedarf.

Die Arbeitnehmerverbände haben sich erkennbar dieser Situation gestellt und entsprechend positioniert. So gibt es im Automobilsektor und angrenzenden Dienstleistungsbereichen, konkret in der Logistik, sehr effiziente, global aufgestellte Organisationen für Arbeitnehmer, wie z.B. die International Transport Workers' Federation (ITF) und die UniGlobal. Diese Organisationen, einschließlich deren Partnergewerkschaften auf nationaler Ebene, kämp-

---

[1] Colin Crouch, Auswärtiges Wissenschaftliches Mitglied des Max-Planck-Institutes für Gesellschaftsforschung, Köln, in Süddeutsche Zeitung v. 26. Oktober 2012, S. 20

fen nach eigenen Angaben gemeinsam für fairen Wettbewerb sowie für die weltweite Harmonisierung der Arbeits- und Einkommensbedingungen. Sie nehmen politischen Einfluss auf Gesetzgebungs- und Verordnungsverfahren auf nationaler Ebene genauso wie auf die Gremien der Europäischen Union.

Hier gibt es durchaus neue Ansätze für die handelnden Gewerkschaften und deren Verbände. Nationale Interessen werden mit internationaler „Power" kombiniert. Die Unterstützung von Einzelgewerkschaften auf nationaler Ebene, wie z.B. ver.di oder IG Metall in Deutschland, kann eindrucksvoll beobachtet werden. In der Verbindung mit einem Einfluss auf die Mitbestimmungsebene, wie z.B. auf die Vertretung in Aufsichtsräten nach dem Mitbestimmungsgesetz von 1976 oder aber dem Betriebsverfassungsgesetz von 1952, wird diese Kraft verdeutlicht. Darüber hinaus gibt es bereits internationale Verflechtungen. So ist beispielsweise Robert T. King, Präsident der amerikanischen Gewerkschaft UAW[2], Mitglied des Aufsichtsrates bei Opel geworden. Die Wahrnehmung dieser Funktion ist ein deutlicher Hinweis mehr auf die internationale Vernetzung der Arbeitnehmerverbände, zumal diese Entwicklung von der deutschen IG Metall unterstützt wird. Dieser Vorgang ist fast einzigartig. Denn auf der Grundlage der deutschen Mitbestimmungsregelungen scheint es offensichtlich möglich, dass Vertreter international aufgestellter Gewerkschaften in die etablierte deutsche Mitbestimmung einziehen. Das heißt wohl auch Globalisierung!

Die Folge ist: Die nationalen Gewerkschaften bauen ihren Einfluss auf Gesetzgebungsprozesse weiter aus, insbesondere in Richtung auf internationale Rahmenabkommen mit Unterstützung der weltweit aufgestellten Arbeitnehmerverbände.

Diese sind, wie bei ITF[3], UniGlobal[4] und IMB[5] zu erkennen ist, mittlerweile gut organisiert und finanziell abgesichert.

---

[2]The International Union, United Automobile, Aerospace and Agricultural Implement Workers of America, besser bekannt in der Kurzbezeichnung United Auto Workers (UAW), ist eine Gewerkschaft (labor union), die etwa 390.000 Arbeitnehmer in den USA und Puerto Rico repräsentiert.

[3]International Transport Workers' Federation

[4]Internetauftritt der internationalen gewerkschaftlichen Vereinigung UniGlobal (www.uniglobalunion.org): „UNI, ITF and IndustriALL agree to build a strategic supply chain alliance to take global union solidarity to a new level. We represent 900 trade unions and 20 million workers worldwide. Breaking through is our Action Plan to change the rules of the game in the global labour market."

[5]IBM Trade Union Alliance im Internet: „More than 40 unionists from 15 countries met in the UNI's headquarters in Nyon, Switzerland to form the „IBM Global Union Alliance" through the EMF, IMF and UNI global union. Their intention is to engage with the company to further develop trade union and workers' rights so that the next century will be better than the last for these key stakeholders".

Ihr Einfluss reicht weit in die politischen Kreise hinein, wie z.b. in die ILO[6] in Genf, in die UNO-Gremien, die UNESCO, aber auch in die EU. Globale Kampagnen werden gezielt ausgerichtet auf einzelne Unternehmen, wie z.b. UPS, DHL, Maersk, Unilever, H&M und andere.

Die Arbeitnehmerverbände sind unter kluger Nutzung der Social Media[7] in der Lage, auf sogenannte „Missverhalten" von Unternehmen sowohl national als auch international hinzuweisen und somit politischen Druck auszuüben. Hier gibt es ein funktionierendes Wechselspiel zwischen nationalen und internationalen Gewerkschaften.

II. Was ist das Ziel der internationalen Arbeitnehmerverbände?

Die internationalen Arbeitnehmerverbände, wie z.b. ITF, UniGlobal und IMB, wollen sog. Global Framework Agreements (GFA) erreichen. Ins Fadenkreuz der nationalen und internationalen Gewerkschaften geraten aktuell global aufgestellte Dienstleister aus der Logistik und Automobilindustrie. Im Vordergrund steht die Argumentation, dass die Globalisierung der Arbeit auch dazu führen muss, soziale Mindeststandards einzuführen. Die international aufgestellten Gewerkschaften nutzen hierzu zunehmend eigene Informationen über Research-Abteilungen.

III. Was sind die neuen Herausforderungen für Unternehmen?

Die Unternehmen sehen sich zunehmend mit nationalen und in der Folge internationalen Konflikten konfrontiert. Es gibt eine Diversifizierung durch verschiedene Arbeitnehmerverbände. So ist das Verkehrssystem in Deutschland diesbezüglich sehr verletzbar - Beispiele: Deutsche Bahn (Eisenbahnerverkehrsgewerkschaft -EVG-, Gewerkschaft der Lokführer -GdL- u.a.), Luftfahrt (Vereinigung Cockpit -VC-, Unabhängige Flugbegleiterorganisation -UFO-, Gewerkschaft der Flugsicherung -GdF- u.a.). Auch im Gesundheitswesen gibt es verschiedene Berufsgewerkschaften. Das lässt sich fortsetzen.

Mittlerweile existiert in Deutschland, auch gefördert durch die Rechtsprechung, eine Tarifpluralität und in der Folge eine Tarifparallelität. Letzteres hat zur Folge, dass gerade die Wirtschaftszweige in der Daseinsvorsorge ten-

---

[6]Die International Labour Organization (ILO) ist eine UN-Sonderorganisation mit Sitz in Genf.

[7]so auch über Facebook, beispielsweise mit der Aufforderung: „don´t buy german products xy!"

denziell gehemmt werden könnten. Eine hohe Tarifkomplexität, unterschiedliche Tarifverträge und Laufzeiten sowie die Gefahr von Streikkaskaden sind an der Tagesordnung. Das muss nachdenklich stimmen!

Die Frage sollte beantwortet werden, ob der Gesetzgeber in der Lage und willens ist, die jahrzehntelang gegebene „Tarifeinheit" bezogen auf einen Betrieb zu regeln. Dies ist bisher nicht geschehen. Ein Vorstoß des DGB zusammen mit der Bundesvereinigung der Arbeitgeberverbände (BDA), die Tarifeinheit wieder herzustellen, war bisher nicht zielführend. Die im Herbst 2012 von der Bundeskanzlerin Frau Dr. Angela Merkel auf dem Arbeitgebertag der Bundesvereinigung der Deutschen Arbeitgeberverbände (BDA) bekundete Meinung,[8] die Bundesregierung könne sich eine Fortsetzung der Gespräche der Sozialpartner am runden Tisch vorstellen, greift die schon einmal vor zwei Jahren signalisierte Absicht der Bundesregierung zur Wiederherstellung der Tarifeinheit oder supplementärer Rahmenbedingungen zur Sicherung der Tarifautonomie und des sozialen Friedens in Deutschland wieder auf.

Aber hat der zweite Anlauf eine Chance auf Erfolg? Sind die verfassungsrechtlichen Grundlagen im Falle einer Rückkehr zur Tarifeinheit - auch zu einer Tarifeinheit mit veränderten Rahmenbedingungen - belastbar? Oder muss bei Tarifpluralität das Grundrecht auf Arbeitskampf neu durchdacht werden?

Wird nicht eine Tarifpluralität die traditionelle Ordnungswirkung der Tarifverträge zur Unordnung umkehren? Die Antwort wird umso wichtiger, je mehr internationale Gewerkschaften sich auch der deutschen Tariffelder bemächtigen und in Konkurrenz zu deutschen Gewerkschaften die Tariffelder bestellen wollen. Die jederzeit möglichen Kampfmaßnahmen - meist Blockaden von europäischen, nicht tariffähigen Gewerkschaften in einem anderen europäischen Land - wie beispielsweise den bekannten Fällen Vicking und

---

[8] Vor zwei Jahren hatte Kanzlerin Angela Merkel (CDU) auf dem Arbeitgebertag Erwartungen geweckt. Sie sagte, sie sei persönlich davon überzeugt, dass eine Regelung zur Tarifeinheit notwendig ist. Nach diesem verheißungsvollen Ausspruch, den BDA und DGB begrüßten, stagnierte die politische und gewerkschaftliche Diskussion, während sich in der Zwischenzeit einzelne Berufsgewerkschaften (Spartengewerkschaften) gegen alte Flächentarifverträge positionierten und die Rechtsprechung die Lücken füllte, die in Recht und Praxis durch den Wechsel der Rechtsprechung des BAG von der Tarifeinheit zur Tarifpluralität entstanden war. „Handelt, bevor die Tarifautonomie zerlegt ist", ermahnte Dr. Dieter Hundt, Präsident der Bundesvereinigung der Deutschen Arbeitgeberverbände (BDA), die Bundesregierung auf dem Arbeitgebertag 2012 erneut. Die Kanzlerin trug vor, wie ernst ihr das Thema sei. Zum Zeichen des Willens lud sie Herrn Dr. Dieter Hundt, sowie den auf dem Arbeitgebertag anwesenden Bundesvorsitzenden des Deutschen Gewerkschaftsbundes (DGB), Michael Sommer, zu einem Gipfeltreffen der Sozialpartner ein. „Wir sollten uns einmal alle gemeinsam an einen Tisch setzen", schlug Frau A. Merkel vor. „Ich möchte, dass wir da zu einer Lösung kommen."; vgl. den Bericht von Dieter Creutzburg im Handelsblatt vom 18.10.2012.

Laval[9]- fordern geradezu heraus, darüber nachzudenken, wie sich tarifrechtlich und tarifpolitisch in Zukunft eine Konkurrenz internationaler und nationaler Gewerkschaften im Verhältnis untereinander darstellt, wenn sie nicht
zusammenarbeiten, sondern gewerkschaftliche Alleingänge vornehmen!

Wegen der Globalität vieler großer und mittlerer Unternehmen und der
zugleich zunehmenden globalen Aktivität von Gewerkschaften bedarf das
Problem der Auswirkung von gewerkschaftlichen Kampfmaßnahmen auf die
an den sozialen Auseinandersetzungen nicht beteiligten Bürgerinnen und
Bürger als Drittbetroffene in Deutschland und in der EU[10] dringender denn
je der Lösung - zumindest in Deutschland.

Es stellt sich für den Staat die Frage, ob und inwieweit die staatlich gebotene
Daseinsvorsorge[11] sicher gestellt werden kann, insbesondere wie der Konflikt
der Interessenabwägung zwischen den Grundrechten der Bürger auf Freiheit
und körperliche Unversehrtheit einerseits und dem Grundrecht der Arbeitnehmerorganisationen auf den Abschluss von Tarifverträgen - nötigenfalls
durch vielfältige Formen von Arbeitskampfmaßnahmen[12] - andererseits zu
lösen ist. Auf der Ebene der EU schützt zwar die Charta der Grundrechte (GRC) in Art. 28 GRC das Recht der Sozialpartner auf Kollektivver-

---

[9]EuGH-Entscheidung vom 11.12.2007 im Fall Vicking, DB 2008, S.198; EuGH vom
18.12.2007 im Fall Laval, DB 2008, S.71. Es ging im Fall Vicking darum, dass eine finnische Gesellschaft eine estnische Tochtergesellschaft gegründet hat, um ein finnisches
Schiff nach Estland ausflaggen zu können und es künftig unter einer kostengünstigeren
estnischen Besatzung fahren zu lassen. Die finnische Gewerkschaft wandte sich an ihre internationale Schwesterngewerkschaft „International Transport Workers' Federation"
(ITF) mit der Bitte um Hilfe bei Aufrufen zu Streiks und Boykott. Im Fall Laval ging es
um die Frage, ob eine schwedische Gewerkschaft durch einen Boykott erzwingen konnte,
dass sich eine lettische Gesellschaft für entsandte Arbeitnehmer dem nicht für allgemeinverbindlich erklärten schwedischen Tarifvertragssystem der Bauwirtschaft anschloss. Die
Unternehmen Vicking und Laval klagten jeweils gegen die Maßnahmen der Gewerkschaft
mit der Begründung, dass diese unzulässig in die Ausübung ihrer Niederlassungs- bzw.
Dienstleistungsfreiheit eingreifen. In beiden Fällen anerkannte der EuGH das Recht der
Arbeitnehmer und ihrer Gewerkschaften auf die Durchführung kollektiver Maßnahmen.
Jedoch fiel die Abwägung der kollidierenden Rechte der Arbeitnehmer und Gewerkschaft
im konkreten Streitfall zu Gunsten der Grundrechte der beiden Unternehmen aus. Die
Fälle liegen europarechtlich etwas komplizierter als es den äußeren Anschein hat; zum
„Scharnier" zwischen Europarecht und nationalem Recht vgl.Thüsing, Europäisches Arbeitsrecht, 2.Aufl.S.303 f..
[10]Meik „Der Arbeitskampf in der Daseinsvorsorge im Spannungsfeld von Tarifpluralität
und fehlenden Spielregeln" in der Schrift „Deutsche und europäische Tariflandschaft im
Wandel"; Lehmann, „Macht der Koalitionen - Ohnmacht der Betroffenen und Drittbetroffenen" in Festschrift Buchner, S.529 f.
[11]Zur Daseinsvorsorge gehören: 1. Medizinische und pflegerische Versorgung, 2. Versorgung mit Energie und Wasser, 3. Feuerwehr, Bestattung, Entsorgung, 4. Landesverteidigungen, innere Sicherheit, 5. Verkehr (Luft, Schiene, Straße), 6. Erziehungswesen,
Kinderbetreuung, 7. Infrastruktur der Kommunikation (Post, Telekommunikation), 8.
Versorgung mit Bargeld, Zahlungsverkehr
[12]Ubber, „Aktuelle Formen des Arbeitskampfes", Kap. IV der Schrift „Deutsche und europäische Tariflandschaft im Wandel"

handlungen und auf den Abschluss von Kollektivverträgen. Aber wie viel an Aktionsraum hat das europäische Grundrecht Art. 28 GRC? Wie stellt sich in der gegebenen nationalen Vielfalt in Europa der auch im Europarecht herrschende Grundsatz der Verhältnismäßigkeit der Kampfmittel in den teilweise unterschiedlichen Rechts- und Denkstrukturen dar?

Interessant sind nämlich die unterschiedlichen Vorgehensweisen in der rechtlichen Bewertung auf EU-Ebene[13]. So gibt es in einigen Ländern der EU bereits Einschränkungen zum Thema des Streiks oder der Streikmöglichkeiten. In Deutschland hat sich in der Historie auf der Grundlage einer gelebten Mitbestimmungskultur eine sogenannte Ausgewogenheit ergeben. Es gilt abzuwarten, wie die weiteren Entwicklungen sich vollziehen.

IV. Schlussfolgerung

Die derzeitige Finanzkrise in der EU hat offensichtlich politische Auswirkungen. Diese begründen auch soziale Konflikte. Sie werden heftiger aber hoffentlich beherrschbar. Es ist eine Frage des politischen Kurses, die EU-Krise so zu nutzen, weitere Schritte in die Richtung von Sozialstandards innerhalb der Länder der EU gehen zu können. Folgend aus der Globalisierung muss die politische Union der EU die wirtschaftlichen, sozialen und politischen Rahmenbedingungen im konfliktfreien und vertrauensvollen Miteinander regeln. Es sind vor allem die global tätigen Unternehmen, die hier im ersten Schritt eine große Verantwortung tragen, indem sie offen und zielgerichtet mit Gewerkschaften und Interessengruppen sowohl national als auch international nolens volens zusammenarbeiten.

---

[13]Thüsing „Rechtsvergleichende Gedanken zum Arbeitskampf in der Daseinsvorsorge", Kap.IV der Schrift „Deutsche und europäische Tariflandschaft im Wandel"

Sozialpolitik in Deutschland mit Tarifverträgen
– Europäische Sozialpolitik ohne Tarifverträge –
Arbeitgeber- und Arbeitnehmervereinigungen in Europa

Dr. Friedrich-Wilhelm **Lehmann**
Rechtsanwalt, Schliersee und Krefeld

Das Leitthema dieses Buches „Deutsche und europäische Tariflandschaft im Wandel" kann ein Ausrufezeichen rechtfertigen, es kann aber auch, wie Hromadka meint, wegen der Vielfalt der Meinungen nur ein Fragezeichen erlauben. Ich bin eher der Meinung, dass ein gewaltiger Umbruch sich vollzieht. Aber vielleicht ist es noch zu früh, mit so kräftigen Farben zu malen.

In Deutschland verzeichnen wir eine Pluralität von Arbeitgeber- und Arbeitnehmervereinigungen. Die tariffähigen Organisationen haben etwa 67.000 Tarifverträge abgeschlossen. In Europa gibt es keine Tarifverträge und bisher auch keine einheitliche Sozialpolitik. Die Vielfalt der Kulturen sowie die Unterschiede in national gewachsenen traditionellen sozialen Gegebenheiten vertragen keine Vereinheitlichung. Sie wäre eine Utopie.

I. Tariflandschaft in Deutschland in der Pluralität von Arbeitgeber- und Arbeitnehmervereinigungen

Der Umbruch ist generiert durch den Quantensprung der Rechtsprechung des Bundesarbeitsgerichtes von dem historisch nach dem Industrieverbandsprinzip geübten Prozedere der Aufteilung der Tarifwelt und der verbandsautonomen Festlegung von Zuständigkeiten[1]. Dies war ein transparentes Ordnungsprinzip in der deutschen Wirtschaft, das die Tarifeinheit zum Ordnungsfaktor machte. Die nun geltende Tarifpluralität ist nicht etwa neu[2]. Aber die Rechtsprechung hat der durch die Verfassung garantierten Betätigung der Koalitionen in der deutschen Tariflandschaft neue Perspektiven gegeben. Auf dem Spiel steht die Ordnungsfunktion der Tarifverträge. Der Wettbewerb der Gewerkschaften untereinander, innerhalb und außerhalb des DGB, ist geöffnet und wird wahrgenommen, jüngst im Wettbewerb der DGB-Gewerkschaften ver.di und IG Metall im Tarifbereich Kontaktlogistik.

Tarifpluralität und Tarifparallelität als Folgen der Verbändepluralität können Wettbewerbsnachteile für deutsche Unternehmen schaffen. Die Unternehmen benötigen Kalkulierbarkeit der Personalkosten zur Bestimmung

---

[1] so beispielsweise über die Schlichtungsstelle nach § 16 der Satzung des DGB

[2] Schliemann „Arbeitgeber und Gewerkschaften in einer veränderten Tariflandschaft - verändert Partizip Perfekt, also ein abgeschlossener Prozess?", in dieser Schrift Kapitel I

von Marktpreisen. Dies wird vor allem dann erschwert, wenn Gewerkschaften den gleichen Geltungsbereich eines Tarifvertrags erstreiten, der schon mit einer anderen Gewerkschaft vereinbart ist. Die sich überschneidenden Geltungsbereiche lösen auch Irritationen bei arbeitsvertraglichen Klauseln mit Bezugnahme auf die jeweils für das Unternehmen oder den Betrieb geltenden Tarifverträge aus.

Die Folgen sind heute nicht genügend einschätzbar. Es zeichnet sich aber schon ab: Die Veränderung in der Tariflandschaft kann den Weg zur Verteuerung der Personalkosten vorzeichnen, wenn der Überbietungswettbewerb von Gewerkschaften in Zukunft den materiellen Inhalt von Tarifverträgen bestimmt. Beispiele gibt es bereits. Die weniger wahrscheinliche Alternative kann auch eine „Überbietung durch Unterbietung" sein. Der von der Rechtsprechung geforderte Druck und Gegendruck der Tarifvertragsparteien - also ihre Leistungsfähigkeit und mögliche Kompetenz „Vernunft statt Kampf", wird den Weg weisen.

Allerdings hat der deutsche Gesetzgeber das Arbeitskampfrecht ungeregelt gelassen, dies sogar in der Daseinsvorsorge, für die der Staat dem Bürger gegenüber verantwortlich ist. Richterrecht ist mit einer progressiven Arbeitskampfrechtsprechung an die Stelle des Gesetzgebers getreten. Daher wird - um es deutlich zu sagen - wegen der „Feigheit in der Politik" auch in Zukunft der Richter in der Tariflandschaft das Sagen haben und einen Teil der Hoheitsrechte des Gesetzgebers nolens volens ausüben. Von seinem Spruch hängt ein nicht unbedeutender Teil des Wandels in der Tariflandschaft ab. Insoweit wird Richterrecht das Wohl oder Wehe der deutschen Wirtschaft nicht unbeträchtlich mit beeinflussen. Die Macht liegt folgerichtig bei den für Tarifangelegenheiten zuständigen Fachsenaten des BAG.

Ich darf zum Abschluss den Blick über den nationalen Zaun hinaus auf Europa und die Welt lenken. Einzelne Autoren dieser Schrift haben uns dabei mitgenommen.

Jeder deutsche Richter hat in Rechtsstreitigkeiten, die Unionsrecht berühren (können), den EuGH als obersten Richter i.S. des Art. 103 GG über sich. So jedenfalls hat unser Bundesverfassungsgericht seine bisher weite Kompetenz als Hüter der deutschen Verfassung eingeschränkt. Es hat sich unter Anerkennung der teilweise auf Europa vertraglich auf die Union übergegangenen Kontrollrechte und Kompetenzen damit zufrieden gegeben, dass auf der Ebene des Unionsrechtes nur noch der EuGH über die Konkordanz deutscher Gesetze mit europäischem Primärrecht entscheidet[3].

---

[3]BVerfG v. 7.7.2010 - 2 BvR 2661, 06 - NZA 2010, 995 f. (Fall Honeywell Bull); Kriterien der Erkenntnisse deutscher Richter zur Vorlagepflicht an den EuGH sind: 1. Grundsätzliche Verkennung der Vorlagepflicht, 2. bewusstes Abweichen ohne Vorlagebereitschaft, 3. Unvollständigkeit der Rechtsprechung des EuGH (Ziel: Fortentwicklung europäischen Rechts)

So hat der EuGH als oberster Richter in Unionsangelegenheiten den Koalitionen bzw. Tarifvertragsparteien die Grenzen ihres weit gefassten Ermessensspielraums aufgezeigt[4], obgleich es an sich kein europäisches Tarifrecht gibt, so dass die Prüfung einer Konkordanz von nationalem Tarifrecht und Tarifverträgen mit dem europäischen Primärrecht an sich ins Leere läuft[5]. Aber der EuGH vergleicht nicht Tarifverträge mit Tarifverträgen, sondern europäisches Primärrecht mit nationalem Recht, zu dem auch Tarifnormen zählen.

II. Tariflandschaft in Europa ohne europäische Tarifverträge

Im Vertrag der europäischen Länder über die Arbeitsweise der Europäischen Union vom 9.5.2008[6] wird deutlich von den europäischen Vertragspartnern klargemacht, dass die Sozialpolitik und mit ihr die Tarifpolitik grundsätzlich nicht Gegenstand europäischer Vereinheitlichung sein sollen.

Wie sieht nun die Sozialpolitik in der EU (auch) vor dem Hintergrund der EU-Osterweiterung sowie zur Fortentwicklung der Tarifautonomie in Europa aus?

Die Antwort auf dieses spannende Thema haben Bayreuther und Hornung-Draus in diesem Buch im Detail gegeben.[7]

Die EU überlasst wegen der Unterschiede in den kulturellen und sozialpolitischen Entwicklungen der europäischen Staaten die Sozial- und Tarifpolitik den einzelnen Nationen der Gemeinschaft zur Fortentwicklung auf der nationalen Ebene. Sie fördert aber den Dialog der *Sozialpartner* in Form der Anhörung (Art. 154 EU-Arbeitsweisevertrag = AEUV).

Die Ergebnisse von Anhörungen der Sozialpartner können nach Art. 155 Abs. 1 AEUV zu Vereinbarungen der Sozialpartner auf der EU-Ebene führen, aber - eben dies ist die Einschränkung des Unionsrechts - nur nach Maßgabe des jeweiligen nationalen Rechts. Die Vereinbarungen können ohnehin nur obligatorisch zwischen den Vertragsschließenden wirken, wenn und soweit Vereinbarungen auf der EU-Ebene zustande kommen. Derartige Vereinbarungen sind, auch wenn sie zwischen Arbeitgeber- und Arbeitnehmervereinigungen auf der EU-Ebene abgeschlossen würden, keine Tarifverträge. Es entsteht also keine unmittelbare und zwingende Wirkung.

Wenn die Sozialpartner die Vereinbarungen über die nationalen Grenzen hinaus auf der Ebene der Union durchführen wollten, dann müsste hierüber der Rat auf Vorschlag der Kommission Beschluss fassen (Art. 155 Abs. 2

---

[4]Lehmann, „EuGH zur Abgrenzung von Tarifautonomie und Europarecht", BB 2012, S. 117 f. Kap. VI

[5]ausdrücklich geregelt im Vertrag über die Arbeitsweise der Europäischen Union in der Fassung vom 9.5.2008 AEUV

[6]Art. 151 bis 161 AEUV

[7]vgl. Kapitel XI.

AEUV). Weshalb sollte der Rat den Beschluss fassen, wo doch nicht einmal die deutsche Regierung glühende Eisen der Sozialpolitik auf natinaler Ebene selbst schmiedet?[8]

Es wird und soll daher keinen Wandel auf der Ebene Europas geben. Der Wandel vollzieht sich nur bei den jeweiligen Mitgliedsländern.

Daran ändert auch nichts Art. 28 der Charta der Europäischen Grundrechte. Art. 28 EU-GRCharta garantiert den Koalitionen in den Ländern Europas, dass Arbeitgeber und Arbeitnehmer oder ihre jeweiligen Organisationen nach dem Unionsrecht und den einzelstaatlichen Rechtsvorschriften und Gepflogenheiten das Recht haben, Tarifverträge auf den geeigneten Ebenen auszuhandeln und zu schließen sowie bei Interessenkonflikten kollektive Maßnahmen zur Verteidigung ihrer Interessen, einschließlich Streik, zu ergreifen. Dieser Programmsatz garantiert nur die Rechte der Koalitionen auf der nationalen Ebene, gibt aber keine Grundrechte von Koalitionen in der Gemeinschaft der EU.

III. Wie reagieren die Unternehmen, die europaweit tätig sind, auf die EU-Einschränkung?

Für Unternehmen, die in unterschiedlichen europäischen Ländern organisiert sind, sind Vereinbarungen nur nach dem Recht dieser unterschiedlichen nationalen Mitgliedstaaten möglich. Zumeist helfen sich europaweit tätige Unternehmen mit der praktischen Lösung, dass sie mit dem jeweiligen nationalen Tarifpartner parallel laufende Tarifverträge zur Vereinheitlichung der Arbeitsbedingungen in den Ländern, in denen das Unternehmen tätig ist, vereinbaren.[9]

IV. Wie reagieren die Arbeitgeber- und Arbeitnehmervereinigungen auf die EU-Einschränkung?

Angesichts der Zurückhaltung der EU in der Sozial- und vor allem Tarifpolitik (volkstümlich das „St. Floriansprinzip"[10] genannt) haben einzelne große Arbeitnehmervereinigungen der EU-Staaten - nicht zuletzt auch im weiteren globalen Zusammenschluss - andere effektive Mittel zur Durchsetzung des Arbeitnehmerschutzes und eigener Ziele entdeckt[11]. Die europäischen Gewerkschaft sind inzwischen stärker motiviert durch die Entscheidung des

---

[8] Thüsing: „Europäisches Arbeitsrecht", 2. Aufl., § 10 II

[9] vgl. Thüsing, „Europäisches Arbeitsrecht", 2. Aufl., § 10 II.

[10] St. Florian ist der Schutzpatron des Feuers. Er wird nicht selten mit den Worten angerufen: „Lieber St. Florian, zünd das Haus des Nachbarn, aber nicht meines an."

[11] vgl. hierzu Heß Kapitel X in diesem Buch

Europäischen Gerichtshofes in den Fällen Vicking[12] und Laval[13]. Der EuGH hat die europaweiten Kompetenzen von Gewerkschaften und die Grundregeln der länderübergreifenden Aktionen/Blockaden abgegrenzt.[14]

Große Gewerkschaften haben wegen der Zurückhaltung der EU gegenüber sozialpolitischen Vereinbarungen beziehungsweise Tarifverträgen längst durch die Bildung von europäischen Arbeitnehmervereinigungen reagiert, ja sogar darüber hinaus global gewerkschaftliche Vereinigungen gebildet, wie die ITUC (International Trade Union Confederation) oder ETUC (European Trade Union Confederation), die UniGlobal und IMB Trade Union Alliance sowie die ITF (International Transport Federation). Auf der europäischen Ebene haben sich europäische Branchengewerkschaften gebildet, deren Dachverbandder Europäische Gewerkschaftsbund (EGB) ist.[15]

Im November 2012 ist ein Dreier-Bund von Gewerkschaften in Erscheinung getreten.[16] Es zeichnet sich ab, dass in Zukunft in der europäischen Tariflandschaft europäische Gewerkschaften und mit diesen Arm in Arm auch andere weltweit agierende Gewerkschaften - vor allem die Internationale Transportgewerkschaft ITF - ihre Aktionen zeitlich und inhaltlich miteinander abstimmen. Die inzwischen international verbundenen Spitzenverbände und Einzelgewerkschaften haben im November 2012 zu einem europäischen Aktionstag aufgerufen und ein Ende der „selbstmörderischen Sparpolitik" sowie eine Umverteilung der Vermögen von „arm" auf „reich" gefordert. [17]

Die Bundesvereinigung der Deutschen Arbeitgeberverbände setzt ihre Spitzenorganisationen entgegen, wie beispielsweise BUSINESSEUROPE, IOE und BIAC.

---

[12]EuGH v. 11.12.2007, Rs. C - 438/05, Vicking, Slg. 2007, S. I - 10779

[13]EuGH v. 18.12.2007, Rs. C - 341/05, Laval, Slg. 2007, S. I - 11767

[14]vgl. Bayreuther, Hornung-Draus und Heß in dieser Schrift unter Kapitel X.

[15]Mitglieder sind Europäische Einzelgewerkschaften, u.a. der Europäische Metallgewerkschaftsbund (EMB), die Europäische Föderation der Bergbau-, Chemie und Energiewirtschaften (AMCEF), der Europäische Gewerkschaftsbund für Öffentlichen Dienst (EGÖD), der Europäische Gewerkschaftsverband Textil, Bekleidung und Leder (EGV-TBL), die Europäische Föderation der Bau- und Holzarbeiter (EFBH), die UNI-Europa für die Sektoren Druckindustrie (UNI-Graphical) und Finanzdienstleistung (UNI-Finance), ferner die global über Europa hinaus agierenden Gewerkschaften wie die Internationale Transportgewerkschaft (ITF) sowie die weiteren von Heß in dieser Schrift unter Kapitel XI aufgeführten weltweit agierenden Gewerkschaften.

[16]Süddeutsche Zeitung v. 14.11.2012: „Projekt Klassenkampf".

[17]Süddeutsche Zeitung v. 15.11.2012: „Europa streikt". Schwerpunkte des europaweiten Aktionstags waren Spanien und Portugal, wo die Gewerkschaften zu einem 24-stündigen Generalstreik aufgerufen haben. Aber auch in Italien und Griechenland gab es Protestaktionen. Die Folgen waren europaweit zu spüren.

V. Fazit

Es ist also auch in der europäischen Tariflandschaft viel Neues zu verzeichnen. Wenn man mit kräftigen Farben malen wollte, hieße das: Europa im Auge des Sturms. Aber die Arbeitgebervereinigungen, ihnen voran die BDA und deren europäische Spitzenverbände, tragen die Fackeln im Sturm.

Kapitel XII.

Tarifforum: Repräsentanten von Unternehmen, Verbänden, Wissenschaft und Justiz im Meinungsaustausch

Tarifforum 2012: Zur Ausweitung des kollektiven Rechts

Armin **Fladung**
Rechtsanwalt, Frankfurt am Main

In jüngster Vergangenheit konnte selten von einer Veranstaltung zum Thema Tarifrecht berichtet werden, die mit Referenten und Diskutanten derart prominent besetzt war, wie es beim „Tarifforum 2012 – Tariflandschaft im Wandel" der Fall war. Der zweitägige Kongress, den der Betriebs-Berater als Medienpartner begleitete[1], machte es sich zur Aufgabe, die anstehenden Herausforderungen im Tarifrecht herauszuarbeiten und entsprechende Handlungsmöglichkeiten zu bieten.

Die Teilnehmer hatten bereits am Vorabend Gelegenheit, im Rahmen eines Kamingesprächs im Hotel Steigenberger in einen ersten und sehr regen Erfahrungsaustausch zu treten. Dieses kommunikative Miteinander zog sich wie ein roter Faden durch die Veranstaltung, obwohl zahlreiche Interessierte aus den unterschiedlichsten Bereichen teilnahmen. So entbrannte zu jedem Vortrag eine spannende Diskussion mit dem Referenten und zwischen den Teilnehmern, die sich aus Vertretern der Unternehmen, der Anwaltschaft, der Verbände und – besonders bemerkenswert – der Gewerkschaften zusammensetzten. Die Beiträge waren ausgewogen und vermieden eine einseitige Darstellung der Arbeitgeber- oder Arbeitnehmerseite, da sie das gemeinsame Ziel hatten, die anstehenden und dringenden Herausforderungen hinsichtlich Tarifpluralität, Arbeitskampfrecht und Globalisierung in Angriff zu nehmen. Häufig dienten die Pausen im angenehmen Ambiente zur Vertiefung und zum Netzwerken.

Am ersten Tag des von HLS-Global Business Service GmbH als Träger und in fachlicher Unterstützung von Allen & Overy LLP durchgeführten Kongresses begrüßten die Moderatoren, RA Dr. Friedrich-Wilhelm Lehmann, spiritus rector der Veranstaltung, und FAArbR Thomas Ubber, Partner bei Allen & Overy, die Teilnehmer. Nachdem Harald Schliemann, Vors. Richter am BAG a. D. und Thüringer Justizminister a. D., in gewohnt launiger Art in das Thema einleitete, bewies Prof. Dr. Gregor Thüsing, LL.M. (Harvard), Direktor des Instituts für Arbeitsrecht und Recht der Sozialen Sicherheit von der Universität Bonn, dass das Arbeitskampf- und Tarifrecht Richterrecht „reinsten Wassers" sind. Nach dem abgewandelten Motto „Stell Dir vor, es ist Streik und keiner geht hin" zeigte er auf, dass sog. Flashmob-Aktionen ohne Teilnahme von Arbeitnehmern möglich sind. Daraus zog er berechtigte Zweifel daran, ob solche Aktionen überhaupt von Art. 9 Abs. 3 GG erfasst sind. Unter Bezugnahme auf das französische Recht machte er deutlich, dass

---

[1] vgl. BB 5/2012, S. VI

die dortigen Verhältnisse nicht von der Koalitionsfreiheit gedeckt seien. Er forderte Lösungen durch den Gesetzgeber, wie sie zum Beispiel derzeit von der Assemblée Nationale beabsichtigt sind, indem das Erfordernis der Streikvorankündigung für die Gewerkschaft gegenüber dem Arbeitgeber und für den Arbeitgeber gegenüber seinen Kunden mit einer Frist von jeweils 48 Stunden gelten soll. Auch andere Länder wie Italien und Großbritannien würden die Grenzen des zulässigen Streiks gesetzlich festlegen.

Ubber stellte im folgenden Vortrag vier aktuell zu beobachtende Taktiken aus der Praxis der Gewerkschaften und deren rechtliche Grenzen vor. Aus seiner Sicht stellt der Ankündigungsstreik oder auch „kalte Streik" einen – unter Verhältnismäßigkeitsgesichtspunkten betrachtet – besonders schonungslosen Streik dar, gerade weil die angekündigten (rechtswidrigen) Arbeitsniederlegungen nicht durchgeführt werden. Während dem Arbeitgeber der Schaden trotzdem entstehe, habe die Gewerkschaft keinerlei Kosten zu tragen. Schon die bloße Ankündigung des Streiks sei eine Arbeitskampfmaßnahme. Nach der Abgrenzung des Streiks mit Drittwirkung vom indirekten Streik ging Ubber auf die Missbrauchsfälle durch den sog. „Mogelstreik" ein. Dabei beschließt die Gewerkschaft formell Ziele für den Streik, die nicht mit ihren tatsächlichen Zielen übereinstimmen. Als Beispiel dafür nannte er das Vorschieben von Regelungen zum Gesundheitsschutz für Erzieherinnen, obwohl eigentlich eine Erhöhung der Vergütung angestrebt wurde.

Zu Beginn seines Vortrags zu den tariflichen Differenzierungsklauseln für gewerkschaftlich Organisierte und zu diskriminierenden Tarifverträgen betonte Prof. Klaus Bepler, Vors. Richter am 4. Senat des BAG, dass es wichtig sei, in Deutschland große Gewerkschaften und Verbände zu haben, um das funktionstaugliche System zu erhalten. Sodann stellte er das Spannungsverhältnis zwischen (gesetzlicher) Werbung für einen Gewerkschaftsbeitritt und deren Konterkarierung durch einzelvertragliche Bezugnahmeklauseln dar. Anhand der Rechtsprechung und der Literaturmeinungen zeigt er die grundsätzlichen Regelungstechniken der einfachen und qualifizierten Differenzierungsklausel und deren Für und Wider auf. Aus der Entscheidung des Großen Senats von 1967 schloss er, dass die Tatbestandsmerkmale auch bei dem Arbeitnehmer vorliegen müssen, der sich auf die in Bezug genommene Regelung beruft. Abschließend wies er u. a. auf fehlende Entscheidungen zu schuldrechtlichen Bestimmungen und Regelungen unter Einschaltung von gemeinsamen Einrichtungen hin.

Prof. Dr. Hermann Reichold vom Lehrstuhl für Bürgerliches Recht, Handels-, Wirtschafts- und Arbeitsrecht der Universität Tübingen nahm sich des neuen übergesetzlichen Rechtsinstituts der betrieblich-kollektiven Übung an. Besonders bedeutsam waren dabei die Ausführungen zu den neuen Grundsätzen zur Entgeltbestimmung bei sog. „betrieblichen Vergütungsordnungen", die er äußerst kritisch würdigte. Hauptkritikpunkt war der Ansatz, dass es sich um Ansprüche ohne Anspruchsgrundlage handeln würde.

Aus der BAG-Rechtsfortbildung ergeben sich in der Folge zahlreiche neue Ansprüche, insbesondere auch im Bereich der fehlenden tariflichen Nachwirkung und des Betriebsübergangs. Die Rechtsfortbildung sei contra legem und beruht auf einer Weiterbildung der sog. „Theorie der Wirksamkeitsvoraussetzung", infolge derer sich eine einmal errichtete kollektive Vergütungsordnung durch den Arbeitgeber nicht mehr ohne Betriebsrat vertraglich ändern lässt.

Der Ansatz von Prof. Dr. Reinhard Richardi, em., Universität Regensburg, war globalerer Natur. In seinem Vortrag bemängelte er u. a. die fehlende übergreifende Rechtskonzeption, die eine Berechenbarkeit vermissen lassen würde. Er appellierte an den Gesetzgeber dies nachzubessern und zeigte zugleich zahlreiche Beispiele auf, die seine These bestätigten. Die Rechtsprechungsänderung zur Tarifpluralität verteidigte er hingegen. Die These der Tarifeinheit habe seiner Ansicht nach so nie gegeben, zumal die Tarifautonomie kollektive ausgeübte Privatautonomie und somit kollektive Ausübung individueller Selbstbestimmung sei. In aller Deutlichkeit führte Wolfgang Goebel, Präsident des Bundesverbandes der Systemgastronomie e.V. und Vorstand Personal bei McDonald's Deutschland, die Auswirkungen der Mindestlöhne auf Tarifverträge vor Augen. Mindestlöhne wirken zumindest als faktische Grenze für Tarifvertragsverhandlungen. Die effektiven Löhne durch Tarifverträge sind viel höher als der Mindestlohn. Bei McDonald's würde dieser 9,85 € anstatt € 7,50 betragen, da Urlaubsgeld, Einmalzahlungen und vieles andere mehr einzuberechnen seien. Das Fachwissen der Tarifkommissionen sei durch staatliche Gremien nicht zu ersetzen. Das Tarifgefüge sei in Gefahr, da die Attraktivität für eine Tarifmitgliedschaft infolge von Verschiebungseffekten schwinde.

Höhepunkt des ersten Veranstaltungstages war – trotz der hervorragenden Einzelvorträge – die von Schliemann geleitete und fast eineinhalb Stunden dauernde Podiumsdiskussion an der neben Bepler und Thüsing auch Werner Bayreuther, Hauptgeschäftsführer „Arbeitgeberverband der Mobilitäts- und Verkehrsdienstleister e. V.", AGV-MoVe, Peter Gerber, Vorstand Finanzen & Personal der Lufthansa Cargo AG, Prof. Dr. Otto-E. Kempen von der Akademie für Arbeit, Gert Schröder, Director of Europe UPS und Roland Wolf, Geschäftsführer und Leiter der Abteilung Arbeitsrecht der BDA, teilnahmen. Folgende Hauptaussagen lassen sich zusammenfassen: Problematisch sei die Konkurrenz zu den neu entstehenden Gewerkschaften, so Kempen. Eine Tarifeinheit ließe sich ohne den Gesetzgeber schwer herstellen. Weder über die Allgemeinverbindlichkeitserklärung noch über die Regelungen des AEntG oder des MiArbG ließe sich ein solcher Effekt erzielen. Strategie könne nur im gegenseitigen Vertrauen liegen. Bayreuther hingegen war der Ansicht, dass Vertrauen allein nicht genüge. Die Konkurrenz zwischen GDL und EVG sei aufgrund einer gemeinsamen Vereinbarung bis 2014 nur aufgeschoben, nicht aber gebannt. Dem Einwand von Ubber, der 4. Senat hätte eine Lösung durch den Großen Senat anstreben können, wurde von Bepler entgegengetreten, der von diesem nur eine Kompromisslösung erwartet hätte. In der Folge wäre das Arbeitskampfrecht stärker zu reglementieren. Im Übrigen müssten die Rechtstreitigkeiten der großen Unternehmen auch erst zum BAG kommen, um dort eine Lösung bieten zu können. Gerber versprach, dass dies bald der Fall sein würde.

Den zweiten Veranstaltungstag, der sich dem Blick über den deutschen Zaun und der Expansion ins Ausland widmete, eröffnete Lehmann mit der Feststellung, dass man inzwischen von Globalität und nicht mehr nur von Globalisierung sprechen müsse. Prof. Dr. Frank Bayreuther vom Lehrstuhl für Bürgerliches Recht und Arbeitsrecht der Universität Passau befasste sich mit den drängenden Fragestellungen in der EU. Rein rechtlich sei die Sorge vor Zuwanderung und Lohndumping unbegründet, da das Heimatrecht nach der Rom-I-VO bei vorübergehender Übersendung erhalten bleibt. Bei der Entsendung durch einen ausländischen Arbeitgeber gilt hingegen der Mindestlohn. Zudem stellte er den Streit über die Arbeitgeber- und die Generalunternehmerhaftung dar. Neben den drei nationalen Arbeitsgerichtsinstanzen, dem BVerfG und dem EuGH sieht er den EGMR in Straßburg als nächsten Spieler im Arbeitsrecht.

Mit einem eher düsteren Szenario mahnte Renate Hornung-Draus, Geschäftsführerin BDA und Leiterin der Abteilung EU und internationale Sozialpolitik, die Teilnehmer an, die Forderungen der internationalen Gewerkschaften ernst zu nehmen. Neben der International Trade Union Confederation würde die Global Union Federation als junger Zusammenschluss der Branchengewerkschaften über das Mittel der „international framework agreements" schnell an Bedeutung gewinnen. Dabei deckt diese gut organisierte Gewerkschaft weltweit Schwachpunkte der Unternehmen – z. B. in deren Lieferketten oder bei deren Arbeitsbedingungen – auf, um diese an die Öffentlichkeit zu bringen. Um den Reputationsschaden zu vermeiden, gehen diese Unternehmen die Pflicht zur weltweiten Akzeptanz der Gewerkschaft ein.

In die möglichen Strategien und Handlungsfelder bei Investitionen im Ausland führte Andreas Heß, Geschäftsführer der HLS-Global Business Service GmbH, ein. Besonderes Augenmerk legte er auf die Auswirkungen von Fehleinschätzungen bei globalen Investitionen, die zu sog. „brand damages" führen können. Anhand des Beispiels der Billig-Flaggen-Kampagne zeigte er die Leistungsfähigkeit der International Transport Workers' Federation auf, die mit ca. 280 Beschäftigten in London v. a. Logistikunternehmen ins Fadenkreuz nimmt. Diese internationalen Themen können jederzeit nationale Themen werden, wenn z. B. in überregionalen Tageszeitungen Aufrufe veröffentlicht werden, die potenzielle Kunden davon abhalten sollen, die Dienstleistungen oder Waren eines bestimmten Unternehmens zu erwerben. Der wichtigste Partner der internationalen Gewerkschaften seien die Medien.

Im Ergebnis waren sich die Teilnehmer einig, dass eine solch hochkarätige Veranstaltung möglichst bald wieder durchgeführt werden sollte, um einen dauerhaften Austausch aller Protagonisten zu ermöglichen.

Kapitel XIII.

Nachwort

Nachwort

Ein Nachwort ohne Ende

Ein Nachwort muss nicht immer zugleich ein „Basta - jetzt ist Schluss!" bedeuten. Ein Schluss ist oft zugleich der Anfang für Neues.

Liebe Autoren, die aktuellen brisanten Themen haben Sie in dieser Schrift mit großem Engagement aufgegriffen und aus ihrer Sicht die Antwort auf die Frage gegeben: „Wandel der Tariflandschaft: Wo stehen wir - wohin steuern wir?"

Ziel der Schrift ist es, den Meinungsaustausch von Repräsentanten der Tarif- und Sozialpolitik, aus Verbänden, Wissenschaft, Justiz und Praxis zu begleiten.

Ich danke Ihnen allen sehr herzlich für den Idealismus Ihrer Arbeit und die gedankliche Tiefe der Antworten!

Der heraklitische Satz „panta rhei", den Harald Schliemann in der Einleitung zu diesem Buch zitiert hat, bildet Anfang und Ende des Buches, aber zugleich den Anfang weiterer möglicher Entwicklungen in der deutschen und europäischen Tariflandschaft.

Schliersee, im November 2012   Dr. Friedrich-Wilhelm Lehmann